한국 고전시가의 서정시적 탐구

고정희

도서출판 월인

머리말

필자는 첫 번째 책인 『고전시가와 문체의 시학-윤선도와 정철의 경우』를 세상에 내놓으면서 한 가지 사실을 알게 되었다. 필자 자신의 문체는 송강 정철의 장광설에 가깝지만 감수성은 오히려 고산 윤선도의 짧은 서정시를 편애하고 있다는 것이다.

이는 「『가곡원류』 시조의 서정시적 특징」이라는 제목의 석사학위논문을 쓰면서도 몰랐던 사실이다. 그저 노랫말이 긴 가사보다는 짧은 시조를 외우고 음미하면서 더 큰 감동을 받았고, 그 감동을 논리적으로 설명하기 위해서 애쓸 뿐이었다. 그렇게 제법 오랜 시간을 보내고 나니 '한국 고전시가의 서정시적 탐구'라는 분에 넘치는 책을 꾸릴 욕심까지 생겼다.

서정시가 경이로운 점은 가장 개별적이고 내밀한 경험을 노래하면서도 보편적인 감동을 준다는 데 있다. 심지어 향가는 천지와 귀신을 감동시킨다고 하지 않았는가. 하찮고 누추한 나의 작은 고백이 어떻게 나를 넘어서 다른 사람과 사물과 신들에게 감동을 줄 수 있는가. 여기 묶인 논문들은 이러한 질문에 대한 해답을 모색한 글들이다.

제1부에서는 16세기 자연시조와 17세기 자연시조에서 주관성과 보편성이 결합하는 방식이 달라진 점에 주목하였다. 주관적이고 구체적인 개별자의 경험이 보편적인 관념과 상징적으로 동일시되던 시기를 지나자, 이제 개별자의 경험은 보편적인 관념과 알레고리적으로 연결되는 양상을 보였다. 상징 시학에서 알레고리 시학으로 이행하면서 서정시의 강조점은 보편적 관념으로부터 개별적인 경험으로 전이되는 것을 관찰할 수 있었다.

제2부에서는 사설시조를 중심으로 서정시가 개별자의 경험을 강조하면서 어떤 형태적·인식론적 변모를 겪게 되는지를 추적하였다. 평시조에 비해 상대적으로 늘어난 사설시조의 길이는 서사시에서 주목하는 개별자의 경험에 대한 자각과 관련되어 있다. 개별자의 경험을 상징이나 알레고리를 통해 보편 관념과 결합시키지 못한 사설시조는 서정시적 지향과 서사시적 지향을 중층적으로 가진 독특한 시학을 선보이게 되었다.

제3부에서는 개별적인 경험과 보편적인 관념이 길항하는 시대에 서정시가 다시 어떻게 보편성을 획득할 수 있는지를 19세기 이후의 시가를 통해 추적해 보았다. 사설시조에서 평시조로 회귀한 일군의 시조들은 일원적인 목소리를 통해 주관적 경험의 보편성을 선언하였다. 다른 한편에서는 전체로 종합되지 않는 개별자의 경험을 담기 위해 여러 목소리들이 혼효된 시가들도 등장하여 서정시의 변화를 보여주었다.

이 책은 한마디로 '개별자의 경험과 보편적 관념의 동일성'이라는 서정시의 이념이 회의됨에 따라 개별적 경험과 보편 관념이 각각 알레고리적 관계, 공존 관계, 길항 관계를 맺으면서 새로운 서정시의 이념을 추구해 나간 양상을 통시적으로 추적한 것이다. 서정시는 지금도 씌어지고 있지만 <도산십이곡>처럼 보편적인 관념 그 자체로 감동을 주거나, 잡가 <제비가>처럼 개별적인 경험 안에 집단의 보편적 경험을 함축하고 있는 서정시들을 만나 볼 가능성은 희박하다. 독자가 이 책을 읽고 고전시가에는 현대 서정시의 스펙트럼을 넘어서는, 낯설고도 매력적인 서정시의 세계가 있었다는 사실을 감지하게 된다면 더 바랄 나위 없겠다.

책을 엮으면서 필자의 문제의식을 최대한 평이하게 서술한 도입부를 덧붙여 보았지만 각론들은 여전히 난삽하다는 인상을 지울 수 없다. 이렇게 미숙한 책을 내놓음으로써 오매불망 불초제자의 학문적 성숙을 바라시는 김병국 선생님께 누를 끼치지 않을까 염려스럽다. 무엇보다도 따뜻한 사랑으로 삶의 그루터기가 되어 준 가족에게 바치기에는 턱없이 부족한 책이다. 그들의 사랑에 보답하기 위해서라도 더 열심히 노력하겠노라 다짐해 본다. 끝으로 박성복 사장님을 비롯하여 정성껏 책을 만들어 주신 월인의 편집진께도 깊은 감사의 마음을 전한다.

2009년 2월
저자

목차

17세기 전가시조의 서정적 리얼리티

제2부 서정시적 지향과 서사시적 지향

사설시조의 우화적 내면 표현

사설시조의 장형성

사설시조의 희극적 특징

서정시의 근본 문제

1. 상징과 알레고리

동서양을 막론하고 서정시란 전통적으로 '시인이 자기의 경험을 자신의 목소리로 발언하는 시'로 이해되어 왔다. 서구에서는 '시인 자신이 말하느냐', '작중인물이 말하느냐', 혹은 '이 양자가 번갈아 가며 말하느냐'에 따라서 장르를 '서정', '극', '서사'로 삼분한 지 오래다.[1] 그런가 하면 장르를 자아와 세계의 관련 양상에 따라 구분하는 조동일 교수의 독창적인 갈래 이론에서도 '세계의 자아화'란 용어로 서정 장르의 주관성을 특기하고 있다.

서정시 이론에서 주관성만큼 중요한 위치를 차지하는 데도 불구하고 흔히 간과하는 특징이 바로 서정시의 보편성이다. 서정시가 정말로 한 개인의 개별적인 경험을 노래한 것에 불과하다면 우리가 굳이 남의 고백을 '엿들을' 필요가 있느냐는 의문이 제기된다. 주관적인 발언이지만 누구나 공감할 수 있는 보편적인 어떤 것으로 여겨진다는 점이야말로 서정시에 담긴 비밀이다.

따라서 서정시의 연구자들은 '어떻게 가장 주관적인 목소리가 가장 보편적일 수 있는가?'라는 질문에 답할 수 있어야 한다. 이에 대한 가장 오래된 답변은 "서정시에서는 특수한 것과 보편적인 것이 상징적으로 동일시되기 때

1) P. 헤르나디, 김준오 역, 『장르론: 문학분류의 새 방법』, 문장, 1983, 11면.

문”이라는 것이다. 일찍이 괴테는 “시인이 보편적인 것을 위하여 특수한 것을 찾으면” 그것은 알레고리가 되고, “특수한 것 속에서 보편적인 것을 보면” 그것은 상징이 된다고 하였다. 덧붙여 상징이 시의 본질이라고 주장하였다.[2] 괴테의 의미심장한 발언 이후 독일의 이론가들은 상징과 알레고리의 의미를 끈질기게 탐구해 왔는데, 그 내용을 간략히 소개하면 다음과 같다.

독일 문예학에서는 상징을 “가시적인 형상(Bild)으로 불가시적인 의미(Bedeutung)를 암시하는 시적 기법”이라고 이해한다. 형상(Bild)이란 그림으로 그려지는 어떤 모양, 생각 등을 일컫는 말이다. 상징의 핵심은 눈으로 볼 수 있는 형상(Bild)과 눈으로는 볼 수 없는 의미(Bedeutung)가 근본적으로 동일하다는 것이다. 그 이유는 볼 수 있는 것과 볼 수 없는 것이 서로 형이상학적으로 연관되어 있기 때문이다.[3]

<도산십이곡>에 등장한 자연 이미지들은 모두가 도산의 실경(實景)을 배경으로 한 것들이다. 예를 들어 <도산십이곡>의 ‘운영천광(雲影天光)’이라는 기호는 그대로 도산서당 앞 낙천가에 자리 잡은 ‘천광운영대(天光雲影臺)’라는 가시적인 형상을 가리킨다. 또한 그것은 퇴계가 거닐며 사색하던 길에 드리워진 ‘雲影天光(구름 그림자와 하늘 빛)’이라는 가시적인 형상을 지칭하기도 한다. 그런데 성리학적 사유 속에서 이 기호는 ‘천지조화(雲影天光)의 오묘함’이라는 비가시적인 의미를 지녀왔다. 만물이 처음부터 동일한 이치(天理)를 구비하고 있다고 보는 성리학적 사유 속에서 가시적인 형상(天光雲影臺, 雲影天光)과 비가시적인 의미(雲影天光) 간의 차이점은 아무것도 발견되지 않는다.

서양에서도 형이상학이 인간의 삶을 지배하던 시대에는 개개의 사물들이 우주 전체와 교감을 나눌 수 있었는데 이는 모든 보이는 형상들이 근원적으로 동일한 우주적 의미를 구비한 것으로 여겨졌기 때문이다. 그런데 형이상

---

2) Johann Wolfgang von Goethe: *Maximen und Reflexionen*, in: Goethes Werke Bd. 42/2, Weimarer Ausgabe, Weimar, 1907, 146면.

3) 김누리, 『알레고리와 역사』, 민음사, 2003.

학이 붕괴되면서 이들 사이의 근원적 친연성이 의심되기 시작하자 형상과 의미의 연결이 상징과는 다른 방식으로 나타나게 된다. 이것이 바로 알레고리이다.

알레고리는 '가시적인 형상(Bild)으로 비가시적인 의미(Bedeutung)를 나타낸다.'는 점에서 상징과 거의 유사하다. 그러나 형상과 의미의 관계가 본질적으로 동일하다고 간주되는 상징과는 달리 둘의 관계가 자의적이라는 점이 알레고리의 가장 큰 특징이다. 다시 말해 알레고리는 어떤 비가시적 의미를 표현하기 위해 그에 적합한 형상을 찾아 자의적으로 연결한 것이다.

상징과 알레고리의 차이를 예를 들어 살펴보자. '물고기가 물에서 뛰고 솔개가 하늘을 나는 것처럼 만물이 자기 본성을 실현하고 있는 조화로운 상태'라는 비가시적 의미를 <도산십이곡>에서는 '어약연비(魚躍鳶飛)'라는 형상으로 암시한다. '어약연비(魚躍鳶飛)'라는 형상은 『시경』과 『중용』을 거치면서 늘 같은 의미를 지칭해 왔기 때문에 성리학적 이념과 분리될 수도, 다른 형상으로 대체될 수도 없다. 그런데 <어부사시사>에서는 성리학적 이념을 표현하기 위해서 '어약연비(魚躍鳶飛)'라는 상징적 기호 대신 "말가ᄒᆞᆫ 기픈 소희 온갇 고기 뛰노ᄂᆞ다"라는 자의적 형상을 택하였다. 여기서 관념과 형상의 연결이 자의적이라는 것은 한 개인의 특수한 눈에 포착된 형상은 언제든지 다른 형상으로 대체될 수 있기 때문이다. 즉 '만물의 본성 실현'이라는 보편적 관념을 표현하기 위해 사설시조와 같이 "눈 큰 쥰치 허리 긴 갈치 두루쳐 메오기 츤츤 가물치 부리 긴 공치 넙적ᄒᆞᆫ 가잠이 등 곱은 식오 결네 만ᄒᆞᆫ 곤쟝이 그물만 너겨 풀풀 쒸어 다 다라 나는듸"라는 형상을 가져 올 수도 있다. 두 경우 모두 "보편적인 관념을 말하기 위해서 그것의 본보기로서 특수한 예를 찾는" 과정에서 각 개별자의 눈으로 포착한 가시적 형상을 재현하게 된 것이다.

17세기 자연시조에서 즉물적이고 즉경적인 묘사가 나타난다는 것은 각자의 눈으로 보는 자연을 시각적으로 재현하기 시작했다는 것을 의미한다. '재현'은 그 자체로서 지시대상과 기호의 거리를 전제해야만 가능하다. 어떤 기호가 지시대상을 재현할 수 있는 것은 그 둘이 서로 떨어져 있고, 다르기 때문이다. 이는 '운영천광(雲影天光)'이란 기호가 곧바로 지시대상(天光雲影臺, 雲影天光)이 되는 성리학적 이념의 균열을 암시한다. 즉 만물의 형이상학적 연관성에 대한 굳건한 신념이 그만큼 흔들린다는 증거이다. 그렇더라도 17세기 자연시조에 나타난 즉경적 묘사는 어떤 선행하는 이념을 표현할 만한 가시적인 예를 든 것에 불과하다. 그러므로 눈앞에 보이는 개별적 현상을 아무런 이념의 매개 없이 있는 그대로 반복하는 사실주의적 재현과는 구별되어야 한다.

비록 개인의 특수한 경험과 보편적인 관념 사이의 근원적 친연성은 사라졌지만 특수한 경험들이 보편적 관념의 알레고리로 해석될 수 있는 한, 서정시는 여전히 주관성과 보편성의 화해를 성취할 수 있다. 우리의 관심은 개별자의 특수한 경험과 보편적 관념이 이제 자의적인 알레고리로도 연결되지 않는다면 서정시는 어떤 방식으로 보편성을 확보할 수 있는가 하는 데에 이른다. 이에 관하여 사설시조는 매우 흥미로운 사례를 제공한다.

2. 서정시와 서사시

에밀 슈타이거는 서정시에서의 보편적인 것과 특수한 것의 상징적 동일시를 말하면서 한 가지 단서 조항을 붙였다. 상징적 동일시는 존재의 사태를 근원적으로 꿰뚫어 볼 수 있는 결정(結晶)의 순간에서만 가능하기 때문에 서정시는 '짧을 수밖에' 없다는 것이다.[4] 사실 많은 이론가들이 '상대적으로 짧은 길이'가 서정시의 필요충분조건이라는 생각을 표명해 왔다. 심지어는 "짧고, 비서사적인 시"로써 서정시를 정의할 수 있다고 믿는다.

시의 길이가 이렇게 중요한 이유는 그것이 대상과 시간에 대한 '서정시'와

---

4) 에밀 슈타이거, 이유영 · 오현일 공역, 『시학의 근본 개념』, 삼중당, 1978.

'서사시'의 상반된 인식을 외형적으로 보여주기 때문이다. 즉 본질적 시간 속에서 대상의 보편성을 파악하는 서정시적인 인식이 짧은 길이로 반영되었다면, 일상적 시간 속에서 대상의 개별성을 현상적으로 수용하는 서사시적인 인식이 상대적으로 긴 길이를 요구하게 된다. 이렇게 볼 때 18세기 이후 평시조의 길이를 벗어난 사설시조가 등장했다는 사실은 매우 비상한 사태로 간주할 만하다.

이 책에서는 사설시조의 길이가 늘어난 것은 시조가 시간의 흐름에 따라 일어나는 사건을 보고하는 발화의 양식인 '서사'를 도입했기 때문이라고 보고 그것의 인식론적 의미를 따져보았다. 우선 중장이 늘어난 사설시조와 종장이 늘어난 사설시조를 구분해서 볼 것을 제안하였다. 양자는 개별자의 경험에 대한 구별되는 인식 수준을 보여주기 때문이다. 즉 중장이 늘어났으나 종장이 평시조처럼 마무리되는 사설시조는 개별적 경험들이 선험적인 의미로 종합될 수 있다는 형이상학의 영향력을 암시한다. 반면 종장마저 늘어난 경우는 경험의 불확실성을 강조하며 경험들이 형이상학적 의미로 종합될 수 있다는 것에 대한 회의를 나타냈다.

한편 외부 사물에 대한 현상적인 관심의 결과인 '서사'는, 다른 어떤 종류의 문학보다도 비문학적 영향에 예민하게 반응하는 가장 대중적인 진술방식이며 종종 리얼리즘 문학의 필요충분조건으로 여겨지기도 한다. 물질적 세계와 현실에 대한 지대한 관심, 재현의 대상이 낮고 비속한 서민들인 경우가 많다는 점, 그 언어적 기법이 환유적이라는 점, 비문학적 영향에 예민하게 반응한다는 점 등에서 사설시조에서 리얼리즘적 지향이 나타남을 지적할 수 있다. 그러나 한편으로 사설시조가 사실적으로 재현하려고 했던 궁극적인 대상은 시인의 '내면'이었음을 발견하게 된다. 사설시조가 굳이 '우화'를 빌려 내면을 사실적으로 재현하려고 애쓴 이유는 자신의 경험을 타자의 체험에 조회함으로써 개별적인 경험의 보편성을 타진하려는 의도가 있었기 때문이다.

서정시가 특수한 경험과 보편적인 이해를 선험적으로 동일시하는 데 반해, 서사시는 시간 속에서 이루어지는 개별적 사건들에 상상적인 일관성을 부여함으로써 보편성을 획득하려 한다. 사설시조는 개별자의 경험을 귀납함으로써 보편적인 것에 도달하고자 하지만, 개별적인 세부에 대한 잡다한 서술이 결국 보편적인 의미로 귀결된다는 서사시적인 보편성을 추구한 것은 아니었다. 사설시조는 선험적으로든 경험적으로든, 개별자의 경험과 보편적인 이해가 그리 쉽게 일치할 수 없다는 문제의식을 드러냈다. 바로 그 때문에 사설시조가 이행기를 대표하는 장르가 되지 않았을까 여겨진다.

결과적으로 사설시조의 시학은 서정시적 지향과 그에 상충하는 서사시적 지향을 중층적으로 가지게 되었다. 이 때문에 사설시조가 실패한 장르라고 볼 수는 없다. 오히려 사설시조 특유의 희극성이나 여성 형상에서 보듯이 서정시와 서사시 어느 쪽에서든지 그만큼 집요하게는 추구하지 못한, 개별자의 생동하는 욕망을 드러내게 되었다고 보는 편이 옳을 것이다. 이 책에서는 사설시조가 내면을 통일적이고 일관된 어조로 드러내지 않고 희극적 불일치를 통해 조각과 파편으로 암시한다는 점에 주목하였다. 그리고 이 조각과 파편을 제대로 이해하기 위해서는 사설시조에서 화자의 지위를 부여받지 못한 등장인물들의 수사적 상황을 분석할 것을 제안하였다.

3. 서정시와 목소리

선험적 이념의 회의와 더불어 경험의 보편성을 탐색하고자 했던 사설시조의 모색은 그러나, 19세기에 오면서 더 이상 계속되지 않았다. 이 시기에는 사설시조가 평시조의 세계로 회귀하고 전 시대보다 더 철저히 개인의 내면으로 침잠한 서정시가 등장한다. 주로 사랑과 이별을 주제로 하여 감성의 보편성을 추구한 평시조들이 그것이다. 이러한 평시조를 선호한 담당층을 추적해보면 서정시의 목소리가 탈이데올로기적이고 중립적인 어떤 것이 아니라는 점을 알게 된다.

서정시는 그 어떤 장르보다도 시인에 의해 엄격하게 통제되는 단일한 목소리를 지닌 장르이다. 간혹 이질적인 의식이나 언어가 끼어들더라도 '부분의 종합적 전환'에 의해 '긴장감 넘치는 통일성'을 획득하는 것이야말로 서정시의 본령으로 알려져 있다. 그런데 서정시의 이러한 긴장감 넘치는 언어의 통일성은 '타인의 언어에 내포된 사회적 다양성을 파괴하는' 지배층 특유의 폐쇄적인 세계관을 반영한다는 것이 바흐친의 주장이다.[5)]

수사학자들의 관찰에 따르면 한 사회를 공시적으로 구성하는 여러 집단들은 저마다 자신들의 특수한 욕구를 그 사회의 보편적인 욕구인 것처럼 논증해 내려는 수사적 분투를 벌이고 있다.[6)] 겉보기에는 이데올로기와 동떨어진 채 순전한 사랑과 이별의 감성을 노래하는 서정시도 이러한 수사적 투쟁의 산물일 수 있다. 서정시가 확고하고 통일된 목소리로 주관적 경험의 보편성을 주장할 때, 서정시는 자신의 유일무이하고 특수한 경험이 마치 타인에게도 보편타당한 경험인 양 간주하고 선언해 버리는 것이다.

시적 장르의 단일한 어조 속에서 억압적이고 폐쇄적인 성격을 읽어낸 바흐친은 소설의 담화 방식 속에 있는 타인의 언어와의 대화와 다양한 사회적 이념적 언어들의 다성적인 공존을 높이 평가하였다. 이 책에서는 그의 이론에 따라 '소설 수용 시조'의 담화방식을 흥미롭게 고찰하였다. 그 결과 시조에 틈입한 다성성이 전문 가객과 같이 문화적 구심점을 지향하는 집단에서는 위축되고 대중적인 집단에서는 확대되는 양상을 살필 수 있었다.

한편 19세기 후반부터 20세기 초 사이에는 다성적이라는 말로는 충분하지 않은, 극도로 이질적인 목소리들의 혼효를 보이는 잡가들도 등장하였다. 이 책에서는 잡가의 비유기적인 노랫말에 함축된 문제의식을 추적하였다. 그 과정에서 "개별적인 경험의 보편성을 담보해주는 선험적인 관념이 사라진 시대의 서정시가 반드시 '통일된' 혹은 '일원적' 목소리를 지녀야 하는가?"라는

---

5) M. Bakhtin, *The Dialogic Imagination*, ed. by Michael Holquist, Austin: University of Texas Press, 1981.

6) 제임스 크로스화이트, 오형엽 역, 『이성의 수사학-글쓰기와 논증의 매력』, 고려대출판부, 2001.

의문을 제기할 수 있었다.

『가곡원류』에 수집된 서정시들은 개인적 서정과 내면의 추구라는 점에서 그 나름대로 의미가 있지만, 수사적 투쟁에서 우위에 선 개인의 서정시라는 점에서 한계가 있다. 다시 말해 저 옛날의 개별자와 보편자의 근원적 동일성에 대한 확신에서 나온 서정시가 주는 보편적인 감동은 주지 못한다. 반면 부분의 종합적 전환을 거부하는 비유기적인 목소리로 이루어진 잡가는 냉혹한 현실에 맞닥뜨린 개별자의 경험을 있는 그대로 전달해 준다는 점에서 의의를 찾을 수 있다.

아도르노는 가장 사적인 것으로 보이는 서정시 속에 보편성이라는 이름으로 억압되지 않은 개별자의 목소리가 살아 숨 쉬고 있다는 점에 고무되는 한편으로, 이 개별적인 경험들에는 사적인 성격을 넘어서서 역설적으로 일반성에 관여하는 계기가 숨어 있다고 주장한다. 그러나 언제나 그런 것은 아니고 후기 베토벤에서처럼 주체가 주관적 의도를 관철시키려 하지 않고 한발 물러서서 이질적인 것에게 자신을 내맡길 때 개별적인 예술작품은 세계 전체를 표상할 수도 있게 된다고 주장하였다.7) 그의 이론은 형이상학의 붕괴 이후에 개별자의 경험을 노래하는 서정시가 어떻게 보편성을 획득할 수 있는가 하는 의문에 진지하게 답하고 있다. 아도르노는 '시인이 자기의 경험을 자신의 목소리로 발언하는 시'라는 오래된 서정시의 개념에서 '자신의 목소리'라는 부분을 의심하고 성찰하도록 만든다. 이 책에서는 잡가의 극도로 비유기적인 목소리 속에 숨겨진 집단적 경험의 흔적을 추정해 보면서 서정시의 목소리 문제를 상고해 보았다.

이상에서 서정시의 근본 문제들을 세 가지로 살폈다. 이 책의 제1부부터 제3부까지는 각각의 문제들과 연관된 글들로 구성되어 있다. 그러나 발표 시기도 제각각인 글들에 이상의 문제의식이 양적・질적으로 고르게 전개된다고 보기 어렵다. 이에 대해 독자의 너그러운 양해를 구한다.

---

7) T. W. 아도르노, 김주연 역, 「시와 사회에 대한 강연」, 『아도르노의 문학이론』, 민음사, 1985.

제1부
상징 시학에서 알레고리 시학으로

〈도산십이곡〉과 〈고산구곡가〉의 언어*

1. 연구 목적

<도산십이곡>과 <고산구곡가>의 시가사적 의미는 그동안 주로 철학적 측면에서 논의되어 왔다. 그런데 '主里'·'主氣', '理發'·'氣發'과 같은 철학적 개념이 유용하다 해도 문학작품의 구체적 실상에 비해서는 지나치게 포괄적인 개념이 아닐 수 없다. 이 글에서는 철학적 개념과 문학적 실상과의 간극에서 생겨난 시가사적 문제들을 살펴보고, 언어적 측면에서 두 작품의 시가사적 의미를 재조명해 보고자 한다.

<도산십이곡>과 <고산구곡가>는 퇴계 이황과 율곡 이이라는 두 분의 걸출한 학자의 작품일 뿐만 아니라 작품 세계도 판이하여 일찍부터 관심의 대상이 되어 왔다. 초기에는 소재나 문체, 형식면에서 <도산십이곡>과 <고산구곡가>를 비교하는 논의가 시도되다가,[1] 조동일에 이르러 철학사적 관점에서 양자의 차이가 본격적으로 조명되기 시작하였다. 그는 『한국문학통사』에서 '영남가단과 강호가도'라는 제명 하에 두 작품을 다루면서 제2판(1989)까지는 이

---

* 이 글은 「<도산십이곡>과 <고산구곡가>의 언어적 차이와 시가사적 의의」(『국어국문학』 141집, 국어국문학회, 2005.12.30)를 부분 수정한 것이다.

1) 서원섭, 「<도산십이곡>과 <고산구곡가>의 비교 연구」, 『청계김사엽박사송수기념논총』, 학문사, 1973.

황과 이이의 상반된 철학을 암시하다가, 제3판(1994)과 제4판(2005)에서는 '理發'과 '氣發'이라는 개념을 전면에 내세워 서술하였다.

이러한 서술의 변화는 『한국문학사상사시론』(1978), 『문학사와 철학사의 관련양상』(1992), 『한국의 문학사와 철학사』(1996)와 같은 저서를 통해 일관되게 표명해 온 관점을 반영한 결과이다. 그는 "문학연구는 문학의 구체화된 경험을 추상화된 논리로 파악해야 하기 때문에 철학의 도움이 반드시 필요하"며, "철학연구는 철학의 추상화된 논리가 어떤 구체적이고 경험적인 의의를 가지는가 밝혀야 한다."[2]고 주장한다. 그러나 현저하게 차원이 다른 둘을 대비하는 데 대한 우려도 없지 않다. 문학연구의 경우, 문학적 실상을 충분히 음미하지 못한 채 철학의 추상화된 논리를 직입할 위험은 늘 도사리고 있는 것이다. 다음에서는 <도산십이곡>과 <고산구곡가>를 철학적 논리로 파악할 때 나타나는 문제점들을 짚어 보고, 관점의 전환을 꾀하고자 한다.

2. 철학적 입론의 성과와 한계

<도산십이곡>과 <고산구곡가>를 빈번히 主理·主氣哲學에 대응시켜 온 이유는 전자에는 관념적·이상적 자연이 그대로 직설되어 있고, 후자에는 시간의 변화에 따른 구체적 자연이 묘사되어 있기 때문이다.[3] 그러나 양자의 문학적 실상에 대한 구체적인 이해는 연구자에 따라 크게 다르다. 예컨대 조동일은 <도산십이곡>이 '理發'로 인해 긴장감 넘치는 작품세계를 성취한 데 비해, '氣發'에 근거한 <고산구곡가>는 흥취가 그리 크지 않고 작품의 긴장이 떨어진다고 평가한다.[4] 반면 조창환,[5] 김혜숙,[6] 신영명,[7] 김대행[8] 등은 <도

---

2) 조동일, 『한국의 문학사와 철학사』, 지식산업사, 1996, 머리말.

3) 이러한 점은 최근의 학위논문에서도 재삼 강조된 바 있다(권정은, 「자연시조의 구성공간과 지향의식」, 서울대 박사학위논문, 2004).

4) 조동일, 『한국문학통사』(제3판) 제2권, 지식산업사, 1994, 350면; 『한국문학통사』(제4판) 제2권 지식산업사, 2005, 344면.

산십이곡>이 직설적 언술에 그친 반면, <고산구곡가>는 이미지가 형상화된 점을 높게 평가하였다. 신연우는 조동일의 개념을 원용하면서도 이황은 성현의 도를 강압적으로 제시했다면, 이이는 氣의 양상만을 제시하고 그 해석은 각자에게 맡겼다[9]고 본다. 같은 철학적 개념을 가지고 이렇듯 상반된 주장이 나온 것은, 개념과 작품의 구체적 실상을 매개하는 논의가 취약하다는 증거이다. 작품의 실상을 主理·主氣哲學에 대응시키기에 앞서 '직설'이나 '묘사'가 어떤 문학적 경험을 구축하고 있는지를 따져봐야 할 것이다.

대개 <고산구곡가>의 경물 묘사와 이미지에 주목하는 이들은 그러한 특징들을 문학사의 새로운 국면으로 간주한다. 김흥규는 "<고산구곡가>에서는 좀 더 다채로운 景物, 형상, 색채를 보여주며, 정서는 매우 낙천적으로 고양되어 있"는데, "이러한 새로운 양상은 정철에게서 뚜렷하고 신흠에 이르러 더욱 차별성을 드러내게 된다."[10]고 주장한다. 主理論에서 主氣論으로 문학사의 패러다임이 교체한다고 볼 때, 이러한 서술은 문학사의 전개 양상에 깔끔하게 부합한다.

그에 비해 조동일은 주기론적 입장을 취한 점에서는 이이와 정철의 시조가 상통한다고 보면서도, 양자의 문학적 성취에 대해서는 여전히 상반된 관점을 취하고 있다. 즉 이이의 시조는 영남가단의 도학적 강호시조 안에서의 하강적 국면으로 보고, 정철의 시조는 호남가단의 풍류를 쇄신한 성과로 봄으로써,[11] 철학사와는 다른 문학적 경험의 가능성을 암시하고 있다. 그러나 <도산

5) 조창환, 「退溪·栗谷의 詩觀과 時調」, 『울산공대연구논문집』 9권 2호, 1978, 119~126면.
6) 김혜숙, 「<고산구곡가>와 정신의 높이」, 『한국고전시가작품론』 2, 집문당, 1992.
7) 신영명은 주리론적 강호시조를 관념적, 직설적으로 보고, 주기론적 강호시조를 묘사적으로 본다(신영명, 『사대부 시가의 연구』, 국학자료원, 1996, 174면).
8) 김대행은 이황의 시조가 '목적론적 교화론적 목소리'에 그친 반면 이이의 시조는 '순수한 자연의 이미지'를 제시했다고 보았다(김대행, 「李珥論」, 한국시조학회 편, 『고시조작가론』, 백산출판사, 1986, 163면).
9) 신연우, 『사대부 시조와 유학적 일상성』, 이회, 2000, 102~128면.
10) 김흥규, 「16·17세기 강호시조의 변모와 田家時調」, 『욕망과 형식의 시학』, 태학사, 1999, 185면.
11) 조동일, 『한국문학통사』(제4판) 제2권, 지식산업사, 2005, 347면.

십이곡>과 <고산구곡가>가 철저하게 학맥을 따라 분리·전승된 점으로 볼 때, 이이를 영남가단에 포함시킨 점은 재고되어야 할 것이다.[12] 그렇다면 조동일은 왜, 이러한 착종을 허용하는가? 짐작컨대, 『통사』가 철학사적 논리 못지않게 문학적 실상과 감동을 중시하기 때문이 아닐까 한다. 그는 '理發'에 기반한 <도산십이곡>의 직설적인 언어가 오히려 깊은 감동을 주는 반면, '氣發'을 내세운 이이의 작품 세계가 바깥의 양상은 잘 '묘사'했을지 몰라도 내면의 울림은 부족하다고 판단하는데, 이는 '묘사'를 <고산구곡가>의 최대 長處로 꼽는 일반론과는 사뭇 다른 생각이다.

최근 들어 <도산십이곡>을 정치하게 재해석 해 온 성기옥은 이 작품에 대한 통념을 크게 비판하고 있다. 그에 따르면 <도산십이곡>은 문학성이 결여된 무미건조한 작품이 아니라 시상이나 이미지의 병치와 대조를 통해 문학성이 풍부한, 잘 짜여진 언어의 교직물이라는 것이다.[13] 이러한 논의는 <도산십이곡>의 직설과 <고산구곡가>의 묘사를 현대적 관점에서 논단하는 태도에 경종을 울리고 있다.

사실 <도산십이곡>의 '직설'을 비문학적이라고 할 것인지 감동적이라고 할 것인지, 혹은 <고산구곡가>의 '묘사'를 高評할 것인지, 감동이 부족하다고 볼 것인지를 결정하려면 한 가지 의문이 해결되어야 한다. 현대에는 '직설'에 비해 훨씬 매력적으로 보이는 '묘사'가 과연 그때 그 자리에서도 동일한 문학적 힘을 발휘했는가 하는 의문이 그것이다. 지금 필요한 것은 '직설'과 '묘사'와 같은 작품 속 언어가 지닌 문학적·역사적 의미를 해명하는 일이다.

---

12) 南人이었던 윤선도를 서인계 인사들이 주축을 이룬 호남가단의 일원으로 볼 때도 비슷한 문제가 있다. '영남가단'·'호남가단'이란 입론은 철학적 입장과 문학적 실상에 따라 조정될 필요가 있다고 본다.

13) 성기옥, 「<도산십이곡>의 재해석」, 『진단학보』 제91호, 진단학회, 2001.6; 「<도산십이곡>의 구조와 의미」, 『한국시가연구』 제11집, 한국시가학회, 2002.2.

3. 문학적 관습과 언어적 차이

주지하다시피 <도산십이곡>은 우리말 노래인 이별의 <六歌>를 본떠서 前後 六曲으로 만든 노래이다. <육가>의 '玩世不恭之意'를 비판하면서도 이를 본뜬 이유는 노래 부를 수 있는 우리말 시가라는 이유에서였다.[14] <도산십이곡>은 처음부터 우리말 시가의 감화력을 전제로 만들어진 노래였으며, 수양과 교육에 관련되는 기능을 담당했다.[15] 이황의 자제 및 문도들이 그 가무의 연행에 직접 참여한 기록과 함께, 영남의 일부 사림 가문에서는 <육가> 형식의 노래가 활발하게 창작 전승되었다는 기록도 있으므로,[16] <육가>가 가창된 사실은 분명해 보인다. 17세기 이후로도 <육가>는 영남사림의 처사적 문학의 양식으로 발전하면서, 향촌문화를 향도하는 역할을 담당해 왔다.[17]

<고산구곡가>는 주자의 <武夷櫂歌>를 의방하여 지은 노래로서, 이후 기호학파 및 노론계 관료들에 의해 국문 <九曲歌>와 한역 <九曲詩>를 활발히 창작하는 계기를 마련했다. 똑같은 <무이도가>를 수용하되 영남학파에서는 대개 次韻詩만 짓고 우리말로 노래 부르지는 않은 점이 특이한데, <육가>로써 이미 가창의 욕구를 실현하고 있었기 때문이라 여겨진다. 그에 반해 기호학파에서는 '가창'에 대한 의식이 영남 사림만큼 뚜렷하지 않았다. 우리말로 지은 <구곡가>마저도 吟詠의 방식으로 향유한 것으로 추정되기 때문이다.[18]

---

14) 당대에 우리말 노래로는 <쌍화점>・<어부가> 같은 고려가요 계열도 있었는데, <도산십이곡> 발문에서는 <한림별곡>과 <육가>만을 언급하였다. 이황은 한림별곡류의 '矜豪放蕩' '褻慢戲狎'보다는 <육가>를 취하는 편이 낫다고 여겼다(「陶山十二曲拔」, 『퇴계집』 권43).

15) 임형택, 「17세기 전후 六歌形式의 발전과 시조문학」, 『한국문학사의 논리와 체계』, 2002, 210~212면.

16) 최재남, 「이별의 평산은거와 <장육당육가>」; 「이황의 도산생활과 육가의 수용 및 전승」, 『사림의 향촌생활과 시가문학』, 국학자료원, 1997.

17) 조해숙, 「전승과 향유를 통해 본 <개암십이곡>의 성격과 의미」, 『국어국문학』 133호, 2003.5.30.

18) 김문기, 「九曲歌系 詩歌의 系譜와 展開樣相」, 『국어교육연구』 23호, 경북대 국어교육연구회, 1991, 79면.

<고산구곡가>의 향유와 관련한 최근 논의에 의하면, 17세기 말부터 18세기 초까지 노론계 문인들의 손으로 <고산구곡가>, <고산구곡가번문>, <고산구곡시>를 모은 『고산구곡첩』이 제작되면서 이이의 고산구곡 경영과 <고산구곡가>의 창작은 더욱 큰 의미를 띠게 되었다고 한다. 이때는 이이에서 시작된 자신들의 학맥을 소론이 부정하는 데 대해 큰 충격을 입은 노론이, 주자학의 정통이 율곡에게 이어졌음을 재천명할 필요가 있던 때였다. 이런 상황에서 <구곡가>는 가창의 욕구를 충족시켰기 때문이 아니라 이 노래 자체가 지니는 상징적 의미 때문에 중시되었다.[19)]

이상에서 본바, 학파에 따라 노래의 성격과 기능에서 뚜렷한 대비를 보이는 <육가>와 <구곡가>의 문학적 관습의 핵심은 '歌唱'과 '吟詠'이라는 향유 방식에 있다고 하겠다. 이 말은 <육가>가 음영되지 않았다거나 <구곡가>가 가창되지 않았다는 뜻은 아니다. <도산십이곡> 발문에서는 "상자에 넣어 두었다가 때로 꺼내어 완미한다"고도 했기 때문에 음영되었을 가능성도 배제할 수 없다. 그런가 하면 이이가 "제자들에게 명하여 거문고를 뜯게 하고, 아이들로 하여금 長歌로써 화답케 하였다"는 등의 기록에서 말하는 長歌가 <고산구곡가>일 가능성도 조심스럽게 제기되고 있다.[20)] 무엇보다도 18세기 중반 이후 『해동가요』를 비롯한 여러 가집에서 <고산구곡가>가 풍부하게 수용되어 온 사실은 <고산구곡가>도 가창되었다는 증거가 된다. 그럼에도 불구하고 창작자와 전승자의 의도로 본다면 <도산십이곡>과 <고산구곡가>를 각각 가창과 음영이란 향유 방식에 결부시키게 된다.

이황은 <도산십이곡> 발문에서 "지금의 시는 옛날의 시와는 달라서 읊을

---

19) 이상원, 「조선후기 <고산구곡가> 수용 양상과 그 의미」, 『고전문학연구』 24집, 2003.12에서 『고산구곡첩』 제작의 경위를 소상히 밝혀 놓았다. 이에 따르면 『고산구곡첩』 제작을 즈음해서 소론이 '이이-김장생-김집-송준길 · 송시열'로 이어지는 노론의 학맥을 부정하고 '성수침-성혼-윤선거-윤증'으로 이어지는 새로운 학맥을 주장하였다고 한다. 한편 『고산구곡첩』의 제작을 계기로 <고산구곡가>를 수용한 시화첩이나 시화병이 유행처럼 번졌다고 한다.

20) 이민홍, 「栗谷詩歌와 性情美學」, 『조선중기 시가의 이념과 미의식』, 성균관대 출판부, 1993, 251면.

수는 있으나 노래할 수가 없다. 만약 노래할 수 있도록 하자면 반드시 우리나라 말로써 엮어야 하니, 대개 우리나라의 음악이 그러하지 않을 수가 없는 것이다."라고 강조했다. 그는 우리말 노래가 지니는 독보적 가치에 주목하였는데, 다름 아니라 '음영'만 하는 한시와는 달리 '가창'이 가능하다는 것이었다. 반면 <구곡가>는 '구곡시'의 전통을 우리말로 구현함으로써 주자학이 조선 성리학으로 재창조되었음을 단적으로 드러내는 데 그 목적이 있었다.[21] 노론계 문인들의 정체성 확인에 소용된 <구곡가>는 우리말 시가의 폭넓은 감화력을 목표로 한 <육가>와는 달리 굳이 가창해야 할 이유가 없었을 뿐 아니라, <九曲圖>와 함께 감상하는 데[22]는 음영이 더 적합해 보인다. 화자와 청자가 함께 있어야만 가능한 노래와는 달리 그림은 철저히 개인적인 시선을 요구하기 때문이다.

여기서 두 작품의 언어적 조건을 설명하는 한 가지 기준으로 '대화'와 '독백'을 마련하고자 한다. '대화'와 '독백'은 '가창'과 '음영'이란 향유조건을 극단적으로 실현한 '시조'와 '한시'의 양식적 차이[23]에서 차용한 것이다. <도산십이곡>과 <고산구곡가>의 발화 상황이 그 어느 쪽에 가까운지를 확인하는 일은 두 작품의 문학적 실상을 이해하는 데 매우 중요하다. '대화'와 '독백'이 화자와 청자의 관계에 초점을 둔 기준이라면, '대화' 혹은 '독백'의 상황에서 발화를 전달하는 매체(medium)가 '구어'인지 '문어'인지의 여부도 중요한 기준이 된다. '구어'와 '문어'는 문학적 질감을 좌우하는 언어적 조건이기 때문이다. 마지막으로 고려할 기준은 발화되는 내용을 표현하는 방식이다. 표현방식을 분석하는 자리에서는 이른바 '직설'과 '묘사'라고 하는 두 작품의 언어적 특징을 총괄적으로 재검토하기로 한다.

---

21) 박이정, 「18세기 예술사 및 사상사의 흐름과 권섭의 <황강구곡가>」, 『관악어문연구』 27집, 2002.12.

22) 유준영, 「九曲圖의 發生과 機能에 대하여」, 『고고미술』 151호, 한국미술사학회, 1981.

23) 가창과 음영에 따른 시조와 한시의 양식적 차이에 대해서는 정운채, 「윤선도의 시조와 한시의 대비적 연구」, 서울대 박사학위논문, 1993 참조.

1) 대화와 독백

음영과는 달리 가창이라는 향유방식은 반드시 현존해서 듣고 있는 청자를 요구하게 된다. 따라서 가창에 적합한 장르일수록 청자지향적 어법이 뚜렷하게 마련이다. 시조에는 명령형과 청유형, 의문형 등과 같이 청자를 의식한 표현이 관습적으로 굳어져 있는데,[24] <도산십이곡>에서도 그러한 관습적 표현이 쉽게 눈에 띈다. 종결어들은 "엇더ᄒᆞ료", "고텨 므슴ᄒᆞ료", "소겨 말ᄉᆞᆷᄒᆞᆯ가", "머리 ᄆᆞᄉᆞᆷ ᄒᆞᄂᆞᆫ고", "긋디 아니ᄂᆞᆫ고", "어듸 그지 이슬고", "닐어 므슴ᄒᆞᆯ고", "아니 녀고 엇뎔고"와 같은 의문형이나, "허므리나 업고쟈", "더욱 닛디 몯ᄒᆞ애", "년듸 ᄆᆞᄉᆞᆷ 마로리", "萬古常靑호리라"와 같은 감탄형, "聾瞽 ᄀᆞᆮ디 마로리"와 같은 청유형이 대부분이다. 이처럼 발화적 특징만 보아도 <도산십이곡>에서는 작자의 관심이 자아로부터 출발하여 상대로 귀결되는 '대화'를 지향한다는 사실을 감지할 수 있다. 작품의 예를 보자.

> 愚夫도 알며 ᄒᆞ거니 긔 아니 쉬운가
> 聖人도 몯다 ᄒᆞ시니 긔 아니 어려운가
> 쉽거나 어렵거낫 듕에 늙ᄂᆞᆫ 주를 몰래라 <도산십이곡> 言學 其六

여기에 쓰인 '-ㄴ가'계 어미는 16세기에 직접 의문문에 사용된 어미이다. 이 어미는 상대 높임법 등급상 매우 폭넓은 사용 영역을 가진 의문법 어미여서, 화자보다 존귀한 인물에 대해서도 사용할 수 있다.[25] 따라서 "긔 아니 쉬운가", "긔 아니 어려운가"는 청자를 바로 앞에 두고 묻는 말이며, 그 청자는 화자보다 신분이 낮은 사람이나 높은 사람 누구라도 될 수 있고 이 작품을 읽고 있는 오늘날의 독자도 될 수 있다. 또한 '어렵-'과 '쉽-'은 '맛당ᄒᆞ-', '올ᄒᆞ-', '둏-'과 마찬가지로 평가구문을 이루는데, 평서문 평가구문에서는 화자

---

24) 김대행, 『노래와 시의 세계』, 역락, 1999, 57~58면.
25) 장윤희, 『중세국어종결어미연구』, 태학사, 2002, 291면.

가 평가자가 되지만 의문문 평가구문에서는 청자가 평가자가 된다.26) 이러한 어법을 취함으로써 좁게는, 바로 앞의 제5수에서 노래한 바, 靑山과 流水처럼 萬古와 晝夜로 그치지 않고 학문에 힘쓰는 삶에 대한 청자의 관심을 유도한다. 넓게는 지금까지 <도산십이곡>에서 말한 바, 이치를 따르고 학문을 연마하는 일이 쉬운 일인가 쉽지 않은 일인가를 청자 스스로 판단하게끔 한다. 그렇게 보는 이유는 이 작품이 後六曲 言學 가운데도 마지막에 놓여 있기 때문이다. 이렇게 적극적으로 청자를 끌어들임으로써, "쉽거나 어렵거낫 듕에 늙는 주를 몰래라"라는 마지막 진술이 다만 화자 자신의 독백으로만 그치지 않게 된다.

시조의 '선언하기'나 '질문던지기' 화법이 청자와의 관계형성에 의해 자신을 확장하고자 하는 사고와 관련된다는 지적이 있다.27) 그런데 개체로 존재하는 인간의 한계를 생각하면 내가 타인의 개인적 세계에 들어가는 것도, 타인을 나의 세계로 불러들이는 일도 그리 쉬운 것은 아니다. 이렇게 볼 때 <도산십이곡>의 대화적 표현은 나와 타인과의 존재론적 구별을 넘어서려는 적극적인 태도로 해석된다.

<고산구곡가>의 종결어들은 <도산십이곡>과 다르다. 초장과 중장을 보면 "벗님네 다 오신다", "冠巖에 ᄒᆡ 빗쵠다", "遠山이 글림이로다", "花巖에 春晩커다", "翠屛에 닙 퍼졌다", "松崖에 ᄒᆡ 넘거다", "釣峽에 물이 넙다", "楓岩에 秋色이 좃타"에서 보는 것처럼 '-다'라는 종결어를 흔히 보게 된다. 종결어미 '-다'는 구체적인 청자를 상대로 하는 '-니라'와는 대조적으로 쓰이는데, 명제를 그 자체에 가깝게 서술하며 특히 관념적·개념적 문장의 종결에 사용된다.28) 설명법에 해당하는 '-다'는 사실에 대한 인식내용을 상대방에게 진술하는 데 그칠 따름이고 상대방에게 새로운 정보를 요구하거나 행동 수행을 요

---

26) 이현희, 『중세국어구문연구』, 신구문화사, 1994, 525면.

27) 조하연, 「시조에 나타난 청자지향적 표현의 문화적 의미 연구-조선 전기 사대부 시조를 중심으로」, 서울대 석사학위논문, 2000.

28) 장윤희, 「중세 국어 종결어미에 대한 통시적 연구」, 서울대 박사학위논문, 1998, 119~121면.

구하지 않는다.[29] 이런 종결어는 청자를 전혀 의식하지 않고 대상에만 온통 집중하고 있는 화자의 태도를 드러내기에 적합하다.

> 一曲은 어드ᄆᆡ고 冠巖에 ᄒᆡ 빗췬다
> 平蕪에 ᄂᆡ 거든이 遠山이 글림이로다
> 松間에 綠樽을 녹코 벗 온 양 보노라 <고산구곡가> 제2수

<고산구곡가>의 매 수는 "○曲은 어드ᄆᆡ고 A에 B하다"라는 동일한 구절로 시작하며, A에는 반드시 實景을 일컫는 고유명사가 대입된다. 주자의 무이구곡에 상응하는 경치를 조선에서도 발견하여 적극적으로 이름 붙인 까닭에 <구곡가>는 조선중화주의 이념을 표방하는 데 소용되었다. 이러한 '이름 붙이기'는 구체적이고 연속적인 상황에서 한 대상을 분리해 내야만 가능하다. 즉 '명명'이란 연속적인 상황의 한 부분을 '사물로 만드는 일(making thing)'이며, 이로써 사물이란 '본래부터 존재하는 것'이 아니라 '만들어진 것'이 된다.[30] 이이가 은거하였던 석담의 경관은 하나의 우주적인 자연으로 연속되어 있었을 따름인데, 이이의 명명에 의해 아홉 개의 분리된 사물로 만들어지고, 정통 주자학의 발현 공간을 표상하게 되었다.

"○曲은 어드ᄆᆡ고 A에 B하다"라는 동일한 구절에서 B는 명명됨으로써 만들어진 사물의 가장 특징적인 경치를 언급하는데, "ᄒᆡ 빗췬다", "글림이로다", "春晩커다", "닙 퍼졋다" 등에서 보는 것처럼 거의 어김없이 '-다'라는 관념적 종결어미를 사용하고 있다. 그리하여 "冠巖에 ᄒᆡ 빗췬다"는 實景의 구체적인 모습보다는 이상적 모습에 대한 관념적 진술에 가깝게 된다. 한편으로 '-다'체는 고립된 개인의 언어로서 자기 자신을 향한 독백에 주로 사용된다.[31] 전

29) 고영근, 『국어형태론연구』, 서울대 출판부, 1989, 309면.
30) 배수찬, 「漢字의 특성에 대한 현상학적 연구」, 『고전문학과 교육』 5집, 고전문학교육학회, 2002, 224면.
31) 권보드래, 『한국 근대소설의 기원』, 소명출판, 2000, 251면.

체적으로 <고산구곡가>의 초장은 한 개인의 의식에 의해 분리된 자연의 일부분에 대한 관념적 독백의 성격을 띠고 있는데, 이로써 우리는 <도산십이곡>에서는 볼 수 없었던 개체에 대한 감각을 얻게 된다.

중장에서는 개체로 분리된 경치를 구체적으로 풀어서 "平蕪에 니 거든이 遠山이 글림이로다"라고 묘사한다. 그런데 아직은 그 묘사가 대상의 개별적 특징을 남김없이 구체화하고 있지는 않다. '넓은 들에 안개가 걷히니 먼 데 있는 산이 그림처럼 보인다.'는 진술은 절반은 추상적이고 절반은 구체적이다. 그것은 특정한 들과 산만이 아니라, 들과 산의 일반적인 속성을 가리키기 때문이다. 이렇듯 '이름'에서 '관념적 진술', '일반적 묘사'로 나아가면서 점차 추상성을 낮추고 구체성을 높이면서 대상이 자기에게 점점 다가오는 것 같은 효과를 얻을 수 있다. 그러나 한시에서처럼 대상의 모습이 자아의 마음에 새겨져서 "意象"으로 구현되지는 않은 듯하다. 종장을 보면 "松間에 綠樽을 녹코 벗 온 양 보노라"라고 하여, 다가온 대상과 자아가 여전히 분리된 채로 있기 때문이다. 화자가 자기 안의 개체로 남은 채, 대상의 의미를 포용하는 보편적인 자아로 상승되지 못한 것이 그 이유가 아닐까 한다.

<고산구곡가>에서도 종장에 이르면 "學朱子를 ᄒᆞ리라", "벗 온 양 보노라", "野外로 보ᄂᆡ노라", "녀름 景이 업세라", "興을 계워 ᄒᆞ노라", "詠月吟風 ᄒᆞ올이라"와 같이 선언적인 종결어와, "뉘야 더욱 즐기ᄂᆞᆫ고", "알게 ᄒᆞᆫ들 엇더리"와 같은 의문형 종결어들이 나타나고 있다. 그러나 깨달음에 함께 도달하기 위해서 의도적으로 청자를 상정한 <도산십이곡>에 비해서, <고산구곡가>의 발화 상대는 한결 내재적이다. 특히 興이 잦아들고 詩想이 하강하는 후반부에 제시된 "黃昏에 낙대를 메고 帶月歸를 ᄒᆞ노라", "寒岩에 ᄒᆞᆫ자 안자셔 집을 닛고 잇노라", "古調를 알리 업쓴이 ᄒᆞᆫ자 즑여 ᄒᆞ노라"와 같은 표현은 청자를 상정하지 않은 독백에 가깝다.

<고산구곡가>의 제 5수는 "松崖"를 노래하는데, 깎아지른 듯한 절벽 위에 우뚝 솟은 한 그루 소나무가 맑고 깊은 물에 어리는 경치는 이이의 자아상을 표현한 것이기도 하다. 이이는 「松崖記」에서 "물아일체는 자연의 妙理를 터

득케 하며 天理의 流行을 보게 하는데, 이와 같은 眞樂을 얻자면 반드시 愼獨을 해야 한다"고 강조했다.[32] <고산구곡가>가 우리말 시가임에도 불구하고 청자를 배제하고 독백적 어법을 취하게 된 것은, 이이가 추구하는 경지가 "愼獨"을 통한 깨달음이었기 때문이라고 본다.

2) 구어와 문어

발화 매체로 본다면, 의사 전달의 매개 수단이 음성적 실체(phonetic substance)인 것이 '구어'이고, 의사 전달의 매개 수단이 도안적 실체(graphic substance)인 언어가 '문어'이다.[33] '대화'는 의사 전달의 두 가지 매개 수단인 매체(medium)와 양식(mode)이 모두 음성언어가 되는 유일한 언어이다.[34] <도산십이곡>이 청자를 대면하여 발화한 노래라면, 그 문체는 구어체여야 마땅하다. <고산구곡가>도 우리말 노래인 이상, 구어체와 무관하다고 볼 수는 없다. 그러나 청자가 적극적으로 배제되어 있는 데다, 『고산구곡도첩』으로 제작된 이후로는 특히 <구곡도>와 함께 눈으로 읽혔을 가능성마저 높아서, 문어적 특징도 고려하지 않을 수 없는 상황이다.

구어와 문어는 여러 가지 측면으로 대비될 수 있겠으나, 대체로 구어를 비형식적(informal) 언어로, 문어를 형식적(formal) 언어로 보는 데는 이견이 없는 듯하다. 시조에서 광범위하게 나타나는 병렬(parallelism)은 비형식적 언어의 대표적인 예가 된다. 형식적인 언어에서는 표현을 풍부하고 정확하게 하기 위해서 되도록 같은 단어를 반복해서 사용하지 않기 때문이다.[35]

---

32) 이민홍, 앞의 책, 296면.
33) 신명선, 「독립신문의 텍스트 구조적 특성에 대한 연구」, 서울대 석사학위논문, 1998, 18면.
34) 매체(medium)란 송신자가 자료의 집합체를 어떤 언어적 수단을 통해 전달하는가를 설명하는 데 쓰이는 개념이라면, 양식(mode)이란 전달매체와 관계없이 메시지를 구어나 문어의 특질로 생산해 내려는 송신자의 선택을 가리킨다(위의 논문, 28면).
35) 위의 논문, 21면.

淳風이 죽다 ᄒᆞ니 眞實로 거즈 마리
人性이 어디다 ᄒᆞ니 眞實로 올ᄒᆞᆫ 마리
天下애 許多 英才를 소겨 말ᄉᆞᆷᄒᆞᆯ가 <도산십이곡> 前六曲 其三

<도산십이곡>에서는 위에서 보는 것처럼 초장과 중장의 통사구조가 그대로 반복되는 외적 병렬이 구사된 경우를 흔히 보게 된다. 민요와 같은 구비시가에서는 압운이 발달하지 않았기 때문에 병렬이 거의 유일한 작시법적 기능을 담당해 온바, 병렬적 표현이 많다는 것은 구비되는 우리말 노래의 특성을 반영한 결과이기도 하다. 위의 작품은 혹 어지러운 현실에 직면하더라도 '淳風'이 죽었다는 미혹된 생각을 버리고 '人性'이 어질다는 본래적 믿음으로 돌아갈 것을 권유하되, 무지한 청자로부터 유식한 청자에 이르기까지 동일한 깨달음을 얻게 하려는 배려가 깃든 노래이다. 그러한 배려는 '性善', '性理'와 같은 철학적 개념을 '거짓말', '옳은 말'이라는 비근한 일상어로 설명하는 데 잘 드러나 있다. 종장 "天下애 許多 英才를 소겨 말ᄉᆞᆷᄒᆞᆯ가"에서는 미혹된 말을 퍼뜨리는 청자를 향하여서는 준엄한 심판자의 목소리로, 자신을 포함해 미혹된 말에 동요하는 청자를 향하여서는 단호한 반성의 목소리로, 누구에게나 해당하는 포괄적인 의문을 던지고 있다. 이처럼 대학자의 학문 세계는 깊었지만, 그의 말은 지극히 쉽고도 친근하다.

다음과 같은 표현은 구어에서만 가능한 표현이다.

이런ᄃᆞᆯ 엇더ᄒᆞ며 뎌런ᄃᆞᆯ 엇더ᄒᆞ료
草野愚生이 이러타 엇어ᄒᆞ료
ᄒᆞ믈며 泉石膏肓을 고텨 므슴ᄒᆞ료 <도산십이곡> 前六曲 其一

여기에 쓰인 "이런ᄃᆞᆯ 뎌런ᄃᆞᆯ", "이러타"는 그 자체가 특정한 무엇을 가리키거나 의미하지 않고, 넓고 크게 생각과 느낌의 방향을 나타내는 구어의 특성[36]을 반영한다. 여기서의 "이런ᄃᆞᆯ 뎌런ᄃᆞᆯ", "이러타"는 화자와 청자가 공유하고 있는 상황 속에서 어떤 것을 가리키는 말이다.[37] 흥미롭게도 이 작품은 <도산십이곡> 가운데 맨 처음 나오는 시조이다. 화자와 청자가 직접적인 대면을 하지 않는다면, 무엇을 말하는지 알 수 없는 상황인 것이다. 도입부터 이러한 표현이 가능한 것은 화자와 청자가 강한 공감대를 가지고 있기 때문이다. 구어에 풍부한 공감대는 구어가 일차적으로 인간의 생리적 조건과 가장 가까이 있는 언어 수단이라는 점에서 나온다. 즉 "약 2초 동안 발성하고 쉬어야 하는 호흡의 생리적 제약을 받는다."[38]는 점에서는 화자와 청자가 어떤 사람인지를 막론하고 누구나 다 평등하다. 이를 확장하면 깨달음에 있어서도 누구나 평등하다는 인식을 얻을 수 있다. "愚夫도 알며 ᄒᆞ거니 긔 아니 쉬운가/ 聖人도 몯다 ᄒᆞ시니 긔 아니 어려운가"라는 표현에서는 "안다"와 "하다"라는 동사와 연결되는 목적어가 아예 생략되어 있다. 어리석은 이도 알아야 할 것, 성인도 차마 다 하기 어려운 것이 무엇인지에 대한 해석이 이미 공유되어 있다는 전제 아래에서만 이러한 구어적 표현이 가능하다. 그러면 이 같은 구어적 표현이 <고산구곡가>에는 없는 것일까?

> 六曲은 어드ᄆᆡ고 釣峽에 물이 넙다
> 나와 고기와 뉘야 더욱 즐기ᄂᆞᆫ고
> 黃昏에 낙대를 메고 帶月歸를 ᄒᆞ노라 <고산구곡가> 제7수

<고산구곡가>에서는 초장과 중장의 병렬이 있을 수 없다. 초장이 항상 "○曲은 어드ᄆᆡ고 A에 B하다"라는 동일한 구절로 되어 있기 때문이다. 이와 똑같은 통사 구조를 중장에서 쓸 수도 없거니와, 중장에서는 초장에 제시된 實景에 대한 좀 더 구체적인 설명이 나오기 때문에 구태여 초장의 내용을 반복

---

36) 김병원, 「한국말과 글의 특성 비교」, 『이중언어학회』 3집, 1987, 14면.
37) 노대규, 『한국어의 입말과 글말』, 국학자료원, 1996, 35~36면에서는 구어와 문어의 차이를 "상황의존성"과 "문맥의존성"으로 구별한다. 그 내용은 뒤에 다시 언급된다.
38) 김병원, 앞의 논문, 14면.

할 이유도 없다. 일반적으로 구어는 화자와 청자가 구체적인 의사소통 상황을 공유한 상태에서 즉각적으로 이루어지므로, 비계획적이며 비문법적이고 상황의존적인 성격이 강하다. 반대로 문어는 필자와 독자가 의사소통 상황을 공유하지 못한 상태에서 이루어질 뿐만 아니라 필자가 자신의 생각을 여러 번에 걸쳐 다듬고 수정하는 과정을 거쳐 이루어지므로, 계획적이며 문법적이고 문맥의존적인 성격이 강하다.39)

이미 살핀 대로 <고산구곡가>에서 어떤 대상을 표현하는 방법은 '이름'에서 '관념적 진술', '일반적 묘사'로 나아가면서 점차로 추상성을 낮추고 구체성을 높이는 것이다. 즉흥적 창작에서는 이러한 논리 정연함을 얻기 어렵다. 단계별로 뚜렷이 구분되는 분석적인 논리는 청자와 고립된 상황에서 여러 차례 다듬고 수정한 작업의 결과이다. 그러기에 <고산구곡가>에서는 "이러들", "이러타"와 같이 생각의 방향과 느낌만을 지시하는 어휘는 거의 볼 수 없고, 느낌들은 형용사와 동사로 정확하게 표시되어 있다. 서술어의 목적어가 빠진 문장도 거의 볼 수 없다.

<도산십이곡>의 경우, 학문을 향한 주체의 다짐을 표출한 後六曲에서도 한 개체가 하는 말로 보기 힘든 포괄적인 표현들이 있다. "녀던 길 알픠 잇거든 아니 녀고 엇뎔고", "이제나 도라 오ᄂᆞ니 년듸 ᄆᆞᅀᆞᆷ 마로리", "우리도 그티디 마라 萬古常靑호리라", "쉽거나 어렵거낫 듕에 늙ᄂᆞᆫ 주를 몰래라"는 화자와 청자 모두에게 해당하는 깨달음을 말하고 있다. 이러한 표현들은 모두 구체적인 시간과 공간을 표시하지 않는다. 다만 "옛사람의 길이 있는데 그 길을 벗어나 있었고, 다시 그 길로 돌아가야만 한다."는 취지만 전달할 따름이다.

그에 비해 <고산구곡가>의 경우 서두에서부터 "어즙어 武夷를 想像ᄒᆞ고 學朱子를 ᄒᆞ리라"라고 행동의 범위를 설정하고, 매 수마다 "講學도 ᄒᆞᆯ연이와 詠月吟風 ᄒᆞ올이라"와 같은 구체적인 행위들을 지시하고 있다. 예컨대 "松間에 綠樽을 녹코 벗 온 양 보노라", "林泉이 깁도록 죠흐니 興을 계워 ᄒᆞ노라",

39) 노대규, 앞의 책, 36~38면.

"黃昏에 낙대를 메고 帶月歸를 ᄒᆞ노라", "寒岩에 ᄒᆞᆫ자 안자셔 집을 닛고 잇노라", "古調를 알리 업쓴이 ᄒᆞᆫ자 즑여 ᄒᆞ노라"는 철저히 한 개체에 한정된 행위를 가리킨다. "松間", "林泉", "黃昏", "寒岩"이 모두 특정한 시공간을 한정하므로, 모든 말들이 "지금 여기에" 있는 화자 자신에게만 해당하는 것이다.

<도산십이곡>에서 보는 자아의 무한한 확장은 청자와의 관계형성을 통해 가능한 것인데, 바로 이런 역동적인 대인관계 때문에 구어에는 주술성이 있다고 여겨지기도 한다. 구어의 주술성이란 구어가 사물 그 자체에 가깝고, 상황 맥락에 대한 환기력이 높아, 대면 상황에 있는 언어 수용자에게 큰 영향을 미치는 특성을 말한다.40) 반면에 시각중심적인 인쇄문화 혹은 문자문화는 개인을 공동체로부터 고립시키고, 인격 간의 전달을 약화시킨다고 말해진다.41)

동시대의 작품인 <도산십이곡>과 <고산구곡가>를 구술문화와 문자문화의 산물인 양 간주하는 것은 옳지 못하나, 구술문화가 정신과 정신, 인격과 인격의 의존을 강조한다는 지적은 국문시가의 감동력을 이해하는 데 도움을 준다. <도산십이곡>의 구어적인 표현 속에는 자신의 인격적 상황과 타인의 인격적 상황이 함께 고려되고 있고, 서로가 서로에게 강한 영향을 끼치고 있다. 그렇다면 독백과 문어적 표현, 시각적 묘사로 이루어진 <고산구곡가>의 작품 세계는 시조가 구어의 주술성에서 벗어나고 있음을 시사하는 것일까?

3) 직설과 묘사

이제 '직설'과 '묘사'가 지닌 문학적 · 역사적 의미를 살필 차례이다. '직설'이 비가시적인 관념을 어떠한 형상의 매개 없이 그대로 말한 것이라면, '묘사'는 비가시적인 관념을 '형상적 이미지'를 통해 가시적으로 드러낸 것이다.

---

40) 배수찬, 「고전 국문소설의 서술 원리 연구-낭독이 서술에 미친 영향을 중심으로」, 서울대 석사학위논문, 2001, 68면; 월터 J. 옹, 이기우 · 임명진 역, 『구술문화와 문자문화』, 문예출판사, 1995, 203면.

41) 월터 J. 옹, 『言語의 現存』, 탐구당, 1991, 254~258면.

오늘날의 관점에서는 <도산십이곡>의 ‘직설’이 감성의 정화를 유발한다는 것이 잘 이해되지 않지만, 가창되었던 <육가>는 “무엇보다 感發融通이 이루어지는, 감성의 정화작용을 중요시 한”[42] 장르였다. 다음의 시조를 통해 그 과정을 이해해 보도록 하자.

> 幽蘭이 在谷ᄒᆞ니 自然이 듣디 됴해
> 白雲이 在山ᄒᆞ니 自然이 보디 됴해
> 이 듕에 彼一美人를 더욱 닛디 몯ᄒᆞ애　　　<도산십이곡> 前六曲 其四

이 시조는 그윽한 난초가 골짜기에 존재해 있고, 흰 구름이 산에 존재해 있다는 지극히 객관적인 사태에 대한 직설을 통해, “自然”히 ‘향기 좋은 物’과 “自然”히 ‘보기 좋은 物’의 이치를 조용히 드러내고 있다. “듣다”와 “보다”는 사물을 인지하는 대표적인 지각 방식이기에, 양자를 병렬시킨 초·중장의 의미는 곧바로 이 세상에 존재하는 모든 사물들로 확장될 수 있다. “듣디 됴해”, “보디 됴해”의 주체는 ‘幽蘭’과 ‘白雲’이며, 이를 바라보는 주관의 판단과는 무관하게 스스로 존재하는 이치가 그러할 따름이다. 중세국어에서 ‘둏-’이란 말은 한편으로는 ‘인-’과, 다른 한편으로는 ‘正ᄒᆞ-’와 거의 비슷한 의미를 가지는 형용사이다.[43] “둏”다는 것은 幽蘭이 제자리에, 白雲이 제 자리에 있는 이치가 본래 그러하면서도 올바르다는 뜻이지, 幽蘭이나 白雲의 상태나 형질이 좋다 나쁘다를 말한 것은 아니다. 그것들은 특정한 개체에게 있어서 ‘향기 맡기에’, ‘보기에’ 좋도록 만들어진 사물들이 아니다. 幽蘭은 골짜기에 그윽이 숨겨져 있기에, 白雲은 산자락에 무심히 걸려 있기에 어느 한 개체와 즉물적인 관계를 갖는다고 볼 수 없다. 그 누군가의 눈에 띄기 이전부터, 그 누군가에 의해 관찰되거나 발견되기 이전부터 이미 제 자신의 속성을 오래도록 發

42) 임형택, 「17세기 전후 六歌形式의 발전과 시조문학」, 『한국문학사의 논리와 체계』, 창작과비평사, 2002, 210~212면.

43) 이현희, 앞의 책, 189면.

해 온 거대한 自然의 일부인 것이다. 이러한 자연물의 이치가 나에게 도달할 때, 이 모든 것을 가능하게 한 "彼一美人"에 대한 바람직한 감성이 함양된다고 이 시조는 말한다. 반면 <고산구곡가>에 묘사된 自然은 주관의 판단과 인식능력과 무관하게 존재할 수 없는, '관찰 가능한' 사물이라는 점이 다르다.

> 五曲은 어드ᄆᆡ고 隱屛이 보기 죠회
> 水邊精舍는 蕭灑ᄒᆞᆷ도 ᄀᆞ이 업다
> 이 中에 講學도 ᄒᆞᆯ연이와 詠月吟風 ᄒᆞ올이라 <고산구곡가> 제6수

> 七曲은 어드ᄆᆡ고 楓岩에 秋色이 좃타
> 淸霜이 엷게 친이 絶壁이 錦繡ㅣ로다
> 寒岩에 ᄒᆞᆫ자 안자셔 집을 닛고 잇노라 <고산구곡가> 제7수

五曲을 읊은 시조에서 "보기 죠회"의 주체는 "隱屛"이지만, 그 의미는 隱屛의 이치가 본래 그러한 것이 아니라, 隱屛에 대한 나의 판단이 그러한 쪽에 가깝다. '隱屛'이란 이름이 나에 의해 명명된 순간, 그것은 연속되어 있는 대자연의 운행 원리에서 떨어져 나와, 주관의 통제를 받는 대상이 된다. 그 隱屛의 특징을 구체적으로 묘사한, "水邊精舍는 蕭灑ᄒᆞᆷ도 ᄀᆞ이 업다"를 보면, "蕭灑ᄒᆞ"다는 형용사와 "ᄀᆞ이 업다"는 평가가 모두 관찰되는 대상에 대한 관찰자의 우위를 암시한다.

七曲을 읊은 시조에서 "楓岩에 秋色이 좃타"라는 판단 또한 자연물의 가치를 읽어내는 주체의 인식 능력을 표현한다. 동사의 경우 어떤 주체의 행위나 동작, 사태에 대한 진술이 누구의 관점에서 보더라도 대체로 비슷할 수 있는데 반하여 형용사의 경우는 '성질, 상태, 특성'이라는 것 자체가 보는 이의 관점이나 적용 대상에 따라 다르게 인식될 소지가 많다.[44] 이처럼 주관적인 판

44) 김정남, 『국어 형용사의 연구』, 역락, 2005, 246면.

단자에 의하여 그 내용이 좌우될 소지가 많은 속성을 지닌 형용사가 빈번하다는 점은 강호시조로서는 심상치 않은 조짐이다.

<고산구곡가>에 종결어미 '-다'가 많다는 사실은 이미 지적했거니와, 공교롭게도 이 종결어미는 형용사와 쉽게 결합한다는 특징이 있다. '-다'로 서술되는 명제는 명제 내용 그 자체에 가깝게 표현되는 까닭에 명제 내용이 쉽게 상태화·정태화되는 특징이 있어서 지정사 어간이나 형용사 어간과 자유롭게 직접 통합하는 것이다.[45] 그런데 형용사와 지정사의 '-다'는 직설설명법도 대표하고 현재시제를 표시하는 일도 한다. "사면은 고요하다"와 같은 문장에서 쓰인 '-다'는 이른바 역사적 현재라 불리는 것으로 '-었다'로 대치하면 生動性은 소멸하고 만다.[46]

<고산구곡가>에서 보면 "春晩커다", "닙 펴졋다(펴져있다)", "히 넘거다", "물이 녑다", "秋色이 좃타", "들이 븕다", "歲暮커다"와 같이 동사나 형용사가 '-다'와 결합하되, 그 시제는 항상 역사적 현재이다. '하였다' 대신 '한다'를, '있었다' 대신 '있다'와 같은 역사적 현재를 사용하면 독자는 계속 사건이 진행되는 현장에 붙박혀 있게 된다.[47] <고산구곡가>의 묘사가 현재시제로만 일관한 것은 눈앞의 자연을 하나의 그림으로써 표현함으로써 "한눈에 파악되는 영원성"[48]을 포착하려는 작자의 의도 때문이라 생각된다. 대상을 그림 그리듯 한눈에 파악하려는 경향에 있어서도 <고산구곡가>는 한시 <무이도가>와 <구곡도> 그림과 공유하는 세계가 많다고 볼 수 있다.

<고산구곡가>의 묘사 대상은 비록 주관의 인식능력이 아니면 드러나지 않았을 사물들의 특성이긴 하나, 그렇다고 해서 그 특성 자체가 특정한 시점에서 잠깐 나타났다 사라지는 한시적인 것은 아니다. 예컨대 "翠屛에 닙펴졋

45) 장윤희, 앞의 책, 161~169면.
46) 고영근, 『국어형태론연구』, 서울대 출판부, 1989, 168~169면.
47) 권보드래, 앞의 책, 253면.
48) 회화가 사물을 그림으로 변형시켜 일거에 영원성으로 정착시키려는 의도를 지녔다는 점은 모리스 메를로 퐁티, 김화자 역, 『간접적인 언어와 침묵의 목소리』, 책세상, 2005, 132면 참조.

다", "綠水에 山鳥는 下上其音 ᄒᆞ는 적의"와 같은 표현에서 말하는 것은 단지 푸른 잎이 펴진 녹음과 산새의 노래라는 즉물적 차원만이 아니라고 이이는 말한다. 그는 이 두 가지에서 "草木之樂"과 "禽鳥之樂"이라는 보편적 속성을 읽어낸다.[49] 이처럼 주관의 인식 능력이 밝혀낸 것은 가시적으로 묘사된 사물의 비가시적인 본성이었다.

이처럼 비가시적인 사물의 본성을 인식하고자 하되, 사물이 발하는 이치가 나에게 다가오기를 기다리는 태도와, 주관의 인식능력을 적극 활용하려는 태도는 곧 理發과 氣發로 집약되는 퇴계학파와 율곡학파의 학문적 대립을 상기시킨다. 두 학파의 학문적 대립은 格物致知論에서 가장 첨예하게 나타난바, 이는 주희의 「大學或問」과 「物格章句」 가운데 어느 쪽을 취하는가에 따라 달라진다. 理發說은 "物格이란 物理가 나에게 이르는 것이다."라고 한 「物格章句」에서부터 출발한다. 그러나 「大學或問」에서는 物에게 있는 理와 나에게 있는 知(앎)가 서로 대응함으로써 비로소 남김 없는 인식이 이루어질 수 있다는 뜻을 말하고 있다.[50] 이를 근거로 이이는 "理가 스스로 풀리어 極處에 도달하는 것이 아니고, 나의 知에 明暗이 있다. 故로 理에 이르고 이르지 못함이 있는 것이다"[51]라는 氣發을 주장하기에 이른다. 이이가 보기에 사람이 物의 이치에 이르고 이르지 못함은 我의 知, 즉 주관의 인식능력의 明暗에 달린 것이다.[52]

"物理가 나에게 이르기"를 기다려, 그때에야 비로소 자신도 우주의 운행의 일부로 확장되는 <도산십이곡>에서 우리는 장중한 감동을 느끼게 된다. "春風에 花滿山ᄒᆞ고 秋夜애 月滿臺"하는 자연의 움직임은 우리의 시각으로

---

49) 이민홍, 앞의 책, 243면.

50) "理之在物者 旣詣其極而無餘 則知之在我者 亦隨所詣而無不盡也"라는 말이 그것이다. 「朱子大學或問」, 배종호, 『韓國儒學史』, 연세대 출판부, 1974, 114면에서 재인용.

51) "理本在極處 非待格物始到極處也 理非自解到極處 吾之知有明暗 故理有至未至也"(『栗谷全書』 卷三十二, 語錄下)

52) 고정희, 『고전시가와 문체의 시학』, 월인, 2004, 201~202면에서 理發과 氣發의 주장을 자세히 살핀 바 있다.

포착될 수 있는 범위를 훨씬 능가한다. 아무리 명징한 인식능력을 지닌 사람도 봄과 가을을 동시에, 자연물과 인공물을 동시에 볼 수는 없는 노릇이다. 이는 魚躍鳶飛 雲影天光도 마찬가지다. 이처럼 우리들에게 숙연한 느낌을 주는 자연이란, 그것을 노래하는 시인마저도 큰 우주의 일부분이 되는 그런 거대한 생명운동을 일컫는 것으로 대부분의 강호시조에서 마주하는 세계가 이러하다.

한편 "나의 知의 明暗에 의해" 파악되는 '바깥의 사물'과, '나의 마음'은 더 이상 대자연의 생명운동 속에 연속되어 있지 못하기에 서로가 일치되기도 그만큼 어려워진다. <고산구곡가>는 주관의 인식 능력에 의해 우주적인 형상 속에 연속해 있던 자연물을 관찰의 대상으로 분리해 내고, 구체적인 맥락에 한정된 자연물의 속성을 묘사한다. 그런데 주관의 힘으로 관찰될 수 있는 자연의 폭은 상당히 제한적이다. 가시적인 것이 아닌 것은 관찰될 수도 없다. 주관의 인식 능력이란 시간적인 제약도 받게 된다. '묘사'는 관찰을 전제로 한 것이고, 관찰에는 그 만큼의 시간이 필요하다는 점에서,[53] 시간 속의 존재로서의 인간의 조건을 넘어서는 묘사란 애초부터 불가능하다. 조동일이 지적한 바, "바깥의 그림은 잘 그렸어도", "내면의 울림이 부족"한 것은 이러한 시·공간적 한계를 지닌 주관이 보편적인 서정성을 획득하기 어려운 사정과 관련된다. 이러한 한계에도 불구하고 <고산구곡가>의 경물 묘사는 이후 문학사의 방향타가 된 것으로 여겨지는데, 그 이유는 다음에서 살피고자 한다.

4. 시학과 시가사의 관련 양상

<도산십이곡>의 청자는 직설만으로 풍부한 시적 세계를 재창조할 수 있었지만, 현대시의 독자들은 구체적인 '이미지'가 없으면 거의 아무것도 재창조

53) R. G. 콜링우드, 『자연이라는 개념』, 이제이북스, 2004, 47면.

하지 못한다. 현대시가 가창에서 멀어진 순간, 노래와 결합된 시가 가지는 신비로운 세계도 함께 잃어 버렸기 때문이다.[54] 그 신비로운 세계란 '가시적인 것'과 '비가시적인 것'이, 또는 '특수한 것'과 '보편적인 것'이 근원적인 친연성에 근거하여 합일되어 있는 '상징'의 세계이다. 시학적으로 말하자면 <도산십이곡>의 언어적 특징은 단순한 관념의 '직설'이라기보다는 '상징'이라고 해야 할 것이다.

조동일은 '理發'의 원리에 의해 산수와 흥취와 마음을 바루는 것이 하나로 연결되어 있기 때문에 <도산십이곡>의 감동이 크다고 말한다. 이처럼 '外物'과 '주관'이 형이상학적으로 연속되어 있다는 '理發'은 시학적으로 풀이하면 곧 '상징'이 된다. '상징'의 전제는 '山水와 마음'처럼 경험적 세계에서는 질적으로 다른 존재들도, 형이상학적으로는 동일한 지평 속에서 연관되어 있다는 것이다. 예컨대 "ᄒᆞ믈며 魚躍鳶飛 雲影天光이야 어느 그지 이슬고"라고 노래하는 동안 세 가지 층위의 존재들 간의 형이상학적 연관성이 드러나서 화합을 이루게 된다. 그 하나는 가장 비가시적 층위에 있는 '이치'로서, 中庸의 해석과 같이 "천지조화의 오묘함과 만물이 天性을 얻는 이치"를 말한다. 두 번째 층위는 가시적인 형태를 가지기는 하지만, 개별자는 아닌 자연물 일반을 가리킨다. 그것은 '물고기'와 '솔개'가 범주적으로 땅과 하늘에 존재하는 자연물의 대표가 되기 때문이다. 세 번째 층위는 가장 가시적이고 특수한 實景이 된다. '천연'과 '천광운영'이 도산서당 앞에 좌우로 자리 잡은 臺의 이름이라는 점에서 그러하다. 이처럼 '가시적인 것'을 통해 '비가시적인 것'을 말하지 않고도 암시할 뿐만 아니라, 서로 다른 존재론적 지평을 가진 이것들이 "魚躍鳶飛 雲影天光"이란 하나의 사태 속에 동일시될 수 있다는 믿음이 바로 '상징'을 가능케 한다.[55]

---

54) 노드롭 프라이, 「서정시에 대한 접근」, C. 호제크·P. 파커 편, 윤호병 역, 『서정시의 이론과 비평-신비평을 넘어서』, 현대미학사, 2003, 61~65면.

55) 이에 대해서는 고정희, 「알레고리 시학으로 본 <어부사시사>」, 『고전문학연구』 22집, 한국고전문학회, 2002.12에서 상론하였다. 이 글은 이 책의 제1부 2장에 재수록되어 있다.

'묘사'는 상당히 다른 철학적 배경을 가진다. 묘사의 주요 관심은 특정 경물을 얼마나 사실적으로 재현했는지에 있다. 사실감은 사물의 개별적 특성을 구체적으로 그려 보일 때 획득되므로, 묘사에 치중하면 할수록 존재들 간의 형이상학적 친연성은 간과될 수밖에 없다. 그러나 성리학으로부터의 일탈을 강하게 암시하는 후대의 즉물적·즉경적 묘사와는 달리, <고산구곡가>의 묘사가 과연 얼마나 사실감에 목표를 둔 것인지는 의문이다. 다음의 작품을 보자.

> 五曲은 어드믹고 隱屛이 보기 죠희
> 水邊精舍는 瀟灑흠도 ᄀ이 업다
> 이 中에 講學도 흘연이와 詠月吟風 ᄒ올이라 <고산구곡가> 제6수

여기서 비가시적인 층위에 있는 "詠月吟風"의 道, 가시적인 형태 중 일반적인 것에 해당하는 "瀟灑"한 "水邊精舍"와, 가시적인 형태 중 가장 개별적인 것을 지칭하는 고유명사 "隱屛"이 하나의 언어로 통합되지 못하고, 각각의 언어를 요청한 것에 주목해 보자. 이는 세 층위가 서로 질적으로 다를 뿐만 아니라 '天性'과 같이 모든 존재를 아우르는 형이상학에 의해 저절로 동일시될 수도 없음을 의미한다. 산수와 마음도 하나의 理에서 發한 것이 아니라 각각의 氣에서 發한 별개의 것이라는 이이의 철학이[56] '상징'이 아닌 '묘사'라는 언어적 논리로 구체화된 것이다.

<고산구곡가>는 實景을 노래하면서도, 그것을 가장 추상적으로 지시하는 '이름'에서부터, 半抽象·半具體에 가까운 일반적인 속성을 묘사한다. 이러한 단계를 통해 대상의 추상적·구체적 면모를 거의 남김없이 파악할 수 있다는 점에서, 대상 자체가 사실적으로 묘사되기보다는 대상에 대한 인식방법이 묘사되었다고 말할 수 있다. 만일 그렇다면 <고산구곡가>의 '묘사'는 자연에 대

56) 조동일, 앞의 책, 344면.

한 관념적 진술에서 사실적 묘사로 넘어가는 중간 단계의 표현쯤으로 생각된다. 서구의 자연시의 경우 이 단계에서는 "매일 관찰가능하며, 인간에게 기쁨을 주는 시각적 경관(landskip)"[57]에 대한 취향이 대대적으로 일어났는데, <고산구곡가>의 자연이 보다 일상적인 의미를 지니고 자아에게 기쁨을 주는 객체로 그려진 것과 유사한 현상이다.

<고산구곡가>의 자연이 가지는 개인적인 성격, 묘사적인 성격이 한 단계 더 나아가 즉경적이고 즉물적인 묘사로 나타난 것은 17세기 시조에 이르러서였다. 이를 성리학적 자장 안에서 해석할지 탈성리학적 방향으로 해석할지에 대한 논란이 아직도 계속되고 있다.[58] <도산십이곡>의 시학을 '상징'으로, <고산구곡가>의 시학을 '알레고리'의 전 단계에 해당하는 '묘사'로 본다면 이 같은 문학사의 난제를 풀기가 수월하지 않을까 한다. 후대의 시조에서 만일 즉물적이라 할 정도로 자연을 시각적으로 재현하려는 경향이 있다면, 재현이란 반드시 지시대상과 기호와의 거리를 전제로 한다는 점에서 양자가 동일시되는 '상징'은 이미 불가능해지고 '알레고리'가 그것을 대체하게 된다. 중세적 형이상학의 해체와 함께 상징이 알레고리로 대체된다는 서구 문학사의 일반 가설[59]이 우리 문학사에서도 그대로 통용된다고 장담할 수는 없겠지만, 시학적 연구를 통해 문학사의 보편적 가설과 대비해 보는 것은 충분히 의미 있는 일이라 본다. 이런 작업은 '직설'과 '묘사'라는 표현법에 내재된 당대적, 역사적 의미를 밝혀주기 때문이다.

오늘날 우리들이 보기에는 氣發을 강조했을 때 사물이 더욱 생동감 있게 묘사되고, 理發을 강조했을 때는 강압적 언술로 관념을 직설한 듯하지만 실

---

57) Chris Fitter, *Poetry, Space, Landscape*, Cambridge University Press, 1995.

58) 고정희, 「17세기 시조 연구의 쟁점과 그 방법론적 성격」, 『국문학연구』 10호, 국문학회, 2003.12.

59) 움베르토 에코, 손효주 역, 「상징과 알레고리」, 『중세의 미와 예술』, 열린책들, 1998; 호이징가, 최홍숙 역, 「상징의 쇠퇴」, 『중세의 가을』, 문학과지성사, 1988을 비롯하여 벤야민, 가다머와 같은 이들에 의해 상징의 파괴와 알레고리로의 대체가 갖는 세계관적 의의가 탐구된 바 있다.

상은 그렇지 않다. <도산십이곡>에서는 화자와 청자의 적극적인 관계 맺음을 통해 자신과 타인의 구별을 없애고, 궁극적으로 자연과 인간도 하나의 연속적인 세계 속의 일부분이라는 깨달음으로 청자를 인도한다. 理發을 강조한 이황의 철학이, 구어의 대화적·주술적 성격을 지닌 시조라는 장르를 만나 이처럼 아름답게 꽃핀 것이다. 이와는 대조되게 氣發을 강조한 이이의 철학은 강호시조에서는 쉽게 볼 수 없는 세계를 창조하였다. 대개의 강호시조에서 거대한 운행 원리로 제시되던 대자연이 이 작품에서는 개인의 기쁨을 위해 절취된 일상적인 성격의 물질적 자연으로 나타난 것이다.

그로 인해서 <고산구곡가>의 문학사적 의의가 감하는 것은 아니다. 우리는 <구곡가>의 전통이 천기론적 문학관을 표방한 권섭으로 이어진 것에 주목한다. 권섭의 시가는 실제 체험과 이를 통한 眞景 및 天機의 발현을 중요시한 예술사적 흐름을 반영한 것이다.[60] 다시 말해 이이의 氣發은, 그 자체로서는 시조 장르의 역량과 그다지 어울리는 철학은 아니었지만 그것이 가리키는 방향은 분명히 氣一元으로 통일될 문학사의 순방향이었다. 氣一元을 향한 문학사의 여정이 이행기에 들어 급물살을 타기 시작할 때, 시조는 더 이상 문학사의 주역이 되지 못한 것도 사실이다. 외물과 자아 사이의 긴장감이 다소 감소된 <고산구곡가>의 문학적 실상은 이러한 시조의 운명마저 예고하는 듯하다.

5. 결론

이 글은 두 가지 문제의식을 가지고 출발했다. 하나는 문학적 경험에 대한 충분한 음미 없이 <도산십이곡>과 <고산구곡가>의 작품 세계를 '理發'과 '氣發'이라는 철학적 개념으로 환원하는 것이다. 둘째는 <도산십이곡>의 '직설'과 <고산구곡가>의 '묘사'를, 당대의 자리에서 보지 않고 현대적 관점에서 해

60) 박이정, 앞의 논문, 292면.

석하는 견해이다. 이러한 견해들의 타당성을 언어적 논리로 검토하기 위해 이 글에서는 '가창'과 '음영'이라는 두 작품의 문학적 관습을 고려하여 세 가지의 분석 기준을 마련하였다. 즉 발화 상황, 발화의 매체, 표현 방식이라는 측면에서 작품의 언어적 특징을 분석한 후, 철학적 개념과의 관련을 살폈다. 그 결과를 요약하는 것으로 결론을 대신하고자 한다.

먼저 발화 상황은 각 작품의 종결어미에 잘 드러나 있는데, 의문형, 청유형 종결어미가 많은 <도산십이곡>이 청자를 적극적으로 불러들이는 "대화"를 지향하고 있다. 반면, '-다'라는 관념적 종결어미를 많이 사용하는 <고산구곡가>는 청자가 내재화되어 있거나, 아예 배제되어 있어, "독백"을 지향한다.

발화 매체로 보면 가창된 노래답게 <도산십이곡>은 뚜렷한 구어적인 특징들을 나타낸다. 병렬의 적극적인 활용, '이런들'과 같은 상황 의존적인 어휘들, 목적어가 생략된 문장 등이 그 예이다. 그에 비해 <고산구곡가>는 병렬이 거의 없고, 추상에서 구체로 단계적으로 나아가는 논리 정연한 작품 세계 등으로 볼 때 상대적으로 문어적인 어법을 구사하고 있다고 볼 수 있다.

표현 방식으로 보면 <도산십이곡>은 사물 자체가 발하는 이치가 나에게 다가오기를 기다려 비가시적인 사물의 본성을 인식하는 태도를 아무런 형상의 매개 없이 직설적으로 표현한다. 그러나 대화와 구어적 세계를 통해 이미 주관은 청자를 넘어 대자연의 운행 원리로 확장되었기 때문에 직설만으로도 풍부한 감동을 준다. <고산구곡가>는 주관의 인식능력을 적극 활용하여 주관에 의해 관찰되고 파악된 수준에서 이해한 자연을 하나의 그림으로 제시한다. 주관의 판단에 전적으로 의지하는 형용사의 빈번한 사용, 현재 시제에 국한된 '-다'라는 종결어미가 만들어낸 그림 속의 자연은 시·공간적인 제약을 받는 물질적 대상이 된다.

이러한 특징들은 결국 '理發'과 '氣發'이라는 철학적 개념을 환기한다. 그러나 철학적 개념보다는 '상징'과 '묘사'라는 시학적 개념으로 접근할 때, <도산십이곡>이 서정시로서 지니는 감동과, 문학사의 후대적 변이를 예고하는 <고산구곡가>의 역사적 의미가 더욱 분명해질 수 있다고 본다. 아울러 <고산

구곡가>에 나타난 '묘사'가 상징 시학에서 벗어나 알레고리 시학으로 넘어가는 중간 단계에 속한다는 이 글의 주장은, 앞으로 시학과 시가사의 관련 양상에 관한 지속적인 탐구로써 입증되어야 할 것이다.

참고문헌

고영근, 『국어형태론연구』, 서울대 출판부, 1989.

고정희, 「17세기 시조 연구의 쟁점과 그 방법론적 성격」, 『국문학연구』 10호, 국문학회, 2003.12, 87～112면.

_____, 「알레고리 시학으로 본 <어부사시사>」, 『고전문학연구』 22집, 한국고전문학회, 2002.12, 67～92면.

권보드래, 『한국 근대소설의 기원』, 소명출판, 2000.

권정은, 「자연시조의 구성공간과 지향의식」, 서울대 박사학위논문, 2004.

김대행, 「李珥論」, 한국시조학회 편, 『고시조작가론』, 백산출판사, 1986, 148～164면.

_____, 『노래와 시의 세계』, 역락, 1999.

김문기, 「九曲歌系 詩歌의 系譜와 展開樣相」, 『국어교육연구』 23호, 경북대 국어교육연구회, 1991, 35～86면.

김병원, 「한국말과 글의 특성 비교」, 『이중언어학』, 3집, 이중언어학회, 1987.

김정남, 『국어 형용사의 연구』, 역락, 2005, 121면.

김혜숙, 「<고산구곡가>와 정신의 높이」, 『한국고전시가작품론』 2, 집문당, 1992.

김흥규, 「16 · 17세기 강호시조의 변모와 田家時調」, 『욕망과 형식의 시학』, 태학사, 1999.

노대규, 『한국어의 입말과 글말』, 국학자료원, 1996.

박이정, 「18세기 예술사 및 사상사의 흐름과 권섭의 <황강구곡가>」, 『관악어문연구』 27집, 2002.12, 283～304면.

배수찬, 「고전 국문소설의 서술 원리 연구-낭독이 서술에 미친 영향을 중심으로」, 서울대 석사학위논문, 2001.

_____, 「漢字의 특성에 대한 현상학적 연구」, 『고전문학과 교육』 5집, 고전문학교육학회, 2002, 213～236면.

배종호, 『韓國儒學史』, 연세대 출판부, 1974.

서원섭, 「<도산십이곡>과 <고산구곡가>의 비교연구」, 『청계김사엽박사송수기념논총』, 학문사, 1973, 289～311면.

성기옥, 「<도산십이곡>의 구조와 의미」, 『한국시가연구』 제11집, 한국시가학회, 2002.2, 195～229면.

_____, 「<도산십이곡>의 재해석」, 『진단학보』 제91호, 진단학회, 2001.6.

신명선, 「독립신문의 텍스트 구조적 특성에 대한 연구」, 서울대 석사학위논문, 1998.

신연우, 『사대부 시조와 유학적 일상성』, 이회, 2000.

신영명, 『사대부 시가의 연구』, 국학자료원, 1996.

유준영, 「九曲圖의 發生과 機能에 대하여」, 『고고미술』 151호, 한국미술사학회, 1981, 1～20면.

이상원, 「조선후기 <고산구곡가> 수용 양상과 그 의미」, 『고전문학연구』 24집, 2003. 12, 29～60면.

이민홍, 「栗谷詩歌와 性情美學」, 『조선중기 시가의 이념과 미의식』, 성균관대 출판부, 1993, 215～300면.

이현희, 『중세국어구문연구』, 신구문화사, 1994.

임형택, 「17세기 전후 六歌形式의 발전과 시조문학」, 『한국문학사의 논리와 체계』, 창작과비평사, 2002, 189～222면.

장윤희, 『중세국어종결어미연구』, 태학사, 2002.

정운채, 「윤선도의 시조와 한시의 대비적 연구」, 서울대 박사학위논문, 1993.

조동일, 『철학사와 문학사, 둘인가 하나인가』, 지식산업사, 2000.

______, 『한국문학통사』(제3판), 제2권, 지식산업사, 1994.

______, 『한국문학통사』(제4판), 제2권, 지식산업사, 2005.

______, 『한국소설의이론』, 지식산업사, 1977.

______, 『한국의 문학사와 철학사』, 지식산업사, 1996.

조창환, 「退溪·栗谷의 詩觀과 時調」, 『울산공대연구논문집』 9권 2호, 1978, 119～126면.

조하연, 「시조에 나타난 청자지향적 표현의 문화적 의미 연구-조선 전기 사대부 시조를 중심으로」, 서울대 석사학위논문, 2000.

조해숙, 「전승과 향유를 통해 본 <개암십이곡>의 성격과 의미」, 『국어국문학』 133호, 2003.5.30, 253～283면.

최재남, 『사림의 향촌생활과 시가문학』, 국학자료원, 1997.

최진원, 「<고산구곡가>와 淡泊」, 『한국고전시가의 형상성』, 성균관대 대동문화연구원, 1988, 42～62면.

C. 호제크·P. 파커 편, 윤호병 역, 『서정시의 이론과 비평-신비평을 넘어서』, 현대미학사, 2003.

모리스 메를로 퐁티, 김화자 역, 『간접적인 언어와 침묵의 목소리』, 책세상, 2005.

______________, 남수인·최의영 역, 『보이는 것과 보이지 않는 것』, 동문선, 2004.

움베르토 에코, 손효주 역, 『중세의 미와 예술』, 열린책들, 1998.
월터 J. 옹, 『言語의 現存』, 탐구당, 1991.
________, 이기우 · 임명진 역, 『구술문화와 문자문화』, 문예출판사, 1995.
호이징가, 최홍숙 역, 『중세의 가을』, 문학과지성사, 1988.
Fitter, C., *Poetry*, *Space*, *Landscape*, Cambridge University Press, 1995.
R. G. 콜링우드, 『자연이라는 개념』, 이제이북스, 2004.

알레고리 시학으로 본 〈어부사시사〉*

1. 서론

<어부사시사>에 대한 연구가 거듭될수록, 이 작품 속에 부조된 여러 이질적 계기들이 어떤 미적 의도 혹은 세계관의 산물인지는 점점 더 모호해지는 듯하다. <어부사시사>는 현실의 작고 이름 없는 사물들에 대한 따뜻한 시선을 보여주는가 하면,[1] 현실의 위기를 이념의 강화로 해결하고자 하는 완고함을 노정하기도 한다.[2] 탐미적 시각으로 채색된 강호에서 고양된 興을 구가[3]하는 한편으로, 그 興이 이상에 대한 염원으로 어딘지 모를 공소한 느낌[4]을 주기도 한다. 이처럼 양립하기 힘든 이질적인 계기들을 통합시킴으로써 긴장감 넘치는 작품 세계를 이룩하는 것은 뛰어난 시인에게는 그리 어려운 일이 아닐 것이다. 그러나 오늘날의 연구자들이 이러한 이질적인 계기들을 통합시키는 미적 의도나 세계관을 알아차리기란 쉽지 않다. 특히 그 문제가 학계의

---

* 이 글은 「알레고리 시학으로 본 <어부사시사>」(『고전문학연구』 제22집, 한국고전문학회, 2002.12)를 부분 수정한 것이다.

1) 이상원, 「<어부사시사>의 현실주의적 성격」, 『어문논집』 34집, 고려대 국어국문학연구회, 1995.

2) 고정희, 「윤선도와 정철 시가의 문체시학적 연구」, 서울대 박사학위논문, 2001, 152～163면.

3) 김흥규, 「<어부사시사>에서의 興의 성격」, 『한국고전시가작품론』 2, 집문당, 1992.

4) 성기옥, 「고산 시가에 나타난 자연인식의 기본 틀」, 『고산연구』 창간호, 고산연구회, 1987.

쟁점이 되고 있는 17세기 시가에 대한 견해차와 맞물려 있다면 더욱 조심스럽지 않을 수 없다.

17세기를 독자적인 운동상과 개성을 지닌 시기로 보는 관점에서는 <어부사시사>에서도 16세기 시조와는 판연히 구별되는 세계관적 단절과 변모에 주목한다. 탐미적 시각, 즉물적이고 즉경적인 자연묘사, 고양된 興 등은 탈이념적이고 탈중세적인 세계관의 표징이라고 보는 것이다.[5)]

그런데 '17세기적 새로움'에 대한 지나친 강조가 작품의 해석에서 종종 간과할 수 없는 오독을 낳는다는 비판이 일면서 17세기 시조는 시가 연구의 대표적인 논쟁 지대가 된다.[6)] 17세기적 새로움을 읽어 내는 입장이 다분히 연역적인 관점을 지니는 데 반해, 귀납적 방법을 취하는 입장에서는 창작 상황과 작품의 유기적 구조와의 정합적 대비를 통해 17세기 시조에서 16세기적 전통의 연장이나, 오히려 관념적으로 좀 더 미화되고 강화된 형태의 자연의식 혹은 세계관을 읽어 내고 있다.[7)] 이러한 입장이 설득력을 얻으면서 <어부사시사>를 포함한 17세기 자연시조를 둘러싼 논쟁은 다음과 같이 정리되는 듯싶다. 즉 부분적으로는 즉물적 · 즉경적인 자연 묘사도 없지는 않으나, 그 전체상은 성리학적 이념이 오히려 강화되고 있다는 것이다.[8)]

그러나 "즉물적 · 즉경적인 자연 묘사"가 결국 "성리학적 이념"과 교호상승

---

5) 김흥규는 사림의 정치적 승리 이후 도학적 근본주의의 도전적 선명성이 약화됨으로써 17세기 시조는 윤리적 긴장감과 自矜, 심미성의 절제 대신에 자연 경관의 아름다움에 대한 감각적 즉물적 인식의 확대, 豪放 · 不羈한 흥취와 逸樂의 고양이 두드러지며, 恒存하는 道를 중심으로 순환하는 영원한 시간 대신 덧없이 흘러가는 시간의 문제가 중요한 관심사가 되고 있고, 醉樂의 모티프가 자주 등장한다고 지적한다(김흥규, 「16, 17세기 江湖時調의 변모와 田家時調의 형성」, 『욕망과 형식의 시학』, 태학사, 1999).

6) 17세기 시조 혹은 자연시가를 둘러싼 최근의 활발한 논쟁에 대한 소개는 김석회, 「17세기 자연시가의 양상과 그 역사적 성격」, 『고전문학과 교육』 제3집, 한국고전문학교육학회, 2001에 미룬다.

7) 성기옥은 일련의 논의를 통해서 윤선도나 신흠의 시조가 탈이념화나 즉물적인 자연 몰입이나 혹은 도가적인 어떤 것으로 해석될 수 없으며, 16세기적 전통의 연장으로 해석해야 한다고 주장하고 있다(성기옥, 앞의 논문; 성기옥, 「신흠 시조의 해석 기반-<방옹시여>의 연작 가능성」, 『진단학보』 81호, 1996 등).

8) 김석회, 앞의 논문.

하면서 전대 시조의 전통 안에 용해된다는 명제는 상당한 이론상의 난제를 안고 있다. 자연을 즉물적으로 묘사하고 있는 텍스트는 이를 해석하는 독자로 하여금, 어떤 기호가 얼마나 박진감 있게 특정 경물을 재현하고 있는가 하는 문제로 관심을 쏟게 한다. 뿐만 아니라 박진감과 사실감은 사물의 개별적 특성을 구체적으로 그려 보일 때 획득된다는 점에서 즉물적·즉경적 묘사가, 시인의 의도와는 상관없이, 탈이념적 방향으로 독자의 관심을 유도할 가능성은 충분하다. 그러므로 '부분적으로는 즉물적·즉경적인 자연 묘사도 없지는 않으나, 그 전체상은 성리학적 이념이 오히려 강화되고 있다'는 판단을 지지하는 입장이라면 즉물적이고 즉경적인 자연 묘사가 수사적 층위의 특징일 뿐, 성리학적 이념과 길항하는 세계관적 징후로 상승할 수 없는 이유를 해명할 의무가 있다.

기실 작품의 수사적 특징이란 작가가 경험을 언어화하는 규칙이기도 하다. 이를 통해 작가가 세계를 인식하는 규칙성을 재구하는 것이 가능하다면 수사적 특징과 세계관은 분리해서 논할 수 없는 문제이다. 물론 세계관을 검토하는 전통적인 방식은 창작 주체를 둘러싼 환경을 면밀히 검토하여, 창작 주체가 세계를 어떻게 해석하는지 유추하는 것이다. 창작 주체와 환경에 대한 정보만 충분하다면 수사적 층위를 굳이 고려하지 않아도 될 것이다. 그런데 17세기 시조의 경우처럼 창작 주체의 입장을 역사적 정치적 상황에 따라 어떻게 재구할 것인지에 대한 견해차가 생길 경우 각자 끝없는 해석학적 순환을 되풀이할 수 있다. 이를 타개하기 위해서라도 작품의 언어적, 수사적 특징을 검토할 필요가 있다.

본고는 연구사에서 상대적으로 소홀히 해 온 <어부사시사>의 언어에 주목함으로써 이 작품의 수사적 특징을 밝히고, 그로부터 작가의 통일적인 세계관을 추론해 보고자 한다. 이는 우선 17세기 시조에 대한 논란 속에서 제자리를 찾지 못했던 작품의 미학적 측면을 부각시킨다는 의의가 있다. 나아가 <어부사시사>에 드러난 '즉물적 묘사와 성리학적 이념', '興과 공소함'의 이율배반이 어떤 미적 의도의 산물인지를 밝힐 수 있다면 윤선도의 세계관을 보다 정합적으로 해명할 수 있을 것으로 기대한다.

2. 상징과 알레고리

17세기 시조에 대한 논란은 작품에 표현된 자연의식이 16세기적인 전형과 얼마나 같고 다른가 하는 문제를 중심으로 전개되어 왔다. 김흥규는 16세기 강호시조의 전형적인 내용소로서 다섯 가지를 지적하고 있다. 이분법적 세계관, 세속에의 대립 의식, 典範的 자연관, 感興의 절제, 脫生活的 觀照性이 그것이다.[9] 이 논의를 방향타로 삼아 이후 "관념적 강호"와 "구체적 전원"을 대비시키면서 17세기 시조에서 "구체적 전원"의 표징을 찾으려는 시도가 이어졌다.

그런데 이황의 <도산십이곡>에 대한 성기옥의 최근 논의는 관념적 자연과 구체적 자연을 양분하는 관점을 지양하고 있다. 그는 <도산십이곡>에 등장하는 자연 이미지들은 모두가 도산의 實景을 배경으로 한 것으로서, 이 작품이 함의하는 우주론적 인식의 세계는 이런 자연의 경험을 통해 도달한 확산적 의미임을 밝힌다.[10] 결국 문제는 관념적 자연인가 구체적 자연인가의 여부가 아니라, 양자가 하나의 이념적 회로를 이루고 있던 중세사회에서 관념과 구체가 어떤 언어를 통해 매개되는가 하는 점에 있다. 다음에 설명할 이유에 의해서 <도산십이곡>에 관한 한, 그 언어는 '상징'[11]이라고 해도 좋을 것이다.

시적 기법으로서의 상징은 "비가시적인 것(원관념)을 가시적인 것(보조관념)을 통해 암시하는 기법"을 말한다. 비가시적인 것은 대개 관념이고 또 관념을 중시하지만 반드시 관념만이 될 수 있는 것은 아니다. 그것은 정서일 수

---

9) 김흥규, 앞의 논문.

10) 성기옥, 「<도산십이곡>의 재해석」, 『진단학보』 제91호, 진단학회, 2001.6, 264면.

11) 상징(symbol)이란 말은 가장 넓게는 기호, 혹은 언어를 대신하는 의미로 쓰이고, 가장 좁게는 은유와 더불어 시적 기법의 하나를 지칭하는 말로 쓰이고 있다. 여기서는 문학 내적인 언어적 특징을 지칭하는 개념으로 사용하고 있으므로, 후자 쪽의 관점을 취하고 있다.

도, 심리적 내용이나 이념적 내용일 수도 있다. 가시적인 형상(보조관념)을 통해 비가시적인 관념(원관념)을 나타내는 이미지라는 점에서는 은유 또는 알레고리와 다르지 않지만, 상징은 그 본질상 원관념과 보조관념이 하나의 완전한 결합체가 된다는 점에서 구별된다. 상징이란, '원관념과 보조관념, 또는 의미하는 것과 말해진 것이 동시적이고 공존적으로 일체를 이루는 수사학'이라고 정의할 수 있다.[12)]

<도산십이곡>의 '魚躍鳶飛'와 '雲影天光'이라는 시어에는 세 층위가 혼연일체 되어 있다. 가장 비가시적인 층위인 첫 번째 층위는 (1) 천지조화의 오묘함과 만물이 天性을 얻는 이치를 말하는 것이 된다. 이것의 가시적인 형태는 "(2) 물 속에는 물고기가 뛰고 하늘에서는 소리개가 하늘을 날아다니는 것"과 "구름 그림자와 하늘빛이 물에 드리워져 있는 모습"인 것이다. 이는 또한 實景으로, (3) 도산서당 앞 낙천 가에 나란히 좌우로 자리잡은 '천연대'와 '천광운영대'를 지칭하기도 한다.[13)] 이 세 차원은 오늘날의 관점에서 보면 물질적 지각과 상징적 상상이라는 상이한 존재론적 지평을 가진 것처럼 보이지만 성리학적 세계관에서는 동일한 지평 속에 연속되어 있다.

이 동일성의 근거는 天地가 만물을 낳되, 이는 사물의 이치가 그렇게 하는 것이라고 보는데서 마련된다. 이는 퇴계의 物觀과 비견되는 권호문의 「觀物堂記」를 통해 확연히 알 수 있다. "사물을 관찰하는 방법에는 눈으로 보는 것, 마음으로 보는 것, 이치로 보는 것이 있는데 이 가운데 이치로 보는 것이 핵심이며 이치로 관찰하면(以理觀之) 만물이 모두 나에게 갖추어지게 된다."[14)] 는 말이 그것이다. 사물의 외면을 눈으로 보면 각각의 개별성만 부각되지만, 마음으로, 이치로 보면 외면에서는 알아차릴 수 없었던 사물들의 보편성에

12) 김준오, 『시론』, 삼지원, 1991, 146∼147면; Alex Preminger and T.V.F. Brogan eds., *The New Princeton Encyclopedia of Poetry and Poetics*, Princeton; New Jersey: Princeton Univ. Press, 1993, 1251∼1253면.

13) 성기옥, 앞의 논문, 264면.

14) 최재남, 「시조의 인식 기반과 미의식의 특성」, 『국문학연구』 제7호, 국문학회, 2002, 96∼97면에서 재인용.

가 닿을 수 있다. 이에 보편성을 반성적으로 추구하는 사유를 거듭하면 사물과 기호, 또는 물질적 지각과 상징적 상상도 존재론적으로 동일하다는 깨달음에 이른다.

상징은 이처럼 볼 수 있는 것과 볼 수 없는 것, 기호와 지시대상 사이의 형이상학적, 근원적 친연성을 전제로 할 때만 이해될 수 있다. 이 과정을 이해하지 못하는 많은 현대 이론가들이 상징의 동일성을 '직관'이나 '비논리', '신화', '기만적 책략' 등으로 비난하고 있는데 반해서, 가다머는 상징의 형이상학적 의미를 천착한 이론가이다. 그는 상징이 "볼 수 있는 것과 볼 수 없는 것의 형이상학적 연관성을 전제로"하며, "상징 개념에는 상징과 상징되는 것의 내적 통일성이 내포되어 있다"고 지적하고 있다.[15)]

'상징'의 수사학으로 경험이 재구성되는 <도산십이곡>에서 "ᄒᆞ믈며 魚躍鳶飛 雲影天光이야 어늬 그지 이슬고"와 같은 시구를 통해 도산의 實景이 얼마나 박진감 있게 묘사되었는지를 묻는다면 이는 어리석은 일이다. 묘사를 억제하고 實景의 이름만을 말하는 것이, 퇴계 자신의 정서와 사물의 본질이 혼연일체되는 이 세계에서는 더 깊은 감동을 주기 때문이다.

여기서 17세기 자연시조의 즉물적이고 즉경적인 묘사가 왜 그토록 문제되는지 짐작할 수 있다. 그것은 '이치로 보는' 자연이 아니라 '눈으로 보는' 자연을 그리게 되면 사물들 사이에 있었던 형이상학적 친연성이 훼손될 가능성이 크기 때문이다. 만일 17세기 시조가 16세기 시조와는 달리 자연의 이름을 불러 주는 데 만족하지 않고 자연의 외관을 묘사하려고 애쓴다면, 또한 그 외관이 시각적으로 재현되어 있다면, 이는 단순치 않은 세계관적 징후를 암시한다고 볼 수 있다.

우선 '재현'은 그 자체로서 지시대상과 기호, 형상과 재현된 언어 사이의 거리를 전제해야 가능한 것이다. 어떤 기호가 지시 대상을, 한 기호가 다른

---

15) 가다머는 해석학자다운 통찰력으로 상징의 형이상학적 성격을 지적하고 있다(한스 게오르그 가다머, 이길우 · 이선관 · 임호일 · 한동원 역, 『진리와 방법 1-철학적 해석학의 기본 특징들』, 문학동네, 2000).

기호를 재현할 수 있는 것은 그 둘이 서로 떨어져 있고, 다르기 때문에 가능해지기 때문이다.[16] 이 형상과 기호와의 거리는 상징의 세계에서는 없었던 현상이다. 그러므로 이제, 형상과 기호와의 거리를 이미 전제로 할 뿐만 아니라, 그것을 자의식적으로 의식하고 있다는 점에서 상징과 대조를 이루는 수사학이라 지칭되는 알레고리에 주목할 필요가 있다.

흔히 말하는 알레고리에 대한 정의는 '원관념과 보조관념이 1:1의 관계를 맺는 비유'라는 것이다. 이런 정의에 의해서 알레고리는 "일단 해석이 되면 끝나 버리는 일회적이고 독선적인 비유법"이라는 폄하를 받아 온 수사학이었다. 그런데 폴 드 만에 의해 시작된 알레고리에 대한 재평가는 알레고리를 '시적이지 못한 비유'라는 굴레에서 풀어 주고 오히려 상징보다 우월한 수사학으로 보는 관점을 이끌어 냈다.

폴 드 만에 의하면 알레고리란 사물과, 그것을 지시하는 기호는 동일시될 수 없다는 자각에서 비롯된 수사학이다. 그는 "상징이 동일성이나 혹은 동일화의 가능성을 가정하는 데 반해서 알레고리는 주로 그 자신의 기원에 대한 관계에서의 거리를 나타낸다."고 지적하고, 바로 이 때문에 알레고리가 상징보다 우세한 수사학이라고 주장한다. 그는 엘리어트와 뉴크리티시즘이 "공간적 형식"을 만들어 시간 자체의 연속적 본질을 파괴함으로써 주체적으로 시간을 무효화시켰다고 공격하면서 이와는 달리 알레고리는 시간성에 충실한 수사학이라고 옹호한다.[17] 이러한 주장은 큰 반향을 일으키면서 알레고리는 이제, "말과 뜻, 이미지와 원형물, 허구와 실제, 기호와 지시대상, 기호와 기호 사이의 거리와 간극을 구조적으로 전제하고 있고 자의식적으로 인식하고 있는 수사법"으로 이해되고 있다.[18]

---

16) 신광현, 「알레고리」, 『현대 비평과 이론』 7호, 1994, 봄·여름, 312~314면.

17) Paul de Man, "The Rhetoric of Temporality", *Blindness and Insight*, Minnesota Univ. Press, 1983, 207면.

18) 신광현, 「폴드만의 비유 읽기」, 『현대비평과 이론』 16호, 1998, 가을·겨울; 장경렬, 「언어, 시간, 그리고 비평의 문제: 폴드만의 경우」, 『외국문학』 16호, 1988, 가을; 권택영, 「언어의 수사성」, 『세계의 문학』 1989, 가을; 정정호, 「상징」, 『현대비평과 이론』 7호, 1994, 봄·여

알레고리에 대한 폴 드 만의 재발견은 독일 문예학계의 알레고리 이론의 영향을 받았다고 알려져 있다. 독일 학계에서는 알레고리를 "추상적인 개념이나 복잡한 관념을 형상적 이미지로 표현하는 비유법"[19]이라고 정의하면서 그에 담긴 인식론적 움직임을 주목해 왔다. 그 논지를 요약하면 다음과 같다. 1) 알레고리는 형상(Bild)과 의미(Bedeutung)의 관계가 자의적이다. 2) 텍스트를 세부사항까지 이성적, 합리적으로 해석할 수 있다. 3) 상황과 가시적인 것이 중요한 역할을 한다. 4) 서술 구조에의 의존도가 높다. 5) 독자의 성찰을 자극하려는 의도가 숨어 있다. 6) 정신사적으로 보면 한편으로는 현대 미학과, 다른 한편으로는 존재론적 위기의식과 깊은 관계가 있다는 것이다.[20]

이 가운데 알레고리를 상징과 구별할 수 있는 결정적인 준거는 형상(Bild)과 의미(Bedeutung)의 관계가 동일시되는 상징과 달리, 알레고리는 그 관계가 자의적이라는 것이다. 여기서 구상화된 형상(Bild)은 기표(Signifikat)나 보조관념으로, 추상적인 개념인 의미(Bedeutung)는 기의(Signifikant)나 원관념으로 해석될 수 있는 용어들이다. 그러므로 이는 말과 뜻, 이미지와 원형물, 기호와 지시대상 사이의 자의적 관계를 주장하는 폴 드 만의 알레고리론과 거의 일치하고 있다.

형상과 의미가 결코 완전히 일치하지 않는다는 해체론적 관심에서 알레고리에 대한 재평가가 비롯되었기 때문에 양자의 일치는 당연한 귀결이라고 볼 수 있다.[21] 요컨대 알레고리에 대한 새로운 이론들은 알레고리라는 언어 속

름; 프랭크 렌트리키아, 이태동 · 신경원 역, 「폴드만 : 권위의 수사학」, 『신비평 이후의 비평이론』, 문예출판사, 1994; Murray Krieger, "A Waking Dream: The Symbolic Alternative to Allegory", *Allegory, Myth, and Symbol*, ed. by Morton W. Bloomfield, Harvard Univ. Press, Cambridge; Massachusetts, London; England, 1981 등은 언어에 대한 폴 드 만의 해체주의적 태도와는 일정한 거리를 두면서도 그의 알레고리론은 그대로 수용하는 논의들이다.

19) 김병옥 · 안삼환 · 안문영 편저, 『도이치문학용어사전』, 서울대 출판부, 2001, 571면.

20) 김누리, 「알레고리와 역사」, 『독일문학』 65집, 1998, 190면.

21) 폴 드 만에게 알레고리란 인간과 자연적 존재가 비극적으로 분리되어 있다는 것과, 神의 부재를 조명하는 실존주의적인 주제를 전달할 수 있는 수사법이다. 한편 독일 문학사에서 알레고리가 가장 팽만했던 시대는 바로크 시대인데, 이 시대는 근대의 시작이라고 보는 계몽주의 시대로 들어서기 직전의, 중세 말의 암흑기이며 전쟁의 참화를 겪으면서 작

에 숨겨진 인식론적 움직임을 파악하면서 형상과 의미, 기호와 형상 등의 거리에서 볼 수 있는, 가시적인 것과 비가시적인 것 사이의 형이상학적 연관성의 훼손, 인간과 자연의 분리 및 그에 대한 실존주의적 자각 등을 짚어 내고 있다.

이러한 논의들은 여전히 성리학적 이념의 자장 안에 있으면서 동시에 자연의 묘사가 즉물적으로 나타나기 시작하는 <어부사시사>의 미적 의도와 세계관을 이해하는 데 유용한 참조사항이라고 본다. <어부사시사>에서 즉물적이고 즉경적이라고 파악될 정도로 자연을 시각적으로 재현하려는 경향이 있다면, 재현이란 반드시 지시대상과 기호와의 거리를 전제로 한다는 점에서, 양자가 동일시되는 상징 시학으로는 작품의 미적 의도를 제대로 파악할 수 없다는 가정이 나온다. 알레고리야말로 기호와 지시대상의 거리를 전제로 한 수사학이기 때문에 <어부사시사>의 미적 의도를 해명하는 데 있어서 상징보다 유용한 시학적 기준이 될 수 있다. 만일 즉물적인 묘사가 보이지 않는 이념을 시사하는 것이라면, 그것은 더욱 알레고리와 무관할 수 없다. 알레고리 자체가 "달리, 혹은 다른 것을 말하기"[22] 위한 수사학이기 때문이다.

다음에서는 형상과 기호 사이의 거리를 전제로 한 알레고리 시학을 통해서 <어부사시사>의 수사적 특징 및 세계관을 어느 정도 핍진히 해명할 수 있는지 알아보고자 한다.

가들의 실존적 고뇌가 두드러진 시기였다. 이성의 낙관주의가 여지없이 파괴된 1차 세계대전 이후도 알레고리의 시대로 일컬어지고 있다.

22) 알레고리는 어원적으로 볼 때, "다른"의 뜻을 갖는 "allos"와, "(특히 집회나 시장 등의 공개적 장소에서) 말하다"의 뜻을 갖는 "agoreuein"이 합쳐진 말이다. 알레고리는 "달리, 혹은 다른 것을 말하기"라는 뜻이나, "공개적과 다른 방식으로, 즉 비밀로 말하기" 혹은 "일반 대중에게 알려질 수 없는 가치를 지닌 것을 말하기"라는 뜻을 의미할 수 있다(신광현, 앞의 논문, 308면).

3. 〈어부사시사〉의 수사적 특징

문면에서 말하는 것과는 다른 숨겨진 의미를 말하는 알레고리를 인식론적인 측면에서 보면, 문면에서 말하는 것은 주로 특수한 예에 해당하고, 숨겨진 의미란 보편적인 것을 가리킨다는 사실을 알 수 있다. 여기서 특수한 것과 보편적인 것의 관계는 관습과 교의적 고착에 의해서 형성된 것에 지나지 않는다는 점이 알레고리의 특징이기도 하다.[23] 알레고리에 대한 이와 같은 생각은 괴테의 다음과 같은 언급에서부터 나타나는 것으로서, 오랜 연원을 가지고 있다.

> 시인이 보편적인 것을 위하여 특수한 것을 찾는지, 아니면 특수한 것 속에서 보편적인 것을 보는지는 커다란 차이가 난다. 전자의 방식으로는 알레고리가 생겨나며, 이 때 특수한 것은 단지 예로서 보편적인 것의 보기로서 간주된다. 하지만 후자는 원래 시(Poesie)의 본질이다. 시는 보편적인 것을 생각하거나 거기에 대해 지시하지 않은 채로 특수한 것을 말한다.[24]

위의 언급은 독일의 알레고리 시학의 기본적인 골격을 이루고 있다. 알레고리란 현실에서 볼 수 있는 구체적인 모습으로서의 어떤 현상을 하나의 개념으로 추상하고, 이를 다시 구체적인 형상으로 표현하는 과정으로 파악된다.[25] 이에 따라 알레고리를 이념에 옷을 입히는 과정으로 보고, 알레고리에 많이 나오는 인물이나 상황은 가시적인 것의 확대에 지나지 않는다는 주장이

---

23) 가다머는 알레고리가 관습과 교의적 고착에 의해 형성되었다고 주장한다. 그는 상징이 유기적으로 발전된 것인 반면 알레고리는 차가운 오성의 산물이라고 본다(한스 게오르그 가다머, 앞의 책, 142~145면).

24) Johann Wolfgang von Goethe: *Maximen und Reflexionen*, in: Goethes Werke Bd. 42/2, Weimarer Ausgabe, Weimar, 1907, 146면(Elisabeth Frenzel, *Stoff-*, *Motiv*, *und Symbolforschung*, Stuttgart, 1978, 38면에서 재인용함).

25) 김길웅, 「미적 현상과 시대의 매개체로서의 알레고리-벤야민의 알레고리 개념을 중심으로」, 『현대비평과 이론』 14호, 1997, 가을·겨울호, 183면.

나온다.[26]

<어부사시사>를 알레고리로 읽는다면 이 작품에 나타난 가시적 재현은 개별적 현상의 사실적 재현과는 성격을 달리한다고 보아야 한다. 그것은 어떤 선행하는 이념을 가시적인 형태로 확대한 것에 지나지 않기 때문이다. 단적으로 말하면 <어부사시사>에서 구체화된 형상을 얻은 사시사철의 경물의 변화와 어옹의 모습은 <도산십이곡>에서 '四時佳興'이라고 추상화한 이념에다가 상황과 인물이라는 옷을 입힌 알레고리라고 할 수 있다.

> 우ᄂᆞᆫ 거시 벅구기가 프른 거시 버들숩가
> 이어라 이어라
> 漁村 두어 집이 ᄂᆡᆺ 속의 나락들락
> 至匊悤 至匊悤 於思臥
> 말가ᄒᆞᆫ 기픈 소희 온갇 고기 뛰노ᄂᆞ다 <어부사시사 春詞4>

<어부사시사>의 <춘사4>가 <도산십이곡>의 "魚躍鳶飛 雲影天光"의 상징과 동일한 이념을 탁월한 형상으로 재현하고 있다는 사실을 알아차리기란 어렵지 않다. 그러나 우리말 표현으로 환골탈태했다는 표면적 차이를 넘어서는 두 작품의 존재론적 차이가 무엇일까. 우선 <도산십이곡>에서 "魚躍鳶飛 雲影天光"이라는 기호는 그 자신이 지시대상이기도 했다. 그에 비해 위의 "말가ᄒᆞᆫ 기픈 소희 온갇 고기 뛰노ᄂᆞ다"라는 시구는 재현의 대상이 되는 어떤 형상에 대한 기호일 뿐이다. 이 기호와 '魚躍鳶飛'와의 유추를 통해 "천지조화의 오묘함과 만물이 天性을 얻는 이치"라는 비가시적 의미를 환기할 수는 있겠지만, 양자가 동일한 존재론적 지평 속에 놓인다고 볼 수는 없는 것이다. 이처럼 추상적 이념을 구체적으로 형상화할 때, 기호와 형상 사이에 있었던 근원적 친연성은 훼손되지만, 그로 인해 문학의 존재론적 함량마저 감소하는

26) 김누리, 앞의 논문, 38면.

것은 아니다.

이 문제를 대하면서 주목할 점은 <도산십이곡>에서 추상화했던 자연의 생명력이 원근법과 개인적 시점에 의해 사실적으로 그려지고 있다는 것이다. 원근법과 개인적 시점은 우선, 자연 공간이 가시적인 물질들로 채워져 있다고 인식했을 때야 비로소 가능한 묘사 기법이다. 그래서 자연의 시각화는 자연을 이성적이고 일상적인 공간으로 발견하기 전에는 불가능하며, 그만한 경제적 사회적 요인의 뒷받침이 있어야 가능한 것이다.[27] 여기서 자연을 이성적이고 일상적인 공간으로 이해한다는 의미는 자연을 주체와 동떨어진 객체로서 보기 시작한다는 의미이다.

즉물적 묘사는 그 자체에 이미 탈성리학적인 운동 방향이 잠재되어 있음에도 불구하고, <어부사시사>에서는 성리학적 이념의 구상화를 꾀한다는 사실은 일견 이율배반적으로 보인다. 그렇지만 이처럼 말하는 방식과 말한 내용의 괴리가 있다는 점이 이 작품의 존재론적 함량을 증대시키는 결과를 낳는다고 볼 수도 있다. 즉물적·즉경적 묘사가 탈이념적으로 해석된다면 이는 곧 원근법적 시각을 이끌어 낸 개인적이고 주관적인 시각이 성리학이라는 형이상학적 이념을 능가한다는 것을 의미한다. 그럴 때 즉물적 묘사는 18세기 이후의 시조들에서 뚜렷이 보이는 것처럼 눈앞에 보이는 대상의 사실적 반복에 그친다. 그러나 <어부사시사>의 가시적 자연은 성리학적 이념의 알레고리이기 때문에 있는 그대로의 대상이 지닌 사실성의 단순 반복일 수 없다.

흔히 알레고리는 그 외양만이 사물에 대한 모방이라고 지적된다. 알레고리적 상황이나 인물들은 그 껍질을 벗기고 논리적으로 정리정돈하면 보편적인

---

27) 크리스 피터에 따르면 이성적 공간과 일상적 공간은 자연에 대한 물질적 정의라는 측면에서 거의 동일하다. 소유의 공간에 의해 혜택을 입은 사람들이 예술의 패트론으로 있는 영토확장론자의 사회에서 landskip(저자가 풍경화와 비견되는 완전히 묘사적인 시를 인도하는 전단계의 시각적 경관을 일컫는 말임: 필자주)에 대한 취향이 대대적으로 일어났는데, 이들은 매일의 관찰할 수 있는 장면들과 표현과 기쁨의 중재로서의 자연을 강조하는 태도와 자연을 '이성적 공간' 즉 과학적 분석의 장으로 객관화하려는 관심을 함께 지닌다고 저자는 말한다(Chris Fitter, *Poetry*, *Space*, *Landscape*, Cambridge Univ. Press, 1995).

것을 드러내게 되어 있다는 것이다.28) 이는 알레고리가 다른 기호로 치환될 수 있기 때문에 가능한 것이기도 하다. 이에 비해 감각적 존재 자체가 어떤 고유한 가치를 지니고 있는29) 상징은 '특수한 것'이 '보편적인 것'으로 치환되지 않는다. 다만 '특수한 것' 속에서 동시에 '보편적인 것'을 볼 뿐이다. "시는 보편적인 것을 생각하거나 거기에 대해 지시하지 않은 채로 특수한 것을 말한다"는 괴테의 말은 상징화된 '특수한 것' 자체가 다른 어떤 것으로 대체될 수 없음을 말하는 것이다.

엘리자베스 프렌첼은 상징과 알레고리의 이 같은 차이를 상술하고 있다. 상징이 다른 것에 대한 지시일 뿐만 아니라 고유가치(Eigenwert)를 가지며, 그 자체로 문학적 가치를 갖기 때문에 그것이 상징화하고 있는 것으로 치환될 수 없으며, 방정식에서의 X처럼 그 실제값으로 대체할 수 없다는 점을 지적한다. 그에 비해 알레고리는 그 자체로 가치와 기능을 갖지 않으며, 항상 다른 어떤 것을 지시한다. 그래서 형상과 의미는 서로에게 비켜서며 교체되는 것이 가능하다.30)

이러한 사실로부터 다음 작품에 나오는 '해'와 '안개'라는 기호의 성격과 기능을 살펴보자.

압개예 안개 것고 뒫뫼희 힉 비췬다

28) Vera Calin: *Auferstehung der Allegorie, Weltliteratur im Wandel, Von Homer bis Beckett*, Wien, 1975, 19면.(Nury Kim, *Allegorie oder Authentizität*, Peter Lang: Europäischer Verlag der Wissenschaften, Frankfurt am Main, 1995, 61면에서 재인용).

29) 한스 게오르그 가다머, 앞의 책, 142~144면.

30) Elisabeth Frenzel, 앞의 책, 38면. "구름"이 "간신"의 알레고리라는 흔한 예를 통해서 생각해 보면 "구름"이라는 형상과 "간신"이라는 의미 사이에 어떤 형이상학적 연관이 있다고 보기 어렵다. 둘의 관계는 자의적이다. 또 형상인 "구름"이 그 고유한 존재로서 의미하는 것이 아니라 "간신"이라는 의미를 지시하는 기능과 가치만을 가진다. 그러므로 "구름"이라는 형상의 자리에 "간신"이라는 원래 의미하고자 하는 이념이 대체될 수 있다는 것이고, 그 의미는 문맥과 상황에 대한 정보를 알면 지적으로 따라잡을 수 있다는 특징이 있다. 반면 알레고리 뒤에 있는 사고범위를 알지 못하는 사람은 이해할 수 없는 상태로 남는다는 특징도 가진다.

ᄇᆡ떠라 ᄇᆡ떠라
밤믈은 거의 디고 낟믈이 미러 온다
至匊悤 至匊悤 於思臥
江村 온갓 고지 먼 빗치 더옥 됴타 <어부사시사 春詞1>

위의 작품에서 ‘안개’와 ‘ᄒᆡ’는 일차적으로 ‘안개(霧)’와 ‘해(日)’라는 지시대상을 의미한다. 표음문자의 속성으로 미루어 볼 때 지시대상과 ‘안개’·‘해’라는 기호와의 연결은 이미 자의적이라고 할 수 있다. 다른 말로 하면 시각적으로 보이는 형상(지시대상)과, 그 대상이 의미하는 것(뜻)과 [안개]·[해]라는 음성이 분리되어 있다는 뜻이다. 그런데 ‘안개’와 ‘해’라는 말은 중장의 ‘밤믈’과 ‘낟믈’과 유사한 범주로 분류된다. 초장과 중장은 부정적 사물은 물러나고 긍정적 사물이 나아 온다는 동일한 의미를 환기하고 있다. 이렇게 본다면 ‘해’와 ‘안개’는 물질적 지시대상을 가리키면서 그와는 다른, 도덕적으로 ‘긍정적 가치’와 ‘부정적 가치’라는 뜻을 지닌다.

“江村 온갓 고지 먼 빗치 더욱 됴타”란 말에서 더럽혀진 속세에 대한 비판을 읽을 수 있다. 강호시가에 자주 나타나는 순진무구한 자연과 혼잡한 묘당의 이분법적인 대립을 감안해 보면 ‘해’와 ‘안개’라는 기호가 ‘自身’과 ‘政敵’이라는 또 다른 기호를 가리키는 것으로 해석될 수 있다. 이 마지막 의미에 이르면 ‘해’는 ‘自身’이라는 기호와, ‘안개’는 ‘政敵’이라는 기호와의 연결이 너무나 자의적이어서 언뜻 이해하기 힘들게 된다. 그러나 이러한 자의적 연결 속에 시인이 말하려는 의도를 숨기고, 독자의 성찰을 자극한다는 것이 알레고리의 특징이기도 하다. 역으로 독자는 표면에 나타난 기호를 다른 의미나 기호로 치환시킴으로써 텍스트의 세부사항까지 합리적으로 이해할 수 있다.

윤선도의 여러 작품에서 나타나는 낮과 밤이라는 범주의 대조31)는 우연히

31) 윤선도가 56세 때 보길도에 은거하면서 지은 <山中新曲> 가운데서 계절이나 날씨를 노래한 작품들을 뽑아 이 중에 날씨를 가리키는 시어들의 의미 자질을 구분하면 공통점이 밝

나타난 것이 아니라 현실 정치에 대한 그의 경계심으로부터 유래한다. <雨後謠>의 서문을 보면 윤선도의 시조에서 비가 그치고, 구름이 걷히고, 시내가 맑아지는 것은 사람이 改過遷善하는 도덕적 의미를 뜻함을 알 수 있다.[32] 그의 작품에서 비, 구름, 안개의 부정적 이미지는 아침, 햇빛의 긍정적 이미지와 극명히 대립한다. 전자는 비도덕적 범주에 속하는 사물들이고, 후자는 도덕적 범주에 속하는 사물들이기 때문이다. 이는 사물들이 동일한 존재론적 지평을 지니고 있기 때문에 어떤 불일치도 생각할 수 없었던 상징의 세계에서는 낯선 것이다.

<어부사시사>의 춘사 · 하사 · 동사는 "압개예 안개 것고 뒫뫼희 히 비췬다", "구즌 비 머저 가고 시냇 믈이 묽아 온다", "구룸 거둔 후의 힌빋치 두텁거다"로 시작한다. 표면에서 보면 하루의 시작인 아침의 풍광을 그림처럼 펼쳐 놓은 것이지만 윤선도가 이들 시어들을 관습적으로 사용하는 맥락을 이해하는 사람에게 그것은 명백한 도덕적인 의미를 숨겨 두고 있는 알레고리로 읽히는 것이다.

요컨대 <어부사시사>의 시각적 재현은 자연 공간에 대한 물질적 관심과 정의 없이는 불가능하다는 점에서 새로운 세계를 향해 열려 있는 것이다. 그것은 자연의 의미가 윤선도에게 어느 정도 개성화되어 있음을 말하며, 이는 그의 개성적인 시어들로서도 증명된다. 그러나 윤선도가 바라본 개성적 자연이 곧 탈성리학적이며 탈이념적인 주관적 시선을 의미할 수는 없다. <어부사

혀진다. 사물들이 '낮'과 '밤', '밝음'과 '어두움'의 영역으로 범주화된다는 점이 그것이다. 이에 대한 상세한 논의는 고정희, 「윤선도와 정철 시가의 문체시학적 연구」, 서울대 박사학위논문, 2001, 92~116면 참조.

32) "구즌 비 개단말가// 흐리던 구름 걷단말가//압내희 기픈소히/ 다묽앗다 ᄒᆞᄂᆞᆫ다//眞實로 묽디온 묽아시면/ 갇긘 시서 오리라//"라는 <雨後謠>에는 다음과 같은 序가 부기되어 있다. "어떤 사람이 말하기를 "宰相이 스스로 허물을 고쳤다"고 했다. 마침 이 때에 장마비도 함께 그쳤다. 그러기에 내가 말하기를 "그 사람이 잘못을 고친 것은 정말 이 비가 그침과 같고 이 구름이 걷히는 것과 같고, 이 앞 시내가 다시 맑아지는 것과 같으니, 우리들도 어찌 어진 마음으로 돌아가지 않을 수 있으랴"라고 하였다("有人傳道 時宰改過 于斯時也 宿雨儕霽 余曰 彼之改過也 苟能如斯雨之晴 如斯雲之捲 如斯前川之還淸 則吾儕敢不歸仁乎").

시사>의 시각적 재현은 외면에서의 모방이라는 알레고리의 특성상 이념을 형상화하는 본보기이고 예일 뿐이다. 다만 여기서 이념이란 선행연구들이 지적한 바처럼 16세기적 세계관을 말하는 것인지는 재론의 여지가 남아 있다. 이제 윤선도가 형상화하려고 했던 이념의 의미를 분명히 하면서 윤선도의 통일적 세계관을 추론할 차례이다.

4. 알레고리의 세계관적 의미

<어부사시사>에 부조된 이질적 계기들 가운데 즉물적·즉경적 묘사와 이념 지향의 이율배반은 알레고리 시학을 통해 어느 정도 정합적으로 설명할 수 있었다. 이 장에서는 <어부사시사>의 정서적 이율배반을 알레고리적으로 분석하면서 <어부사시사>의 수사적 특징과 세계관에 대한 종합적 해명에 도달하고자 한다.

정서적 이율배반이란 서론에서 언급한 '고양된 興'과 '이념에 대한 염원'을 말하는 것이다. <어부사시사>의 춘하추동 각 편에서 전반부는 속세를 떠나 유여하는 흥을 고조시키다가 후반부에는 싸늘히 식히면서 자기 성찰과 연군의 우수로 귀결시키는 것은 낮과 밤의 이분법적 대조로 알레고리화된 윤선도의 개성적 자연관과 무관치 않은 것이다.

낮의 공간에서는 넘치는 흥을 이기지 못하던 漁翁이 밤의 공간에서 우수에 쌓인 채 달을 보는 孤臣의 이미지로 형상화되는 것도 그런 예이다. "松間石室의 가 曉月을 보쟈 ᄒᆞ니/ ᄇᆡ 브텨라 ᄇᆡ 브텨라/ 空山落葉의 길ᄒᆞᆯ 엇디 아라볼고/ 至匊悤 至匊悤 於思臥/ 白雲이 좃차오니 女蘿衣 므겁고야"라고 노래한 <추사 10>은 현실의 암담함과 隱者의 고뇌를 그대로 토로하고 있다.

<어부사시사>에는 이처럼 흥겨움과 함께 세속 정치에 대한 우려감, 자신을 향한 비방에 괴로워하며 부대끼는 심리, 짙은 연군 의식 등이 함께 교직되고 있는데, 그 이유를 다음과 같은 글을 통해 유추해 보기로 한다.

> … 그러니 이 집이 진실로 나로 하여금 표표연히 세상을 버리고 홀로 서서 우화등선하는 뜻을 지니게 하면서도 끝내는 나로 하여금 부자와 군신의 윤리를 벗어나지 못하게 한다. 진실로 나로 하여금 낚시하고 밭가는 흥과 거문고를 타고 장구를 두드리는 즐거움에 전일하게 하면서도 끝내는 나로 하여금 선현의 아름다운 자취를 우러르며 선왕의 유풍을 노래하게 한다. 이 어찌 마음에 맞지 않겠는가?[33)]

위 글에 나오는 "표표연히 세상을 버리고 홀로 서서 우화등선하는 뜻"은 <어부사시사>의 창작 의도를 말한 발문에서도 표방된 말이다. 즉 예부터 전해 오던 <어부사>를 "외어 읊고 있노라면 강에 부는 바람과 바다에 오는 비가 어금니와 뺨 사이에서 일어나 사람으로 하여금 飄飄히 속세를 버리고 떠나 홀로 서는 意趣를 가지게 하니…"[34)] 운운한 대목이 그것이다. 이를 통해 漁翁의 유유자적한 생활을 흥겹게 풀어내는 어부장가[35)]의 전통을 잇는 <어부사시사>의 중요한 의미 지향이 세상을 버리고 홀로 서는 의취라는 사실을 알 수 있다.

그런데 위의 글에서 윤선도는 세상을 버리고 홀로 서는 의취가 있으면서도 끝내는 군신과 부자의 근본 윤리를 벗어날 수 없음을 토로하였다. "끝내는"이란 말에서 탈속의 자유를 향한 내면의 갈망을 도덕적 이상으로 억제해야 했던 어려움이 묻어 난다. 마침내 그는 "세상을 버리고 홀로 서는 의취"와 군신과 부자의 근본 윤리를 한꺼번에 추구하였고, 이율배반적인 양자를

---

33) …然則此堂固能使我飄飄然有遺世獨立羽化登仙之意, 而終亦使我不外於父子君臣之倫理, 固能使我專釣水耕山之興彈琴鼓缶之樂, 而終亦使我景仰前哲之芳躅, 歌詠先王之遺風, 此非會心者歟? …(「金鎖洞記」, 『孤山遺稿』 卷五下.)

34) 東方, 古有漁父詞, 未知何人所爲, 而集古詩而成腔者也. 諷詠, 則江風海雨, 生牙頰間, 令人飄飄然有遺世獨立之意…(「漁父四時詞跋」, 『孤山遺稿』 卷六下 別集, 『한국문집총간』 91).

35) 정운채, 「『악장가사』 소재 <어부가>의 한시 수용 양상」, 김병국 외, 『장르교섭과 고전시가』, 월인, 1999, 105면에서는 <어부가>에서 集句한 原詩들은 오히려 침착하고 분석적인 태도로 노래하는 한편 <어부가>에서는 흥겨운 기분이 부각된다고 지적하고, 그 이유를 조흥구의 의미와 기능에서 찾고 있다.

모범적으로 보여주는 실례를 자연에서 찾았다. 이는 다음과 같은 글을 통해 알 수 있다.

> 高山의 絶頂은 반드시 공기가 차고 바람이 세어서 정신과 몸이 단단하지 못한 사람은 감히 거처하지 못하거늘, 이곳은 따뜻하고도 편안하여 가히 병을 다스릴 만하니, 이 어찌 마음에 맞지 아니하겠는가.[36]

高山의 絶頂은 사람으로 말하자면 세속을 떠나 표연히 우뚝 선 정신을 지닌 사람이라고 볼 수 있을 것이다. 高山의 절정은 공기가 차고 바람이 세지 않으면, 사람이 사는 곳에서 너무 멀리 떨어져 있기 쉽다는 것은 세속을 벗어난 사람이 脫俗적인 성향을 갖기 쉽다는 것을 의미한다. 高山의 절정이면서도 "따뜻하고 편안한" 금쇄동 주변은 그에게 인격화된 자연에 가깝다. 윤선도는 이 자연에서 세속이 아닌 고고한 정신적 경지를 지니면서도, 탈속으로 흐르지 않는 이상적인 경지를 볼 수 있었다.

윤선도가 지닌 이러한 개성적 자연관을 16세기적 세계관의 마니에리즘적 강화로 보기는 어렵다. 말하자면 윤선도에게 자연은 天理의 流行과 天道를 깨닫는 道場이라기보다는 속되지 않으면서도 윤리를 벗어나지 않는 인격을 모범적으로 보여주는 도덕적 이념의 알레고리였다. 그러나 이러한 사실만으로는 <어부사시사>에 나타난 정서적 이율배반을 명쾌히 해명하지는 못한다. 이 문제와 관련하여, 세속을 벗어나려는 갈망과, 엄격한 도덕적 요구의 결합이 비극적 정서와 알레고리의 모티프가 된다는 지적은 자못 음미할 만하다.

윤선도의 지향은 바로크 시대에 독일의 루터교도가 지녔던 삶의 자세와 상당히 유사하다. 루터교도는 내세를 중시하여 기본적으로 공허한 세상이라는 판단을 내리는 한편으로 엄격한 도덕성과 의무에의 복종을 스스로에게 요구함으로써 멜랑콜리한 세계관을 운명적으로 지닐 수밖에 없었다. 벤야민은 루

---

36) 高山絶頂, 必氣寒而風烈, 非神王骨强者不敢居, 而此則溫然而暖, 恬然而安, 可以養病, 此非會心者歟?(「金鎖洞記」, 『孤山遺稿』 卷五下.)

터교도의 이러한 병리학적 상태에서 인간은 주변의 사물들에 대해 자연적이고 창조적인 관계를 잃어버리고 주변사물들을 '수수께끼' 같은 지혜의 암호로 변모하게 된다고 지적한다. 그는 "사물들의 유한성에 대한 통찰"과 이것을 영원 속으로 구제하려는 배려가 알레고리의 가장 강력한 모티프 가운데 하나라고 주장한다.37)

윤선도 이전의 <어부가>가 興을 강조하면서도 일탈을 경계하지 않은 것은 만물과 호흡하는 자유로운 정신세계 속에서 자연과 창조적인 관계를 맺는 상징의 세계 속에서 있었기 때문이다. 그에 반해 <어부사시사>의 수사적 특징이 알레고리라는 사실은 자연과 인간의 분리가 자의식적으로 인식되기 시작했다는 것을 말한다. 이는 적어도 두 가지 변화를 의미한다. 하나는 자연과의 동질성 속에서 긍정적인 방향으로 극대화될 수 있었던 興이, 이제는 자연의 본질적 의미와 분리됨으로써 언제든지 탈속적 지향을 향해 거침없이 내달아갈 수 있는 위험까지 내포하게 되었다는 점이다. 이에 대한 우려는 興을 제한하려는 시도로 나타날 터이다. 또 하나의 변화는 자연과의 합일이 불가능함을 인식하게 된 시적 자아에게는 자연과 분리된 그만큼의 고독한 내면이 생겨나게 된다는 점이다. 두 가지 변화는 모두 비극적인 정서를 유발한다는 공통점이 있다.

믉결이 흐리거든 발을 싯다 엇더ᄒᆞ리
이어라 이어라
吳江의 가쟈 ᄒᆞ니 千年怒濤 슬플로다
至匊悤 至匊悤 於思臥
楚江의 가쟈 ᄒᆞ니 魚腹忠魂 낟글셰라 <어부사시사 夏詞4>

이 작품의 초장은 굴원의 <어부사>에서 현실 정치의 논리에 휘둘리지 않

37) 김길웅, 앞의 논문, 202면.

는 자유로운 정신을 의미했던 <탁영가>의 한 구절을 그대로 따 온 것이다. 윤선도는 <春詞5>에서 "濯纓歌의 興이 나니 고기도 니즐로다"라고 말하면서 이 모티프를 이용해 속세를 벗어난 맛을 되살린 데 반해, 위의 작품에서는 동일한 모티프가 비극적 정서를 환기하고 있다. 이어지는 구절이 현실 정치에서 좌절하고 억울한 죽음을 당한 오자서와 굴원의 비애를 상기시키고 있기 때문이다. 결과적으로 "믉결이 흐리거든 발을 싯다 엇더ᄒᆞ리"라는 시구가 초연한 삶의 자세라는 원래의 의미를 간직하기 어렵게 된다. 오히려 그러한 삶의 자세를 실천하고 싶으나 어떠한 행보도 용납지 않는 현실을 대비시켜 원래 문맥을 반어적으로 지시하고 있다고 볼 수 있다.

이처럼 하나의 시구가 그 본래적 의미와는 전혀 다른 의미를 지시하는 것도 알레고리적이라고 볼 수 있다. 알레고리의 자의성을 극단화시킬 경우, 알레고리적 기표는 그 기표가 지시하는 것과는 정반대의 의미를 기의로 취할 수 있기 때문에 아이러니 역시 알레고리의 하위 범주로 파악된다.

종합하자면 16세기적 자연관이 지닌 사물과 인간, 존재와 당위 사이의 상징적 결합이 와해되면서 존재론적으로는 세속을 벗어나려고 하고, 윤리적 당위는 포기할 수 없었던 윤선도의 자기 모순이 알레고리란 수사학을 요청했음을 알 수 있다. <어부사시사>에 나타난 우수의 정서와 비극적 자의식은 알레고리 시학과 표리가 되는 세계관적 근원은 지니고 있는 것이다. 이는 興을 촉발하는 즉물적·즉경적 묘사를 특징으로 하는 <어부사시사>를, 알레고리 시학으로 재해석하지 않는 한 발견하기 힘든 국면이라고 생각한다.

5. 결론

지금까지 이 글에서는 언어의 수사적 측면에서 <어부사시사>가 지닌 세계관에 접근하려고 노력해 왔다. 특히 <어부사시사>에 드러난 '즉물적 묘사와 성리학적 이념', '興과 비극적 정서'의 이율배반이 어떠한 미적 의도와 세계관의 산물인지를 밝히는 데 초점을 맞추었다.

먼저 <어부사시사>가 즉물적이고 즉경적이라고 파악될 정도로 자연을 시각적으로 재현하려는 경향을 지니고 있다면, 이 작품 속에서 추상과 구체를 매개하는 언어는 상징이 아니라 알레고리가 될 것이라고 가정했다. 재현이란 반드시 지시대상과 기호와의 거리를 전제로 해야 하는데, 양자가 일치된 상징의 세계에서는 재현이 이론상 불가능한 반면, 알레고리야말로 기호와 지시대상의 거리를 전제로 한 수사학이기 때문이다.

알레고리 시학으로 <어부사시사>의 수사적 특징을 살핀 결과, 즉물적 · 즉경적 묘사의 이면에서 논리적으로 정돈된 자연의 의미를 밝힐 수 있었다. 수사적 특징인 '즉물적 · 즉경적' 묘사가 세계관의 심층에서 우러나온 것이라면 그것은 당연히 탈성리학적인 세계관을 요구하게 된다. 그러나 '즉물적 · 즉경적' 묘사는 외면에 그치고 정작 시인이 말하려는 바는 그 속에 감추어 둔 도덕적 이념이었다. 그의 작품에서 사물들은 도덕적인 범주의 것들과 비도덕적인 범주의 것들로 분류된다. 이를 통해 政敵과 세속을 비판하고, 자신과 탈속의 삶을 긍정하려는 의도를 나타낸 것이다.

<어부사시사>에 나타난 興과 공소함의 이율배반적 정서 또한 낮과 밤의 이분법적 대조로 알레고리화된 윤선도의 개성적 자연관과 무관치 않았다. 윤선도에게 자연은 天理의 流行과 天道를 깨닫는 道場이라기보다는 속되지 않으면서도 윤리를 벗어나지 않는 인격을 모범적으로 보여주는 도덕적 이념의 알레고리였다. 한편 세속을 벗어나려는 내면의 갈망을 이처럼 엄격한 도덕성으로 억제시키려는 윤선도의 관념은 우수적 색채를 띠면서 존재와 당위의 상징적 결합이 더 이상 불가능하다는 비극적 정서를 낳고 있다.

이상의 논의로써 <어부사시사>에 나타난 즉물적 자연묘사와 이념의 이율배반 문제나, 興과 비극적 정서의 이율배반 문제가 어느 정도 정합적으로 해명되었다고 본다. 그러나 이 글에서 살핀 <어부사시사>의 알레고리 시학이 17세기 시조가 지닌 역사적 성격을 가늠하는 데 얼마나 유용한 잣대인지에 대해서는 좀 더 많은 숙고와 고찰이 필요하다. 알레고리는 인간의 범주를 자

연적인 범주로 전환하려는 욕망에 의해 지배되지 않고, 자연과 인간의 존재론적인 독립을 허용하는 수사학이다. 만일 17세기 시인들이 인간이 자연과 상징적으로 동일시되던 16세기적 자연관으로 돌아갈 수 없었다면, 그들의 세계관은 알레고리와 무관치 않았을 것으로 예측된다.

참고문헌

고정희, 「윤선도와 정철 시가의 문체시학적 연구」, 서울대 박사학위논문, 2001, 152~163면.

권택영, 「언어의 수사성」, 『세계의 문학』 1989, 가을.

김길웅, 「미적 현상과 시대의 매개체로서의 알레고리-벤야민의 알레고리 개념을 중심으로」, 『현대비평과 이론』 14호, 1997, 가을·겨울호, 183면.

김누리, 「알레고리와 역사」, 『독일문학』 65집, 1998, 190면.

김병옥·안삼환·안문영 편저, 『도이치문학용어사전』, 서울대 출판부, 2001, 571면.

김석회, 「17세기 자연시가의 양상과 그 역사적 성격」, 『고전문학과 교육』 제3집, 한국고전문학교육학회, 2001.

김준오, 『시론』, 삼지원, 1991, 146~147면.

김흥규, 「16, 17세기 江湖時調의 변모와 田家時調의 형성」, 『욕망과 형식의 시학』, 태학사, 1999.

______, 「<어부사시사>에서의 興의 성격」, 『한국고전시가작품론』 2, 집문당, 1992.

성기옥, 「<도산십이곡의 재해석>」, 『진단학보』 제91호, 진단학회, 2001.6, 264면.

______, 「고산 시가에 나타난 자연인식의 기본 틀」, 『고산연구』 창간호, 고산연구회, 1987.

______, 「신흠 시조의 해석 기반-<방옹시여>의 연작 가능성」, 『진단학보』 81호, 1996.

신광현, 「알레고리」, 『현대 비평과 이론』 7호, 1994, 봄·여름, 312~314면.

______, 「폴드만의 비유 읽기」, 『현대비평과 이론』 16호, 1998, 가을·겨울.

이상원, 「<어부사시사>의 현실주의적 성격」, 『어문논집』 34집, 고려대 국어국문학연구회, 1995.

장경렬, 「언어, 시간, 그리고 비평의 문제: 폴드만의 경우」, 『외국문학』 16호, 1988, 가을.

정운채, 「『악장가사』 소재 <어부가>의 한시 수용 양상」, 김병국 외, 『장르교섭과 고전시가』, 월인, 1999, 105면.

최재남, 「시조의 인식 기반과 미의식의 특성」, 『국문학연구』 제7호, 국문학회, 2002, 96~97면.

프랭크 렌트리키아, 이태동·신경원 역, 「폴드만 : 권위의 수사학」, 『신비평 이후의 비평이론』, 문예출판사, 1994.

한스 게오르그 가다머, 이길우 · 이선관 · 임호일 · 한동원 역, 『진리와 방법 1-철학적 해석학의 기본 특징들』, 문학동네, 2000.

Fitter, C., *Poetry*, *Space*, *Landscape*, Cambridge Univ. Press, 1995.

Frenzel, E., *Stoff-*, *Motiv*, *und Symbolforschung*, Stuttgart, 1978, 38면.

Kim, Nury, *Allegorie oder Authentizität*, Peter Lang: Europäischer Verlag der Wissenschaften, Frankfurt am Main, 1995, 61면.

Krieger, M., "A Waking Dream: The Symbolic Alternative to Allegory", *Allegory*, *Myth*, *and Symbol*, ed. by Morton W. Bloomfield, Harvard Univ. Press, Cambridge; Massachusetts, London; England, 1981.

De Man, P., "The Rhetoric of Temporality", *Blindness and Insight*, Minnesota Univ. Press, 1983, 207면.

Preminger, A. and T.V.F. Brogan eds., *The New Princeton Encyclopedia of Poetry and Poetics*, Princeton; New Jersey: Princeton Univ. Press, 1993, 1251~1253면.

17세기 전가시조의 서정적 리얼리티*

1. 서론

김광욱(1580~1656)의 <율리유곡>은 사대부시조의 변이와 17세기 시조의 역사적 위상을 가늠하는 논의에서 수차례 중요하게 언급된 작품이다.[1] 새삼 <율리유곡>에 주목하는 이유는 이른바 田家時調의 범주적 타당성과 그 서정적 리얼리티를 파악하는 문제에 대하여 이 작품이 시사하는 바가 여전히 크기 때문이다.

김흥규 교수는 16·7세기 사림의 역사적 위상이 변모하는 점에 주목하여 시조사의 전개에 있어서 매우 중요한 가설을 제시한다. 17세기에 들어서면서 강호시조의 16세기적 전형이 쇠퇴하는 반면 '農家의 생활상'과 '野人的 흥취', '질박한 삶의 자족감'을 노래하는 이른바 田家時調가 새로운 문학사의 줄기로 떠오른다는 것이 그것이다.[2] 이 논의를 기점으로 하여 시조사에서 田家時

* 이 글은 「17세기 전가시조의 서정적 리얼리티에 관한 연구-<율리유곡>을 중심으로」(『한국문학연구』 3집, 고려대 민족문화연구원 한국문학연구소, 2002.12)를 부분 수정한 것이다.

1) 조동일은 <율리유곡>에 나타난 전원생활과 농민의 처지에 대한 경험들에 일찍이 주목하면서, 이 작품은 사대부시조의 새로운 활로를 모색한 의의를 지닌다고 평가한 바 있다(조동일, 『한국문학통사』(제2판) 제3권, 지식산업사, 1989, 273면). 이후 김기현, 이형대, 박연호, 이상원, 권순회 등에 의해서 본격적인 작품론이 제출되었다. 이 방면의 연구사 검토는 권순회, 「田家時調의 미적 특질과 사적 전개 양상 연구」, 고려대 박사학위논문, 2000, 50~51면에 상세하다.

調라는 별도의 범주를 설정하고 새로운 범주의 내포와 외연을 확충하는 연구들이 활발하게 이어졌다. 접근 방법은 조금씩 다를지라도 대체로 자연이 관념의 대상이 아닌, 노동의 대상이거나 실질적 삶의 터전으로 형상화되는 양상이 17세기부터 두드러지기 시작하여, 18·9세기로 갈수록 더욱 뚜렷해진다는 합의에 도달하는 듯하다.[3)]

이러한 논의들이 田家時調라는 새로운 흐름을 읽어 내고 이를 공론화함으로써 조선 후기 시조사를 입체적으로 조망하는 성과를 얻었다는 점에 대해서는 이견이 있을 수 없다. 그러나 田家時調의 범주적 타당성을 입증하기 위해서는 아직 다음과 같은 난제들이 남아 있다고 여겨진다.

먼저, 황희의 <사시가>[4)]와 같이, 15세기에 일찌감치 나타난 田家時調的 성격을 띤 작품들에 대한 범주적 처리가 선명해야 한다. 田家時調의 형성 동인 및 범주적 기준을 지금까지는 주로 17세기 사림의 정치적 위상에서 찾아 왔지만, 이를 15세기까지 소급할 수는 없다. 따라서 이 시기에 田家時調的 성격을 띠는 작품이 형성된 역사적 배경에 대해서도 별도의 설명이 있어야 할 터인데, 田家時調를 사적으로 살피는 연구에서도 마땅한 설명이 보이지 않는 실정이다. 이 문제를 피하기 위해서 만일 처음부터 강호가도와는 다른 줄기로서 田家時調的 전통이 이른 시기부터 형성되어 왔다고 가정한다면[5)], 田家時調的 현상이 유독 17세기에 문학사의 전면으로 부각된 이유를 설명하기 어렵다. 이는 또한 강호가도의 세계가 貧賤의 이념인 江湖로부터 빈천의 현실

2) 김흥규, 「16·17세기 강호시조의 변모와 田家時調의 형성」, 『어문논집』 35집, 고려대 국어국문학연구회, 1996.

3) 이상원, 「17세기 시조 연구」, 고려대 박사학위논문, 1998; 신영명, 「17세기 강호시조에 나타난 田園과 田家의 형상」, 『한국시가연구』 제6집, 한국시가학회, 2000; 권순회, 「田家時調의 미적 특질과 사적 전개 양상」, 고려대 박사학위논문, 2000 등.

4) 이 작품은 작가 고증의 문제가 없지 않은데, 이에 대해서는 뒤에서 다시 언급하기로 한다. 다만 <사시가> 가운데 두 수는 황희의 작임이 확실하고, 나머지 두 수에 대해서도 학계에서 일반적으로 황희의 작품으로 보고 있으므로, 이 작품을 15세기의 작품으로 보는 데는 큰 무리가 없다고 본다.

5) 여기현, 「강호인식의 한 양상」, 『반교어문논집』 제1집, 반교어문연구회, 1988; 최재남, 『사림의 향촌 생활과 시가 문학』, 국학자료원, 1997 등에서 이러한 주장이 보인다.

인 田園에 이르기까지 역사적으로 변천해 왔다는 문학사의 일반론과도 상충된다.

그렇다면 田家時調의 범주적 타당성을 텍스트 안에서 찾는 것은 어떠한가? 田家時調에 대한 연구성과가 축적된 만큼 황희의 <사시가>와, 田家時調의 미적 특질을 준별할 수 있는 문학론적 기준을 제시할 수 있지 않을까. 우리가 알고 있는 '農家의 생활상', '野人的 흥취', '질박한 삶의 자족감'과 같은 田家時調의 미적 특질들은 대체로 작품의 분석과 해석을 통해 귀납적으로 추출된 특질들이다. 그 가운데 어떤 것들은 황희의 <사시가>와 여타 강호시조에서 어느 정도 드러나는 특질들이다. 여기서, 田家時調의 미적 특질이 강호시조와 질적으로 다른 무엇이 아니라 양적 차이에 의해 구별되는 정도의 것이라면, 구태여 田家時調라는 범주를 분리해 낼 필요가 있는가 하는 반문이 생겨난다.

<율리유곡>은 田家時調라는 새로운 양상을 뚜렷이 보여주기 시작하는 작품으로 주목되는 한편으로, 田家時調의 초기 단계로서 지니는 한계도 함께 지적되고 있다.[6] <율리유곡>에 나타난 田家時調的 특질들이 비록 부분적일지라도, 田家時調가 강호시조와 범주적으로 뚜렷이 구분되기만 한다면 이러한 견해차를 허용하지 않았을 것이다. 본고는 <율리유곡>의 시어 분석을 통해 田家時調라는 범주를 분리해 낼 수 있는 문학론적 기준을 추출하는 데 목적이 있다.

2. 환상적 리얼리티와 모방적 리얼리티

田家時調와 강호시조의 차이는 여러 면으로 논의되고 있지만, 양자를 준별

6) 이상원은 <율리유곡>에 나타난 빈천의 사실성을 의심하면서, 이 작품이 '전원'의 일상사에 대한 형상화 면에서는 전대시조보다 진일보한 성격을 갖지만 노동의 건강함에 대한 형상화는 거의 찾아볼 수 없다고 지적한다(이상원, 앞의 논문, 46면).

하는 기준으로 삼을 만한 본질적인 차이는 그 서정적 리얼리티에 있다고 본다. 여기에서 말하는 '리얼리티'는 흔히 사용하는 '實在'라는 의미와 함께, "實在를 파악하게 만드는, 사건들의 다양함 뒤에 놓인 공유된 가정들"이라는 의미까지도 내포하는 용어이다.7)

철학적으로나 미학적으로나 '리얼리티'를 파악하는 두 가지 입장 간의 대립이 있어 왔다. 그 하나는 리얼리즘의 기본 정신에 걸맞게, 물질적 현상이 그것을 판단하는 인간의 주관과는 무관하게 객관적으로 실재한다는 입장이다. 그러나 美나 도덕적 가치가 객관적으로 존재할 수 없으며, 결코 인간의 감정 및 태도들과 동떨어져 존재하는 것이 아니라는 반론도 끊임없이 제기되어 왔다. 철학 쪽에서는 이 두 입장을 의미에 대한 두 가지 다른 이론들로 이해하고 있다.8) 미학 쪽에서도 관찰자의 주관적인 지각이나 개성이라는 요소와, 경험적인 리얼리티의 객관적 사실성이라는 두 요소 사이의 조화를 추구하려는 이론이 개진되면서, 양자의 화해는 "사실 세계의 시적 변형"에 의해서, 즉 현상적인 다양함을 주관적인 내면이라는 필터에 인식론적으로 거르고 세련되게 만드는 미메시스에 의해서 달성된다는 입장으로 정리되고 있다.9)

이러한 논의로 볼 때 객관적으로 존재하는 것처럼 보이는 '리얼리티'는, 관찰자가 그것을 어떤 가정이나 인식론적 전제를 통해서 이해하는가 하는 문제와 항상 결부되어 있음을 알 수 있다. 특히 우리가 논의하고자 하는 "서정적 리얼리티"의 경우는 관찰자의 주관성이 객관적인 실재를 압도할 정도로 중요하다. 서정적 자아가 하나의 통일된 세계이며, 동시에 그 세계의 중심적인 시점이 되기 때문이다.

---

7) 리얼리티에 대한 이러한 정의는 John G. Blair가 중국문화의 리얼리티를 분석하는 자리에서 명시한 바 있다(John G. Blair, "Change and Cultures: Reality Presumptions in China and the West", *New Literary History*, Vol.24, No.4, Autumn, The Johns Hopkins Univ. Press, 1993).

8) *Concise Routledge Encyclopedia of Philosophy*, London and New York: Routledge, 2000, 744~745면.

9) Alex Preminger and T.V.F. Brogan eds., *The New Princeton Encyclopedia of Poetry and Poetics*, Princeton; New Jersey: Princeton Univ. Press, 1993, 1016면.

서정적 리얼리티에 대한 이 같은 이해는 '農家의 생활상', '野人的 흥취', '질박한 삶의 자족감' 등과 같은 田家時調들의 귀납적인 미적 특질만으로는 강호시조와의 질적 구분이 힘든 이유를 분명히 보여준다. 강호시조에서도 삶의 공간인 田園에서 "주로 밭 갈고 김매는 사람의 근면한 삶의 모습"이 나타나는데, 겉으로 보아서는 '사실적 전원세계의 실천'이라는 점에서 田家時調와 그리 다르지 않다. 이는 강호시조와 田家時調의 미적 특질은 작품에 나타난 實在만으로는 구분하기 힘들며, 사건들을 해석하는 공유된 가정들로서의 리얼리티가 어떻게 다른지 밝혀질 때 비로소 선명히 구분될 수 있음을 뜻한다.

따라서 강호시조가 田家時調와 질적으로 다른 점이 있다면, 그것은 리얼리티의 관찰자인 서정적 자아가 '사실적 전원세계의 실천'을 어떻게 해석하는가 하는, 세계 해석상의 문제에 관련된 '서정적 리얼리티'에서 찾아야 할 것이다. 강호시조의 전통에서는 사실적 전원세계의 실천이 廟堂과 대비되는 단순 소박성을 구현하는 것으로 해석된다. 강호시조가 지닌 서정적 리얼리티를 우리는, 廟堂과 강호의 대조적 전망이라는 시인의 사회적 태도와, 이른바 '무구와 행복'을 동시에 추구하려는 시인의 심리적 태도 사이의 역학적 관계에서 찾을 수 있다. 자연과 그 속에서의 실천이 곧 조선조 사대부들의 내면 풍경이었다는 점에서, 강호시조에 관한 한 "자연을 매개로 한 환상"을 그 문학론적 준거로 삼을 수 있다.10)

그런데 강호시조의 이러한 서정적 리얼리티는 잘 알려진 바대로 현실을 모방하는 서정적 리얼리티로 점차 변모해 간다. 田家時調를 주목하는 이유도 바로 이들 작품들이 환상적 혹은 관념적 리얼리티의 예시(illustration)로부터 사실적 리얼리티의 재현(representation) 또는 모방(mimesis)으로 나아가는 문학사의 움직임을 역동적으로 구현하고 있기 때문이다.11) 흥미로운 사실은 모방

10) 이상의 논의는 김병국, 「강호가도와 전원문학」, 『한국고전문학의 비평적 이해』, 서울대 출판부, 1995의 논지를 요약한 것이다.

11) 숄즈와 켈로그는 본질이나 개념은 예시되고, 현실의 개인이나 유형들은 재현된다고 구분한다. 로버트 숄즈·로버트 켈로그, 임병권 역, 『서사의 본질』, 예림기획, 2001, 132면 참조.

이 갖는 리얼리티 또한 "느낌 · 행동 · 사상 · 인물 · 장소 등의 요소가 단지 사실적으로 보이는지가 중요할 뿐, 그것들이 실재할 필요는 없다는 점"이다.[12] 모방적 리얼리티에서도 實在 그 자체보다는, 실재를 사실에 가깝게 표현하려고 애쓰거나 표현된 것과 등치적인 리얼리티를 추구하는 태도에 공유된 가정들이 더 중요한 것이다.

'환상'과 '모방'은 문학 작품 속에 존재하는 두 가지 충동으로 설명되기도 한다. 캐스린 흄은 '환상'이 "권태로부터의 탈출, 놀이, 환영, 결핍된 것에 대한 갈망, 독자의 언어습관을 깨뜨리는 은유적 심상 등을 통해 주어진 것을 변화시키고 리얼리티를 바꾸려는 욕구"라면 '모방'은 "다른 사람들이 당신의 경험을 공유할 수 있다는 핍진감과 함께, 사건, 사람, 상황, 대상을 묘사하려는 욕구"라고 구분한다.[13] 그는 리얼리즘을 위해 환상을 포기한 문학사의 운동과정이 서구 이성주의의 성장에 따른 논리적인 부대상황이라고 진단하고 있는데, 이런 견해는 강호시조의 사적 변모와 관련하여 음미할 만하다.

우리가 강호시조에서 田家時調로의 변모를 중시하고 그 배경을 설명하고자 애쓰는 것처럼, 서구에서도 근대로 진입하는 과정에서 자연 경관이 우주형상지적 의미로부터 일상적 공간으로 전이된 사실에 주목하고, 이를 사회경제사적 배경과 관련하여 설명하려는 노력이 없지 않았다. 흥미로운 점은 이러한 변화의 대표적인 요인으로 꼽히는 것이 상업의 성장과 그에 따른 이성주의적, 혹은 합리주의적 관점이라는 사실이다.

크리스 피터에 따르면 이성적 공간과 일상적 공간은 자연에 대한 물질적 정의라는 측면에서 거의 동일하다. 그는 일상적 공간의 발견을 경관에 대한 세속적 합리화 과정이라고 이해한다. 일상적 공간은 경험적인 일상 세계의 경관과, 그들의 감각적이고 정서적인 자질에 대한 고조된 관심을 의미한다. 경관의 정서적 자질이란 개인의 감정적 삶을 표현하고 기분 전환하는 것을 의미한다.[14] 이 논의는 田家時調에서 주목받고 있는 일상성과 기분 전환적

12) Kathryn Hume, 한창엽 역, 『환상과 미메시스』, 푸른나무, 2000, 19~31면.
13) 위의 책, 55면.

분위기가 자연에 대한 물질적 정의 및 이성중심주의와 관련됨을 시사하고 있다.

田家時調는 지금까지 사대부 시조의 영역을 확장하고 건강한 민중성을 암시한다는 이유로 강호시조에 대한 개선된 대안이라고 여겨진 감이 없지 않다. 그러나 만일 田家時調가 자연에 대한 물질적 정의와, 사물을 '있는 그대로', '실재하는 그대로' 그리려고 하는 모방적 리얼리티를 극단적으로 추구한다면 다음과 같은 상황에 떨어질 우려도 배제할 수 없다. 즉 주관적 합리성에 의해 자연은 단순한 객체의 지위로 떨어지고, 즉자적인 사물은 인간을 위한 사물로 왜곡되며, 그에 대한 당연한 결과로 사물 그 자체가 지니고 있던 아우라는 상실된다. 이처럼 '사실성'만이 정의로 인정되면, 인식은 사실성의 반복이 되며, 눈앞에 보이는 표피적 현상을 개념을 통해 매개시키는 '인식'이라는 행위를 송두리째 포기하게 될 수도 있다.[15)]

포기올리는 18세기 말부터 이미 죽어 가기 시작하였던 전원시 양식에 대하여 최후의 일격을 가한 현대의 네 가지 문화적 조류를 "인본주의적 시야, 물질적 진보의 정신, 과학적 정신, 그리고 예술가의 사실주의"로 지목하고 있다.[16)] 그런데 이 네 가지는 사실 17세기 이후에 田家時調라는 새로운 흐름을 문학사의 전면으로 부상시키는 원동력이기도 했다. 이러한 진단에 의하면 田家時調의 서정적 리얼리티를 이끌어 내는 인식론적 운동은 스스로 목가적 양식을 폐기하는 모순에 이른다고 볼 수 있다.

만일 田家時調가 있는 그대로의 사물이나 일상에 대한 동어반복이라면 그와 같은 위험에 봉착했을지 모른다. 그러나 田家時調가 강호시조의 관습의 영향을 받고 있는 한, 그와 같은 일은 일어나지 않았으리라 예상된다. 따라서 이 글에서는 田家時調의 서정적 리얼리티는 환상적 리얼리티와 모방적 리얼

---

14) Chriss Fitter, *Poetry*, *Space*, *Landscape*, Cambridge Univ. Press, 1995, 195~211면.

15) T. W. 아도르노 · M. 호르크하이머, 김유동 역, 『계몽의 변증법』, 문학과지성사, 2001, 57면.

16) 김병국, 앞의 논문, 88면.

리티 사이에 어딘가에 자리하고 있다고 가정하고, 양자가 어떤 모습으로 田家時調 안에서 결합되고 있는지 살피고자 하는 것이다.

3. 환상과 모방의 알레고리적 결합

1) 자연과 인공의 결합

<율리유곡>의 서정적 리얼리티를 분석하기에 앞서, 田家時調의 범주적 타당성을 입증하는 데 걸림돌로 작용하는 황희의 <사시가>에 주목하여, 그 서정적 리얼리티를 살피고자 한다.

강호에 봄이 드니 이 몸이 일이 하다
나ᄂᆞᆫ 그믈 깁고 아ᄒᆡᄂᆞᆫ 밧츨 가니
뒷뫼ᄒᆡ 엄긴 약을 언ᄌᆡ ᄏᆡ려 ᄒᆞᄂᆞ니

삿갓세 되롱의 입고 細雨 중에 호뫼 메고
山田을 흣ᄆᆡ다가 綠陰에 누어시니
목동이 우양을 모라다가 ᄌᆞᆷ든 날을 ᄊᆡ우다

대쵸 볼 불근 골에 밤은 어이 뜻드르며
벼 뷘 그르헤 게ᄂᆞᆫ 어이 ᄂᆞ리ᄂᆞᆫ고
술 닉자 체 쟝사 도라 가니 아니 먹고 어이리

뫼혀ᄂᆞᆫ 새가 긋고 들ᄒᆡᄂᆞᆫ 가리 업다
외로운 ᄇᆡ에 삿갓 쓴 져 늘근이
낙ᄃᆡ에 마시 깁도다 눈 깁픈 줄 아는가 황희 <사시가>

주지하다시피 위의 시조는 일상 생활의 정감과 전원의 현실을 그린, 이른 시기의 작품으로 가장 많이 지적되는 작품이다. 그러나 이 작품은 사시의 순환적 질서를 작품 양식으로 택한 점과, 특히 첫째 수에서 보이는 근면한 농부의 모습이 겹쳐져서 빈천의 이념으로서의 환상적 리얼리티를 구현하고 있는 것으로 해석될 수 있다. 최진원은 둘째 수에 대해서 "太古를 꿈꾸는 형상"[17] 이라는 해석을 내린 바 있는데, 이 말은 "지극히 평화로운 휴식 속에서 자신을 잊어버리고 대상 속에 몰입하는 관조에 빠져 대상과 은밀한 교감을 나누고 '무의지적 기억'을 통해 태고적 형상들이 발산하는 분위기에 침잠"할 때 느낄 수 있는 아우라(aura)를 떠올리게 한다. 아우라는 사물들이 인간을 위한 사물로 왜곡되기 이전의 즉자적인 사물의 상태에서 발하는 태고의 향기이다.[18] 이 작품 속의 농부는 "山田을 흣믜"는 勞役에도 불구하고 綠陰 속에서 태고의 시간이 현현하는 것을 체험하고 있다. 이것은 노동이 합리적 자연지배의 수단이 아니라 자연과 그대로 대면하는 하나의 상호작용이기 때문에 가능한 것이다. "낙딕에 마시 깁"어 눈 깊은 겨울의 추위와 황량함도 잊는 것은 특수한 사물과의 체험이 어느 순간 전체적 의미의 상징적 현현으로 상승한 것을 의미한다. 이는 시적 자아를 둘러싸고 있는 사물의 의미가 이미 선험적으로 확충되어 있기 때문에 가능했다고 본다.[19]

다만 셋째 수에 나타난 소박하고 질박한 어휘들만은 좀 더 세심한 논의를 요구하고 있는데, 이러한 어휘들이 일견 가을의 풍경을 사실적으로 묘사하는

---

17) 최진원, 「江湖歌道」, 『國文學과 自然』, 성균관대 출판부, 1977, 90면에서는 이 시조의 작가를 무명씨라고 보면서 "여백 속에 太古然한 樸을 含蓄"한 작품으로 해석한 바 있다. 황희의 <사시가> 중에서 이 작품과 네 번째 수는 시조집에 작자 미상인 채 실려 있어 황희의 작인지 의심되는 작품이다. 이에 대해 최동원이 위의 네 수를 묶어 황희의 작이라고 수록한 『박씨본 시가』의 신빙성 등을 들어 <사시가>가 황희의 작품임을 변증한 바 있고, 여기현이 이 견해를 수용하면서 이 작품을 황희의 소작으로 보는 견해가 학계에 일반화되었다(여기현, 앞의 논문, 142면).

18) T. W. 아도르노 · M. 호르크하이머, 앞의 책, 46면.

19) 여기서는 자연이 상징화되어 있기 때문이다. 상징과 그 세계관적 기반에 관한 논의는 이 책의 제1부 2장에 미룬다.

모방적 리얼리티를 지닌 것처럼 보이기 때문이다. 그런데 대추의 볼이 발갛게 익어 가고 때마침 농익어 떨어지는 밤톨의 모습에서는 가을의 풍요로움이 현현하고 있다. 벼 베어 낸 그루에 게가 좇아서 나타나는 곳에서는 예기치 않았던 생명의 움직임으로 시적 자아가 충만한 생동감을 맛보는 모습을 그리고 있다. 이렇게 보면 "술 닉쟈 체 쟝사 도라 가니 아니 먹고 어이리"의 의미가 즉흥적 흥취를 넘는 곳까지 가 닿는 듯 보인다. 즉 勞役이 문제되지 않는 현재의 상태를 낙원으로 인식하고, 이 상태를 정지시켜 영속화시키기 위해서 술을 찾는다는 해석이 가능하다. 술은 신선세계의 환상으로 시적 자아를 인도한다. '대추'와 '밤', '게'는 자연이 태고 적부터 준비해 두고 있는 천연의 산물이라는 점에서 인간의 노동과는 무관하다. 둘째 수에 나타난 여름날 노동이 가을의 결실로 연결되지 않기 때문에 여기서의 노역은 자연에게서 인간을 위한 물질을 얻으려는 목적을 이행하고 있지 않음이 분명하다. 요컨대 황희의 <사시가>에는 전원의 사실적 형상이 그려져 있지만, 그 목적은 사실적 리얼리티의 모방에 있지 않다. 이 작품의 서정적 리얼리티는 사실적 리얼리티와 동시적으로 현현하는 환상적 리얼리티로 파악될 수 있다고 본다.

이제 <율리유곡>에 나타난 서정적 리얼리티가 위에서 본 리얼리티와 어느 정도 거리를 두고 있는지 살피기로 하자.

즈는 것 마고 ᄡᅵ허 쥐 비저 괴야 내니
뒷 집의 술ᄡᆞᆯ을 ᄭᅮ니 거츤 보리 말 못 ᄎᆞ다
여러 날 주렷든 입이니 ᄃᆞ나 ᄡᅳ나 어이리

崔行首 ᄡᆞᆨ달힘 ᄒᆞ새 趙同甲 곳달힘 ᄒᆞ새
둘ᄡᅵᆷ 게ᄡᅵᆷ 오려 點心 날 시기소
매일에 이렁셩 굴면 므슴 시름 이시랴

딜가마 조히 싯고 바회 아래 ᄉᆞᆷ물 기러

ᄑᆞᆺ쥭 ᄃᆞᆯ게 뿌고 저리지이 ᄡᅳ어 내니
世上에 이 두 마시야 ᄂᆞᆷ이 알가 ᄒᆞ노라 <율리유곡>

위의 작품들은 <율리유곡> 가운데서도 야인적 흥취가 두드러지는 작품으로 꼽히는 작품들이다.[20] 이 세 시조에는 자연의 것을 인공에 가깝게 가공하는 과정이 공통적으로 드러나 있어 흥미를 끈다. 황희의 시조에서처럼 술이 선험적으로 주어져 있는 경우, 그것은 화자를 신선세계의 환상으로 이끄는 중요한 기제가 되었다. 그러나 첫째 수에서 술은 빈천의 현실과 맞서면서 어렵게 만들어 내야 하는, 인간을 위한 물질로 객체화된다. 쌀을 꾸어서라도 술을 빚으려고 했으나 얻을 수 있는 것은 그나마 한 말도 못 차는 거친 보리였다. 이처럼 질적 양적으로 마주하는 절대적인 빈곤 속에서 억지로 빚은 술은 현실의 물질적 제약을 잠시 잊도록 도와주는 物化된 사물인 것이다. "世上 사ᄅᆞᆷ들이 다 ᄡᅳ러 어리더라/ 죽을 줄 알면서 놀 줄란 모로더라/ 우리는 그런 줄 알모로 長日醉로 노노라" 『청진 157』의 세계는 物化된 술과 유한한 운명을 자각한 인간의 만남이 허무주의적 醉樂으로 나타난 예이다. 이제 술은 낙원의 상태인 현재를 연장시키는 기제가 못된다. 유한한 운명을 자각한 인간에게 현재는 더 이상 낙원일 수 없다. 조선 후기 시조에서 흔히 보이는, 현세적 시간을 정지시키고 그로부터 일탈하려는 욕구를 "醉中" 상태를 빌려서 해소하는[21] 양태를 여기에서도 엿볼 수 있다.

두 번째 작품은 화전놀이의 정경을 사실적으로 모방한 것처럼 보이는데, 시적 자아가 섭취하는 음식물의 목록들은 시적 대상의 사실성을 그대로 살리고 있다. 황희의 시조에서 대추나 밤, 게 등, 그 자체로 확충된 존재론적 의미를 지닌 채 살아 있는 자연물과는 달리 여기서는 가공된 음식인 "ᄃᆞᆯᄧᅵᆷ(닭찜)", "게ᄧᅵᆷ(게찜)", "오려 點心" 등이 등장한다. 천연의 열매가 아니면, "보리밥",

20) 권순회, 앞의 논문, 51～52면에서 세 작품에 나타난 야인적 흥취를 분석하고 있다.
21) 조해숙, 「시조에 나타난 시간의식과 시적 자아의 관련 양상 연구」, 서울대 박사학위논문, 1999, 153면.

"풋나물"과 같이 노역의 산물일지라도 최대한 자연식에 가까운 양식을 통해 빈천의 삶과 無垢를 강조해 온 강호시조의 전통을 생각해 보면, 시조에서 이런 음식들을 노래한다는 것은 자연의 소산들을 물질적으로 정의하기 전까지는 상상하기 힘들다.

이런 음식들이 지역 鄕任으로 보이는 동료들과 더불어 향유되고 있다는 점을 주목해 보면, 최소한의 생존 행위로서 허용되던 음식 섭취의 의미가 세속화되어 이제는 노동과 결부된 집단적이고 사회적인 현상으로서의 해석되고 있음을 알아차릴 수 있다. "들삠", "게삠", "오려 點心" 등은 가축의 사육, 먹거리의 포획, 고된 농사일의 산물로서 얻어진 것들이고, 그런 면에서 노동의 최종 단계로서 노동 과정의 총체를 포함시키는 음식의 의미를 보여주고 있다. 물론 노동과 결합된 음식의 이러한 사회적 성격은 민중문화의 향연 속에서 분명해지는 것이므로,[22] 이러한 양상도 貧賤의 실천이라는 사대부의 정신적 자세를 견지하는 한 생각하기 어려운 전원적 삶이다. 그만큼 위의 시조들의 서정적 리얼리티가 일상의 모방 쪽으로 많이 경도되어 있다는 말이기도 하다.

이상의 논의로 볼 때, <율리유곡>에서 형상화된 자연이 물질적이고 사실적이고 일상적인 의미의 리얼리티를 지향하고 있다는 점은 분명해진다. 한 가지 짚고 넘어 가야 할 점은 강호시조에서 "뽁달힘", "곳달힘", "들삠", "게삠"과 같은 일상어를 구사하거나 "崔行首" "趙同甲" 같은 고유어가 사용되는 일은 매우 드물다는 사실이다. 송강 정철의 시조에서 구체적인 사물들을 지시하는 일상어들이 빈번하게 나타났으나 그의 작품들은 강호시조로 보기 어려운 것이 대부분이다. 그 이유는 "술", "졋", "미나리", "ᄆᆞ쇼", "폴목", "호믜", "논", "누에", "쌩", "밥", "옷", "늘그니", "남진", "숫벼(솥)", "족박귀", "휘추리", "나모", "쇼", "언치", "굴형" 등의 시어에는 강호시조가 지향하는 이념이나 태도, 문화적 가치가 결부되기 힘들기 때문이다.

---

22) 음식에 겹쳐진 노동의 이미지와, 음식과 노동의 집단적 성격에 대해서는 M. 바흐친, 이덕형 · 최건영 역, 『프랑수아 라블레의 작품과 중세 및 르네상스의 민중문화』, 아카넷, 2001, 422면에 자세하다.

이러한 한계는 고유명사의 경우도 마찬가지다. 일반적으로 보통명사가 내포(connotation)와 외연(denotation)을 모두 가지고 있는 데 반해서, 고유명사는 외연만을 갖는다. 이 때문에 보통명사가 그 사물을 경험하지 못한 독자에게도 어떤 인식을 줄 수 있는데 반해서 고유명사는 "본 적이 있는" 경우에만 "재인식 될" 수 있는 개별적인 것이다. 따라서 고유명사를 통해서는 부류의 보통명사나 추상명사가 지니는 보편적인 의미나 고유의 영원한 관념을 창조해 낼 수 없다. 독자가 시에 나타난 고유명사가 지시하는 개별적 대상에 대한 정보를 가지고 있지 않다면 독자와 시인이 정서적 체험을 공유할 가능성은 희박해진다. 시인뿐만 아니라 독자 자신에게도 의미 있는 보편적인 정서를 환기하는 것은 고유명사가 의도하는 바가 아니다.[23)]

그러므로 일상어와 고유명사를 구사하고 있는 한, 강호시조의 세계가 구현하는 환상적 리얼리티를 그대로 유지하기란 이미 어렵다고 여겨진다. 그런데 세 번째 시조는 이와 같은 한계에도 불구하고 'ᄑᆞᆺ쥭'과 '저리지이'를 통해 '世上에 없는 맛'이라는 보편적인 의미를 의미하고 있다. 이는 세속의 더러움과 맞서는 담박한 맛을 의미하면서 도덕적 이념이라는 영원한 관념을 강하게 환기하고 있어 주목을 요한다.

2) 일상어와 관념의 자의적 결합

딜가마 조히 싯고 바회 아래 ᄉᆡᆷ물 기러
ᄑᆞᆺ 쥭 달게 ᄡᆡ고 저리지이 ᄭᅵ어 내니
世上에 이 두 마시야 ᄂᆞᆷ이 알가 ᄒᆞ노라 <율리유곡>

강호시조의 관습이 강할수록 강호시조의 서정적 리얼리티를 담지하는 언어들은 상투어에 가깝게 고정되고, 그만큼 일상어가 차지할 수 있는 문화적

23) 일상어와 고유명사의 시적 의미와 기능은 고정희, 「윤선도와 정철 시가의 문체시학적 연구」, 서울대 박사학위논문, 2001, 26~38면에서 상세히 다루고 있다.

관록(importance)의 여지는 좁을 수밖에 없다. 위의 시조에서 "바회 아래 심물"도 문명과 대조되는 자연의 단순함과 무구성을 일컫는 상투적 어휘를 크게 벗어나지 않는다. 이는 위의 작품 속에 나타난 서정적 리얼리티를 모방적 리얼리티로 확정짓기 어려운 이유가 된다. 즉 상투어가 환기하는 문화적 관록으로 보아, 위의 시조의 언어들이 현실 속에서 완전히 등치적 리얼리티를 갖기란 어려워 보이기 때문이다. 세계 자체가 고정되어 있다는 설계를 믿고 있어야 고정된 언어를 형성하고 개발한다는 점에서, 상투어로 명명된 세계는 여전히 사물들의 굳건한 항구성에 그 서정적 리얼리티의 한 측면을 기대고 있음을 의미한다.

이 작품에서 달라진 점이 있다면 상투어의 관습적 의미와 개성적 시어의 사실적인 의미가 '가공'이라는 과정을 통해 자연스럽게 섞여 들어간다는 점이다. 팥죽은 소박한 일용품인 질가마와, 인간의 힘으로 만들어 낼 수 없는 천연의 샘물과, 정성스럽게 죽을 쑤는 인간의 노동이 한데 어우러진 과정을 통해서 만들어지는 음식이다. 아무리 하찮고 사소해 보이는 물건일지라도 모든 일용품은 우리가 타인과 접촉도 하기 전에 타인에 대해 말해 주기 때문에[24) 일용품은 화자가 문화적 세계에 있다는 사실을 암시한다. 그러므로 팥죽을 쑤면서 자연과 인공, 자연과 문화적 세계가 만나고 있다고 해도 과언이 아니다. 이를 통해 시적 자아가 도달하는 세계는 "世上에 이 두 마시야 놈이 알가 ᄒᆞ노라"의 고답적인 세계이며, 관념의 세계이다. <율리유곡>에서 자연이 상당한 정도로 사물화된 것은 분명하지만, 비세속적인 관념 세계를 추구하는 한, 자연과 인간은 여전히 공통된 삶의 목적을 지니고 있다고 볼 수 있다.

그러나 "자연적 사물은 어떤 심적 요소도 포함하고 있지 않는 순수한 물질인 반면 인간의 영혼은 어떤 물질성도 갖지 않는 순수한 정신이라는" 근대의 기계론적 자연관[25)을 향한 인식론적 운동은 상투어를 벗어나 개성적인 언어

24) M. 뒤프렌, 김채현 역, 『미적 체험의 현상학』, 이화여대 출판부, 1991, 163면.
25) 김상환, 『예술가를 위한 형이상학』, 민음사, 1999, 81면.

로 자연의 개별성을 묘사할 것을 요구하는 방향으로 움직여 갔다. 시인과 사물이 어떠한 공통된 목적도 가지지 않은 채 주체와 객체로 완전히 분리되고, 시인이 객체인 사물의 사실적 모방에 전념하게 될 때, 그가 현실에서 마주치는 디테일들을 정리할 수 있는 유일한 패턴은 목록표였다고 한다. 18세기의 서구 자연시에서 일상적이고 과학적인 언어의 목록표가 자연에 대한 묘사를 대신한 예가 보고되기도 했다.[26] 우리의 경우 사물을 나열하면서 물질성에 대한 자각을 보여준 사설시조에서 그 뚜렷한 예를 볼 수 있다. 그에 비한다면 "世上에 이 두 맛"이란 보편적 의미로 끌어올려지는 "풋쥭"과 "저리지이"의 서정적 리얼리티는 아직 완전한 모방적 리얼리티라고 보기 힘들다.

그렇다면 <율리유곡>의 서정적 리얼리티는 환상적 리얼리티로부터 어느 정도 벗어났으며, 모방적 리얼리티로부터는 또 어느 만큼의 거리를 둔 것이었을까. "풋쥭"과 "저리지이"를 강호시조가 추구하는 세계 해석적 태도에 대한 알레고리로 보면 이에 대한 설명이 어느 정도 가능하다. 두 시어는 분명히 현실의 사물에서 등치적 리얼리티를 찾을 수 있는 시어들이지만 만약 그것이 알레고리라면 그것은 그 외양만이 사물에 대한 모방이라고 볼 수 있다.

알레고리적 상황이나 인물들은 그 껍질을 벗기고 논리적으로 정리정돈하면 보편적인 것을 드러내게 되어 있다.[27] 이는 알레고리가 다른 기호로 치환될 수 있기 때문에 가능한 것이기도 하다. 황희의 시조에서 '게', '밤', '대초'와 같이 지극히 사실적인 특수자들조차도 다른 사물이나 관념으로 대체할 수 없는, 그 자체의 아우라를 가지고 있다. 그에 반해 가공식인 "풋쥭"과 "저리지이"는 농가에서 일용하는 어떤 양식으로도 대체 가능할 뿐만 아니라 "소박함"과 "담박함"이라는 인격적, 이념적 이상을 지시하는 이면의 의도로도 대체 가능하다. 그런데 문면의 의미와 지시하는 의도의 관계가 자의적으로 연결되

26) John Arthos, *The Language of Natural Description in Eighteenth-Century Poetry*, New York: Octagon Books, 1970, 77면.

27) Vera Calin: *Auferstehung der Allegorie, Weltliteratur im Wandel, Von Homer bis Beckett*, Wien, 1975, 19면(Nury Kim, *Allegorie oder Authentizität*, Peter Lang: Europäischer Verlag der Wissenschaften, Frankfurt am Main, 1995, 61면에서 재인용).

어 있기 때문에 이를 알레고리라고 하는 것이다.[28]

재차 언급하건대 일상어는 하나의 기표가 하나의 기의만을 의미하기 때문에 일상어를 통해서는 현상의 개별적인 측면밖에 지시할 수 없다는 한계를 가진다. 일상어를 통해서도 선험적 이상과 보편적 이념을 알레고리적으로 지시할 수 있다면 시인은, 비록 문화적 관록이 결부되어 있기는 하지만, 현실을 따라잡지 못하고 닳아 해진 것처럼 보이는 상투어를 구태여 고집할 필요가 없는 것이다.

4. 알레고리와 田家時調

이제 환상적 리얼리티와 모방적 리얼리티를 매개하고 있는 알레고리적 리얼리티가 지닌 한계와 가능성을 田家時調의 문학성과 관련하여 생각해 보고자 한다.

기호와 형상, 말하는 것과 말해진 것의 관계가 자의적으로 연결된 알레고리는 이성중심주의의 산물로 지적된다. 기호와 사물과의 관계가 형이상학적 근원적 근친성을 전제로 한 것이 아니라, 관습과 교의적 고착에 의해 형성되기 때문에 이성의 산물이라는 것이다.[29] 또한 알레고리를 다른 기호로 치환함으로써 텍스트의 세부사항까지 이성적이고 합리적으로 이해할 수 있다는 점도 알레고리를 이성중심주의의 산물로 보는 이유이다.

---

28) 폴 드 만은 사물과, 그것을 지시하는 기호는 동일시될 수 없다는 자각에서 알레고리가 비롯되었으며, 그 결과 알레고리에서는 사물과 기호의 관계가 자의적으로 연결된다고 지적하면서 알레고리에 대한 재평가를 선도하고 있다. 폴 드 만 이후 기표와 기의, 지시대상과 기호, 형상과 기호의 관계가 자의적으로 연결되어 있다는 점이 알레고리의 특징이라는 해석이 일반화되었다(Paul de Man, "The Rhetoric of Temporality", *Blindness and Insight*, Minnesota Univ. Press, 1983, 207면). 알레고리에 대한 자세한 논의는 이 책의 제1부 2장에 미룬다.

29) H. G. 가다머, 이길우 · 이선관 · 임호일 · 한동원 역, 『진리와 방법 1-철학적 해석학의 기본 특징들』, 문학동네, 2000, 142~145면.

그런데 이성중심주의가 자연에 대한 인간의 승리를 의미하는 것만은 아니라는 점이 문제이다. 다음 시조는 물질주의적 관심에 의해 자연의 아우라를 상실하면서 인간이 사물에 대해서 자신의 제한된 비전 밖에는 줄 것이 없게 된 사정을 보여주는 예이다.

어와 져 白鷗야 므슴 슈고 ᄒᆞᄂᆞ슨다
ᄀᆞᆯ숩으로 바자니며 고기 엇기 ᄒᆞᄂᆞᆫ괴야
날 ᄀᆞᆺ치 군ᄆᆞᄋᆞᆷ 업시 ᄌᆞᆷ만 들면 엇더리 <율리유곡>

이 시조에서 白鷗가 의인화되어 있음은 쉽게 알아차리면서도, 의인화 과정을 지배하는 인간중심적 관점이 자연에 대한 제한적 이해로 이어진다는 점은 간과하고 있다. 많은 강호시가에서 '白鷗'는 機心이 있는 자에게는 가까이 날아오지도 않는 새라는 이미지를 가지고, 시적 자아와 대등하거나 도덕적으로 우위에 있는 신비한 대상으로 시화되곤 했다. "無心ᄒᆞᆫ 白鷗ᄂᆞᆫ 내 좃ᄂᆞᆫ가 제 좃ᄂᆞᆫ가 <어부사시사>", "白鷗ᄅᆞᆯ 벗을 삼고 ᄌᆞᆷ 셸 줄 모ᄅᆞᄂᆞ니 <성산별곡>", "白鷗야 ᄂᆞ디 마라 네 버딘 줄 엇디 아ᄂᆞᆫ <관동별곡>" 등에서 표현은 조금씩 다르지만 白鷗가 지니는 고유의 아우라를 존중하고 그 세계 속으로 동화되기를 열망하는 시적 자아의 동일한 염원이 그려져 있다.

주로 17세기 이후의 시에서 빈번하게 나타나는 白鷗에 대한 의인화는 白鷗를 도덕적으로 낮추어 보는 관점의 전도를 보여주고 있다. 이 같은 현상은 의인화하는 행위 자체가 인간에게 한정된 술어들을 가지고 세계를 설명하려는 인간중심적 시각의 반영이라는 점에서 보면 확연히 이해된다. 순전히 언어학적인 구조로서 알레고리에 접근한 사무엘 레빈은 알레고리의 주산물인 의인화에 주목한다. 그는 "의인화가 지배적인 진짜 이유는 인간은 자신의 창조적인 자유 속에서도 인격화에 매여 있기 때문이며, 세계를 보는 것에 의해서가 아니라 그의 성질에 따라 한정된, 그리고 왜곡된 수의 술어들을 그 자신의 이미지 속에서 가지고 있기 때문"이라고 지적한다. 그리고 "의인화를 그렇게 생존하게 만드는 언어 속에는 똑같이 본질적으로 우리가 비인간적인 실재들의 삶과 본질에 대해서 어떠한 통찰을 얻을 가능성도 방해하는 경향이 숨어 있다는 것을 명심해야 한다."[30]고 말한다.

그의 견해에 따라 "어와 져 白鷗야 므슴 슈고 ᄒᆞᄂᆞᆫ다"라는 시구를 분석해 보면 이 언술은 구조적으로 비인간적인 명사인 '白鷗'와 인간의 행위에 대한 술어인 '슈고 ᄒᆞᆫ다'는 술어가 결합되어 있음을 알 수 있다. 이처럼 술어에 의해 전달되는 축어적 층위와 의인화된 명사에 의한 알레고리적이거나 혹은 은유적인 층위와의 離接(disjunction)은 알레고리의 핵심적 언어구조이다.

이러한 離接을 해결하는 방법은 두 가지이다. 하나는 술어를 명사의 의미와 일치시킴으로써 의미론적 모순을 해결하는 것이다. 위의 경우로 보면 '슈고 ᄒᆞᆫ다'를 '(白鷗가) 생존을 위해 노력한다'는 의미로 읽는 것이다. 다른 하나는 명사에 의해 명명된 대상에 합치될 수 있는 상태나 조건을 재현하도록 술어를 변경하는 것이다. 여기서는 오직 白鷗에 의해 경험될 수 있는 어떤 '슈고 ᄒᆞᆫ다'의 의미가 나타나도록 술어를 변경해야 한다. 만약 그럴 수만 있다면 우리는 白鷗의 삶으로 우리 자신을 투사해서 우리의 경험을 확장시키는 일도 가능하게 된다. 그러나 이는 불가능에 가깝다. 그 이유는 인간이 자신에 대한 술어만 가지고 있기 때문이다. 이렇게 해서 알레고리는 습관적으로 인간에 의한, 인간에 대한 내러티브로 축소되는 경향이 있다.[31]

이와 같은 한계에도 불구하고 환상과 모방이 알레고리적으로 결합된 서정적 리얼리티는 다음과 같은 점에서 17세기 田家時調의 문학성과 역사적 위상을 뒷받침한다고 말할 수 있다. 먼저 알레고리는 田家時調의 서정적 리얼리티를 사실성의 단순 반복으로 축소되지 않도록 하는 의미가 있다. 그 모태가 된 강호가도의 관습을 선험적으로 지니고 있는 田家時調의 서정적 리얼리티는 자연을 사물화하고 객체화하는 가운데서도 자연의 고유한 의미를 알레고

30) Samuel R. Levin, "Allegorical Language", *Allegory, Myth, and Symbol*, ed. by Morton W. Bloomfield, Harvard Univ. Press, Cambridge; Massachusetts, London; England, 1981, 26면.
31) 위의 책, 27~38면.

리적으로 환기한다. 이로 인해 현실의 구체적 사물과 그 사물의 모방 뒤에 숨겨 둔 도덕적 관념 사이의 간격이 그만큼 커지는데, 이는 구체와 관념을 매개하는 비유적 이미지의 활동 공간이 생긴다는 점에서 긍정적으로 작용한다.

알레고리적 리얼리티의 이런 긍정적 작용은 사설시조에서 흔한 우화적 비전이 지닌 의미와 연결된다. 우화에도 리얼리즘적 지향과 환상적 지향이 결합하는 양상이 나타나기 때문이다. 로버트 숄즈에 따르면 우화는 현실의 재현을 피하려는 경향이 있으나, 도덕적으로 조절된 환상이라는 방법에 의해서 실제의 삶으로 되돌아가는 경향이 있으며, 실제 많은 우화 작가들이 알레고리스트들이라고 한다. 그는 리얼리즘 문학의 한계와 독주를 경계하기 위해 우화를 강조한다. "百聞이 不如一見"이란 말이 있듯이 사실감은 시각이 좌우하는 영역이다. 사실감을 획득하기 위해서 사물의 재현에 치중하면 할수록 단어들의 의미가 감소할 뿐 아니라, 시각적 형상화의 요구를 충족시키는 면에서는 문학이 영상에 압도당하는 것은 필연적인 귀결이라고 지적한다.[32]

숄즈는 이러한 리얼리즘 문학의 한계에 봉착하여 알레고리 구조를 지니고 있는 우화가 지닌 인식론적 가능성을 재발견한다. 즉 진정한 우화는 "나의 인생의 경로는 나 자신만의 것이라는" 고립된 인간 존재에 대한 철학과, "그럼에도 불구하고 각자의 인생은 비슷할 수 있고, 그래서 원형들을 가질 수 있다는 신화적 전망들 사이의 충돌에서 샘솟는다."고 주장한다.[33] 시적 화자의 내면을 우화를 통해 표현하려는 일군의 사설시조들은 우화가 지닌 이러한 문학적 구조를 통해 인간에 대한 보편적 규정이 인간의 개별적 삶으로부터 귀납될 것을 요구하고 있다.[34]

한편 알레고리가 우세했던 시대에 대한 고찰을 통해서 벤야민은 알레고리가 단지 이성중심주의의 산물이 아니라 엄격한 도덕성에 대한 요구와 결합될

32) Robert Scholes, *The Fabulators*, New York: Oxford Univ. Press, 1967, 11면.

33) 위의 책, 173면.

34) 이에 대해서는 고정희, 「사설시조에 나타난 우화적 내면 표현」, 『국어교육』 제108호, 한국어교육학회, 2001.6에서 상세히 논증한 바 있다. 이 글은 이 책의 제2부 1장에 「사설시조의 우화적 내면 표현」이라는 제목으로 재수록되어 있다.

때 우세하게 나타난다는 점을 주목한다. 즉 인간이 주변의 사물들에 대해 자연적이고 창조적인 관계를 잃어버리고 주변사물들을 '수수께끼' 같은 지혜의 암호로 변모시키게 된 계기는 이성에 의해 "사물의 유한성"을 통찰하게 된 점과, 이것을 영원 속으로 구제하려는 배려가 동시에 일어나면서부터라는 것이다.[35] 이러한 의미의 알레고리는 17세기 자연시가 가운데 여전히 강호시조적 전통을 견지하고 있는 <어부사시사>에서 뚜렷이 구현되고 있다.[36]

숄즈와 벤야민의 강조점은 다르지만 영원한 도덕적 관념을 지향하는 환상적 리얼리티와, 개별적 삶을 중시하는 모방적 리얼리티를 결합하려는 세계인식적 의지가 알레고리로 나타난다는 관찰은 동일하다. 우리는 알레고리의 이러한 성격에 주목하여 田家時調의 문학성을 다음과 같이 재조명할 수 있을 것이다. 田家時調에 나타난 사실적이고 개성적인 시어들은 인생의 개별성에 대한 자각을 시사하지만, 한편으로 개별성에 함몰되지 않고 개별자의 연대를 통해 보편자에 육박하려는 요구를 드러낸다고 볼 수 있다. <율리유곡>의 경우, 자연과 인공, 자연과 문화적 세계가 어우러지면서 환상적 리얼리티도 모방적 리얼리티도 아닌 새로운 의미 공간이 생겨났다. 그 의미 공간에서 음식의 의미가 민중적 삶에서 솟아난 집단적 향유의 의미로 전이된 것은 우연의 소산이 아니라, 개별자의 연대를 통해 도덕적 환상에 도달하려는 알레고리적 리얼리티의 발현이었던 것이다.

17세기 이후 시조사는 다기한 방향으로 분화된다. 강호시조의 전통 속에 드는 작품에서부터 田家時調로 새로운 영역을 개척한 작품을 지나 사설시조에까지 오면 그 분화의 요인이 무엇인지 쉽게 잡히지 않는다. 그런데 상관성이 없어 보이는 이러한 작품군들 속에서 각기 달리 구현된 알레고리적 리얼리티는 비슷한 인식론적 운동을 시사한다고 가정해 볼 수 있다.

---

35) 김길웅, 「미적 현상과 시대의 매개체로서의 알레고리-벤야민의 알레고리 개념을 중심으로」, 『현대비평과 이론』 14호, 현대비평과이론학회, 1997, 가을 · 겨울, 202면.

36) 고정희, 「알레고리 시학으로 본 <어부사시사>」(이 책의 제1부 2장)에서 이와 같은 주장을 전개했다.

5. 결론

<율리유곡>은 다각도로 논의되었고 작품론적 성과도 높은 수준에 이르렀다. 이 글은 田家時調의 범주적 타당성 문제와 관련된 서정적 리얼리티에만 한정된 논의를 전개해 온 까닭에 선행연구의 성과를 충분히 포괄하지 못한 한계를 지닌다. 지금까지 <율리유곡>을 통해 살핀, 田家時調의 범주적 타당성과 그 서정적 리얼리티의 내용을 요약하면 다음과 같다.

먼저 田家時調와 강호시조를 준별하는 기준으로 서정적 리얼리티를 설정하였다. 강호시조에서 '사실적 전원의 실천'이 실재로서 제시되어 있더라도 이를 해석하는 가정들은 빈천의 이념을 실천한다는 환상적인 세계 해석 태도이다. 이를 환상적 리얼리티라고 명명하였다. 그에 비해 田家時調가 주목되는 이유는 '사실적 전원의 실천'이 말 그대로 '있는 그대로의', '사실적인' 의미로 해석되기 때문이라고 했고, 환상적 리얼리티와 대립되는 이러한 태도를 모방적 리얼리티로 명명했다. 그러나 田家時調가 강호시조의 관습의 영향을 받고 있는 한, 그 서정적 리얼리티가 완전한 모방적 리얼리티가 되기는 어렵다고 판단되었다. 이에 田家時調의 서정적 리얼리티는 환상적 리얼리티와 모방적 리얼리티 사이에 어딘가에 자리하고 있다고 가정하기로 하였다.

<율리유곡>에서는 자연의 것을 인공의 것으로 가공하면서 자연에 대한 물질적 정의와 사실의 모방에 치중하는 태도가 엿보였다. 예컨대 物化된 술은 유한한 운명을 자각한 인간의 현실 일탈 욕구와 결합되면서 술이 매개하던 환상적 리얼리티도 자연히 모방적 리얼리티로 전이된다. 더구나 가공식들인 "들찜", "게찜", "오려 點心"은 사물의 아우라를 완전히 제거한 물질적 정의의 극단을 보여 주었다. 여기에는 가축의 사육, 먹거리의 포획, 고된 농사일 등의 노동의 최종 단계로서의 음식의 의미가 엿보여서 민중문화적 향연의 의미까지 시사 받을 수 있었다.

일반적으로 일상어와 고유명사를 구사하고 있는 한, 강호시조의 세계가

구현하는 환상적 리얼리티를 그대로 유지하기란 쉽지 않은데, <율리유곡>에서는 "풋쥭"과 "저리지이"를 통해 도덕적 관념을 의미한다는 점이 예사롭지 않았다. "풋쥭"과 "저리지이"는 그 자체로 고유한 아우라를 가진 자연물과는 달리 농가에서 일용하는 어떤 양식으로도 대체 가능하지만, "소박함"과 "담박함"이라는 인격적, 이념적 이상과 자의적으로 연결된다는 점에서 알레고리적 리얼리티를 형상화하고 있다고 볼 수 있었다. 이처럼 일상어를 통해서도 보편적 이념을 알레고리적으로 지시할 수 있다면 시인은 닳아 해진 상투어보다는 개성적이고 사실적인 시어를 가져오는 데 주저하지 않았으리라 본다.

환상적 리얼리티와 모방적 리얼리티를 매개하고 있는 알레고리적 리얼리티는 알레고리가 이성중심주의적 산물인 까닭에 인간이 사물에 대해서 자신의 제한된 비전 밖에는 줄 것이 없는 한계를 그대로 지니기도 한다. 그러나 田家時調의 문학성과 관련하여 失보다는 得이 크다고 할 수 있다. 田家時調의 서정적 리얼리티는 자연을 사물화하고 객체화하는 가운데서도 자연의 본래적 의미를 알레고리적으로 환기한다. 이로 인해 현실의 구체적 사물과 그 사물의 모방 뒤에 숨겨 둔 도덕적 관념 사이의 간격이 그만큼 커지는데, 이는 구체와 관념을 매개하는 비유적 이미지의 활동 공간이 생긴다는 의미도 된다.

<율리유곡>에서 특기할 점은 자연과 인공을 결합한 가공식인 "풋쥭"을 만드는 과정을 모방하면서 상투어의 관습적인 의미와 개성적 시어의 사실적 의미를 결합시키고 있다는 점이다. 그 결과 자연과 인공, 자연과 문화적 세계가 어우러지면서 환상적 리얼리티도 모방적 리얼리티도 아닌 새로운 의미 공간이 생겨났다. 그 의미 공간에서 음식의 의미가 민중적 삶에서 솟아난 집단적 향유의 의미로 전이된다. 이를 통해 알레고리적 리얼리티가 지닌 세계관적 의미를 시사 받을 수 있다. 즉 田家時調에 나타난 사실적이고 개성적인 시어들은 인생의 개별성에 대한 자각을 시사하지만, 한편으로 개별성에 함몰되지 않고 개별자의 연대를 통해 보편자에 육박하려는 요구를 암시하기도 한다는

것이 그것이다.

이상의 논의를 통해 강호시조의 환상적 리얼리티로부터 벗어나, 환상과 모방의 알레고리적 결합을 지향하는 세계 인식적 태도가 田家時調의 서정적 리얼리티임을 주장했다. 이 같은 알레고리적 리얼리티 개념을 통해 田家時調라는 범주가 선명하게 규정되고, 조선 후기 시조의 인식론적 운동과 관련된 세계 해석의 문제를 해명하는 데 일조하기를 바란다.

참고문헌

고정희, 「사설시조에 나타난 우화적 내면표현」, 『국어교육』 제108호, 한국어교육학회, 2001.6.

_____, 「알레고리 시학으로 본 <어부사시사>」, 『고전문학연구』 제22집, 한국고전문학회, 2002.12.

_____, 「윤선도와 정철 시가의 문체시학적 연구」, 서울대 박사학위논문, 2001.

권순회, 「田家時調의 미적 특질과 사적 전개 양상 연구」, 고려대 박사학위논문, 2000.

김길웅, 「미적 현상과 시대의 매개체로서의 알레고리-벤야민의 알레고리 개념을 중심으로」, 『현대비평과 이론』 14호, 현대비평과이론학회, 1997, 가을·겨울.

김병국, 「강호가도와 전원문학」, 『한국고전문학의 비평적 이해』, 서울대 출판부, 1995.

김상환, 『예술가를 위한 형이상학』, 민음사, 1999.

김흥규, 「16·17세기 강호시조의 변모와 田家時調의 형성」, 『어문논집』 35집, 고려대 국어국문학연구회, 1996.

신영명, 「17세기 강호시조에 나타난 田園과 田家의 형상」, 『한국시가연구』 제6집, 한국시가학회, 2000.

여기현, 「강호인식의 한 양상」, 『반교어문논집』 제1집, 반교어문연구회, 1988.

이상원, 「17세기 시조 연구」, 고려대 박사학위논문, 1998.

조동일, 『(제2판)한국문학통사』 제3권, 지식산업사, 1989.

조해숙, 「시조에 나타난 시간의식과 시적 자아의 관련 양상 연구」, 서울대 박사학위논문, 1999.

최재남, 『사림의 향촌 생활과 시가 문학』, 국학자료원, 1997.

최진원, 「江湖歌道」, 『國文學과 自然』, 성균관대 출판부, 1977.

Adorno, T. W. & M. Horkheimer, 김유동 역, 『계몽의 변증법』, 문학과지성사, 2001.

Arthos, J., *The Language of Natural Description in Eighteenth-Century Poetry*, New York: Octagon Books, 1970.

Bakhtin, M., 이덕형·최건영 역, 『프랑수아 라블레의 작품과 중세 및 르네상스의 민중문화』, 아카넷, 2001.

Blair, J. G., "Change and Cultures: Reality Presumptions in China and the West", *New Literary History*, Vol.24, No.4, Autumn, The Johns Hopkins Univ. Press, 1993.

Concise Routledge Encyclopedia of Philosophy, London and New York: Routledge, 2000.

Dufrenne, M., 김채현 역, 『미적 체험의 현상학』, 이화여대 출판부, 1991.

Fitter, C., *Poetry*, *Space*, *Landscape*, Cambridge Univ. Press, 1995.

Gadamer, H. G., 이길우 · 이선관 · 임호일 · 한동원 역, 『진리와 방법 1-철학적 해석학의 기본 특징들』, 문학동네, 2000.

Hume, K., 한창엽 역, 『환상과 미메시스』, 푸른나무, 2000.

Kim, Nury, *Allegorie oder Authentizität*, Peter Lang: Europäischer Verlag der Wissenschaften, Frankfurt am Main, 1995.

Levin, S. R., "Allegorical Language", *Allegory*, *Myth, and Symbol*, ed. by Morton W. Bloomfield, Harvard Univ. Press, Cambridge; Massachusetts, London; England, 1981.

De Man, P., "The Rhetoric of Temporality", *Blindness and Insight*, Minnesota Univ. Press, 1983.

Preminger, A. and T.V.F. Brogan eds., *The New Princeton Encyclopedia of Poetry and Poetics*, Princeton; New Jersey: Princeton Univ. Press, 1993.

Scholes, R. & R. Kellogg, 임병권 역, 『서사의 본질』, 예림기획, 2001.

Scholes, R., *The Fabulators*, New York: Oxford Univ. Press, 1967.

제2부

서정시적 지향과 서사시적 지향

사설시조의 우화적 내면 표현*

1. 서론

이 글의 목적은 사설시조의 문학적 진술방식을 해명함으로써, 평시조 장르나 서사 장르의 시학과는 변별되는 사설시조 고유의 시학을 모색하는 데 있다.

사설시조에 관한 그간의 연구사적 관심은 대개 그 담당층을 해명하는 문제로 집약된다. 주지하다시피 이 문제는 실증적 자료의 부족과 창작과 연행의 분리 여부, 樂曲의 사적 전개 양상 등이 복잡하게 얽혀 있는 난맥상으로 연구자들을 괴롭혀 왔다.1) 덕분에 사설시조와 관련된 거의 모든 사항들이 검토될 수 있었으며, 크게 사대부 계층론과 중인 계층론으로 나뉘는 담당층 논쟁은 그 어느 쪽으로 귀결되든지, 이미 그 과정을 통해 사설시조의 고전 장르적 보편성과 역사적 장르로서의 특수성을 다각도로 지적하는 성과를 얻었다.2)

---

* 이 글은 「사설시조에 나타난 우화적 내면 표현」(『국어교육』 제108호, 한국어교육학회, 2001.6)을 부분 수정한 것이다.

1) 사설시조의 담당층과 관련된 논쟁은 최규수, 「사설시조의 장르론적 연구 성과와 전망」, 『한국시가연구』 제2집, 한국시가학회, 1997.12에 상세히 정리되어 있다.

2) 사대부 계층론은 인간 욕구의 양면성과 문학의 두 가지 대조적 기능에 주목하고 있고, 중인 계층론은 18세기 이후 중인의 경제적 성장과 음악적 역량과 사설시조의 세계를 연결시켜, 사설시조에 나타난 탈중세적 성격과 無定向性을 지적하고 있다.

그러나 한편으로는, 문학 외적 사실들을 규명하려는 노력의 일환으로 담당층 문제에 몰두하는 동안 정작 사설시조라는 독특한 문학적 진술방식이 지닌 문제성을 놓치지 않았는가 의심해 볼 필요가 있다. 사대부 계층론은 논리적 강점은 있으나 이에 따르면 사설시조라는 장르는 결국 평시조의 영역을 확대한 장르로 파악되며, 그 형식적 일탈은 사대부의 '풍류적 생활'과 '심리적 이완'을 반영한다는 다소 범박한 설명에 그치게 된다. 결과적으로 사설시조가 지닌 문학적 진술방식의 문제성이 둔화되고 만다.

반면 사설시조의 담당층을 평민이나 중간 계층으로 상정하는 입장에서는 사설시조의 리얼리즘적 성취를 강조하여, 그 형식과 진술방식에서 새로운 세계관적 계기를 읽어 낸다. '물질성에 대한 자각'을 강조하며, "생활에 존재하는 사물 속에서 그 비유와 수사를 끌어냄으로써 미적 추상성에 매몰되지 않았다"[3)]는 평가는 사설시조의 독특한 특징을 부각시킨 것이다. 그러나 사설시조에서 현실의 총체성을 구현할 것을 요구하고, 전망의 부재를 비판하는 견해는 작품의 실상에 비추어 재고되어야 한다고 본다. 이 관점은 서사 장르-특히 소설-에서 발전된 이론인 리얼리즘론을 시에 적용할 때 생기는 문제점을 지니고 있다.

결국 어느 입장에서도 사설시조가 지니는 문학적 진술방식의 문제성이 정당하게 지적된 것 같지는 않다. 새로운 장르는 자신만의 발화행위 방식이 있기 마련이며, 이를 통해 사물과 인생에 대한 그 나름의 태도를 나타낸다. 사실 담당층 문제는 단지 작자 고증의 차원이 아니라, 그 작품의 이념 및 세계관, 장르 등에 두루 관련되어 있는 문제이다. 그러므로 논쟁 과정에서 이미 사설시조가 지닌 문학적 진술방식에 대한 유의미한 시사가 있었으리라 여겨진다.

---

3) 고미숙, 「사설시조의 역사적 성격과 그 계급적 기반 분석」, 『18세기에서 20세기 초 한국 시가사의 구도』, 소명출판, 1998, 123면에서는 사실주의의 일반법칙은 서정 장르에 속하는 사설시조에 있어서도 역시 유효한 준거가 된다고 주장한다. 그러나 서정 장르와 사실주의는 본질적으로 상충되는 측면이 있어 동일한 준거를 적용하기 어렵다. 이에 대해서는 2장에서 상론한다.

먼저 논쟁을 촉발시킨 사설시조의 이중적인 암시가 무엇인지를 규명하는 일이 필요하다. 지금까지는 사설시조의 내용적 암시를 해명하는 문제에 몰두해 있었지만, 그 결과는 담당층을 어떻게 규정하는가에 따라 좀처럼 相距가 좁혀지지 않는 해석으로 나타났다. 이와는 달리 본고는 사설시조의 형식 자체가 이중적일 뿐 아니라, 이 이중성이 사설시조의 세계관과 관련된 서로 다른 두 층위에서 작용한다는 점에 주목하고자 한다. 사설시조는 "평시조의 율격적 정형을 벗어나고자 하는 지향성을 지니면서도 한편으로는 시조가 되기 위한 최소한의 정형 요건인 3장 구성과 종장 등을 유지한다."[4] 말하자면 그 문체적 층위에서는 평시조의 율격적 정형을 벗어나려는 지향성이 우세하지만, 장르 귀속을 결정짓는 담론 층위에서는 평시조와 동일한 담론 양식을 견지하는 것이다. 전자를 리얼리즘적 지향으로, 후자를 서정 장르 지향으로 명명해 보면, 연구사적 성과가 어떻게 사설시조의 시학으로 유입되는지 알 수 있다.

리얼리즘을 어떻게 정의하느냐에 따라서 다르겠으나 물질적 세계와 현실에 대한 지대한 관심, 재현의 대상이 낮고 비속한 서민들인 경우가 많다는 점, 그 언어적 기법이 환유적이라는 점, 비문학적 영향에 예민하게 반응한다는 점 등을 들어서 사설시조가 문체적 층위에서 지향하는 특징들을 우선 '리얼리즘'이란 용어로 포괄할 수 있을 것이다.[5] 리얼리즘적 지향은 이미 중인 계층론에서 가장 주목하는 사설시조의 특징이기도 하다.[6]

---

4) 김병국, 「장르 관찰의 시각, 그리고 이 책의 내용」, 김병국 외, 『장르 교섭과 고전시가』, 월인, 1999, 14~15면에서는 사설시조의 내용적·형식적 특징을 이와 같이 요약하고, 그 형식적 특징을 존중하여 사설시조가 결국 "서정 장르에 종속적으로 접속되고 있다"고 파악하고 있다.

5) 리얼리즘이란 용어만큼 논자에 따라 달리 정의되는 용어도 드물다. 전체적으로 귀라루, 『사실주의 문학의 이해』, 동문선, 2000을 참고하였으며, 위에서 열거한 지적들은 차례로 다음 논의들에서 부각시킨 특징들이기도 하다. 데미안 그랜트, 김종운 역, 『리얼리즘』, 서울대 출판부, 1987; 에리히 아우어바흐, 김우창·유종호 역, 『미메시스-서구문학에 나타난 현실묘사』, 민음사, 2000; 로만 야콥슨, 「예술에 있어서 사실주의에 관하여」, 신문수 편역, 『문학 속의 언어학』, 문학과지성사, 1989; 린다 노클린, 권원순 역, 『리얼리즘』, 미진사, 1986.

한편 사설시조에 대한 장르론적 관찰들[7]은 대부분 사설시조가 서정 장르 안에 머문다고 판단하고 있기 때문에 서정 장르 지향성에 대한 부연설명은 필요치 않을 것이다. 이러한 지향성은 사설시조가 평시조 양식의 확대적 양상이라는 것을 입증하여 결국 사대부 계층론을 뒷받침하는 근거가 된다.[8]

따라서 사설시조에 관한 논쟁의 본질은 그 문체적 층위와 담론 층위의 모순에 있다고 말할 수 있다.[9] 그럼에도 불구하고 사설시조의 문체와 담론, 두

---

6) 사설시조의 문체적 지향을 가리키는 '리얼리즘'과 중인 계층론의 '리얼리즘'은 물론 그 함의가 동일하지 않다. 후자의 경우는 전자의 특징에 더하여 현실의 총체성을 구현하는 전형의 창조와 전망 제시라는 조건을 제시하고 있다. 이는 잘 알려진 게오르그 루카치의 리얼리즘론이며, 학계에서 시에서의 리얼리즘을 논의할 때도 대부분 후자의 개념으로 통용하고 있다(고미숙, 앞의 논문; 윤여탁, 『리얼리즘 시의 이론과 실제』, 태학사, 1994; 윤여탁·이은봉 편, 『시와 리얼리즘 논쟁』, 소명출판, 2001). 본고에서 의미하는 리얼리즘의 개념은 이런 통념과 일정한 거리를 두고 있는데, 그 의미는 2장에서 상론하기로 한다.

7) 이노형, 「장시조의 장르적 성향과 그 한계」, 『관악어문연구』 12집, 서울대 국문과, 1987; 신은경, 『사설시조의 시학적 연구』, 개문사, 1995에서 이와 같이 주장하였다.

8) 사설시조가 내면 표현 욕구를 견지했던 것은 그 담당층이 지배 계급의 일원이거나 적어도 지배 계급 추수적인 계급으로서 평시조의 담당층과 세계관적 지향을 공유하는 측면이 없지 않았을 것이기 때문이다.

9) 담론(discourse)은 현상적이거나 잠재적인 화자와 청자를 상정할 수 있으며, 상대방에게 영향을 끼치려는 화자의 의도 따위를 전제로 하는 발화행위이다. 이로 인해 담론은 이데올로기 분석에 유용한 기준이 된다. 또한 잘 알려진 바와 같이 담론의 양식(mode of discourse)은 서정·서사·극과 같은 장르 귀속을 결정짓는 기준이 된다. 담론은 이처럼 작품을 분류하거나 분석하는 기준으로 널리 활용되고 있지만, 본고는 다음과 같은 이유에서 문체(style) 층위의 분석이 보완되어야 한다고 생각한다. 먼저 담론의 분석만으로는 문학의 언어적 특징과 담당층의 사유를 거칠게 대응시킬 위험이 크다. 일례로 이 방면에서 영향력 있는 의견을 개진하고 있는 바흐친의 견해대로라면 이념적· 문화적 집중 속에서만 서정시에서와 같은 단일 언어성을 생산해 낼 수 있다. 그러나 이념적 문화적 집중을 방해하는 원심력이 작용하는 현실에 대하여 위기의식을 느끼는 어떤 집단의, 구심을 회복하려는 지향과 욕구도 단일 언어성을 낳는다(고정희, 「소설수용시조의 장르변동 양상과 그 사회적 맥락」, 김병국 외, 『장르교섭과 고전시가』, 월인, 1999 참조. 이 글은 「소설수용시조의 장르변동 양상」이라는 제목으로 이 책의 제3부 2장에 재수록되어 있다). 또한 우리 문학은 담론을 기준으로 장르를 분류하는 데 한계가 있다. 가사의 경우, 그 장르에 대한 기술은 대개 그 문체적 특징에 대한 기술로 대체된다. 무엇보다도 담론 분석은 작품의 미시적 측면을 분석하고, 작품의 언어 미학을 핍진히 설명하는 데 한계를 지닌다.

층위에서의 지향성은 본질적으로 상충하며, 이것이 바로 사설시조의 문학적 진술방식을 문제적으로 만든다는 사실은 지금껏 강조되지 못했다. 여기서 말하는 사설시조의 문학적 진술방식이란, 문체와 담론 층위를 포괄하는 용어로서, 두 층위에서 상충되는 지향을 공유하고 있는 문학적 의도와 양자의 상충을 해결하는 문학적 방법을 일컫는다.

이 글의 가정에 의하면 사설시조의 문학적 진술방식은 문체적 지향과 담론적 지향의 상충을 타개하는 시학적 해결책일 수밖에 없다. 그러므로 귀납적 방법보다는 리얼리즘적 지향과 서정 장르적 지향을 공유하고 있는 전형적 작품들을 대상으로 삼아 연역적으로 접근하는 편이 효과적이라 판단된다. 그러한 작품들은 대부분 시적 자아의 주관적 내면을 우화적으로 표현한 작품들인데, 이는 우화 자체가 이미 리얼리즘과 반리얼리즘적 측면을 공유하고 때문이다. 이에 본고는 우화적 표현의 사설시조를 대상으로 하여 사설시조의 시학적 원리를 고찰하고자 한다.[10)]

이러한 작업은 담당층 논쟁의 그늘에서 크게 부각되지 못했던 작품의 미학적 측면을 다룬다는 의의도 있지만 연구사에서 의미 있는 논쟁의 성과를 받아들여 사설시조의 시학을 탐색하는 시도로서도 유의미하다고 본다.

예를 들어 시조와 가사는 작품의 길이나 담론 형식과 같은 텍스트의 거시적 차원에서는 쉽게 구분되지만, 이를 통해 두 장르의 미적 기반마저 명확히 구분되는 것은 아니다. 4음보로 이루어진 詩行과, 한 行 내에서 2음보씩 대응되는 구조마저 동일하게 파악되는 지금의 율격 논의에서는 시조와 가사의 형태적 차이는 길이의 길고 짧음에 불과하다. 그렇지만 시조의 종장을 떼어버리고 시조를 짓는 방식으로 행의 길이를 확장하면 곧 가사가 되는 것은 아니다. 담론 이하의 미세한 층위에서 문체를 분석해 보면 시조와 가사는 서로 다른 언어적 자질들을 요구하는 언어 사용의 반복적 패턴임을 알 수 있다(고정희, 『고전시가와 문체의 시학-윤선도와 정철의 경우』, 월인, 2004). 문체(style)를, 작품에 나타난 '형식과 내용의 통합'으로서, 그리고 동시에 '시학적으로 의미 있는 언어적 자질'들을 의미하는 개념으로서 사용하면서 문체 분석을 해 나갈 때 위와 같은 담론 분석의 한계를 보완할 수 있다고 본다.

10) 우화의 개념과 사설시조에 나타난 우화적 모티프의 양상은 3장에서 상론한다.

2. 리얼리즘적 지향과 내면 표현의 상충

사설시조의 문체 층위와 담론 층위에서의 지향성이 어떻게 다른지, 다음의 작품을 들어 살피기로 한다.

> 나모도 바희돌도 업슨 뫼헤 매게 ᄧᅩ친 가토릐 안과
>
> 大川 바다 한 가온대 一千石 시른 ᄇᆡ에 노도 일코 닷도 일코 뇽총도 근코 대도 것고 치도 ᄲᅡ지고 ᄇᆞ람부러 물결치고 안개 뒤섯계 ᄌᆞ자진 날에 갈 길은 千里萬里 나믄디 四面이 거머 어득 져뭇 天地寂寞 가치 노을 셧ᄂᆞᆫ듸 水賊 만난 都沙工의 안과
>
> 엊그제 님 여흰 내 안희야 엇다가 ᄀᆞ을 ᄒᆞ리오 『진본 청구영언』#572

담론적 층위에서 본 이 작품의 주제는 이별의 슬픔이다. 그런데 정작 묘사된 내용은 이별을 당한 시적 자아의 내면이 아니라 어찌 보면 그의 이별과는 아무 연관도 없는, 가토릐와 도사공의 신산스런 삶의 조건과 과정일 뿐이다. 그러므로 문체적 층위에서 보면 이 작품의 주제는 다만 이별의 슬픔만을 말하는 것이 아니라, 고달픈 현실을 우회적으로 환기하는 것일 수도 있다. 현실세계에 대한 이 같은 의무감은 리얼리즘의 한 요소이기도 하다.

여기서 사설시조의 문체적 층위에서의 지향을 리얼리즘이란 용어로 지적하는 이유는 다음과 같다. 무엇보다도 '리얼리즘'이란 용어가 야기하는 숱한 혼란에도 불구하고 이 개념의 형성에 작용한 의식의 지향이 사설시조의 문체적 상황을 설명하는 데 여전히 유효하기 때문이다. 리얼리즘(realism)이란 말은 라틴어의 事物(res)이란 말에서 유래한 것으로서, 외부 세계의 명백한 진실을 중시하는 태도에서 우러나왔다. 즉 18세기의 리얼리즘이란 단어의 시초에는 "지각의 대상은 어디까지나 객체이며 정신 밖에 있는 현실적 존재여야 한다."는 철학 사조가 바탕하고 있는데, 이는 사물이나 사물에 관한 사실들도 그 존재나 성질이 정신작용에 달려 있다는 사조를 거부하는 운동이라는 것이

다. 이러한 리얼리즘을 '소박한 리얼리즘'이라 명명하여 이후 발전된 '양심적 리얼리즘'이나 '의식적 리얼리즘'과 구분하는 논의가 있다.[11] 여기서 취하는 리얼리즘은 바로 이러한 '소박한 리얼리즘'의 개념이다. 말 그대로 '소박한'이 개념은 그러나, 주관론이나 관념론에 대한 분명한 거부 및, 사물과 외부 세계를 존중하는 태도를 지적하는 데는 손색이 없다.

그렇다면 소재가 나타난 모든 문학을 소박한 리얼리즘의 문학이라고 부를 수 있는가 하는 반문도 있을 것이다. 이에 대해 18·9세기에 발전된 리얼리즘은 중세적 관념으로부터의 일탈과, 당대의 삶에 대한 관심이라는 '동시대성'을 핵심적인 개념으로 하여 성립된다[12]는 점을 참조할 필요가 있다. 사설시조에 나타난 경험의 의미가 중세의 선험적 관념과 어떻게 멀어지는지는 뒤에서 상론할 터이지만, 사설시조의 리얼리즘도 '동시대성'이라는 점에서 최소 정의를 찾을 수 있지 않을까 한다. 뿐만 아니라 세계를 자아화하는 본질을 지닌 서정 장르에서 미처 자아화되지 않은 세계나 사물의 생경한 나열이 눈에 띈다는 것도 외적 대상이 시적 자아의 주관을 능가하고 있는 '리얼리즘'의 징후로 평가될 수 있다.

위의 작품에서 우리는 시적 자아의 체험에 대한 어떤 관념도 찾아보기 어렵다. "노도 일코 닷도 일코 뇽총도 근코 대도 것고 치도 빠지고 ᄇ람부러 물결치고 안개 뒤섯계 ᄌ자진 날"의 외부 세계가 이별을 당한 화자의 정신 작용을 일면 압도하는 것처럼 보인다. 시적 대상과 비시적 대상의 구별 없이 점점 더 많은 대상을 포괄하려고 애쓰며, 그에 따라 비문학적 압력이 강하게 나타나는 것도 리얼리즘적 문학의 특징이다.[13] 그리고 이처럼 사소하고 세부적

11) 현실을 있는 그대로 그려 보이는 것을 '양심적 리얼리즘'이라 하고, 현실을 확대·보충하여 현실적인 것을 새롭게 창조해 내는 것을 '의식적 리얼리즘'이라 한다(데미안 그랜트, 앞의 책).

12) 린다 노클린, 위의 책.

13) "점점 더 많은 대상들을 포괄하는 문학적 운동"은 사실주의의 주된 성향으로 지적되며(귀라루, 앞의 책), 숄즈는 "하나의 작품이 더 사실주의적이거나 재현적일수록 비미학적 압력은 더욱 더 두드러질 것이다."라고 주장한다(로버트 숄즈·로버트 켈로그, 임병권 역, 『서사의 본질』, 예림기획, 2001, 357면).

인 것까지 세밀하게 묘사하려는 데서도 시적 화자는 리얼리스트의 시각을 견지하고 있다.[14] 그러면서도 종장에 와서는 갑작스럽게 시적 화자의 주관성을 드러내고 있기 때문에 이 시조가 궁극적으로 보여주려고 한 것은 가토릐나 도사공의 삶의 조건인가, 아니면 이별을 당한 화자의 내면인가 하는 의문이 생기게 되는 것이다.

설령 그 궁극적 지향이 화자의 내면 표현에 있었다고 해도 독자의 입장에서는 이 작품을 개성 있게 만드는 리얼리즘적 문체에 부딪쳐서 정서적 몰입에 어려움을 느끼는 것도 사실이다. 다른 말로 하면 독자는 이별을 다룬 여타의 평시조에서 '마치 내 이야기 같다'고 느끼는 반면, 이 시조는 '안됐지만, 나와는 상관없는 이야기'라는 느낌을 받는다는 것이다. 그런데 이러한 직관은 시학적으로 충분한 근거가 있다.

현대 리얼리즘시의 창작자나 옹호자들이 자주 곤혹스러워 하듯이, 주관적인 장르인 서정시에서 현실을 있는 그대로 재현한다는 문제는 쉽지 않은 일이다. 그렇지만 서정시의 주관성과 단편적인 길이 때문에 현실의 총체성과 전망을 담아 내기 어렵다는 지적은 주객이 전도된 측면이 있다. 흔히 리얼리즘시는 서사적으로 충분치 못하다고만 여겨질 뿐, 서정시로서 일정한 수준을 획득하기도 어렵다는 점은 곧잘 간과되는데, 이는 리얼리즘적 지향이 강한 시일수록 서정적 몰입이 어렵고, 시적 표현이 생경하게 느껴진다는 경험적 진실을 외면한 결과이다.

에밀 슈타이거(E. Steiger)에 의하면 짧은 서정시가 지닌 순간성이라는 본질은 시인이 사물을 감성적으로 지각할 때보다는 존재의 사태 자체를 근원적으로 꿰뚫어 볼 때 획득되는 것이다. 그의 견해에 따르면 서정 장르의 본질이란 외부적 사건의 재현보다는 내적 경험의 순간적 통일에 있으며, 시간의 계기적 흐름에 주목하기보다는 경험이나 비전이 집중되는 結晶의 순간들

14) 리얼리스트의 시각은 원거리적이어서 "관찰자를 드라마적인 일화에 포함되지 않게 하고, 사소한 세부적인 상황 속으로 흡수되지 않게 하는 경향이 있다."(린다 노클린, 앞의 책, 182면)

속에 존재한다.[15] 그러므로 서정시의 언어 또한 순간적 내면의 결정체이기를 요구받는데, 이는 상상력을 최대한 자극하는 단어의 힘에 의존해서만 가능한 일이다. 그런데 로버트 숄즈(Robert Scholes)는 리얼리즘을 지향할수록 말이 가지는 이러한 반향적 가치가 줄어든다는 사실을 다음과 같이 날카롭게 지적하였다.

> 리얼리즘은 단어들을 그들의 대상물들, 즉 그 단어들이 지시하는 사물들에 복종시키기를 꾀한다. 리얼리즘은 삶을 높이고 예술을 축소시키며 사물들을 높이고 말들을 낮춘다. 그러나 그것이 사물들을 재현하고자 했을 때, 하나의 그림이 천 마디 말보다 가치 있으며, 하나의 움직이는 그림이 백만 마디의 말의 가치가 있다.[16]

요컨대 사물의 재현에 치중하면 할수록 단어들의 의미가 감소하기 때문에 리얼리즘적 지향과 서정시적 요구는 처음부터 상충하거나, 심지어 길항하는 운명에 놓여 있는 것이다.[17] 詩는 일종의 본능적 관념주의를 보유하는 경향이 있기 때문에 초기에 소박한 리얼리스트들이 시를 전적으로 배척하는 태도를 취할 수밖에 없었다는 보고[18]도 이와 일맥상통한다. 다시 말해 리얼리즘적 지향을 그 문체적 특징으로 하는 한 사설시조는, 시적 자아의 관념적인 주관성으로부터 유래하는 서정시적 통일성을 희생하지 않을 수 없다. “나모도 바희돌도…”의 화자가 시적 대상인 가토리의 삶의 조건과, 도사공의 위태로운 상황을 박진감 있게 서술할수록 시적 화자의 내면이 외부적 사건에 압도

15) 에밀 슈타이거, 이유영 · 오현일 공역, 『詩學의 근본 개념』, 삼중당, 1978.
16) Robert Scholes, *The Fabulators*, New York: Oxford Univ. Press, 1967, 11면.
17) 리얼리즘과 주관적 표현의 상충은 소설 장르에도 해당된다. 박일용은 “사실적 서술시각은 서술자의 주관적인 시각 또는 관념적 재단을 배제하고 서사세계의 갈등과 귀결을 통해 현실 세계의 갈등을 사실적으로 재현하는 것”이라 주장한다(박일용, 『조선시대의 애정소설-사실과 낭만의 소설사적 전개 양상』, 집문당, 1993, 38면).
18) 데미안 그랜트, 앞의 책, 60면.

되는 양상은 모든 사설시조가 당면한 시학적 사태이기도 하다. 그렇다면 사설시조가 이처럼 시적 자아의 내면을, 그것과 근본적으로 상충하는 리얼리즘적 지향을 통해 표현하려고 하는 이유는 무엇일까?

위의 숄즈의 언급에서 시사 받을 수 있는 한 가지 이유는 리얼리즘적 지향이 필연적으로 시각적 형상화를 요구하게 된다는 점이다. 작자의 리얼리즘적 태도는 보이지 않는 내면마저도 눈에 보이듯 그리도록 추동하였고, 이별과 같은 충격적 경험과 비견될 만한 사건을 그림으로써 이를 만족시키고자 했다는 설명이 가능하다.

그러나 내면을 전달하는 도구가 왜 사물에 관한 이야기가 아니면 누군가의 체험에 대한 짤막한 이야기여야 하는가? 말하자면 내면을 사실적으로 묘사하기 위해서는 근대 시인들처럼 내면 심리를 분석하여 세밀하게 묘사하는 방법도 있을 텐데 이러한 방법은 왜 고려되지 않았는가? 그리고 리얼리즘적 지향과 내면 표현 요구가 만날 때 양자는 서로에게 어떤 영향을 주고받는 것일까? 등등의 의문은 사설시조의 시학이나 세계관에 관련된 간단치 않은 문제들을 제기한다. 다음 장에서는 이러한 문제들을 차례로 검토하면서 사설시조의 문학적 진술방식에 대한 심화된 이해를 꾀하고자 한다.

3. 우화를 통한 내면의 사실적 재현

사물의 묘사나 사건의 서술을 통해 내면 심리를 표출하는 진술방식은 사설시조에서 어렵지 않게 찾아볼 수 있는 보편적인 표현 방식이라고 할 수 있다.[19] 이러한 내면의 표현 방식을 이 글에서는 우화적 내면 표현이라는 말로 명명하고자 한다. '寓話'라고 하면 '동물 이야기'를 흔히 떠올리게 되는데, 사

19) 내면을 우화적으로 표현하는 사설시조는 18·9세기의 여러 가집들에서 양적으로 균등하게 나타나고 있다. 본고에서는 주로 『진본 청구영언』에 실린 작품들을 거론하는데, 이들 작품들은 대부분 개작과 변개 없이 『해동가요』와 『가곡원류』에도 재수록되는 경향이 나타난다.

실 '寓話(fable)'는 '우의적인 작중인물을 가지고 있는 짧은 시'나 '서사적 산문' 혹은 '묘사적 산문' 모두를 가리킬 수 있는 매우 탄력 있는 용어이다. 작중인물은 동물이나 무생물일 수도 있고, 인격화된 추상관념일 수도 있다.[20] 그런데 우화의 어감이 '성격화된 인물(character)이 있는 이야기'를 강하게 환기하기 때문에 다음과 같은 작품에서 우화적 모티프가 차용되고 있다는 주장을 수긍하는 데 어려움이 있을 것이다.

> 어이 못 오던다 므스 일로 못 오던다
> 너 오ᄂᆞᆫ 길 우희 무쇠로 城을 ᄡᆞ고 城 안헤 담 ᄊᆡ고 담 안헤란 집을 짓고 집 안헤란 두지 노코 두지 안해 櫃를 노코 櫃 안헤 너를 必字形으로 結縛ᄒᆞ여 노코 雙 비목 외걸새에 龍 거북 자물쇠로 수기수기 즘갓더냐 네 어이 그리 아니 오던다
> ᄒᆞᆫ ᄃᆞᆯ이 셜흔 날이여니 날 보라 올 ᄒᆞ리 업스랴 『진본 청구영언』#568

이 작품에서도 묘사되고 있는 것은 시인의 내면이 아니라 대상과 사물이다. 먼저 "나모도 바히돌도…"와 "어이 못 오던가…" 이 두 사설시조가 화자의 내면을 사물에 빗대어 에둘러 표현한다는 점에 주목해 보자. 두 작품 모두 시인의 내면에 관한 이야기 속에 사물들의 이야기가 들어가 있는 셈이다. 우화라는 용어를 탄력적으로 적용하면 이처럼 이야기 속에 이야기가 들어가 있는 구조만으로도 우화란 용어의 타당성은 입증된다. 그러나 우화라는 용어를 좀 더 엄밀하게 정의하고자 한다면 우화는 '우의적 작중인물이 있는 짤막한 이야기'라고 정의할 수 있다. 이렇게 정의하면 '이야기'라는 개념이 지닌 외연이 다시 문제되는데, 이 또한 '성격화된 인물과 사건, 시간의 경과가 있어야만' 이야기로 정의하는 상식적 관점에서부터 '시어와 비유와 이미지, 운율 등에도 이야기가 내재해 있다'고 보는 관점[21]에 이르기까지 개념적 편차가

---

20) Alex Preminger and T.V.F. Brogan eds., *The New Princeton Encyclopedia of Poetry and Poetics*, Princeton; New Jersey: Princeton Univ. Press, 1993, 400면.

상당히 큰 편이다. 따라서 이 작품에서 사물이 들려주는 이야기가 무엇인지를 분석해 내는 일이 중요하다.

사설시조가 "애정이든, 性이든 그 밖의 어떤 관념이든 생활에 존재하는 사물 속에서 그 비유와 수사를 끌어냄으로써 미적 추상성에 매몰되지 않고 현실로 이어지는 통로를 마련한다."는 지적[22]은 이 작품의 해석에 많은 시사점을 준다. 그러나 이 시조의 궁극적 관심이 '님을 기다리는 어려움'을 토로하는 데 있다면 이 작품에서 구체적인 사물의 나열이 마련한 현실과의 통로는 무엇을 의미하는지 모호해진다. 그 해학적 표현에도 불구하고 이 시조가 견지한 태도의 진지성[23]은 시적 화자의 내면이 이 사물들의 나열을 통해 묘사되기를 기대한 것으로 볼 수 있는데, 그렇다면 이 시조에서 사물과 현실은 어떻게 관련되는가?

이 문제에 답하기에 앞서 리얼리즘적 지향과 내면 표현을 동시에 추구하는 작품들이 왜 이처럼 우화적 모티프를 차용하고 있는지 생각해 볼 필요가 있다. 그 이유는 우화 자체가 근본적으로 리얼리즘적 측면과 反리얼리즘적 측면을 지니기 때문인데, 숄즈가 우화작가를 주목하는 이유도 바로 여기에 있다. 그는 "우화가 현실(reality)의 재현을 피하려는 경향이 있으나, 도덕적으로 조절된 환상이라는 방법에 의해서 실제의 삶으로 되돌아가는 경향이 있으며", "실제 많은 우화 작가들이 알레고리스트들"이라고 말한다.[24] 위에서 든 사설시조의 경우, 사물은 사물의 리얼리티를 추구하고 있고, 내면은 내면의 진실을 추구하고 있을 뿐, 사물의 논리와 내면의 논리 사이의 알레고리란 쉽

---

21) 구모룡, 「현대시학과 서사의 문제」, 현대시학회편, 『한국서술시의 시학』, 태학사, 1998에서 취한 관점이다. 논자는 시는 이야기를 간접화한 형태이고, 서술(narration)이 오히려 이야기를 확대하는 과정이라고 본다.

22) 고미숙, 앞의 책, 140면.

23) 김대행, 「<어이 못 오던가> 그리고 태도와 표현의 시학」, 『한국고전시가작품론』 2, 집문당, 1992에서는 이 작품은 삶의 비장함이 비장함을 그대로 지닌 채로 해학적인 표현과 연합해서 이루어진 작품이기 때문에 태도 자체가 해학적으로 치환되어 버린 여타의 사설시조와는 구별된다고 지적한다.

24) Robert Scholes, 위의 책, 11면.

게 파악되지 않는다.

그러나 여기 나열된 사물들이 자연물이 아닌 일용품이란 점에서 재론의 여지는 남아 있다. 이별의 체험으로 일상성이 파괴된 곳에서는 일상에서의 편의를 위해 만들어진 일용품마저 그 목적을 반인간적으로 실현해 버린다는 사실을 이 작품이 보여주고 있기 때문이다. 즉 성과 집, 담, 두지, 궤, 자물쇠 등이 그 목적을 실행해 가는 과정은 곧 화자의 욕망을 어그러뜨리는 과정이 된다. 이는 일차적으로 일용품의 입장에서 본 인간에 대한 상대적 인식을 반영하는 것이다. 그런데 아무리 하찮고 사소해 보이는 물건일지라도 모든 일용품은 우리가 타인과 접촉도 하기 전에 타인에 대해 말해 준다.[25] 일용품을 열거한다는 것은 화자가 문화적 세계에 있다는 사실을 암시하며, 지극히 사적인 체험이라고 생각하는 이별도 타인이 목도하고 판단할 수 있다는 생각이 잠재되어 있는 것이다. 그러므로 이 작품에서 구체적인 사물의 나열이 곧바로 현실과의 통로를 마련하는 것은 아니다. 현실은 사물이 들려주는 이야기를 통해 우회적으로 환기되고 있을 뿐이다.

사물의 입장에서든지 타인의 입장에서든지 우화적 표현은 이처럼 시적 자아에 대한 전도된 인식을 반영하는 만큼, 사설시조에 나타난 우화적 모티프는 좀 더 면밀히 고찰할 필요가 있다.

> ᄒᆞᆫ 눈멀고 ᄒᆞᆫ 다리 절고 痔疾 三年 邊頭痛 內丹毒 다 알ᄂᆞᆫ 죠고만 삿기 개고리
> 一百 쉰 대 자 쟝남게 게올을 제 쉬이 너겨 소로로 소로로 수로록 허위허위 소솝 뛰여 올라 안자 ᄂᆞ리실 제란 어이실고 나 몰래라 져 개고리
> 우리도 새 님 거러두고 나죵 몰라 ᄒᆞ노라 『진본 청구영언』#562

이 작품의 종장이 표현하려는 내면 심리에 이름을 붙이자면 이성을 향한 불안하고도 불가항력적인 욕망이라고 할 수 있다. 그 불안감은 '눈멀고', '다리 절고', 온갖 질병을 다 앓는 새끼 개구리가 자기 능력으로는 엄두도 못

25) 미켈 뒤프렌, 김채현 역, 『미적 체험의 현상학』, 이화여대 출판부, 1991, 163면.

낼 높디높은 장대나무에 뛰어오르는 무모함에 비견된다. 그렇지만 우화가 지닌 '도덕적 환상'을 통해 현실 속 욕망을 비판하려는 의도는 감지되지 않는다.

흥미로운 사실은 사설시조 가운데 이와 유사한 상황을 설정해 놓고 "우리도 남의 님 거러두고 기픠를 몰라 ᄒᆞ노라"(『청진』#537), "우리도 새 님 거러두고 플더겨 볼가 ᄒᆞ노라"(『청진』#479), "우리ᄂᆞᆫ 새 님 거러두고 질 못드려 ᄒᆞ노라"(『청진』#465)와 같이 노래하는 작품군이 발견된다는 점이다.[26] 이들은 한결같이 '새 님'이나 '남의 님'으로 표현된 대상들을 향한 부조리한 욕망과, 그로 인한 불안감, 또 한편으론 될 대로 되라는 식의 무모한 심정 등을 우화적으로 에둘러 말하고 있다.

여기에는 물론, 이런 종류의 욕망은 우화로 에둘러 말해야 한다는 관습이 작용했을 터이지만, 이 글이 주목하고 있는 점은 바로 이러한 관습이 형성되는 데 작용한 시학적 요구이다. 먼저 우화화된 사물들의 특징이 모두 매우 운동력 있는 존재들이고, 그 움직임이 위의 시조의 중장처럼 "소로로 소로로 수로록 허위허위 소솝"과 같은 의태어로 표현된 점을 주목해 보자. 의성어와 의태어는 사물에 수식어를 부여하는 가장 단순한 방법으로, 주로 기층민의 장르에서 빈번히 발견되는 표현이다.[27] 그런데 시조의 논리적 구조는 의성어와 의태어들로 하여금 기층민의 장르에서 자신들이 담당하던 표면적인 묘사보다 훨씬 심각한 표현 기제가 되게 한다. 즉 종장에 나타난 화자의 욕망과 나

---

26) 세 작품의 전문은 다음과 같다.
『청진』#537 "萬頃蒼波之水에 둥둥 쎳는 부략금이 게오리들아/ 비슬 금셩 증경이 동당 강셩녀시 두루미들아 너 쎳는 물 기픠를 알고 둥 쎳는 모르고 둥 쎳는/ 우리도 ᄂᆞᆷ의 님 거러 두고 기픠를 몰라 ᄒᆞ노라"; 『청진』#479 "ᄇᆞ른갑이라 ᄒᆞ늘로 ᄂᆞᆯ며 두더쥐라 ᄡᅡ흐로 들랴/ 금죵달이 鐵網에 걸려 플덕플덕 프드덕이니 ᄂᆞᆯ다 긜다 네 어드로 갈다/ 우리도 새 님 거러 두고 플더겨 볼가 ᄒᆞ노라"; 『청진』#465 "江原道 皆骨山 감도라 드러 鍮店절 뒤헤 우둑 션 전나모 긋헤/ 숭그르혀 안즌 白松骨이도 아므려나 자바 질드려 쉥 山行 보내ᄂᆞᆫ 듸/ 우리ᄂᆞᆫ 새 님 거러두고 질 못드려 ᄒᆞ노라"

27) 성기옥, 「의성어 · 의태어의 시적 위상과 기능」, 『새국어생활』 3권 2호, 1993년 여름에서는 의성어와 의태어는 시적 언어로서의 세련성보다 말 그 자체의 감각적 아름다움을 즐기려는, 기층민의 투박하고 소박한 미의식이 그 미학적 기반을 이루고 있다고 지적한다.

란히 견줌으로써, 비록 희화화된 채이긴 하지만, 욕망의 자연스런 움직임이 곧 생명의 움직임이라는 전도된 가치를 내포할 수 있었다.

시적 화자는 자신의 욕망을 이성적으로 수긍하기 어렵다는 것을 잘 알고 있으며, 그것이 어떤 종류의 것인지도 모르지만 욕망을 마음 가는 대로 흘러가게 함으로써 긍정하고 있다. 아이러니컬하게도 화자는 형용 불가능한 내면을 사실적으로 재현하고 싶어 했기 때문에 우화적 표현이 관습으로 자리 잡게 된 것으로 보인다.

근대 이후의 시학은 "내면은 '표현'하고, 외부 사건과 현실은 '재현'한다"는 고정 관념을 가지고 있다. 그러나 표현해야 할 '내면'이 근대에 들어서야 발견된 것이라면[28] 근대 이전의 시조에서 내면을 사실적으로 그려 보이는 유일한 방법은 내면의 풍경을 외부의 사물에 투사하여 그리는 것일 수 있다. 내면을 사실적으로 묘사하려는 욕구가 근대 시인들처럼 내면 심리를 분석하여 세밀하게 묘사하는 방법으로 나타나지 못한 이유는 심리적 인간 자체가 근대의 산물이었기 때문일 가능성이 짙다.[29]

그러므로 사설시조의 리얼리즘적 측면을 중시하면서도 사설시조는 현실을 총체적으로 그리지 못했다며 비판하는 논자들이 주장하는 것처럼, 사설시조가 사실적으로 재현하고자 애썼던 것은 현실이었다고 단정 짓기는 어렵다. 사설시조는 현실보다는 시적 자아의 내면 풍경을 재현하려고 한 것이다.

시적 자아의 내면을 시각적으로 재현하는 우화적 표현이 시학적으로 유의미한 시도가 되기 위해서는 무엇보다도, '내면'에 대해서 '말하는' 진술보다는 내면에 대한 '보이기'가 더 박진감 있다는 인식의 변화가 전제되어야 한다. 오늘날 '표현'과 '형상화'라는 말이 동의어로 사용되고 있다는 사실은, 말하기(telling)보다는 보이기(showing)가 표현의 본령이라는 생각이 우리를 암암

28) 가라타니 고진, 박유하 역, 「내면의 발견」, 『근대 일본문학의 기원』, 민음사, 1997.
29) 그리고 인격화된 사물이나 동물을 관찰함으로써 인간 자신의 내면에 대한 관찰을 대신할 수 있다고 보는 태도는 개별적 실체에 대한 관찰만이 지식을 얻는 가장 확실한 방법이라고 믿는 실증주의적 요구와 무관해 보이지 않는다.

리에 지배하고 있음을 말해 준다.

그러나 우리 문학의 전통에서는 장르를 막론하고 '말하기'가 '보이기'보다 우세한 지위에 있었다. 시조의 경우도 구체적 형상화보다는 개념적 진술로 시적 의미를 전달하는 유형이 우세했다.30) 이 같은 상황에서 언제부터라고 말하기는 어렵지만 내면에 대해서조차 '말하는' 진술보다 '보이는' 진술이 더 박진감 있다고 생각하게 되면서 시조에서도 '시각적 형상'을 요구하게 된 것으로 추정된다.31) 일반적으로 서구의 경우나 우리 시가사에서나 19세기로 갈수록 시각적 이미지를 만드는 자질이 시에서 매우 중요한 가치 기준이 된다32)는 사실도 이러한 추정을 뒷받침하고 있다. 문제는 시조 작가들이 개념적 진술로부터 구체적으로 형상화하는 방식으로 옮겨가고자 했을 때,33) 그들이 시각적으로 이미지화 할 수 있었던 것은 내면이 아니라 인간과 유사해 보이는 대상들이라는 점이다. 이로 인해 사설시조의 내면은 근대시의 내면과 같이 시적 화자 자신만의 주관성과는 질적으로 구분된다.

이 시름 져 시름 여러 가지 시름 防牌鳶에 細細成文ᄒᆞ여
春正月 上元日에 西風이 고이불 쩨 올 白絲ᄒᆞᆫ 얼레를 숫가지 풀어 씌울 쩨
큰 盞에 술을 부어 마즘막 餞送ᄒᆞᄌᆞ 둥게 둥게 둥둥 써서 놉고 놉피 소ᄉᆞ 올라

30) 김대행, 『시조유형론』, 이화여대 출판부, 1986.
31) 중세적 이념으로부터 자유로워지기 시작하면서 시각이미지가 강조된다는 지적을 통해서도 시각적 형상에 대한 요구가 인식론적 변화와 맞물려 있음을 알 수 있다(존 버거, 『이미지-Ways of Seeing』, 동문선, 1990).
32) H. Markiewicz, "Ut Pictura Poesis…A History of the Topos and the Problem", *New Literary History*, Vol.18, No.3, Spring, 1987; 고정희, 「『가곡원류』 시조의 서정시적 특징」, 서울대 석사학위논문, 1996에서 시조 내부에 나타난 근대시로의 운동 양상 가운데 "감각적 이미지"의 중시를 든 바 있다.
33) 오랫동안 한시와 경쟁하면서 歌와 민족 문학의 측면에서 인식되어 온 시조는, 신채호의 시대에 이르러서 별안간 "國詩"로 명명된다. 이로써 시조 자체가 歌에서 詩로 변모했다고 말할 수는 없지만 시조에 대한 인식의 변화가 있었다는 사실만은 지적할 수 있다. 자세한 내용은 박미영, 「본문분석에 의한 歷代詩歌論의 時調觀 연구」, 한국정신문화연구원 박사학위논문, 1994 참조.

白龍의 구비 갓치 굼틀뒤틀 뒤틀어져 굴음 속에 들거고나 東海 바다 건너가셔 외로이 셧는 남게 걸엇다가

風蕭蕭 雨落落홀 쎄 自然 消滅 ᄒᆞ여라 『해동가요』#536

위의 시조는 시름을 떨치고 싶은 심정을 표현하려고 한 것인데, 시름을 글로 쓴 연을 날리고, 그 연이 날아가는 모습을 자세히 묘사하고 있다. 연이 날아가는 모습을 '둥게 둥게 둥둥', '굼틀뒤틀'과 같은 의태어를 통해 실감 있게 표현하는데, 그 유희적 기능 때문에 다른 시어에 비해 눈에 쉽게 드러나는 이 의태어[34]들로 인해 독자는 현재의 시적 화자의 위기인, 시름과의 힘겨운 투쟁을 눈치 채지 못하게 된다.

"노래 삼긴 사롬 시름도 하도 할샤/ 닐러 다 못 닐러 불러나 푸돗든가/ 眞實로 플릴 거시면은 나도 불러 보리라"라는 申欽의 시조에서 심리적 과정에 대한 시각적 재현 없이 시적 화자가 지닌 위기의식과 암울한 심리를 독자에게 박진감 있게 전달했던 것과는 좋은 대조를 이룬다. 시름이 어떤 모습이고, 그것을 떨쳐 버리는 것은 어떤 모습일까 하는 생각과 감정을 낱낱이 표현하기보다는 침묵과 생략 속에서 신흠이 처했던 현실의 질곡과 정신적 고뇌를 긴장감 있게 암시한 것이다. 이로 미루어 보면 위의 시조에서 연을 빌어 시름의 구체적 형상을 표현하려는 시도 그 자체로서는 시적 긴장감을 위해 성공적인 진술방식이라고 볼 수 없을 듯하다.

그럼에도 불구하고 이러한 진술방식이 도출한, 새로운 의미를 찾는다면 그것은 '시름'을 응시하고 그것의 소멸을 확인하려는 주체의 의지를 표현했다는 점이다. 말하자면 신흠의 시조는 '시름'이라는 경험의 '의미'를 말하고 있지만 위의 시조는 '경험한 그대로의 경험'을 사실적으로 전달하려고 했다고 할 수 있다.[35] 전자는 독자에게 '경험의 의미'라는 추상적 의미를 알아 차려

34) 성기옥, 위의 논문.

35) 폴 리쾨르는 언어가 경험의 의미를 전달할 수 있을 뿐, 경험 그 자체는 전달할 수 없다고 주장한다(폴 리쾨르, 김윤성 · 조현범 역, 『해석이론』, 서광사, 1998, 23면).

서 추체험하는 인식론적 과정을 요구하는 데 반해, 후자는 독자 자신의 체험에 조회해 볼 것을 요구한다.

요컨대 사설시조에 나타난 우화적 내면 표현의 의미는 다음과 같다. 그것은 즉 시적 자아의 내면에서 일어나는 부조리한 욕망을 정의하고, 그것의 역동성을 생명력으로 이해하고, 이를 시각적으로 그려내는 문학적 진술방식이라는 것이다. 그런데 이 과정에서 화자는 자신의 내면적 진실에 근거해서 사물과 현실에 대한 이해를 수정하고, 내면적 진실은 사물의 이야기에 근거해서 그 주관성을 수정하고 있다고 여겨진다. 형용할 수 없는 내면을 사실적으로 그리려는 태도는 수사적 과장을 낳고, 오히려 사실적 묘사와는 일정한 거리를 취하게 되었는데 이것이 사물과 현실에 대한 이해를 수정하는 계기가 된다. 현실을 그대로 그려 보이는 태도가 '양심적 리얼리즘'이라면, 사설시조는 어쩌면 상상력을 통해 현실을 확대·보충하여 현실적인 것을 새롭게 창조해 내는 '의식적 리얼리즘'에 가깝게 다가서고 있었는지 모른다. 즉 사설시조는 소박한 리얼리즘, 양심적 리얼리즘, 의식적 리얼리즘적 지향을 모두 내포하고 있는데, 서사 장르에서 구현되는 의미의 리얼리즘은 그에 포함되지 않는다고 결론 내릴 수 있다.

한편 사설시조에서 시적 자아의 내면이 타자의 체험에 끊임없이 조회되고 있다는 사실은 우화가 내면을 사실적으로 표현하는 도구에 그치는 것이 아니라, 인생을 바라보는 일정한 태도를 표명하는 기제일 수도 있음을 시사한다. 이 태도가 규명된다면 사설시조의 문학적 진술방식이 지닌 세계관적 의미와 시학적 의미가 분명해질 듯하다.

4. 우화적 비전(vision)의 시학적 의미

사실적이고 시각적인 재현을 강조한다는 점과, 인생에 대한 특정한 태도를 내포하고 있다는 점에서 사설시조가 지닌 우화적 내면 표현 방식을 우화적 비전이라고 불러도 무방하리라 본다. 우화적 비전을 재정의하자면, "시적 자아의 내면을, '他者의 체험에 대한 짤막한 이야기를 서술함으로써' 보여준다"는 것이다. 여기서 "시적 자아의 내면을 보여준다"는 진술방식은 담론 층위에서 말한 것이고, "他者의 체험에 대한 짤막한 이야기 서술"이란 문체 층위에서 지적한 것이다. 이제 두 층위의 공존에서 생성되는 새로운 시학적 의미에 대해 언급하기로 한다.

평시조 장르는 "논리적 시간 속에서 특정한 시공간에 한정되지 않는 대상의 항구적이며 보편적인 이념"에 기대어 주관과 객관의 합일을 서정시적 순간성 속에서 이루어 내는 장르이다.[36] 앞서 본 것처럼 현실의 논리는 보편적 원칙과 어긋나는 개체로서의 인간의 조건과 한계를 구체적으로 그려 보이도록 압박을 가하고 있음에도 불구하고, 작자가 여전히 시조 장르의 틀을 벗어나려 하지 않는다면, 그는 개별적 체험이 지닌 보편성을 탐지하는 자세를 갖추려 할 것이다. 서정 장르 속의 우화적 비전이 갖는 의미는, 현실 대응력을 갖춘 개별자의 체험이 보편적임을 입증할 때 완성될 수 있다.

이는 서사 장르에서의 우화적 비전이 지니는 위상과는 확연히 구별된다. "하나의 삶이나 여러 삶의 집합을 회고적으로 서술하는 서사 시인이, 풍부하게 발전된 정신 생활을 갖는 전형적인 인물들이 실천 속에서 시험되는 행동을 제공을 주고, 그 행동의 역사적 조건과 기반이 되는 제도와 상호관계들을 총체적으로 보여주는"[37]것이 서사 장르의 이념이다. 이에 비추어 보면 서사 장르에서의 우화적 비전은 늘 함량 미달이란 지적을 받는다.

우화가 주로 "개인의 장래나 감정, 그들이 속한 집단과의 역동적 단계와 관련된 더 큰 부분을 추구하는 것이 불가능한 지점으로부터"[38] 나타난다는

---

36) 시조 장르의 문체와 인식론적 특징에 대해서는 고정희, 『고전시가와 문체의 시학-윤선도와 정철의 경우』, 월인, 2004에서 상론한 바 있다.

37) 게오르그 루카치, 「서사냐 묘사냐 -자연주의와 형식주의에 대한 예비 토의」, 게오르그 루카치 외, 최유찬 외역, 『리얼리즘과 문학』, 지문사, 1985.

38) Howard Needler, "The Animal Fable Among Other Medieval Literary Genres", *New Literary History*, Vol.22, No.2, 1991, 430면.

점은 널리 알려진 사실이다. "우화소설에는 시대의 모순을 총체적으로 체현하고 있는 전형적 인물이 창조되지 못할 뿐 아니라, 독자에게 뚜렷한 전망을 제시하지 못하는 경우가 많다. … 그 이유는 우화 작가가 자신의 심각한 문제를 일정한 관습으로 굳어진 동물의 세계 속에서 발견해 내고 거기에 자신의 문제의식을 투영할 뿐인 데 있다."[39]고 하는 지적은 서사 장르에서 우화적 비전이 지닌 한계를 명료히 보인 예이다.

우화가 서사 장르의 리얼리즘적 요구를 충당하지는 못하는 이유는 그것이 본질적으로 지니고 있는 반리얼리즘적 성격 때문이다. 그런데 바로 그 때문에 우화적 비전이 서정 장르에서는 독특한 기능을 담당할 수 있다. 우화를 인식론적으로 통찰한 숄즈는 결론에 이르러서, 진정한 우화는 "나의 인생의 경로는 나 자신만의 것이라는" 고립된 인간 존재에 대한 철학과, "그럼에도 불구하고 각자의 인생은 비슷할 수 있고, 그래서 원형들을 가질 수 있다는 신화적 전망들 사이의 충돌에서 샘솟는다."고 주장한다.[40] 그는 서사 장르를 들어 이러한 이론을 입증하고자 했는데, 이는 서사 장르 안에서 서정 장르로서의 가능성을 찾으려 한 시도처럼 여겨진다. 이 이론은 내면을 우화적으로 표현함으로써 사설시조의 문학적 진술방식이 획득하고 있는 삶에 대한 비전을 설명하는 데 유용한 이론이다.

앞서 본 "나모도 바희돌도…"라는 사설시조를 상기해 보자. 이별이나 시름에 직면한 자신의 내면을 우화적으로 표현함으로써 화자는 유일무이한 인간 존재로서의 자각과, 비슷비슷한 경험을 하는 인간 존재의 보편적 조건에 대한 자각 양자를 통합시키고 있다. "엇그제 님 여흰 내 안희야 엇다가 ᄀ을 ᄒ리오"는 체험의 유일성을 강조한 것이다. 그러나 일상성 파괴라는 점에서는 죽음의 위협 앞에 놓인 가토릐나 도사공의 체험과 다를 바 없다.

질병이나 이별, 죽음은 모두 일상성을 무섭게 파괴하는 요소들이다. 이들로 인해 삶을 영위하며 안존해 있던 일상이 느닷없는 폭력이 되는 경험은 체

39) 정출헌, 『조선후기 우화소설 연구』, 고려대 민족문화연구소, 1999, 351면.
40) 로버트 숄즈, 앞의 책, 173면.

험적 진실 가운데서도 매우 충격적이고도 흔한 경험 가운데 하나이다. 그렇지만 아직 그것은 보편적 진리에 육박해 가는 개별적 체험일 뿐, 보편적 진리를 담지하는 전형적 체험은 아니다. 그러므로 이를 통해 존재의 본질을 통찰할 수 있다고 장담하기는 어렵다. 개별자가 겪는 단편적인 체험의 나열만으로 서정시적 보편성을 획득한다는 것은 특정한 인식론적 전제 없이는 불가능하다.

여기서 "他者의 체험에 대한 짤막한 이야기를 서술한다"는 사설시조의 문체적 층위에서의 우화적 비전이 지니는 의미가 드러난다. "줄거리를 구성한다는 것, 그것은 '우연적인 것에서 이해할 수 있는 것', '특이한 것에서 보편적인 것', '삽화적인 것에서 필연적인 것이나 사실임직함을 나타내게 하는"41) 의도가 있다. 즉 아무리 짤막하더라도 줄거리를 가진 이야기를 만들어 낼 수 있다는 것은 이야기된 체험이 보편적임을 말하는 것이다.

대부분의 사설시조에서 말하는 체험이란 숭고한 것도 아니고 우주적인 것도 아니다. 오히려 '남의 님'과 연정을 싹틔워 보려는 불순한 마음, 님이 있으면서도 '새 님'을 추구하는 이기심 등은 선험적 도덕을 위반하는 체험들이다. 이처럼 그 존재를 인정하는 것 자체가 부담이 되는 정서들과 그로 인한 불안감을 있음직한 이야기로 구성함으로써 사설시조의 시적 자아는 정서적 위안을 얻는다. 이 과정을 통해 사설시조의 작자와 독자는 인간 존재의 보편적 욕망과 한계를 명시하고 인정할 수 있게 된다.

그 의욕적인 시도가 얼마나 성공적으로 詩化되었는가 하는 문제는 또 다른 차원의 문제이다. "나모도 바희돌도…"라는 작품을 읽고 독자가 평시조와는 달리 오히려 '나와는 상관없는 이야기'처럼 느낀다는 것은 아이러니가 아닐 수 없다. 이는 평시조의 관념적 보편성을 대체하기에는 개별적인 체험의 귀납이 갈 길이 멀다는 것을 말해 준다. 또한 시조라는 담론의 틀을 깨

41) 폴 리쾨르는 "모든 이야기는 행동 주체, 목적, 수단, 상황, 도움, 적대성, 협력, 갈등, 성공, 실패 등과 같은 용어들과의 친밀성을 전제한다."고 하여 이야기의 현상학을 분석한 바 있다(폴 리쾨르, 김한식 · 이경래 역, 『시간과 이야기』 1, 문학과지성사, 1999, 103~131면).

지 않는 이상, 타자의 체험에 대해 서술된 이야기가 너무 짧고 언뜻 보아 뚜렷한 줄거리가 잡히지 않는 어정쩡한 태도에 머물게 된다는 것을 시사하는 듯하다.

그럼에도 불구하고 사설시조의 시학을 평시조나 서사 장르와 변별된 것으로 보는 이 글의 가정이 어긋나지 않았다고 생각한다. 서정 장르의 담론 틀 내에서 "他者의 체험에 대한 짤막한 이야기를 서술하는" 사설시조의 우화적 비전은, 이야기를 통해 타자의 체험에 조회된 주관성을 보여준다고 해석될 수 있기 때문이다. 여기서 나와 타자는 구별되는 존재가 아니라 선험적 진리를 거부하고 새로운 진리를 향해 나아가는 도정에서 연대해야 할 동지이다. 객체를 주관화시킴으로써 주·객의 합일을 추구하는 서정 장르에서 주관과 객관의 이분법을 넘어서는 비전을 품고자 했기 때문에 우화적 비전은 모종의 새로운 계기를 내포한다. 즉 나와 타인의 개별적 사례들의 집합을 통해 보편성에 육박한다는 우화적 비전은, 개별적 사례들의 집합을 통해 획득되는 지식, 즉 귀납의 개념에 근접하게 된다.[42] 앞서 말한 한계에도 불구하고 귀납적 지식은 아래로부터의 지식이기 때문에 인간과 세계에 대해서 늘 위로부터의 지식을 강조해 온 중세적 관념을 전도시킬 잠재력을 지닌다.

결국 서사 장르에서나 서정 장르에서나 우화적 비전은 과도기적 양식임이 분명하다. 그러나 서사 장르에서의 그것은 한계로 작용하지만 서정 장르에서의 그것은 새로운 시가를 모색하는 시가사의 흐름을 추동해 내고 있다고 말할 수 있을 것이다.

42) 현대적 의미로 볼 때, 귀납의 개념을 처음 소개한 사람은 아리스토텔레스이다. 이는 그가 감각 지각이 개별적으로 일어남에도 불구하고 보편적인 내용을 가진다는 점에 주목함으로써 가능했다(루돌프 아른하임, 김정오 역, 『시각적 사고-미술의 인지심리학적 기초』, 이화여대 출판부, 1981, 25~27면).

5. 결론

장르적 견지에서 보면 사설시조는 여전히 서정 장르에 속한다. 그러나 그 모태가 된 평시조의 문학적 진술방식과 사설시조는 전혀 다른 미적 기반을 가지고 있다. 지금까지 살핀 우화적 내면 표현의 작품들은 사설시조의 문학적 진술방식이 지닌 미적 기반을 이해하고, 사설시조의 독자적 시학을 구상하는 데 의미 있는 시사를 준다고 믿는다. 본고에서 고찰한 바를 정리하면 다음과 같다.

첫째, 사설시조에는 근본적으로 상충되는 리얼리즘적 지향과 내면 표현 욕구가 동시에 공존하는데, 사설시조의 문학적 진술방식은 각각 담론적 층위와 문체적 층위에서 강조되는 양자의 모순을 타개하려는 시학적 해결책이기도 하다. 이 때의 리얼리즘은 특수자를 매개로 현실의 총체성을 인식하는 의미의 리얼리즘 개념이 아니다. 그것은 일차적으로 "지각의 대상은 어디까지나 객체이며 정신 밖에 있는 현실적 존재여야 한다"는, 개념 형성기의 소박한 리얼리즘에 가까운 것으로서, 사물과 외부 세계를 존중하는 태도를 내포하고 있다.

둘째, 사설시조는 우화를 통하여 내면을 사실적으로 재현하며 시적 자아가 경험한 事象의 의미가 아니라 "경험된 것으로서의 경험" 그 자체를 전달하고자 한다. 우화적 내면 표현은 시적 자아의 내면에서 일어나는 부조리한 욕망을 정의하고, 그것의 역동성을 생명력으로 이해하고, 이를 사실적으로 그려내는 문학적 진술방식이다. 이를 통해 화자는 자신의 내면적 진실에 근거해서 사물과 현실에 대한 이해를 수정하고, 내면적 진실은 사물의 이야기에 근거해서 그 주관성을 수정한다.

셋째, "시적 자아의 내면을, '他者의 체험에 대한 짤막한 이야기를 서술함으로써' 보여준다"고 정의할 수 있는 우화적 비전은 타자의 체험에 조회된 주관성을 보여주는데, 여기에는 개별적인 체험의 합으로부터 보편적 진리에 육박하려는 인식론적 운동이 암시되어 있다. 특히 서정 장르 안에서의 우화적 비전은 '시각적 형상'을 요구하면서 주관과 객관의 이분법을 넘어서는 시학을 모색하려는 시가사적 전망에 대응하는 시학으로서의 의미를 지닌다. 즉 우화적 비전은 개별적 사례들의 집합을 통해 획득되는 귀납적 지식 개념에 근접하게 되는데, 귀납적 지식은 아래로부터의 지식이기 때문에 위로부터의 지식을 강조해 온, 중세적 관념을 전도하는 계기를 내포하는 것이다.

이상의 논의는 그러나, 사설시조가 봉착한 시학적 문제를 분명히 드러내는 이상적인 유형을 검토하여 내린 잠정적인 결론일 뿐이다. 우화적 모티프를 지닌 사설시조 가운데는 유희성에 침잠한 작품도 있고, 현실 비판적 성격을 강하게 지니는 작품도 있다. 그렇지만 사설시조의 문체가 추구하는 리얼리즘적 지향과 극명한 대조를 이룬다는 이유에서 내면 표현에 주력한 작품들만을 우선적인 검토 대상으로 삼았다. 앞으로 우화적인 표현의 작품들을 귀납적으로 정리하면서 사설시조의 문학적 진술방식에 대한 해명이 보다 정밀하게 보완되어야 할 것이다.

참고문헌

고미숙, 「사설시조의 역사적 성격과 그 계급적 기반 분석」, 『18세기에서 20세기 초 한국 시가사의 구도』, 소명출판, 1998, 123면.

고정희, 「『가곡원류』 시조의 서정시적 특징」, 서울대 석사학위논문, 1996.

______, 「윤선도와 정철 시가의 문체시학적 연구」, 서울대 박사학위논문, 2001.

구모룡, 「현대시학과 서사의 문제」, 현대시학회편, 『한국서술시의 시학』, 태학사, 1998.

김대행, 「<어이 못 오던가> 그리고 태도와 표현의 시학」, 『한국고전시가작품론』 2, 집문당, 1992.

______, 『시조유형론』, 이화여대 출판부, 1986.

김병국, 「장르 관찰의 시각, 그리고 이 책의 내용」, 김병국 외, 『장르 교섭과 고전시가』, 월인, 1999, 14～15면.

박미영, 「본문분석에 의한 歷代詩歌論의 時調觀 연구」, 한국정신문화연구원 박사학위논문, 1994.

박일용, 『조선시대의 애정소설-사실과 낭만의 소설사적 전개 양상』, 집문당, 1993, 38면.

성기옥, 「의성어·의태어의 시적 위상과 기능」, 『새국어생활』 3권 2호, 1993년 여름.

신은경, 『사설시조의 시학적 연구』, 개문사, 1995.

윤여탁, 『리얼리즘 시의 이론과 실제』, 태학사, 1994.

윤여탁·이은봉 편, 『시와 리얼리즘 논쟁』, 소명출판, 2001.

이노형, 「장시조의 장르적 성향과 그 한계」, 『관악어문연구』 12집, 서울대 국문과, 1987.

정출헌, 『조선후기 우화소설 연구』, 고려대 민족문화연구소, 1999, 351면.

최규수, 「사설시조의 장르론적 연구 성과와 전망」, 『한국시가연구』 제2집, 한국시가학회, 1997.12.

가라타니 고진, 박유하 역, 「내면의 발견」, 『근대 일본문학의 기원』, 민음사, 1997.

귀라루, 『사실주의 문학의 이해』, 동문선, 2000.

데미안 그랜트, 김종운 역, 『리얼리즘』, 서울대 출판부, 1987, 60면.

로만 야콥슨, 「예술에 있어서 사실주의에 관하여」, 신문수 편역, 『문학 속의 언어학』, 문학과지성사, 1989.

로버트 숄즈·로버트 켈로그, 임병권 역, 『서사의 본질』, 예림기획, 2001, 357면.

루돌프 아른하임, 김정오 역, 『시각적 사고-미술의 인지심리학적 기초』, 이화여대 출판부, 1981, 25～27면.

게오르그 루카치, 「서사냐 묘사냐 -자연주의와 형식주의에 대한 예비 토의」, 게오르그 루카치 외, 최유찬 외역, 『리얼리즘과 문학』, 지문사, 1985.

린다 노클린, 권원순 역, 『리얼리즘』, 미진사, 1986, 182면.

미켈 뒤프렌, 김채현 역, 『미적 체험의 현상학』, 이화여대 출판부, 1991, 163면.

에리히 아우어바흐, 김우창 · 유종호 역, 『미메시스-서구문학에 나타난 현실묘사』, 민음사, 2000.

에밀 슈타이거, 이유영 · 오현일 공역, 『詩學의 근본 개념』, 삼중당, 1978.

존 버거, 『이미지-Ways of Seeing』, 동문선, 1990.

폴 리쾨르, 김윤성 · 조현범 역, 『해석이론』, 서광사, 1998, 23면.

________, 김한식 · 이경래 역, 『시간과 이야기』 1, 문학과지성사, 1999, 103～131면.

Markiewicz, H., "Ut Pictura Poesis…A History of the Topos and the Problem", *New Literary History*, Vol.18, No.3, Spring, 1987.

Needler, H., "The Animal Fable Among Other Medieval Literary Genres", *New Literary History*, Vol.22, No.2, 1991, 430면.

Preminger, A. and T.V.F. Brogan eds., *The New Princeton Encyclopedia of Poetry and Poetics*, Princeton; New Jersey: Princeton Univ. Press, 1993, 400면.

Scholes, R., *The Fabulators*, New York: Oxford Univ. Press, 1967.

사설시조의 장형성*

1. 서론

서정시는 가장 사적(私的)이고 내밀한 목소리를 들려줌으로써 감동을 준다. 어떻게 가장 주관적인 목소리가 가장 보편적일 수 있는가? 다소 신비주의적인 설명이긴 하지만 서정시학에서는 그 이유를 "특수한 것과 보편적인 것이 상징적으로 동일시되기 때문"이라고 말한다. 그와 같은 동일시는 존재의 사태를 근원적으로 꿰뚫어 볼 수 있는 결정(結晶)의 순간에서만 가능하며, 서정시는 바로 그 순간 동안만 지속되기에 "짧다."[1)]

필자는 그동안 사설시조에 대해 지속적인 관심을 가지다가 문득, 사설시조가 평시조에 비해서 '길이'가 늘어난 장르라는 사실을 우리가 너무 간과하고 있는 것은 아닐까 생각해 보았다. 사설시조를 가장 사설시조답게 만드는 '장형성'에 대한 논의가 없다고 한다면 어불성설이 되겠으나, 서정시의 미덕을 포기하면서까지 '장형화'된 이유가 무엇인지는 밝히 드러나지 않은 듯하다.[2)]

---

* 이 글은 「사설시조의 장형성과 이행기 문학적 의의」(『고전문학과 교육』 제10집, 한국고전문학교육학회, 2006.8)를 부분 수정한 것이다.

1) 에밀 슈타이거, 이유영 · 오현일 공역, 『시학의 근본 개념』, 삼중당, 1978, 37~127면.

2) 조세형, 「사설시조의 시학적 고찰」, 『국어교육』 제112집, 한국어교육학회, 2003.10에서는 사설시조 연구사에 대하여 "사설시조는 판소리 · 고전소설 등과 더불어 이행기의 문학현상을 대표하는 장르로 주목받아 왔으나, 정작 장르 자체의 객관적 표지가 무엇인지에 대

'장형성'은 주로 현상적 차원, 장르적 · 시학적 차원, 희극성의 차원에서 논의되어 왔다. 예컨대, "초장 · 종장이 짧고 중장이 대중없이 길며 종장의 첫 구만이 겨우 시조의 형태를 지니는 것과, 세 장 가운데 어느 두 장이 여느 시조보다 긴 것이 있다."는 진술은 개론적인 설명에 해당한다.[3] 그런가 하면 "평시조의 율격적 정형성을 벗어나려는 지향성을 지니면서도 한편으로는 시조가 되기 위한 최소한의 정형 요건인 3장 구성과 종장 등을 유지한다."[4]는 지적은 장르적 판단에 해당한다. 시학적인 관점에서 보면 "사설시조의 시어나 행들이 환유적 원리와 산문화 원리, 대화 원리로 구성되어 있다."는 사실을 알 수 있다.[5] 그런데 조세형의 지적처럼 이러한 논의들은 그 자체로서 지니는 타당성에도 불구하고 그러한 현상이 나타나게 된 시대적 · 인식론적 이유에 대한 탐구로 나아가지 못한 한계가 있다.[6] 한편 필자는 "장황하게 표현된 행위들이 마치 어릿광대의 몸짓처럼 과다한 운동비용을 쓰고 있는 점"에 주목하여 장형성과 희극성을 관련지어 살핀 바 있다. 그러나 희극성 자체가 이미 삶에 대한 심각한 문제제기 및 인간학적 통찰과 관련되어 있는 만큼,[7] '장형성'의 의미 또한 시적 기법의 차원을 넘어서 깊이 있게 논의될 필요가 있다.

이상과 같이 '장형성'을 지금까지는 주로 공시시학적, 구조주의적인 관점에서 고찰해 왔는데, 이제는 그것의 세계관적 의미에 대한 질문을 피할 수 없게 되었다. 그 점에서 사설시조에 나타난 '반복적 표현', '수식어의 나열', '구

한 합의가 제대로 이루어지지는 않은 상태"라고 진단했는데, 사설시조의 '길이'에 대해서도 똑같은 지적이 가능하다.

3) 위의 논문, 475면에서 재인용.
4) 김병국, 「장르 관찰의 시각, 그리고 이 책의 내용」, 김병국 외, 『장르교섭과 고전시가』, 월인, 1999, 14~15면.
5) 신은경, 『사설시조의 시학적 연구』, 개문사, 1992가 대표적인 연구업적이다.
6) 조세형, 앞의 논문, 476면.
7) 김흥규, 「사설시조의 애욕(愛慾)과 성적(性的) 모티프에 대한 재조명」, 『한국시가연구』 제13집, 한국시가학회, 2003.2; 고정희, 「사설시조의 희극적 특징 고찰」, 『한국문학논총』 제35집, 한국문학회, 2003.12; 고정희, 「여성의 수사적 상황과 사설시조」, 김병국 외, 『조선후기 시가와 여성』, 월인, 2005 등에서 그러한 논지를 전개했다.

조의 반전'에서 새로운 인식론적 의미를 찾는 조세형의 논의는 주목을 요한다. 그에 따르면 사설시조에 나타난 비슷한 사물의 나열은 동일성을 전제로 하면서도 '차이'를 부각시키고 있다는 점에서 이행기의 인식소인 재현(再現, representation)과 관련된다. 이 주장은 사설시조의 문체적 현상에 대한 동어반복적 진술을 탈피했다는 점에서 높이 살 만하지만, 귀납적으로 증명되기는 어려운 주장이다. 귀납적 증명을 위해서는 먼저 그러한 문체적 특징이 이행기의 모든 장르 안에서 반복되는 언어적 패턴임이 증명되어야 한다. 또한 그러한 장르 현상이 생겨나거나 사라지는 지점에서 인식론적인 변전이 있었다는 철학사적 증거도 확보해야 한다. 하지만 꼭 그럴 필요가 있을까 싶다. 만일 우리가, "중세에서 근대로의 이행기 제1기는 사설시조의 시대라고 할 수 있다."는 문학사적 판단[8]을 신뢰할 수 있다면 말이다.

사설시조가 이행기의 대표적인 장르였다는 연역적 대전제가 확실하다면, 사설시조의 문체적 특징으로부터 이행기의 인식소인 "재현(representation)"을 추론하는 작업은 더욱 설득력을 얻게 될 것이다. 이 글은 선행 논의를 보강하는 차원에서 사설시조의 이행기 문학적 성격에 대한 대전제를 세우는 데 관심을 두고 있다. 이론적으로 가정해 보면 사설시조를 이행기의 대표 장르로 만든 결정적인 계기는 시의 길이가 길어진 데 있다. 2장에서는 그러한 이론적 가정이 어떻게 가능한지 논의할 것이며, 3장에서는 사설시조가 장형화되는 원리와 그 인식론적 의미를 구체적으로 고찰해 볼 것이다. 이를 통해 사설시조의 '길이'에 반영된 문학사적 의미를 재음미하는 것이 이 글의 목표이다.

8) 조동일, 『한국문학통사』(제4판), 제3권, 지식산업사, 2005, 336면을 보면, 말이 많다는 것, 웃음을 준다는 것, 삶의 실상을 시비한다는 것 등을 이행기 문학의 공통적인 자질로 들고, 좌상객이나 전래된 내용에 구애받지 않는 사설시조가 이러한 특징들을 가장 다채롭게 표현하고 있다고 평가하였다.

2. 서정시와 서사시

사설시조가 장형화되는 원리를 면밀히 고찰한 김대행에 의하면 사설의 장형화를 가능케 한 원리인 '병렬'은 단형시조에서 이미 확립된 것이다.[9] 그러나 장형성이 비록 평시조의 시학을 반복한 결과에 불과할지라도, 길이가 길어진다는 것은 이론적으로 심각한 변화를 시사한다.

제라르 맨리 홉킨스는 두 가지 유형의 시적 과정을 지적한다. 하나는 좀 더 명상적인 유형으로 그것은 연속적인 경험으로부터 벗어나 정서와 이미저리의 강렬한 집중, 보통은 구체적인 이미지의 집중을 제공하게 된다. 다른 하나는 전환적인 유형으로 그것은 시간의 흐름에 맞추어 계속되는 삶의 리듬을 따라서 서사적이면서도 이야기의 진술로 작용하게 되는 것이다.[10] 이 두 가지 시적 과정은 일반적으로 '서정시'와 '서사시'라는 용어로 지칭되는데, 놀랍게도 오직 시의 '길이'밖에는 양자를 구분하는 명확한 기준이 없다.[11]

시의 '길이'가 이렇게 중요한 이유는 그것이 대상과 시간에 대한 '서정시'와 '서사시'의 상반된 인식을 외형적으로 보여주기 때문이다. 즉 본질적인 시간 속에서 대상의 보편성을 파악하는 서정시적인 인식이 짧은 길이로 나타났다면, 일상적 시간 속에서 대상의 개별성을 현상적으로 수용하는 서사시적인 인식이 상대적으로 긴 시의 길이로 나타난 것이다.[12] 바로 이 때문에 "짧고, 비서사적인 시"[13]라는 진술이 서정시에 대한 최선의 정의로 여겨져 온 것이다.

---

9) 김대행, 「경건 지향과 즐거움 지향-장형시조의 두 유형과 장르 성립의 기저」, 『시가시학연구』, 이화여대 출판부, 1991, 396~399면.

10) 노스럽 프라이, 「서정시에 대한 접근」, C. 호제크, P. 파커 편, 윤호병 역, 『서정시의 이론과 비평-신비평을 넘어서』, 현대미학사, 2003, 59면.

11) P. 파커, 「서론」, 위의 책, 27면을 보면 노스럽 프라이와 데이빗 브롬위치는 '서정시의 길이는 상대적으로 짧아야 한다.'는 논란의 여지가 없는 유일한 특징에 의존하여 '서정시'와 '서사시(narrative poetry)'를 좀 더 분명하게 구분할 수 있었다.

12) 이에 대해서는 고정희, 『고전시가와 문체의 시학』, 월인, 2004, 32~39면에서 상론한 바 있다.

13) 조다난 컬러, 「서정시 연구의 변화」, C. 호제크, P. 파커 편, 앞의 책, 67면을 보면 M. H. 에이브럼스는 『문학비평용어사전』에서 "서정시는 상당히 짧고 비-서사적인 시로 한 명의

서정시와는 정반대로, 외부 대상의 현상적 의미를 따라가다가 길이가 길어진 시를 '서사시'라고 부르는 것은 그러나, 적지 않은 혼란을 야기할 것이다. 이 글에서 '서사'라는 말은 시학사전에서 "사건들이나 사실들의 연속을 언어적으로 제시하는 방식"[14]으로 정의하는 '내러티브(narrative)'를 가리킨다.[15] '서사학(Narratology)'에서 말하는 '서사'가 담론의 시간과 스토리의 시간이라는 이중의 시간시퀀스를 가지며[16] 허구적 텍스트에서와 같이 높은 밀도의 이야기를 요구하는 것이라면, '서사시'에서의 '서사'는 다만 시간의 흐름에 따라 일어나는 사건을 보고하는 발화의 양식이면 충분하다. 이렇게 정의된 '서사'는 허구텍스트와 비허구텍스트, 산문과 운문의 구분은 물론이며 서정·서사·극이라는 장르도 불문하고 어떤 텍스트 속에서도 지배적인 문체적 특징이 될 수 있다.[17]

또한 외부 사물에 대한 현상적인 관심의 결과인 '서사'는, 다른 어떤 종류의 문학보다도 비문학적 영향에 예민하게 반응하는 가장 대중적인 진술방식이며, 종종 리얼리즘 문학의 필요충분조건으로 여겨지기도 한다.[18] 사설시조가 평시조를 일탈하면서 서사의 이러한 측면들을 가지게 된 것은 의심의 여지가 없다.

신은경은 사설시조와 후기 가사에서 두드러지는 산문성, 장편성, 서사적 요소들을 '서술성'이란 개념 아래 심도 있게 고찰하였는데, "하나 이상 n개의 사건을 대상으로 하고 기술성과 펩진성을 그 해석소로 하는" 진술방식인 '서

화자가 나타나며 이 때의 화자는 마음의 상태나 사상과 감정의 과정을 표현한다."고 정의했다.

14) "Narrative is a verbal presentation of a sequence of events or facts whose disposition in time implies causal connection and point."(Alex Preminger and T.V.F. Brogan eds., *The New Princeton Encyclopedia of Poetry and Poetics*, Princeton; New Jersey: Princeton Univ. Press, 1993, 814면.)

15) 따라서 같은 'narrative'의 번역어라면 '서사'와 '서술'이라는 말을 따로 구분하지 않는다.

16) 한용환, 『서사 이론과 그 쟁점들』, 문예출판사, 2002, 79면.

17) Alex Preminger and T.V.F. Brogan eds., 앞의 책.

18) 김준오, 「서술시의 서사학」, 『문학사와 장르』, 문학과지성사, 2003.3.

술성'은 이 글에서 말하는 '서사' 개념과 다르지 않다. 그의 논지는 이러하다. 서술성이 획득되면 외계 사물에 대한 관심이 구체적으로 반영되므로 산문화되기 쉽고, 산문성이 강화되면 길이가 길어지는 경향이 있다. 길이가 길어지는 것은 서정시가 가지고 있는 가장 큰 특징인 "부분의 종합적 전환"이 힘들어진다는 사실을 의미한다. 조선 후기 시가에서 서술방식이 이처럼 변모한 원인으로는 "서민들의 자아각성"을 들 수 있다.19)

만일 평시조와 사설시조가 서정시와 서사시의 양극에 그의 논의처럼 잘 대응한다면 사설시조의 문학사적 위상은 더할 나위 없이 자명해질 것이다. 이행기 문학의 핵심은 중세 동안 우위를 누리던 서정 장르의 영향력이 약화되고, 이른바 서민의식, 산문정신, 사실주의 정신을 담은 서사 장르가 주류를 이루게 된 데 있다. 그것은 철학사적으로 말하면 중세의 이기이원론적(二氣二元論的) 세계관에서 이행기의 기일원론적(氣一元論的) 세계관으로의 변화를 암시하며, 담당층으로 말하자면 상층지배계층에서 '시민(또는 평민이나 서민)'으로의 변화와 상응한다. 그러나 사설시조의 담당층에 대한 그간의 지난한 논쟁이 말해주듯이, 사설시조의 서사 지향성을 서민정신과 곧바로 연결짓기는 곤란하다. 또한 사설시조의 리얼리즘적 지향이 전형의 창조와 전망 제시 면에서 미흡하다는 지적20)이 있는가 하면, 사설시조에 나타난 사실적 재현의 대상이 과연 '비문학적인 외부 사물들'이었는지에 대한 의문도 제기되었다.21)

사설시조의 '서사시'적 성격이 이처럼 어중간한 이유는 사설시조로 하여금 무한히 길어질 수 없도록 제어하는 삼단구조 때문이다. 이것은 같은 서사적 성격을 지닌 시 중에서도 가사가 거의 무제한에 가까운 시행을 통해 사물의 가변적인 의미를 파악하려는 의도를 지속적으로 관철한 것과 비교해 보면 잘

19) 신은경, 「사설시조와 가사의 서술방식 대비」, 『고전시 다시 읽기』, 보고사, 1997.
20) 고미숙, 「사설시조의 역사적 성격과 그 계급적 기반 분석」, 『18세기에서 20세기 초 한국 시가사의 구도』, 소명출판, 1998.
21) 고정희, 「사설시조의 우화적 내면 표현」(이 책의 제2부 1장) 참조.

알 수 있는 사실이다. "후기 가사 중에는 완전히 서사화하여 소설로 정착된 것이 있는 반면, 사설시조는 그런 경우가 없었던 것"은 시조라는 장르의 완강한 서정시적 본질과 '서사'의 어긋남 때문이다.[22] 사설시조의 장형성은 어디까지나 '차이의 무한한 순환'을 되풀이하는 것이고, 서정적인 통어 안에서만 길어진 것이다.[23] 이렇게 되면 또 다시 사설시조의 시학적 중층성이 전면으로 부각된다.

서정시와 서사시라는 개념 틀은 사설시조의 시대적·문학사적 의의에 대해서도 절충된 결론을 이끌어 낸다. 즉 서정 장르는 탈피했으나 온전히 서사화되진 못한 장르로서 사설시조를 파악하는 논의들이 그에 해당한다. 이로써 평시조와 사설시조의 교체가, 서정 장르와 서사 장르의 교체라는 문학사의 문법을 대표한다는 이론적 기대에 비하여, 실제로 일어난 변화는 미온적인 것에 불과하다는 다소 실망스러운 결론에 이르게 된다. 만일 사설시조의 '길이'에 대해 지금까지처럼 평시조에 비해서 늘어난 사실에만 주목하는 한, 이 같은 결론을 끊임없이 재확인하게 될 지도 모른다.

사설시조가 길다는 것은 평시조에 비해서 상대적으로 그렇다는 뜻이다. 사설시조는 평시조보다는 길어졌지만 후에 변용된 휘모리잡가에 비해서는 훨씬 짧다. 사실 평시조에서 늘어났다는 사실 못지않게, 휘모리잡가만큼은 늘어나지 않았다는 점도 주목할 필요가 있다. 꼭 그만큼의 '길이'만을 요구한 인식론적 배경을 찾지 않고서는 현재의 순환논리를 타개하기 어렵다. 다음에서는 휘모리잡가와의 대비를 통해 사설시조의 '길이'가 지니는 인식론적 의미를 역추정해 보기로 한다.

---

22) 신은경, 앞의 논문, 141면에서는 그 이유를 "가사에는 그 자체에 본질적으로 서술의 특성이 내포되어 있었고 시조의 경우는 그렇지 않았기 때문"이라고 하였다.

23) 조세형, 앞의 논문, 487면.

3. 장형화의 양상과 의미

논란의 여지가 있긴 하지만, 사설시조의 담당층이 평시조의 담당층이었던 사대부에서 크게 벗어나지 않거나, 사대부 주변에 포진한 인물들임은 분명해 보인다. 그에 비해 휘모리잡가의 담당층은 '수족을 놀려야만 생계를 영위할 수 있'는 '공장(工匠)이들'로 확연히 바뀌었다. 대략 20세기 초부터 도시의 임금노동자계층을 중심으로 성창되었던 휘모리잡가는 12잡가의 주변부에 위치하며, 잡가 중에서도 격이 낮은 것으로 치부되었다.[24] 사설시조에서 더욱 길어진 휘모리잡가는 사설시조가 지닌 상반된 요소들 중에서 가장 비속하고 민중적인 지향들을 특화시켰다고 할 수 있다. 어쩌면 그것이 사설시조의 가장 전위적인 의미일지 모른다는 가정 아래 지금부터 사설시조와 휘모리잡가의 장형성을 대비적으로 고찰하고자 한다.

논의의 편의를 위해 장형화의 양상을, 크게 중장이 길어진 경우와 종장마저 길어진 경우로 나누어 살피기로 한다. 잘 알다시피 사설시조에서 길이가 늘어난 이유는 대개 중장이 길어졌기 때문이다. 이것은 종장이 제시하는 통일적 관념을 받아들이기를 주저하거나, 너무 빨리 종결로 가는 것을 기피한 결과로 볼 수 있다. 시에서의 종결은 독자로 하여금 더 이상 지속되지 않아도 만족하도록 만들며, 독자의 마음 속에 "무(無)"에 대한 기대를 만들어 낸다.[25] 통일된 종결에 순간적으로 박진하여 한 점의 의심도 남기지 않는 것이 서정시의 묘미라면, 중장이 길어진 사설시조는 미적거리며 종결을 지연시킨다는 점만으로도 문제적이다. 한편 종장마저 길어진 시는 아예 통일된 종결에 무관심해 보인다는 점에서 또 다른 인식론적 문제를 암시한다고 본다.

---

24) 장사훈, 『시조음악론』, 서울대 출판부, 1986, 85면.

25) Barbara H. Smith, *Poetic Closure: A Study of How Poems End*, The University of Chicago Press, Chicago, 1968, 34면.

1) 중장의 확장과 경험의 선험적 종합

다음의 사설시조에서 중장의 사설이 확장된 원리를 살펴보자.

> 바둑바둑 뒤얼거진 놈아 졔발 비자 네게 닉가의란 서지 마라
> 눈 큰 쥰치 허리 긴 갈치 두루쳐 메오기 츤츤 가물치 부리 긴 공치 넙젹훈 가잠이 등 곱은 식오 결네 만훈 곤쟝이 그물만 너겨 풀풀 쒸여 다 다라나는듸 열업시 삼긴 오증어 둥귀는고나
> 진실(眞實)노 너곳 와 셔시량이면 고기 못 잡아 대사(大事) ㅣ 러라
>
> 『병와가곡집』#1008

휘모리잡가 <곰보타령>의 원형이 되는 이 사설시조는 18세기 말엽(정조년간: 1776~1800)에 편찬된 것으로 추정되는 『병와가곡집』에 처음 등장한 작품[26]으로, 19세기 중·후반에 오면 『가곡원류』 계열 여러 가집에 나타나게 된다. 표기상의 차이 외에는 사설의 변이가 거의 없는 것으로 보아 19세기 중·후반까지 위와 같은 형태로 불렸음을 알 수 있다.

이 작품에서 중장이 늘어난 이유는 '수식어+사물의 이름'이라는 공식에 따라 여러 가지 사물들을 나열했기 때문이다. "눈 큰 쥰치", "허리 긴 갈치", "부리 긴 공치", "넙젹훈 가잠이", "등 곱은 식오" 등은 모두 형용사나 형용사 상당어구를 통해 저마다 지닌 가장 특징적인 면을 가리키고 있다. 형용사는 양태를 의미하는 동시에 그 양태에 적합한 사물을 지시하는 기능을 함께 가지고 있다.[27] 즉 "눈 큰"은 눈이 큰 모양과 함께 눈이 큰 모양에 적합한 사물인 "준치"를 함께 지시하면서, 개체에 대한 감각을 드러낸다. 개체가 가지고 있

---

26) 『병와가곡집』의 편찬연대는 심재완, 『시조의 문헌적 연구』, 세종문화사, 1972, 10면 참조. 이보다 앞서 『해동가요(주씨본)』에 수록된 작품이 있지만, 사설이 약간 달라 이형태(異形態)로 간주된다.

27) 조세형, 앞의 논문, 482~483면.

는 '특징'은 동일한 존재들 속에서의 차이를 명시해 준다. 즉 동일한 종(種) 안에서도 눈이 큰 것이 준치이고, 허리가 긴 것은 갈치이며, 부리가 긴 것은 공치인 것이다. 이들은 결국 종장에서 "고기"라는 동일자로 수렴될 수 있다. 그렇다면 장황하고 번거로운 나열은 굳이 왜 있는 것일까?

가령 중장이 "여러 고기 그물만 너겨 풀풀 뛰어 다 다라난다"처럼 명제적으로 서술되어 있고, 바로 다음에 종장 "진실(眞實)노 너곳 와 셔시량이면 고기 못 잡아 대사(大事)ㅣ러라"가 이어진다면 이 작품의 관심은 곰보의 얽은 얼굴 놀리기에 집중될 것이다. 그런데 위에서처럼 잔잔한 물가에 곰보의 얼굴이 그물처럼 비치면서 온갖 종류의 물고기들이 생긴 대로 뛰어 달아나는 모습을 그리게 되면 전혀 새로운 의미가 생겨난다. 그것은 '무료한 일상에서 맛보기 힘든 생동감'이라는 말로 요약할 수 있다.

사설시조의 사물들은 서로 본질적 연관성을 지닌 존재들로서,[28] 여기 나열된 물고기들도 '약동하는 생물'이라는 동질성을 지닌 존재들이다. "진실(眞實)노 너곳 와 셔시량이면 고기 못 잡아 대사(大事)ㅣ러라"라는 종장에는 물고기들 덕분에 생동감 있는 놀이에 참여하는 화자의 즐거운 내면이 암시되어 있다. 서로 다른 특징을 지닌 물고기들이 하나의 동일자로 수렴될 수 있다면, 인간과 비인간적 사물 간의 형이상학적 친연성 또한 아직은 남아 있다고 볼 수 있다. 중장은 확장하되 종장의 통일성을 유지하는 이 작품의 형식은, 개체의 감각을 즐기면서도 그 개체들이 '생명의 약동'이라는 선험적인 형이상학으로 수렴된다는 인식을 보여준다. 이러한 인식이 후대의 휘모리잡가에서 어떤 식으로 변용되는지 살펴보자.

<곰보타령>

칠팔월(七八月) 청명일(淸明日)에 얽고 검고 찡기기는 바둑판(板) 장긔판(將棋板) 곤우판(板) 갓고 멍셔(席)덕셕(席)방셕(方席) 갓고 철둥 덕셕 고셕(古石)미

28) 위의 논문, 471~494면.

갓고 ᄯᆡ암장(匠)이 발등 갓고 우박(雨雹) 마진 ᄌᆡ덤이 쇠똥 즁화뎐텰망(中和殿鐵網) 갓고 진ᄉᆞ젼(眞絲廛)마루 연죽젼(煙竹廛) 좌판(坐板) 갓고 한량(閑良)에 포ᄃᆡ관(貫)역 남게 안진 ᄆᆡᆸ이 잔등이 갓고 상하미젼(上下米廛) 멍셕(席) 호망(虎網) 쥰오관이 갓고 뎐보젼관젼긔(電報電關電氣) 등(燈)불죵갓고 경상도문경(慶尙道聞慶) ᄉᆡᄌᆡ로 건너 오ᄂᆞᆫ 진상(進上)술 항아리 초병(醋甁) 갓치 아쥬 무쳑 얼고 검고 플은 즁놈아 네 무슴 얼골이 어녓부고 쏙쏙ᄒᆞ고 ᄆᆡᆸ자ᄒᆞ고 얌젼ᄒᆞᆫ 얼골이라고 시ᄂᆡ가로 ᄂᆡ리지 마라

ᄯᅱᆫ다 ᄯᅱᆫ다 고기가 너를 그물베리만 녀겨 슈만은 곤징이 ᄠᅦ만은 숑사리 눈 큰 쥰치 키 큰 쟝ᄃᆡ 머리 큰 도미 살진 방아 누른 조긔 넙젹 병어 등곱은 ᄉᆡ오 그물 벼리만 녀겨 아됴 펄펄 ᄯᅱ여 넘쳐 다라나는고나

그 즁 음융ᄒᆞ고 ᄂᆡ숭ᄒᆞ고 슝물ᄒᆞ고 숭칙시러운 노어란 놈은 가라안ᄌᆞ셔 슬슬

『증보신구시행잡가』(1916)

1910년대 잡가집에 실린 휘모리잡가를, 앞서 살핀 사설시조의 삼단구조에 대응시켜 보면 초장에서부터 큰 변화가 일어났음을 알 수 있다. 제목부터 <곰보타령>으로 얽은 얼굴을 강조하고, 작중인물의 신분을 '중'으로 확정하여 노골적인 비하 장치를 마련하였다. 얽은 외양에 대한 묘사를 크게 확장하면서 묘사에 동원된 사물들의 수도 급증한다. 수식어도 없이 이름만 열거된 이 사물들은 품목도 다양해서, "바둑판, 장기판, 고무판/ 멍석, 덕석, 방석/ 철등 덕셕 고셕(古石)미"만 해도 세 가지 품목으로 이루어져 있다. 이러한 물품들을 한 눈에 볼 수 있는 곳은 시장의 좌판뿐이다. 그 중에는 큰 도시의 시장에서나 볼 수 있는 전기등불, 진상(進上) 꿀항아리 등의 값진 물건들도 있다. 얽은 얼굴과 비슷해 보이는 사물들을 나열한다지만 정작 곰보의 얼굴보다는 시장의 풍경이 더 잘 그려진 것처럼 보인다. 문제는 시장이라는 공간에 인접해 있던 많은 사물들은 서로 아무런 본질적 관련이 없기 때문에 어떤 동질적인 의미로 수렴되기 어렵다. 그 대신 여기서는 시장 좌판의 물건을 탐욕적으로 나열하는 데서 엿보이는 물질적 욕망이 주목된다. 서로 다른 종류(種類)의

상품들을 향해 계통도 없이 뻗어나가는 물질적 욕망이야말로 초장의 길이를 늘어나게 한 원동력으로 작용한 듯하다.

그러면 중장에 나오는 물고기들은 어떨까. 본래의 사설시조에서처럼 '생동하고 있는 대상'으로서의 의미를 여전히 가지고 있는지 궁금하다. 일단 "슈만은 곤징이 쪠만은 숑사리"처럼 수식어와 함께 열거된 물고기들은 고유한 특징을 지닌 동일한 종(種)에 속한다. 그런데 이들의 동질적인 의미를 수렴해야 할 종장에서 뜻밖의 언술을 보게 된다. 즉 "그 즁 음융ᄒᆞ고 ᄂᆡ숭ᄒᆞ고 슝물ᄒᆞ고 숭칙시러운 노어란 놈은 가라안ᄌᆞ셔 슬슬"이라고 하여, 농어의 생태를 음흉스럽다고 눙치면서 대미(大尾)를 장식했다. 문제는 이런 표현이 인간적 속성을 너무 강하게 환기하기 때문에 여러 물고기들이 '펄펄 뛰어 달아나는' 상황마저도 인간적인 의미로 환원된다는 것이다. 그 결과 얽은 얼굴을 그물로 오인하여 달아나는 여러 물고기들의 움직임은 '생동하는 사물'의 의미를 잃고, 어처구니 없는 오해 속에서 우왕좌왕하는 인간을 비유하게 되었다. 이러한 경향은 후대로 갈수록 더욱 심화되어, 1930년대의 유성기 음반에 실린 휘모리잡가에서는 "령위졍 골애", "좌위졍 민어"처럼 아예 관직명을 수식어로 삼는가 하면, "눈치 만코 의견 만코 음흉슬어구 갈능슬엇구 이간질 잘허고 내숭숭칙 슝물슬언", '오징어'가 추가되기도 한다.29)

휘모리잡가의 종장에서 말하는 농어의 생태가 초·중장에 나열된 모든 사물들의 양태를 종합하지는 못한다. 초장에 나오는 곰보의 모습과 겹치는 시장의 모습, 중장에서의 물고기들의 모습, 종장에서 의인화된 농어의 모습은 모두 독자적인 부분들로 존재하며, 잡가의 비유기성을 여실히 보여준다. 그러나 초·중장에 비하여 간결하고도 인상적인 진술로 종결의 소임을 다하는 종장은, 초·중장에 암시된 인간의 부정적 속성을 가장 우스꽝스럽고도 민망하게 드러냈다. 이처럼 부분 가운데서도 대표적인 어떤 것이 통일된 종결을 대

---

29) 이보형·홍기원·배연형 편저, 「독창 박춘재: 일본 빅타레코드49000-B」, 『유성기음반가사집』 1, 민속원, 1990, 161~162면. 이 음반은 1928년에 창립된 일본(日本) 빅타축음기주식회사에서 처음으로 낸 음반이다.

신할 수 있다. 그러므로 유기성이 없어 보이는 휘모리잡가의 경우에도 중장만 길어진 형태를 지니는 한, 부분의 종합적 전환을 꾀하는 서정적인 통어가 작용한다고 보아야 할 것이다. 그것은 개별적인 경험들이 선험적인 의미로 종합될 수 있다는 형이상학의 영향력을 암시한다.

2) 종장의 확장과 경험의 불확실성

한편, 휘모리잡가로 변용될 때 종장이 무한히 길어짐으로써 형태상으로도 서정적인 통어를 거의 벗어나게 되는 사설시조 가운데는 다음 작품을 패러디한 작품이 있다.

> 압ᄂᆡ나 뒤ᄂᆡ나 中에 소 먹기ᄂᆞᆫ 아희놈들라
>
> 압ᄂᆡ 고기와 뒷ᄂᆡ 고기ᄅᆞᆯ 다몰속 ᄌᆞ바 ᄂᆡ 다락기에 너허 쥬어든 네 소 궁둥치헤 걸쳐다가 주렴
>
> 우리도 밧비 가ᄂᆞᆫ 길히오ᄆᆡ 전(傳)홀동 말동 ᄒᆞ여라
>
> 『육당본 청구영언』#974

19세기 초·중반 가집으로 추정되는 『육당본 청구영언』에서부터 나타난 이 작품은, 19세기 가집 가운데 총 19종의 가집에 수록되어 있는 것으로 보아 사설시조로서도 높은 인기를 누린 작품인 듯하다. 주목할 점은 사설시조임에도 불구하고 여창(女唱)으로 불린 비율이 상당히 높다는 것이다.[30] 비교적 평명하고 우아한 작품들이 여창의 레파토리를 이루는 사실로 미루어 볼 때, 주제 면에서 평시조와 멀지 않은 작품이라 볼 수 있다. 이 작품의 평시조적인 지향은 『병와가곡집』, 『진본 청구영언』 등, 보다 이른 시기 가집에 실린 다음

---

30) 수록된 가집은 다음과 같다. 靑六974, 詩歌594, 靑가598, 歌譜214, 興比271, **源國509/823, 源奎508/822, 源河505/818, 源六486/771, 源佛488/774, 源朴694, 源皇680, 海樂498/838, 源가238/411**, 源一491, **協律492/791, 花樂, 女謠,** 詩謠, 大東(진한 표기는 女唱을 가리킴).

과 같은 이형태(異形態)에서 더욱 뚜렷이 드러난다.

> 녹양방초(綠楊芳草)에 쇼먹이ᄂᆞᆫ 아희들아
> 압내 고기 뒷내 고기를 다물속 잡아 내 다락치에 너허드란 네 소 궁둥치에 언저다가 쥬렴
> 우리도 서주(西疇)에 일이 만하 밧비 가ᄂᆞᆫ 길히ᄆᆡ 가 젼ᄒᆞᆯᄯᅩᆼ말ᄯᅩᆼ ᄒᆞ여라

이 시조에 나오는 "녹양방초(綠楊芳草)"와 "서주(西疇)에 일이 만하"는 모두 강호시조의 상투적인 표현에 해당한다. 특히 후자는 "농부가 나에게 봄이 왔음을 알리니(農人告余以春及), 장차 서쪽 밭두둑에 일이 있겠구나(將有事於西疇)"라는 <귀거래사(歸去來辭)>의 한 대목을 암시하며 전원적 삶을 환기하고 있다. 그렇다면 중장에 있는 "압내 고기 뒷내 고기를 다물속 잡아 내 다락치에 너허드란 네 소 궁둥치에 언저다가 쥬렴"이란 말은 함께 봄의 흥취를 즐기자는 권유의 말로 볼 수 있다. 그 주제는 강호시조와 가깝지만 아이의 엉뚱한 대답으로 이루어진 종장의 반전 때문에 사설시조로서 인기를 얻은 작품이라 여겨진다. 그런데 이 종장이 점점 더 늘어남에 따라 이 시조의 주제도 엉뚱한 방향으로 흘러가게 된다.[31] 여기서는 가장 장형화된 형태를 보여주는 휘모리잡가 <육칠월>을 제시하기로 한다.

> <육칠월>
> 육칠월(六七月) 흐린 날 삿갓 쓰고 도롱이 입고 곰뱅이 물고 잠뱅이 입고 낫 갈아 차고 큰 가래 메고 호미 들고 채쪽 들고 수수땅 잎 뚝 제쳐 머리를 질끈

---

31) 『청육』의 사설시조에서 휘모리잡가로 변모되기 전 단계에 드는 작품으로는 『고대본 악부(樂高)』#774와 『조 및 사(調詞)』#63을 들 수 있다. 전자는 "역금"이라 하고, 후자는 "휘모리역금"이라 하여 사설이 늘어난 정도에 따라 곡조가 달리 표시되어 있다. 『고대본 악부(樂高)』#774부터 이미 초장에서는 아이의 용모를 가리키는 수식어가 확장되었으며, 중장에서는 고기를 잡아서 요리법까지 일러주며 전해달라는 내용이 부가되고, 종장에서는 이를 거절하는 아이의 신세한탄이 있었다.

동이고 검은 암소 고삐를 툭 제쳐 이랴 어디야 낄낄 소 몰아가는 노랑대가리 더벅머리 아희놈 게 좀 섰거라 말 물어보자

저 접때 오뉴월 장마에 저기 저 웅뎅이 너개지고 숲을 져서 고기가 숩북 많이 모였으니 네 종기 종다래끼 자나 굵으나 굵으나 자나 함부로 주엄주섬 얼른 냉큼 수이 빨리 잡아내어 네 다래끼에 가득이 수북이 많이 눌러 담아 짚을 추려 마개하고 양끝 잘끈 동여 네 쇠 등에 얹어 줄게 지날 영로에 우리 임 집 갖다 주고 전갈하되 마참 때를 맞춰 청파 애호박에 후추 생 곁들여서 매움 삼삼 달콤하게 지져 달라고 젼하여 주렴

우리도 사주팔자 기박하여 남의 집 멈 사는 고로 새벽이면 쇠물을 하고 아침이면 먼 산 나무 두세 번 하고 낮이면 농사하고 초저녁이면 새끼를 꼬고 정밤중이면 국문자나 뜯어보고 한 달에 술담배 곁들여 수백 번 먹는 몸뚱이라 전할지 말지

『한국가창대계』, 249-25

발화의 상대자인 '소 몰아 가는 아희놈'의 외양을 자세히 묘사하느라 초장이 길어졌는데, 인물의 정체성은 도리어 모호해진 느낌이다. 가령 "삿갓 쓰고 도롱이 입고"는 전원에서 한가로이 소일(消日)하는 사대부를 연상케 한다. "삿갓세 되롱이"라는 기호는 본래 '노동의 의무로부터 자유로운 채 노동을 흉내 내는 사대부'를 표상(表象)해 왔다.[32] 동일한 기호가 이제 거꾸로 사대부의 허위를 흉내 내고 실제로는 노동의 의무로부터 자유로울 수 없는 계층의 소망을 암시하고 있다. 그런가 하면 "잠뱅이"는 '가랑이가 무릎까지 내려오도록 짧게 만든 홑바지'로 농사일의 편의를 도모하도록 만들어진 옷이다. "낫갈아 차고 큰 가래 메고 호미 들고 채쭉 들고"나 "수수땅 잎 뚝 제쳐 머리

32) 이는 "삿갓세 되롱이 닙고 細雨中에 호믜 메고/ 山田을 흣믜다가 綠陰에 누어시니/ 牧童이 牛羊을 모라 즘든 날을 씨와다"와 같은 시조를 보아도 알 수 있다. 이 시조는 『청구영언(진본)』에서는 작자 미상으로 나오지만, 후대 몇몇 가집에서는 작자가 김굉필(金宏弼)로 표기되어 있다.

를 질끈 동이고" 등도 노동에 적합한 외양을 묘사한 것이다. "검은 암소 고삐를 툭 제쳐 이랴 어디야 낄낄"에서는 소를 모는 구체적인 행위를, "노랑대가리 더벅머리"는 '연소(年少)함'을 가리키고 있다.

이 모든 수식어들을 받는 "소 몰아가는"이란 말은, 사설시조의 "소 먹이는"과는 달리 신분(身分)과 직역(職域)을 단박에 명시하지 못하고 "아희놈"의 용모와 구체적인 행위 중 하나를 지시할 뿐이다. 작중인물도 "아희놈들"에서 "아희놈"으로 특수하게 한정되었다. 이 '아희놈'은 정체성의 혼란을 겪고 있는 한 개체로서, 남의 집 머슴살이하는 신분을 받아들이지 못하고 "사주팔자 기박"함을 탓한다. 또한 "새벽이면 쇠물을 하고 아침이면 먼 산 나무 두세 번 하고 낮이면 농사하고 초저녁이면 새끼를 꼬고"에서는 쉴 새 없이 노동력을 짜내야 하는 직역에 대한 불만이, "정밤중이면 국문자나 뜯어보고"에서는 새로운 운명을 개척하려는 욕구가 드러나고 있다.[33)]

마지막에 "한 달에 술담배 곁들여 수백 번 먹는 몸뚱이"라는 말에서는 바쁘다고 하면서도 스스로 모순된 발언을 해서 웃음을 자아낸다.[34)] 그러나 "수백 번"이라는 양(量)으로써 노동의 강도와 고통의 질을 대신한 것으로 본다면, '술담배'는 고역을 잊게 해주는 유일한 오락이 된다. 정반대로 '술담배'는, 모든 제조업에서의 가치의 증가는 결국 그 제조업에서 보수를 받는 사람들의 소비와 상응할 뿐이라는 냉엄한 거래관계를 말해 주기도 한다.[35)] 이처럼 '삿갓', '도롱이', '곰뱅이', '잠뱅이', '국문자', '술담배'와 같은 어휘들에 담당층의 사회적 관계가 함축되어 있는 점은 흥미로운 일이다.

그런데 잡은 물고기를 전달해 달라고 부탁하면서 이리저리 요리하라고 일

---

33) 배수찬, 「『노동야학독본(勞動夜學讀本)』의 시대적 성격에 대한 연구」, 한국어교육학회 2004년 가을 전국학술대회 발표문, 2004, 96면을 보면 실제로 1907년 이후 조선 땅에서 이른바 '노동야학'이 성행하였는데, 이는 자신의 운명을 개척하려는 노동계급의 절박한 의지에 부응한 현상이었다고 한다.

34) 이형대, 「휘모리잡가의 사설짜임과 웃음 창출 방식」, 『한국시가연구』 제13집, 한국시가학회, 2003.2, 328면.

35) 미셸 푸코, 이광래 역, 『말과 사물』, 민음사, 1987, 237면.

러주는 중장에서는 정작 그러한 의미 있는 정보들을 찾아보기 힘들다. "우리도 사주팔자 기박하여…"로 시작하는 종장의 확장이 없었더라면 정체성 혼란을 겪는 작중인물의 육성(肉聲)을 듣지 못했을 것이다. 그 육성은 "우리도 밧비 가ᄂᆞᆫ 길히오ᄆᆡ 전(傳)ᄒᆞᆯ동 말동 ᄒᆞ여라"라고 말하는 명랑하고 낙천적인 인물로서는 전혀 생각할 수 없었던 문제를 제기하고 있다. 신분에 대한 불만은 전근대 사회를 움직여 주던 형이상학의 붕괴를 암시하는 것이고, 정체성 혼란은 당면한 모든 경험을 불확실하게 만들어 버린다. 경험의 불확실성과 삶의 불통일성으로 말하자면 <맹꽁이타령>을 능가할 작품이 없을 듯하다.

> 져 건너 신진사 집 시렁 우희 언친 거시 쌀은 쳥쳥둥쳥졍미 쳥차조쌀 아니 쌀은 쳥쳥둥쳥졍미 쳥차조쌀이냐
>
> 우ᄃᆡ ᄆᆡᆼᄭᅩᆼ이 다셧 아래ᄃᆡ ᄆᆡᆼᄭᅩᆼ이 다셧 문 안 ᄆᆡᆼᄭᅩᆼ이 다셧 문 밧 ᄆᆡᆼᄭᅩᆼ이 다셧 사오 이십 스무 ᄆᆡᆼᄭᅩᆼ이 모화관 슙버들 궁게셔 밋헤 ᄆᆡᆼᄭᅩᆼ이ᄂᆞᆫ 무겁다고 ᄆᆡᆼᄭᅩᆼ 웃 ᄆᆡᆼᄭᅩᆼ이는 무에 무구우냐 잣꼽스럽다고 ᄆᆡᆼᄭᅩᆼ 어늬 ᄆᆡᆼᄭᅩᆼ이 슈ᄆᆡᆼᄭᅩᆼ이냐
>
> 아마도 슉녜문 밧 쎡 ᄂᆡ다라 쳥ᄑᆡ 팔ᄑᆡ 칠ᄑᆡ ᄇᆡ다리 이문동 도져골 쪽다리 것너 쳣ᄌᆡ 둘ᄌᆡ 셋ᄌᆡ 넷ᄌᆡ 다셧 여셧 일곱 여들 아홉 열ᄌᆡ 미나리 논에서 코를 쥴쥴 흘니고 머리 푸러 산발ᄒᆞ고 눈을 희번덕이며 다리 ᄭᅩ아 ᄂᆡ밀면서 용 올니는 ᄆᆡᆼᄭᅩᆼ이 슈ᄆᆡᆼᄭᅩᆼ이냐 『남훈태평가』#197

이 사설시조는 "서울 장안 곳곳에서 별별 맹꽁이들이 이상스러운 거동을 하고 있다는 말로 이어져서, 풍속도・병신춤・우화가 한꺼번에 맞물려 돌아가도록 한 맹랑한 작품"으로서, 가장 이행기적인 작품으로 문학사에서 특기되고 있다.[36] 언뜻 보면 부분의 독자성이 지나쳐서 진지한 창작의식의 소산인지조차 의심스럽지만, 그런 가운데서도 '삶의 부조리함'에 대한 문제제기를 엿볼 수 있는 작품이다.

---

36) 조동일, 앞의 책, 335~336면.

초장은 무의미한 말놀이를 통해 언어적 차원에서의 부조리함을 말하고 있다. 중장은 '모화관(慕華館)'이 암시하는 엘리트 지식인의 부조리함을 말했다고 볼 수 있다. 모화관은 중국 사신들을 맞이하기 위해 세운 일종의 영빈관이었다가 개화파지식인들이 주도한 독립협회가 군중들에게 개화 독립에 대한 연설을 하고 난상토론을 벌였던 '독립관'의 전신이다.37) 그런데 자세히 보면 지식인만이 풍자의 대상은 아닌 듯하다. "우듸 밍꽁이 다셧 아레듸 밍꽁이 다셧 문 안 밍꽁이 다셧 문 밧 밍꽁이 다셧"은 당시 서울에 있었던 모든 계층을 포괄하기 때문이다. 서울의 북촌인 "우듸"는 고관대작이 살던 곳이고, "아레듸"는 장교나 군졸이 살던 곳이다. "문 안"인 도성 안은 통치와 소비의 공간이며 유학의 공간이라면, "문 밖"인 도성 밖은 도성을 기보(畿輔)하던 지역으로, 승려와 무속인들도 거주하던 곳이다.38) 중장은 그 어떤 계층도 부조리함으로부터 자유롭지 못하다는 냉소를 담고 있는 것이다. 한편 종장에 나오는 병신 맹꽁이들의 그로테스크한 모습은 화려한 도시의 그림자가 된 낙오자들의 부조리한 욕망을 말하고 있다. 이를 통해 현실의 '부조리함'을 다각도에서 말하고 있는데, 그 어느 것도 전체를 아우를 수 없을 뿐 아니라, 대표도 할 수 없어 보인다.

3장이 모두 삶에 대한 짙은 회의를 암시하는 의문형으로 끝맺는 가운데, "코를 쥴쥴 흘니고 머리 푸러 산발ᄒᆞ고 눈을 희번덕이며 다리 ᄭᅩ아 ᄂᆡ밀면서 용 올니는 밍꽁이 슈밍꽁이냐"라는 종장은 일반적으로 시의 종결에서 느낄 수 있는 궁극이나 완결성, 평정감과는 상반된 정서를 제공함으로써 독자를 당혹케 만든다. 시의 종결은 모든 선행하는 요소들이 이해되는 지점을 제공해 줌으로써 독자의 시적 경험에 일관성을 부여하는데,39) 이 작품의 종장은 늘어난 길이만큼 더욱 종잡을 수 없는 느낌을 유발하기 때문이다.

한편 휘모리잡가 <맹꽁이타령>은 이와는 비교할 수 없으리만큼 다양한 삽

37) 이노형, 『한국전통대중가요의 연구』, 울산대 출판부, 1994, 171면.
38) 이현군, 「조선시대 한성부 도시구조」, 서울대 박사학위논문, 2004, 133면.
39) Barbara H. Smith, 앞의 책, 34~52면.

화를 삽입하여 적어도 겉으로 보아서는 부분의 독자성이 더욱 극대화된 형태로 보인다.

<맹꽁이타령>

져 건너 신진ᄉᆞ(申進士)집 시렁 우에 언진 쳥(靑)둥 쳥졍미(靑精米) 청(靑) 차좁쌀이냐 쓸은 쳥(靑)둥 쳥졍미(靑精米) 청(靑) 차좁쌀이냐 아니 쓸은 쳥(靑)둥 쳥졍미(靑精米) 청(靑) 차좁쌀이냐

아ᄅᆡᄃᆡ ᄆᆡᆼᄭᅩᆼ이 다셧 우ᄃᆡ ᄆᆡᆼᄭᅩᆼ이 다셧 문안 ᄆᆡᆼᄭᅩᆼ이 다셧 문밧 ᄆᆡᆼᄭᅩᆼ이 다셧 흥인지문(興仁之門)을 ᄂᆡ다라 왕십리(往十里) 쳣 둘 셋ᄌᆡ 논에 울고 우ᄂᆞᆫ ᄆᆡᆼᄭᅩᆼ이 다셧 그리로 동슈구문(東水口門) 두 ᄉᆞ이에 오간슈(五間水) ᄆᆡᆺ혜셔 놀든 ᄆᆡᆼᄭᅩᆼ이가 오륙월(五六月) 장마통에 ᄯᅥ나려오ᄂᆞᆫ 나막신ᄶᅡᆨ을 잡아 타고 션유(船遊)ᄒᆞᄂᆞᆫ ᄆᆡᆼᄭᅩᆼ이 다셧 그리로 훈련원(訓鍊院) 잇ᄂᆞᆫ ᄆᆡᆼᄭᅩᆼ이ᄂᆞᆫ 쳣남편을 리별(離別)ᄒᆞ고 둘ᄌᆡ 남편을 어덧드니 손톱이 길어 감옥셔(監獄署) 가고 셰ᄌᆡ 남편을 어덧더니 륙칠월(六七月) ᄇᆡ쵸입혜 ᄊᆞ여 발펴 쥭엇기로 ᄇᆡᆨ지(白紙) 한 장(張) 사들고서 ᄌᆡ(齋) 돈 차지려 가ᄂᆞᆫ 암ᄆᆡᆼᄭᅩᆼ이 다셧 (중략)

그 즁(中)에 슈ᄆᆡᆼᄭᅩᆼ이를 차지랴고 슝례문(崇禮門) 밧 썩 ᄂᆡ다라 칠ᄑᆡ(七牌) 팔ᄑᆡ(八牌) 리문동(里門洞) 도져(桃猪)골 네거리 쪽ᄃᆞ리 ᄇᆡ다리 돌모루 ᄉᆞᆺ을 썩 나셔셔 쳣 둘 셋 넷 다셧 여셧 일곱 여덜 아홉 열ᄌᆡ 미나리 논에셔 머리를 푸러 산발(散髮)ᄒᆞ고 눈물을 쫄쫄 방귀 ᄲᅩᆼᄲᅩᆼ 오즘을 잘금 ᄊᆞ고 두 가리 밧샤 ᄭᅩ고 안졋는 ᄆᆡᆼᄭᅩᆼ이를 슈ᄆᆡᆼᄭᅩᆼ이로 역엿더니 그리로 록슈쳥산(綠水靑山) 깁흔 곳에 ᄇᆡᆨ슈풍신(白首風身)을 헌날니ᄂᆞᆫ 로인(老人) ᄆᆡᆼᄭᅩᆼ이가 손ᄌᆞ(孫子) ᄆᆡᆼᄭᅩᆼ이를 무릅에 안치고 져리 가거라 뒤틔(態)를 보ᄌᆞ 이리 오나라 압밉시를 보자 안져라 보자 셔거라 보자 쥐암쥐암 곤지곤지 짝짝궁 도리도리 길나라비 훨훨ᄒᆞ는 ᄆᆡᆼᄭᅩᆼ이가 슈ᄆᆡᆼᄭᅩᆼ인가 그 즁(中)에 우리집 장독간(醬檀間)에셔 우ᄂᆞᆫ ᄆᆡᆼᄭᅩᆼ이가 수ᄆᆡᆼᄭᅩᆼ인가

『증보신구시행잡가』(1916)

<맹꽁이타령>이라는 제목에 걸맞게, 이 잡가는 근대 전환기적 현실에 유연

하게 적응하지 못하는 군상들을 다양한 삽화를 통해 보여주고 있다. 위에 제시한 것은 지면 관계상 대폭 중략한 형태이다. 이 작품의 맹꽁이들 가운데는 시대의 격랑 속에서도 선유놀음하는 유한계층이 있는가 하면, 갖가지 사유로 상부(喪夫)한 아낙, 피서를 위해 밤중에 거리를 배회하다 체포되는 인물도 있다. 이와 같이 맹꽁이를 의인화한 우화적 공간의 창출은 인간의 세계와 동물의 생태를 복합시킴으로써 기묘한 환상성을 자아낸다.[40]

정반대로 맹꽁이의 생태를 철저히 참조함으로써 독특한 사실성을 획득하기도 한다. 맹꽁이들이 출몰하는 장소들은 모두 물이 흐르는 곳들이다. 경복궁 안 연못과 청계천은 물론이고, 지금은 복개된 만초천 줄기를 따라 작품 속 공간이 전개된다. 지금의 서울역 뒤편을 흐르던 만초천 주변에는 "칠픽(七牌) 팔픽(八牌)"와 같은 사전(私廛)이 섰고, 남쪽으로 한강에 인접한 만초천 유역에는 실제로 큰 규모의 미나리밭이 있었다고 한다.[41] 뿐만 아니라 맹꽁이의 시선으로 보면 작품 속의 황당한 정황들도 지극히 사실적인 정황이 된다. "오륙월(五六月) 장마통에 ᄡᅧ나려오ᄂᆞᆫ 나막신짝을 잡아 타고 션유(船遊)ᄒᆞᄂᆞᆫ" 것도 맹꽁이로서만 가능하고, "손톱이 길"다는 이유로 "감옥셔(監獄署) 가"는 것도 맹꽁이기에 가능하다. "륙칠월(六七月) ᄇᆡ쵸입헤 ᄡᅳ여 발펴 쥭"는다는 설정 모두 맹꽁이의 세계에서만 가능한 일들이다.

이처럼 맹꽁이의 생태와 시선에 입각해서만 사실성이 적용된 것은, 인간세계에는 그런 일이 있을 수 없고, 또 그렇게 쓰라린 진실이 있어서도 안 된다는 의지의 소산으로 볼 수 있다. 예컨대 "싀(媤)집 간지 ᄉᆞᆷ일(三日) 만에 싀앗슬 보"는 욕망은 인간세계에서는 치명적인 결과를 낳겠지만, 우화 속에서는 "반쥬고리 뒤질머 업고 실 ᄒᆞᆫ 바람 ᄭᅳᆫ어 ᄯᅩᆼ문이에 ᄎᆞ고 고초(苦草)나무로 목 ᄆᆡ달녀 가ᄂᆞᆫ" 해프닝의 수준으로 조절되는 것이다. 이렇듯 줄거리를 가진 이야기를 통해 욕망들을 도덕적으로 조절하여 현실로 돌아가게 만드는 것이

40) 이형대, 앞의 논문, 333면.

41) <맹꽁이타령>에 나타난 공간에 대해서 상세한 설명을 해주신 서울대 지리학과 대학원의 이현군 박사께 이 자리를 빌어 감사를 표한다.

우화의 중요한 기능이다.[42]

흥미로운 것은 수많은 맹꽁이들이 자신의 욕망을 따라, 혹은 그릇된 욕망의 대가를 치르기 위해 지금의 자리에서 어딘가로 향해 가는 도중에 있기 때문에, 그들의 동선을 따라가다 보면 욕망의 도시였던 '서울'이 구석구석 드러나게 된다는 점이다. 당시 서울이라는 대도시는 토지를 잃고 흘러든 노동자[43]와 도시빈민들로 꽉 차 있었다. 그 중에서도 <맹꽁이타령>의 주무대가 되고 있는 사대문 주변은 잡가를 생산 향유했던 반노・반농형의 직업적 소리패 집단의 거주지였다. 상권의 중심지인 종로 한 가운데서 어정거리는 맹꽁이는 아마도, 상공업이나 서비스업과 같은 노동에도 종사하지 못하는 도시(都市) 빈민을 가리키는 듯하다.[44]

현실에 적응하지 못하는 대중들이 더 열렬히 '영웅'을 갈망하는 것처럼 <맹꽁이타령>에서도 전환기에 가장 잘 적응한 수맹꽁이를 찾아 떠나는 해프닝이 벌어지게 된다. 모화관(慕華館)에서 난잡한 성행위를 하는 맹꽁이와 "미나리 논에셔 머리를 푸러 산발(散髮)ᄒᆞ고 눈믈을 쫄쫄 방귀 ᄲᆡᆼᄲᆡᆼ 오좀을 잘금 쏫고 두 가리 밧삭 ᄉᆡ고 안졋는 ᄆᆡᆼᄭᅩᆼ이"를 대비시켜 식자층이 주장하는 관념을 전복시키려 한 것은 사설시조에서와 마찬가지다.

그러나 사설시조에서는 현실의 부조리함을 다각도로 제시한 채 끝맺는 데 반해 휘모리잡가 <맹꽁이타령>에서는 수맹꽁이를 찾는 노력을 끈질기게 지속함으로써 전혀 다른 결론에 이르게 된다. 즉 긴 여정의 끝에서 "그 즁(中)에 우리집 장독간(醬櫝間)에셔 우ᄂᆞᆫ ᄆᆡᆼᄭᅩᆼ이가 수ᄆᆡᆼᄭᅩᆼ인가"라는 질문으로 마무리한 것은 자못 의미심장하다. 이것은 전환기의 혼란스런 세태 속에서 영웅을

42) Robert Scholes, *The Fabulators*, New York: Oxford University Press, 1967, 135～173면.

43) 김영호, 「조선후기 수공업의 발전과 새로운 경영형태」, 『대동문화연구』 9집, 성균관대 대동문화연구원, 1972, 171～216면.

44) 차종천・유홍준・이정환, 『서울시 계층별 주거지역 분포의 역사적 변천』, 백산서당, 2004, 50～51면에 따르면 가뭄이 들면 전국에서 유랑하던 빈민들이 한양으로 몰려들기 일쑤였고 이들이 성문 밖인 성저에 진을 쳤으며, 일부는 청계천의 다리 밑이나 도성 안의 산기슭에 모여 살며 빈민촌을 형성했다고 한다.

찾아 나선 여정은 곧 자기 정체성을 찾아가는 길이었음을 강하게 암시하는 종결로서, 여기에 이른 독자는 작품이 더 이상 지속되지 않아도 좋다는 느낌을 받게 된다. “코를 쥴쥴 흘니고 머리 푸러 산발ᄒᆞ고 눈을 희번덕이며 다리 쇠아 ᄂᆡ밀면서 용 올니는 ᄆᆡᆼᄶᅩᆼ이 슈ᄆᆡᆼᄶᅩᆼ이냐”라는 사설시조의 종장과 비교해 볼 때 그 차이는 더욱 분명해 보인다.

에밀 슈타이거는 “개별적인 세부에 대한 제어되지 않는 서사적 관심은 여러 가지 관련성과 보편적 의의에 대하여 인간의 관심이 점차로 증대되는 데 필수적인 기초를 확립한다는 의미가 있다”고 지적한 바 있다.[45] 그러므로 서사성이 극대화되고 여러 인물들의 이야기가 잡다하게 삽입되어 있는 휘모리잡가의 모든 부분들이 ‘자기로의 귀환’이라는 보편적인 의미로 귀결된다고 해서 놀랄 일은 아니다. ‘자기로의 귀환’을 암시하는 마지막 진술이 그 앞의 모든 지점들을 이해할 수 있게 해주는 하나의 시각을 제공해 줌으로써, 독자로 하여금 “대상이 되는 사건에 대한 상상적인 완결성”을 체험하도록 한다.[46]

휘모리잡가 <맹꽁이타령>은 서사시의 궁극적인 목적이 결국 삶에 대한 보편적인 이해의 기초 자료를 조사하는 데 있음을 보여준다. 서정시가 특수한 경험과 보편적인 이해를 선험적으로 동일시하는 데 반해, 서사시는 시간 속에서 이루어지는 개별적 사건들에 상상적인 일관성을 부여함으로써 보편성에 이르려고 한다. 사설시조가 평시조보다는 길고, 휘모리잡가보다는 짧다는 사실은, 선험적으로든 경험적으로든 부분과 전체가, 혹은 개별적인 경험과 보편적인 이해가 그리 쉽사리 일치될 수 없다는 문제의식과 맞닿아 있는 것이다.

4. 결론

공시적으로나 통시적으로나 사설시조의 위상은 다소 어정쩡한 상태이다.

45) 폴 헤르나디, 김준오 역, 『장르론』, 문장, 1983, 42면.
46) 김남희, 「문학 체험과 장르 의식에 관한 연구」, 『어문연구』 제33권 제2호, 2005 여름, 495면.

공시적으로는 서정성과 서사성의 중첩으로, 통시적으로는 서정 장르에서 서사 장르로의 교체기에 등장한 미완성 서사시로서 간주되기 때문이다. 사설시조에 관한 한, 더 이상의 새로운 관찰은 없다고 자부하는 듯한 이 논리로부터 탈피하여 이 글에서는 서정시도 서사시도 아닌, 꼭 그만큼의 길이를 갖고 사설시조가 제기하려 했던 인식론적 문제가 무엇인지를 찾고자 애썼다. 그로부터 추론되는 사설시조의 이행기 문학적 의의를 지적하는 것으로 결론을 갈음하고자 한다.

사설시조든 휘모리잡가든 중장만 늘어나서 장형화된 작품들은 모두 개별적인 경험들이 선험적인 의미로 종합될 수 있다는 형이상학의 영향력을 암시한다. 유기성이 없어 보이는 휘모리잡가의 경우에도 중장만 길어진 형태를 지니는 한, 부분의 종합적 전환을 꾀하는 서정적인 통어가 작용하고 있다. 따라서 '서정적 통어' 여부가 사설시조와 휘모리잡가의 장르적 차이를 결정하는 관건은 아닌 것이다. 사설시조와 휘모리잡가의 결정적인 차이는 오히려, 자연대상이 살아 있는 존재이유를 지니고 인간과 교감하고 있는가, 아니면 사물화되고 있는가에 달려 있다. 이것은 상품화폐경제의 발달 단계에 따른 차이라 볼 수 있다. 교환행위가 꾸준히 반복되면 생산자들은 사회적 형태를 물건에 부여된 것 또는 고착되어 있는 것으로 간주하는 '물신주의'[47]의 단계에 이르게 된다. 사물에 대한 물신주의적 가치를 보여주는 휘모리잡가는 사설시조가 상품화폐경제라는 새로운 조건 속에서 잉태된 장르라는 사실을 일깨워준다.

종장이 늘어나 장형화된 경우는 좀 더 복잡한 인식론적 양태를 띤다. 종장에서 통일된 종결을 이루지 못하는 사설시조와 휘모리잡가는 모두 경험의 불확실성을 강조하며 신분에 대한 불만과 그로 인한 정체성 혼란, 선험적 형이상학에 대한 불신을 드러낸다. 그 가운데서도 <맹꽁이타령>은 사설시조와 서사시의 인식기반이 어떻게 다른지를 분명히 보여 준다. 사설시조에서는 현실

---

47) 데이비드 웰스, 정병찬 역, 『마르크스주의와 현대국가-자본주의 사회의 물신주의 분석』, 문우사, 1990, 5~18면.

의 부조리함을 다각도로 제시한 채 끝맺는 데 반해 휘모리잡가 <맹꽁이타령> 에서는 '자기로의 귀환'이라는 서사적 완결로 나아간 것이다.

사설시조가 평시조보다는 길고 휘모리잡가보다는 짧았던 진정한 이유는, '개별적인 경험'과 '보편적인 관념'의 일치에 대한 서정시적 신앙(信仰)과, 서사시적 우회로(迂廻路) 모두를 거부했기 때문이다. 선험적 형이상학은 이미 붕괴되었고 새로운 경험적 진실은 아직 발견할 수 없었던 단계의 인식론이 사설시조의 장르 형성 기반이었다고 본다면, 이것이야말로 가장 이행기다운 인식이며 장르가 아니겠는가.

문학사에서 이행기가 시작된 시기는 상품화폐경제가 발달하기 시작한 바로 그 시기이다. 17세기 이후 상품화폐경제의 발달과 함께 서울이 상업도시로 급격히 성장하면서 농민의 분화와 도시로의 유입이 가속화되었는데,[48] 이에 따라 여러 계층의 사람들이 서로의 본질적 가치에 대해 물을 필요가 없는 '시정'으로 몰려들었다. 이행기 문학의 새로운 담당층인 '시민'에 해당하느냐 아니냐의 여부는 귀속신분보다는 이러한 '시정'의 분위기와 논리를 얼마나 체득하였는가에 달려 있다. 최상층 사대부 가운데 의식적으로는 '시민'인 사람이 있는가 하면, 상층추수적이고 중세회귀적인 의식을 지닌 중인들도 있었기 때문이다. 사설시조의 담당층에 얽힌 끊임없는 논란은 귀속신분(estate)과 경제적 계급(class)이 착종되는 이행기적 현상에 기인한다고 본다. 신분과 계급이 어긋나면 어긋날수록 정체성의 혼란은 커지게 된다. 사설시조의 길이는 담당층의 정체성 혼란만큼 늘어난 것이 아닐까 생각해 본다. "모든 존재들이 형이상학적 친연성을 지닌 동일자"라는 관념이 의심되기 시작할 때부터 사설시조는 서정시로서의 미덕을 훼손하면서 길이를 늘이고 시적 종결을 지연시키기 시작했고, 그런 의심이 재통일되기 직전에 지연을 멈췄다.

48) 이존희, 『조선시대의 한양과 경기』, 혜안, 2001, 101~111면.

참고 문헌

1. 자료

심재완 편저, 『교본역대시조전서』, 세종문화사, 1972.

이보형 · 홍기원 · 배연형 편저, 『유성기음반가사집』 1, 민속원, 1990.

정재호 편저, 『한국잡가전집』 1～4, 계명문화사, 1984.

2. 논저

고미숙, 「사설시조의 역사적 성격과 그 계급적 기반 분석」, 『18세기에서 20세기 초 한국 시가사의 구도』, 소명출판, 1998.

고정희, 『고전시가와 문체의 시학』, 월인, 2004, 32～39면.

______, 「사설시조에 나타난 우화적 내면 표현」, 『국어교육』 제108호, 한국어교육학회, 2002.6.

______, 「사설시조의 희극적 특징 고찰」, 『한국문학논총』 제35집, 한국문학회, 2003.12.

______, 「여성의 수사적 상황과 사설시조」, 김병국 외, 『조선후기 시가와 여성』, 월인, 2005.

김남희, 「문학 체험과 장르 의식에 관한 연구」, 『어문연구』 제33권 제2호, 2005 여름, 495면.

김대행, 「경건 지향과 즐거움 지향-장형시조의 두 유형과 장르 성립의 기저」, 『시가시학연구』, 이화여대 출판부, 1991, 396～399면.

김문환 외, 『19세기 문화의 상품화와 물신화』, 서울대 출판부, 1998, 142～143면.

김병국, 「장르 관찰의 시각, 그리고 이 책의 내용」, 김병국 외, 『장르교섭과 고전시가』, 월인, 1999, 14～15면.

김영호, 「조선후기 수공업의 발전과 새로운 경영형태」, 『대동문화연구』 9집, 성균관대 대동문화연구원, 1972, 171～216면.

김준오, 「서술시의 서사학」, 『문학사와 장르』, 문학과지성사, 2003.3.

김흥규, 「사설시조의 애욕(愛慾)과 성적(性的) 모티프에 대한 재조명」, 『한국시가연구』 제13집, 한국시가학회, 2003.2.

배수찬, 「『노동야학독본(勞動夜學讀本)』의 시대적 성격에 대한 연구」, 한국어교육학회 2004년 가을 전국학술대회 발표문, 2004, 96면.

신은경, 「사설시조와 가사의 서술방식 대비」, 『고전시 다시 읽기』, 보고사, 1997.

______, 『사설시조의 시학적 연구』, 개문사, 1992.
이노형, 『한국전통대중가요의 연구』, 울산대 출판부, 1994, 171면.
이존희, 『조선시대의 한양과 경기』, 혜안, 2001, 101~111면.
이현군, 「조선시대 한성부 도시구조」, 서울대 박사학위논문, 2004, 133면.
이형대, 「휘모리잡가의 사설짜임과 웃음 창출 방식」, 『한국시가연구』 제13집, 한국시가학회, 2003.2, 328면.
장사훈, 『시조음악론』, 서울대 출판부, 1986, 85면.
조동일, 『(제4판)한국문학통사』, 제3권, 지식산업사, 2005, 336면.
조세형, 「사설시조의 시학적 고찰」, 『국어교육』 제112집, 한국어교육학회, 2003.10, 471~494면.
차종천 · 유홍준 · 이정환, 『서울시 계층별 주거지역 분포의 역사적 변천』, 백산서당, 2004, 50~51면.
한용환, 『서사 이론과 그 쟁점들』, 문예출판사, 2002, 79면.
데이비드 웰스, 정병찬 역, 『마르크스주의와 현대국가-자본주의 사회의 물신주의 분석』, 문우사, 1990, 5~18면.
미셸 푸코, 이광래 역, 『말과 사물』, 민음사, 1987, 237면.
에밀 슈타이거, 이유영 · 오현일 공역, 『시학의 근본 개념』, 삼중당, 1978, 37 ~127면.
폴 헤르나디, 김준오 역, 『장르론』, 문장, 1983, 42면.
C. 호제크, P. 파커 편, 윤호병 역, 『서정시의 이론과 비평-신비평을 넘어서』, 현대미학사, 2003, 27~59면.
Preminger, A. and T.V.F. Brogan eds., *The New Princeton Encyclopedia of Poetry and Poetics*, Princeton; New Jersey: Princeton Univ. Press, 1993, 814면.
Scholes, R., *The Fabulators*, New York: Oxford University Press, 1967, 135~173면.
Smith, B. H., *Poetic Closure: A Study of How Poems End*, The University of Chicago Press, Chicago, 1968, 34면.

사설시조의 희극적 특징*

1. 문제제기

이 글의 목적은 사설시조의 내용 및 형식적 지표를 관통하고 있는 희극적 특징을 규명하는 데 있다. 근래 들어 사설시조 연구의 패러다임을 반성하는 목소리를 자주 듣게 된다. 사설시조 연구사의 중심축을 형성해 온 담당층 논쟁[1]이 이제는 답보상태에 빠져 있다는 위기의식이 패러다임에 대한 반성으로 이어진 것이다. 최근의 논의들은[2] 지금까지의 연구가 문학사의 맥락에서 거시적 설명 논리를 세우는 데 집착한 나머지 작품 이해의 실질이 불충분했다는 반성[3]에 공감을 표하고 있다.

그러나 사설시조 연구의 새로운 패러다임이 성공적으로 안착하기 위해서는 먼저 사설시조라는 장르 현상을 설명하는 객관적 지표와 사설시조의 시학

---

* 이 글은 「사설시조의 희극적 특징 고찰」(『한국문학논총』 제35집, 한국문학회, 2003.12)을 부분 수정한 것이다.

1) 사설시조의 담당층을 둘러싼 논의의 근본적 성격과 경과에 대해서는 조해숙, 「사설시조의 담당층과 문학적 성격」, 『국문학연구』 9집, 국문학회, 2003을 참조.

2) 김석회, 「사설시조 <각시닉 내 妾이 되나>의 의미와 의미 변용」, 『고전문학의 현황과 전망』, 역락, 2002; 조해숙, 앞의 논문; 고정희, 「사설시조에 나타난 우화적 내면표현」, 『국어교육』 108호, 2002.6; 조세형, 「사설시조의 시학적 고찰」, 『국어교육』 112호, 한국어교육학회, 2003.10.

3) 김흥규, 「사설시조의 愛慾과 性的 모티프에 대한 재조명」, 『한국시가연구』 제13집, 2003.2.

이 마련되어야 할 것이다. 사설시조의 객관적 지표에 대한 분석은 작품 이해가 감상적 음미를 넘어서기 위해서 꼭 필요하다. 또한 담당층을 추론하거나, 사설시조의 통시적 변용과 역사적 추이를 이해하기 위해서는 사설시조의 시학에 대한 재검토가 요구되고 있다. 사실 사설시조의 시학은 평시조의 시학과 무엇이 어떻게 다른가 하는 문제는 사설시조 연구사에서 언제나 종요롭게 여기는 질문 중 하나였다. 사설시조에 관한 연구는 거의 대부분이 사설시조를 사설시조답게 하는 내용적·형식적 지표를 규명하려는 연구였다고 해도 과언이 아니다.

사설시조의 내용적 지표 가운데 특히 性과 에로티시즘에 대한 관심이 주목된다. 이러한 요소들은 리얼리즘적 관점에 의해 중인층의 의식적 한계로 지적되다가[4] 최근 들어 새롭게 해석되고 있다. 놀이 문화와 욕망의 측면에서 다루면서 적극적으로 해석하거나,[5] 통시적 변용 양상을 고찰함으로써 새로운 해석이 나타나기도 하였다.[6] 그 가운데서도 김흥규의 최근 논의는 각별히 주목된다. 그는 성적 모티프를 지닌 사설시조에 대한 깊이 있는 해석을 통해 사설시조의 담당층이 누구든 "적어도 그들이 욕망과 사회관계의 모순, 불균형, 충돌 속에서 갖가지 인물들을 관찰하고 그 누추함조차도 이해하며 연민할 줄 알았던 안목의 소유자들이라는 점"을 강조하였다. 이 논의는 사설시조에 대한 이해의 탁월함을 보여주는 한편으로, 그 해석이 작품의 언어적 특징이나 구조 미학에 대한 객관적 해명으로부터 도출되기보다는 연구자의 인문적 소양으로부터 도출된다는 점에서 미진한 감이 없지 않다.

---

4) 고미숙, 「사설시조의 역사적 성격과 그 계급적 기반 분석」, 『어문논집』 30집, 고려대 국어국문학연구회, 1991; 강명관, 「사설시조의 창작 향유층에 대하여」, 『조선 시대 문학예술의 생성공간』, 소명출판, 1999.

5) 류수열, 「놀이로 본 사설시조의 에로티시즘」, 『선청어문』 28집, 2000; 이형대, 「사설시조와 성적 욕망의 지층들」, 『민족문학사연구』 17집, 2000.

6) 김석회는 사설시조 <각시닉 내 妾이 되나>의 시조집별 수록 양상의 변화를 추적하여, 원래는 수철장-짐장이 계층의 삶과 그 감각, 사고, 언어가 오롯이 살아 있었던 작품이, 세월을 지나며 유흥판을 거치는 동안 그저 단순히 관능적 탐닉을 노래하는 최음성 가사로 전이되었다는 흥미로운 보고를 하고 있다(김석회, 앞의 논문).

이러한 미진함은 사설시조의 내용적 지표에 대한 관심에 비하여, 형식적 지표에 대한 관심은 상대적으로 저조한 연구사적 경향과 병행하고 있다고 여겨진다. 사설시조의 형식적 지표에 대한 연구로는 사설시조에 나타난 새로운 담화 방식에 대한 연구[7]와, 사설을 확장하는 방식에 대한 연구[8] 등이 있었는데, 모두 '사설시조 안에 나타난 다양한 장르적 요소들이 서정 장르로서의 시조 장르 자체를 해체할 정도는 아니었다.'는 결론에 이르고 있다. 이처럼 사설시조가 평시조 양식의 확대적 양상으로 해석될 수 있다는 점이 사설시조의 형식적 지표에 대한 관심을 약화시키는 요인이 된 듯하다. 그런 점에서 사설시조에 나타난 반복적 표현, 수식어의 나열, 반전의 의미 등을 따져 사설시조의 시학을 재검토한 조세형의 최근 논의는 사설시조 연구의 균형을 잡는 연구로서 주목된다.[9] 다만 시학적 연구가 사설시조의 내용적 지표를 이해하는 데 어느 정도 도움을 줄 것인지가 충분히 논의되지 못한 감이 있다.

이 글은 김흥규와 조세형의 탁견을 수용하면서 사설시조의 형식적·내용적 지표에 대한 연구 성과를 병합하는 논리를 개발하고자 마련되었다. 이를 위해 사설시조의 형식적·내용적 층위에서 공통적으로 나타나는 희극적 특징에 주목하고자 한다. 사설시조의 장형성, 유희성, 탈규범성, 성과 애욕의 문제 등, 사설시조 장르의 정체성과 관련된 요소들은 거의 다 희극적 외양을 가지고 있다. 이는 사설시조에 나타난, 평시조적인 충동과 그것에서 벗어나려는 충동의 불일치가 희극성과 본질적인 친연성을 지니고 있기 때문이라는 것이 이 글의 가정이다. 다음 장들에서는 이러한 가정을 순차적으로 입증해 나가고자 한다.

---

7) 이노형, 「장시조의 장르적 성향과 그 한계」, 『관악어문연구』 12집, 1987에서는 장시조의 기본적 장르 개념이 "평시조와 같이 사적 시점의 독백체가 우세한 서정 장르임에 있다는 사실은 부인될 수 없다"고 지적한다.

8) 신은경, 『사설시조의 시학적 연구』, 개문사, 1995가 대표적인 연구이다.

9) 조세형, 앞의 논문.

2. 희극성의 정의

사설시조를 시학적으로 고찰한 연구들은 한결같이 다음과 같은 점에 주목하고 있다. 한편으로는 평시조의 3장 형식을 고수하면서, 다른 한편으로는 중장과 종장의 파격을 이루고 있다는 것이다.[10] 그런가 하면 평시조 장르가 담고 있던 내면 표현의 욕구는 유지하면서도, 확장된 사설을 통해 주체를 둘러싼 사물들에 대한 리얼리즘적 관심을 사설시조는 보여주고 있기도 하다. 문제는 외부적 사물과 사건을 그대로 재현하려는 리얼리즘적 지향을 담고 있는 한 사설시조는, 시적 자아의 관념적인 주관성으로부터 유래하는 서정시적 통일성을 희생하지 않을 수 없다는 데 있다. 그럼에도 불구하고 사설시조는 시적 자아의 내면을, 그것과 근본적으로 상충하는 리얼리즘적 지향을 통해 표현하려는 경향이 있다.[11] 이러한 논의에 따르면 '평시조 지향적인 충동과, 그것에서 벗어나려는 충동의 중층성'을 사설시조의 근본적 특징으로 지적할 수 있다.

여기서 반대되는 이중의 충동은 항상 희극적인 것(the comic)의 본질로서 주목되어 왔다는 사실을 상기해 보자. 널리 알려진 바에 의하면 웃음은 "보는 것과 기대하는 것, 실제와 상상 사이의 불일치와 불균형"에서 나온다.[12] 프로이트도 웃음이 억압된 감정의 분출과, 이 분출을 억누르는 것을 즐기는 생각 사이의 불일치에서 유발된다고 보고 있다. 따라서 그는 "우스운 것은 항상 이중의 반대를 함유하고 있다"고 주장한다.[13] 이로 미루어 본다면 사설시조에 나타난, 평시조적인 충동과 그것에서 벗어나려는 충동의 불일치는 희극적인 것과 본질적인 친연성을 지니고 있다고 가정할 수 있다.

---

10) 김병국, 「장르 관찰의 시각, 그리고 이 책의 내용」, 김병국 외, 『장르 교섭과 고전시가』, 월인, 1999, 14~15면; 조세형, 앞의 논문.

11) 고정희, 앞의 논문.

12) Henri Bergson, "Laughter", *Comedy: An Essay on Comedy*(Wylie Syper ed.), Baltimore and London: The Johns Hopkins Univ. Press, 1980.

13) Elder Olson, *The Theory of Comedy*, London: Indiana Univ. Press, 1975, 16면.

위의 가설에 따라 사설시조의 희극적 특징을 고찰하기에 앞서 이 글의 핵심어인 '희극성'을 정의함으로써 개념의 혼란을 줄이고 앞으로의 연구 방향을 명시하고자 한다. 우선 '희극성'은 골계나 해학과 무엇이 어떻게 다른지에 대해서 약술할 필요가 있다. 지금까지 사설시조의 희극성에 대한 고찰은 주로 '골계'나 '해학'이라는 용어를 중심으로 이루어져 왔기 때문이다.

'골계'는 이상적인 것(the ideal)과 현실적인 것(the real)이 갈등하는 가운데, 이상적인 것을 부정하고 현실을 긍정할 때 생기는 미감을 일컫는다.[14] 그런데 오늘날 학생들에게 사설시조를 가르치면서 골계미를 언급하면 "하나도 우습지 않은데, 무엇이 골계미인가"라고 반문한다. 일반인들은 '골계'라는 용어가 '우스꽝스러운 어떤 것'을 일컫는다고 생각하는 데 반해, '골계미'는 이상적인 것과 현실적인 것이라는 추상적 관념에서 정의되고 있기 때문에 이 같은 반문이 생겨난다고 본다. 그에 비해 '해학'은 작품의 구체적 실상과 좀 더 밀착해서 쓰이고 있다.

김대행은 '해학적인 것'을 태도와 표현의 측면으로 나누어 고찰하고 있다. 그는 전형적인 사설시조들이 삶에 대한 태도마저 해학적으로 치환해 버림으로써, 현실을 은폐하게 된다고 본다. 그에 반해 삶에 대한 문제의식과 태도는 진지함을 유지하면서 그 진지함이 해학적 표현을 얻는 경우도 있음을 지적한다.[15] 이러한 지적은 이 글에서 '희극성'을 정의하는 데 중요한 시사를 주고 있다.

흔히 '희극'이란 말은 장르로서의 희극(comedy) 개념과 자주 혼동되며, '비극'과 대립하면서 문학적 상상의 유형을 가리키기도 한다.[16] 어떤 경우든지

---

14) 조동일, 「미적 범주」, 『한국사상대계』 I, 성균관대 대동문화연구원, 1973; 김학성, 「시조의 미적 유형 체계론」, 『관악어문연구』 5집, 1980.

15) 김대행, 「<어이 못 오던가> 그리고 태도와 표현의 시학」, 『한국고전시가작품론』 2, 집문당, 1992.

16) 희극은 비극과 함께 문학작품이 환기하는 상상적 세계의 대립된 유형을 가리키는 개념으로 쓰이기도 한다. Paul Hernadi, *Beyond Genre: New Directions in Literary Classification*, Cornell Univ. Press, 1972, 93면.

최소한 '웃음'을 유발하는 요소, 즉 '우스꽝스러움'을 지니고 있다면 희극적이라고 일컬을 수 있다.[17] 그런데 문학작품에서 우스꽝스러운 요소들은 단지 웃음을 유발하는 기능만 가진 것이 아니라 삶에 대한 진지한 문제의식을 제기하는 경우가 많다. 희극 이론가들은 희극적 본질이 "우스꽝스러운 것에 대한 경멸적 웃음을 넘어 보다 근본적 사실에 이른다."고 말한다. 왜냐하면 인간의 천성이나 인간 삶의 모습 자체가 우스꽝스러움과 숭고함이 한데 혼효되어 있기 때문이다.[18] 이에 따라 본고에서는 언표의 '우스꽝스러움'과 문제의식 및 태도의 '진지함'을 아울러 지칭하기 위해 '희극성'이라는 용어를 택하기로 한다. 진정한 의미의 '희극성'은 '해학'과는 달리 희극적 태도와 희극적 표현으로 이원화될 수 없다.

김흥규의 논의는 이러한 의미에서의 사설시조의 '희극성'을 통찰한 선례로서 주목할 만하다. 그는 희극적 변형과 과장의 수법이 "한편으로 그것은 대상의 특징을 선명하게 부각시키면서 흥미를 촉발하고, 다른 한편으로는 작중 상황이 지닌 긴장과 고통의 심리적 부담을 완화한다."[19]고 말한다. 이러한 언급은 희극적인 것의 효과에 관한 잘 알려진 지적들과 일치한다. 웃음이 고통의 완화에 도움을 주고 불안을 제거한다고 본 프로이트 이래로, 희극적 정서의 긍정적 효과를 주목하는 논의들을 여러 편 확인할 수 있다.[20] 이로써 볼 때 내용적 지표 면에서 사설시조에 대한 깊이 있는 통찰은 희극적 본질에 대한 통찰과 그리 다르지 않음을 알 수 있다.

그런데 희극성이 내용보다는 표현에 좌우된다는 주장이 있어 주목을 요한다. 실제로 표현을 조금만 달리해도 '우스꽝스러움'이 곧 사라져 버리는 텍스트를 종종 볼 수 있다. 프로이트는 "표현이 다른 것으로 대체될 때 농담으로

17) James F. English, "The Laughing Reader: A New Direction for Studies of the Comic", *Genre*, Vol.19, No.2, Summer, 1986.

18) Moelwyn Merchant, 석경징 역, 『희극』, 서울대 출판부, 1981, 46면.

19) 김흥규, 앞의 논문, 192면.

20) Kenneth C. Bennet, "The Affective Aspect of Comedy", *Genre*, Vol.14, No.2, Summer, 1981, 194면.

서의 성격과 효과가 사라진다."는 점에 착안하여 농담이나 웃음이 대상에 있지 않고, 형식이나 표현된 언어에 있는 어떤 것이라고 단언한다.[21] 어차피 인간의 천성이나 삼라만상 속에 희극적, 비극적인 것이 혼효되어 있다면 전적으로 희극적 대상인 것과, 전적으로 비극적 대상인 것의 구별은 가능하지 않기 때문이다. 그렇다면 사설시조가 담지하고 있는 희극성과 인간학적 성찰은 그 내용적 지표로만 나타날 것이 아니라 사설시조의 형식적 지표를 통해서도 드러나야 할 것이다.

이 글은 사설시조의 형식적·내용적 지표에 대한 연구 성과를 포괄하는 논리의 개발을 위해 마련되었다. 이에 따라 내용적 층위에서 거듭 확인된 사설시조의 희극성이 과연 사설시조의 형식적 지표를 얼마나 설명해 낼 수 있는지 살피는 것을 다음 장의 주요 과제로 삼는다.

3. 사설시조에 나타난 희극성

1) 사설의 확장과 잉여: 신체적 비용의 낭비

다음은 동일한 모티프를 평시조로 표현할 때는 드러나지 않던 희극성이 사설시조로 장형화되면서 드러난 예이다. 이 작품들을 통해서 장형화하는 원리 속에 어떤 희극적 요소가 들어가 있는지 살피기로 한다.

『청진』#134
窓밧긔 워석버석 님이신가 니러 보니
蕙蘭蹊徑에 落葉은 무스일고
어즈버 有限ᄒᆞᆫ 肝腸이 다 그츨가 ᄒᆞ노라

21) G. 프로이트, 임인주 역, 『농담과 무의식의 관계』, 열린책들, 1999, 23면.

『청진』#493

柴扉에 개 즛거늘 님만 너겨 나가 보니

님은 아니 오고 明月이 滿庭ᄒᆞᆫ듸 一陣秋風에 닙 지ᄂᆞᆫ 소릐로다

져 개야 秋風落葉을 헛도이 즈저셔 날 소길 줄 엇제요

『청진』#580

님이 오마ᄒᆞ거ᄂᆞᆯ 져녁 밥을 일지어 먹고

中門 나서 大門 나가 地方 우희 치ᄃᆞ라 안자 以手로 加額ᄒᆞ고 오ᄂᆞᆫ가 가ᄂᆞᆫ가 건넌 山 ᄇᆞ라보니 거머횟들 셔 잇거ᄂᆞᆯ 져야 님이로다 보션 버서 품에 품고 신 버서 손에 쥐고 겻븨님븨 곰븨님븨 쳔방지방 지방쳔방 즌 듸 ᄆᆞ른 듸 ᄀᆞᆯ희지 말고 워렁충창 건너가셔 情엣 말 ᄒᆞ려 ᄒᆞ고 겻눈을 흘긧 보니 上年七月 사흔날 ᄀᆞᆯ가 벅긴 주추리 삼대 ᄉᆞᆯ드리도 날 소겨다

모쳐라 밤일싀만졍 힝혀 낫이런들 ᄂᆞᆷ 우일 번 ᄒᆞ괘라

위의 세 작품을 비교하자면 『청진(진본청구영언)』#134와 『청진』#493에 비해 『청진』#580의 희극성이 훨씬 비약적으로 증대된다는 점을 쉽게 알 수 있다. 『청진』#134는 어조와 태도 면에서 비극적 미감이 농후한 데 반해, 『청진』#580은 태도와 어조가 희극적인 것으로 일관하고 있다. 중간에 있는 『청진』#493은 길이 면에서나 미감 면에서 모두 중도적인 모습을 띠고 있어 흥미롭다.

먼저 『청진』#134와 『청진』#493에서 달라진 점을 찾아보기로 한다. 『청진』#134에서는 "窓밧긔 워석버석"이라 표현하여, 소리의 정체를 모른 채 상상하게 한 데 반해서 『청진』#493에서는 소리의 정체가 "柴扉에 개 즛거ᄂᆞᆯ"을 통해 확실한 물질적 실체로 나타난다. "워석버석"에 비해 "개 즛"는 소리는 모호함이 덜하기 때문에 불필요한 상상을 허용하지 않으며 그만큼 신비감이 줄어든다. "워석버석"하는 소리에 "님이신가 니러"보는 행위와, "개 즛"는 소리에 "님만 너겨 나가"보는 행위 사이에 나타난 차이도 적지 않다. 전자에 비해

후자는 더욱 적극적이고 동작도 크다. "蕙蘭蹊徑에 落葉은 무스일고"하는 독백은 추상적이고 함축적인 데 반해 "님은 아니 오고 明月이 滿庭흔듸 一陣秋風에 닙 지는 소릐로다"라는 언술은 구체적이고 특수한 상황을 묘사하여, 화자가 속한 상황과 배경을 눈에 보이듯 그려 놓았다.22)

사설의 장형화로 인한 구체적인 표현이 곧바로 웃음을 유발하는 것은 아니다. 하지만 그것이 과도한 신체적 행위로 표현된다면 이는 웃음을 유발하게 된다. 단적인 예로 다음과 같이 "펄쩍 쒸여 쑥"이라는 부사만 첨가해도, 신체적 비용이 그리움의 정신적 비용보다 초과하기 때문에 희극성이 생기게 된다.

> 『화원악보』#520
> 窓밧기 어룬어룬커늘 님만 넉여 펄쩍 쒸여 쑥 나셔 보니
> 님은 아니 오고 우수름 달빛 빗체 열 구름이 날 속여고나
> 맛초아 밤일쎳만정 힝혀 낫이런들 남 우일 번 ᄒᆞ여라

여기서 우리는 사설시조에서 사설이 확장될 때 함께 나타나는 신체적 행위의 과도함 또는 표현의 과도함이 웃음을 불러일으킨다는 한 가지 사실을 지적할 수 있다. 『청진』#580에서 표현된 행위들이 마치 어릿광대의 몸짓처럼 과다한 운동비용을 쓰고 있다23)고 볼 수 있다. 열거되는 행위들은 모두 "님에 대한 그리움"의 표출이라는 본래적 의미에 있어서는 동일하면서 그 행동의 양태들만 조금씩 차이를 지니는 사례들이다. "져녁 밥을 일지어 먹고", "中門 나서 大門 나가 地方 우희 치ᄃᆞ라 안자", "以手로 加額ᄒᆞ고 오는가 가는가 건넌 山 ᄇᆞ라보니", "보션 버서 품에 품고 신 버서 손에 쥐고", "겻븨님븨 곰븨님븨 쳔방지방 지방쳔방", "즌 듸 ᄆᆞ른 듸 골희지 말고", "워렁충창 건너가셔"

22) 사설이 장형화되면 표현은 더 구체적이고 즉물적이 되는 경향을 띤다(신은경, 「평시조를 패로디화한 사설시조」, 『고전시 다시읽기』, 보고사, 1997, 159면).

23) 우리는 어린이나 어릿광대의 몸짓에 대해 웃는데, 이들은 약간의 정신적 비용과는 대조되는 과다한 운동비용을 쓴다는 공통점이 있다(G. 프로이트, 앞의 책, 246면).

가 모두 '님을 맞이하러 황급히 달려간다'는 유사한 아이템의 조합으로 이루어진 의미론적 과잉(pleonasm)[24]이라고 할 수 있다.

이러한 잉여적 표현들은 님에 대한 그리움을 희화화함으로써 결과적으로 시적 화자의 내면 표현을 방해하고 있는 것처럼 여겨진다. 세 시조 가운데 시형이 가장 정제되어 있는 『청진』#134에서는 초·중·종장의 통일된 어조를 통해 그리움의 진정성이라는 시적 화자의 내면을 표출하고 있다. 그에 비해 사설이 조금 확장된 『청진』#493에서는 종장에서 "져 개야 秋風落葉을 헛도이 즈저셔 날 소길 줄 엇제요"라고 에둘러 말함으로써, 어조의 통일성은 훼손되었지만 결과적으로는 허무함과 허전함이라는 새로운 내면을 표현하고 있다. 그러나 『청진』#580의 "모쳐라 밤일싀만졍 힝혀 낫이런들 놈 우일 번 ᄒᆞ괘라"라는 종장에서는 절실한 그리움도, 허무하고 허전한 心思도 드러나지 않으며, 상황의 우스꽝스러움만 강조되었다. 다시 말해 『청진』#580의 잉여적 표현들이 본래는 화자의 내면을 사실적으로 표현하려는 강렬한 충동에서 나왔음에도 불구하고, 결과적으로 외부적 사건에 압도되어 본래의 문제의식을 상실하고 말았다. 그러면 사설의 장형성은 시적 화자의 내면 표현을 방해한다고 일반화할 수 있겠는가.

『진청』#490
져멋고쟈 져멋고쟈 열다섯만 져멋고쟈
에엿분 얼골이 냇ᄀᆞ에 셧는 垂楊버드나모 광대 등걸이 되연제고
우리도 少年 行樂이 어제론 듯ᄒᆞ여라

『화원악보』#666
졔 얼굴 제 보아도 더럽고도 슬뮈웨라
검버섯 구름 씬 듯 코춤은 장마진 듯 已前에 업든 쌔식 바회 엉덩이 읅글불근

---

24) G. N. Leech, "Linguistics and the Figures of Rhetoric", *Essays on Style and Language*(Roger Fowler ed.), London: Routledge and Kegan Paul, 1966, 150면.

우리도 少年 行樂이 어제론 듯ᄒᆞ여라

위의 두 작품은 젊었을 때 지녔던 花容月態는 온데간데 없고 醜하게 변해 버린 자신의 모습을 희화적으로 그리고 있다. 어느 쪽이 더 희극적인가에 대해서는 이견이 있을 것이다. 초장만 보면 “져멋고쟈 져멋고쟈 열다섯만 져멋고쟈”라는 『진청』#490의 시행은 민요에서 흔한 aaba의 반복 구조를 가지고 있어, 젊어지고 싶은 욕구를 흥겨운 민요적 리듬에 실어 가볍게 나타내고 있다. 오히려 『화원악보』#666이 “졔 얼굴 제 보아도 더럽고도 슬뮈웨라”라고 하여, 심각하고 비극적인 문제의식을 드러내고 있는 듯이 보인다. 중장의 표현은 이와 상반된다. 『진청』#490에서는 “에엿분 얼골이” 퇴락했다는 사실을 “냇ᄀᆞ에 셧ᄂᆞᆫ 垂楊버드나모 광대등걸”에 추상적으로 비유한 데 그친 반면, 『화원악보』#666에서는 “검버섯 구름 씬 듯”, “코츔은 장마진 듯”, “已前에 업든 쌔식 바회 엉덩이 욹글불근”이라고 하여 추하고 흉한 얼굴을 물질적이고 구체적으로 희화화한 것이다. “냇ᄀᆞ에 셧ᄂᆞᆫ 垂楊버드나모 광대등걸”에서는 별다른 잉여적 표현을 볼 수 없다. 수식어인 “냇ᄀᆞ에 셧ᄂᆞᆫ”이 “垂楊버드나모”를 우스꽝스럽게 과장하고 있는 것도 아니다. 이 작품에서 우리가 웃게 되는 것은 “광대등걸”이 환기하는 모습과 사람의 용모가 겹쳐 떠오르는 순간만큼만 가능하다. 반면 『화원악보』#666에서는 검버섯도 구름이 낀 것처럼 그리고, 코 흐르는 모습을 장마졌다고 표현하고, 살이 없어 뼈가 드러나는 모습을 “욹근불근”이라고 함으로써 표현이 과장되고 비슷한 아이템이 나열됨으로써 희극성이 드러나고 있다. “코츔은 장마진듯”이라는 표현은 신체의 모자람을 비하한다는 점에서 비속하면서도 희극적으로 느껴지는 표현이기도 하다. 이러한 비속한 표현은 종장에 나오는 “우리도 少年 行樂이 어제론 듯ᄒᆞ여라”는 점잖은 말투와 대조를 이루며 희극적 효과를 더하고 있다. 이 작품의 시적 화자도 늙음을 탄식하고 젊음을 부러워하는 진지한 내면을 훼손하면서까지 희극적 과장에 의해 사설을 확장하고 있다. 그러나 사설시조에 나타난 장형성이 진지한 문제의식과 내면을 放棄한 결과인지, 아니면 내면 표현의 새로운 방식을 시사하고 있는지에 대해서는 좀 더 많은 검토가 필요하다.

2) 시어의 반복: 욕망의 분출과 억압

『청진』#580과 『화원악보』#666의 예로 볼 때 비속한 어휘들과 의성어, 의태어들도 작품의 희극적 성격과 무관치 않으리라 예상된다. 『청진』#580에서 "겻븨넙븨, 곰븨님븨, 쳔방지방, 지방쳔방, 워렁충창"과 같은 의태어들은 과도한 신체 행위를 나타내는 한편으로, 그 자체로서도 희극성을 지닌다. 이들은 모두 넘어질 듯 말 듯한 우스꽝스러운 태도에 대한 의태어라는 점에서 그렇다. 베르그송에 의하면 넘어지는 신사는 상황이 다른 움직임을 요구하는 데도 경직성, 관성의 결과로 근육들이 계속 같은 움직임을 수행하기 때문에 웃음을 유발한다. 같은 논리로, 절룩거림이 웃음을 일으키는 이유도, 넘어지지 않고 계속 걷는 몸짓과 넘어지는 몸짓의 불일치에서 온다.[25] 이러한 설명들은 "겻븨넙븨, 곰븨님븨, 쳔방지방, 지방쳔방, 워렁충창"과 같은 어휘들이 왜 적극적인 희극적 자질을 지니는가를 말해 준다. 그 이유는 주로 한쪽 방향으로 작용하면서 동시에 반대 방향으로 작용하는 신체 행위의 불균형을 암시하고 있기 때문이다.

한편 단어의 반복은 마치 생쥐를 가지고 장난치는 고양이처럼 억압된 감정이 용수철처럼 분출되는 것과, 이것을 억누르는 것을 즐기고 있기 때문에 즐겁게 느껴진다는 해석이 있다. 프로이트는 기계적인 동작과 희극적인 반복, 어린애 같은 행동 등에서 나타나는 반복은 유사한 동작들로 불안감을 쫓는 경향이 있다고 말한다. 그것이 가능한 이유는 유사한 동작의 반복은 삶이 계속되고 있다는 것, 죽음이 배제되어 있음을 말하고 있기 때문이다.[26] 무의미한 반복 속에 나타나는 이러한 의미들을 염두에 둔다면 사설시조에 나타난

25) Wylie Syper ed., 앞의 책, 16~17면.

26) P. A. Touchard, 「연극과 인간의 불안감」, Michel Corvin, 『희극읽기』, 문시연 역, 문음사, 1998, 317면에서 재인용.

반복적인 어휘에 대해 적지 않은 시사를 받을 수 있을 것이다.

『청진』#507
白髮에 환양 노는 년이 져믄 書房ᄒᆞ랴 ᄒᆞ고 셴 머리에 墨漆ᄒᆞ고
泰山 俊嶺으로 허위허위 너머 가다가 그른 쇠나기에 흰 동정 거머지고 검던 머리 다 희거다
그르사 늘근의 所望이라 일락배락 ᄒᆞ노라

『청진』#508
半 여든에 첫 계집을 ᄒᆞ니 어렷두렷 우벅주벅 주글 번 살 번 ᄒᆞ다가
와당탕 드리ᄃᆞ라 이리져리ᄒᆞ니 老都令의 ᄆᆞ음을 흥글항글
眞實로 이 滋味 아돗던들 길 적브터 ᄒᆞᆯ랏다

『청진』#565
밋난편 廣州ㅣ ᄡᆞ리뷔 쟝ᄉᆞ 쇼대 난편 朔寧 닛뷔쟝ᄉᆞ
눈경에 거론 님은 ᄯᅮᆨ싹 ᄯᅮ두려 방망치 쟝ᄉᆞ 돌호로 가마 홍도깨 쟝ᄉᆞ 뷩뷩 도라 물레 쟝ᄉᆞ 우물 젼에 치ᄃᆞ라 근댕근댕 ᄒᆞ다가 워렁충창 풍 빠져 물 듬복 써내는 드레곡지 쟝ᄉᆞ
어듸가 이 얼골 가지고 죠릐 쟝ᄉᆞ를 못 어드리

『청진』#507은 늙은 여자의 愛慾을 조롱하고 있는 작품이다. 늙은 여자는 성적인 에너지가 전혀 없는 육체를 지니고 있다. 그러므로 "白髮에 환양 노는 년"과 "져믄 書房"의 대조만으로도 욕망의 터무니없음이 강조될 수 있다. 여기서 지나친 의욕에 비해서 터무니없이 부족한 능력의 대조가 웃음을 불러일으킨다. 이 양자의 대립은 모든 세세한 정황의 대립의 원인이 된다. "셴 머리"와 "墨漆"의 대립도 그 중 하나이다. 이 대립 때문에 욕망은 한결 간절해지지만 얄궂게도 그것을 억누르는 요소들이 항상 동반된다. "泰山 俊嶺으로 허위

허위 너머 가"는 욕망의 분출하는 힘과 "그른 쇠나기"의 예상치 못한 대립은 "흰 동경 거머지고", "검던 머리 다 희"어지는 전도를 가져온다. 그러나 화자의 의도가 세월을 거꾸로 돌리고 싶어 하는, 말하자면 자연의 신진대사를 뒤바꾸고 싶어 하는 늙은 여자의 어리석은 욕망을 맘껏 조롱하는 데 있어 보이지는 않는다. "일락배락"에서 알 수 있듯이 옳고 그름, 순리와 역리, 성취와 실패가 엎치락뒤치락하는 인간 삶의 조건에 대해 오히려 연민의 눈길을 보내고 있는 것이다.

『청진』#508에서는 욕망을 성취한 화자의 의기양양한 목소리가 전면에 나타나지만, 그 과정은 거의 죽을 뻔한 경험을 통과해야 했음을 말하고 있다. 첫 경험에서 오는 실패에 대한 두려움과 그에 비례해서 더욱 커지는 갈망이 "어렷두렷", "우벅주벅", "주글 번 살 번"이라는 작용-반작용의 의태어 속에 녹아들고 있다. "훙글항글"은 앞서 겪었던 장애가 제거되고 난 뒤에 오는 재인식의 기쁨을 나타내고 있다. 장애물을 설정하여 심리적 정체를 가져오고, 막상 "와당탕 드리드라 이리져리ᄒᆞ니" 아무것도 아니라는 인식을 통해 그 장애물을 제거하여 재인식의 기쁨을 증폭시킬 때 유희는 달성된다. 요컨대 작용과 반작용의 성격을 지닌 "일락배락", "어렷두렷", "우벅주벅", "주글 번 살 번", "이리저리", "훙글항글" 같은 의태어가 쓰인 맥락을 보면 이율배반적 욕구들의 갈등이 결국 하나의 삶을 갈망하는 무의식적 요구로 귀결되는 것을 알 수 있다. 늙고 시들수록 죽지 않고 생동하려는 욕구가 강해지는 상태가 반복적 어휘 속에 암시되고 있다.

이처럼 반복적인 어휘가 암시하는 삶의 갈망과 관련해서 『청진』#565에서 각별히 주목되는 것은 화자의 마음을 '근댕근댕'한 사물들에 빗대어 표현하는 기법이다. 생동하는 삶에 대한 욕구를 드러내기 위해서 사물들을 끌어다 묘사하는 가운데, 사물의 움직임이 오히려 인간의 움직임을 능가하는 역전된 모습마저 볼 수 있다. "우물 젼에 치드라 근댕근댕 ᄒᆞ다가 워렁충창 풍 빠져 물 둠복 써내는" 두레박보다 더 살아 움직이는 사람을 보았는가. 도대체 이 작품이 情夫를 자랑하려는 것인지, 물건을 예찬하는 것인지 모를 정도로 情

夫에 대한 묘사와 진술은 간 곳 없고 그들을 환유적으로 지시하는 물건들만 남아 있는 것이다. "뚜딱 뚜두"리는 방망치, 돌돌 감는 홍두께, 빙빙 도는 물레 모두 살아 있는 사물로 그려진다. 이를 통해 무형의 것이었던 화자의 욕망이 살아 있는 것처럼 표현된다는 사실은 매우 중요하다. 그것은 사설시조에서 과장적이고 잉여적 표현이 항상 시적 화자의 내면 표현을 방해하는 역할만 하는 것은 아니라는 사실을 분명히 하고 있기 때문이다.

3) 구조의 반전: 논점회피의 희극성

평시조의 종장은 초·중장과 동일한 시상이나 정서의 점층적 고조를 실현한 데 반해, 사설시조에는 유독 반전이 많은 이유[27]를 희극적 측면에서 설명할 수 있다. 일반적으로 지금까지의 기대가 갑자기 아무것도 아닌 것으로 나타날 때 희극적 효과는 극대화된다. 이를 확인하기 위해 1절에서 분석했던 세 시조를 다시 비교해 보기로 한다.

『청진』#134
窓밧긔 워석버석 님이신가 니러 보니
蕙蘭蹊徑에 落葉은 무스일고
어즈버 有限ᄒᆞᆫ 肝腸이 다 그ᄎᆞᆯ가 ᄒᆞ노라

『청진』#493
柴扉에 개 즛거ᄂᆞᆯ 님만 너겨 나가 보니
님은 아니 오고 明月이 滿庭ᄒᆞᆫᄃᆡ 一陣秋風에 닙 지는 소릐로다

27) 조세형, 앞의 논문에서는 사설시조에 나타난 반전 구조를 인식론적으로 해석하여 "3단 구성에 따른 유비관계가 오류임을 상징적으로 보여주는 지표"라고 주장하고 있다. 이러한 해석은 당대의 인식론적 구조라는 거대 담론과 작품의 구조적 층위라는 미시 담론 사이의 유비관계를 입증할 때 더욱 설득력을 가질 것으로 본다.

져 개야 秋風落葉을 헛도이 즈저셔 날 소길 줄 엇제요

『청진』#580

님이 오마ᄒᆞ거늘 져녁 밥을 일지어 먹고

中門 나서 大門 나가 地方 우희 치ᄃᆞ라 안자 以手로 加額ᄒᆞ고 오ᄂᆞᆫ가 가ᄂᆞᆫ가 건넌 山 ᄇᆞ라보니 거머횟들 셔 잇거늘 져야 님이로다 보션 버서 품에 품고 신 버서 손에 쥐고 곗븨님븨 곰븨님븨 쳔방지방 지방쳔방 즌 듸 ᄆᆞ른 듸 ᄀᆞᆯ희지 말고 워렁충창 건너가셔 情엣 말ᄒᆞ려 ᄒᆞ고 겻눈을 흘긧 보니 上年七月 사흔날 ᄀᆞᆯ가벅긴 주추리 삼대 ᄉᆞᆯ드리도 날 소겨다

모쳐라 밤일싀만졍 힝혀 낫이런들 ᄂᆞᆷ 우일 번 ᄒᆞ괘라

앞서는 『청진』#134의 비극적 정조와 『청진』#493의 중립적 정조, 『청진』#580의 희극적 정조의 차이를 시행의 길이와 대응시켜 살핀 바 있다. 그에 더하여 결합된 종장의 의미론적 지향이 다르다는 것도 각각의 희극적 자질을 변별하는 주요소가 된다. 『청진』#134의 종장은 초·중장에서 전개한 비극적 시상을 동질적으로 점층시켜 증폭시키고 있다. 이에 반해 『청진』#493의 종장에서 "져 개야 秋風落葉을 헛도이 즈저셔 날 소길 줄 엇제요"라는 둘러댐은 지금까지 집중해 왔던 관심을 갑자기 다른 데로 전환시켜 버린다. 중장까지 전개된 화자의 심리적 압박감에 공감하고 있던 독자라면, 여기서 허탈한 웃음을 짓게 된다.

긴장된 기대가 갑자기 아무것도 아닌 것으로 나타난다는 설정은 『청진』#580의 종장에서도 마찬가지다. 영영 오지 않을 듯하던 님이 온 것처럼 "거머횟들 셔 잇"어 화자를 잔뜩 긴장시키던 정체가 "上年七月 사흔날 ᄀᆞᆯ가벅긴 주추리 삼대"에 불과한 것으로 판명되는 이 작품의 구조는 매우 희극적이다. 그토록 고대하던 님으로 착각하게 만든 것이 고작 '갉아 벗긴 삼대 줄기'처럼 어설피 선 것일 줄이야. 이 작품은 보는 것(삼대)과 기대하는 것(님) 사이의 불일치, 실제(갉아 벗긴 주추리 삼대)와 상상(님의 모습) 사이의 불일치라

는 희극적 특징을 그대로 작품의 내용으로 구현하고 있다. 게다가 종장 "모쳐라 밤일싀만졍 힝혀 낫이런들 눔 우일 번 ᄒᆞ패라"에서는 자신의 오류를 감추기 위해 "낮이었으면 우스꽝스러울 텐데 밤이라 다행"이라는 논리적 가상을 설정하여 논점을 회피하는 희극적 기법이 쓰이고 있다. 사설시조의 종장에는 희극적 효과를 빚어내는 논점회피[28]가 종종 쓰이는데, 예를 들면 다음과 같다.

『청진』#567

재너머 莫德의 어마네 莫德이 쟈랑 마라

내 품에 드러셔 돌겟 좀 자다가 니 갈고 코 고오고 오좀 ᄉᆞ고 放氣 뀌니 盟誓개지 모진 내 맛기 하 즈즐ᄒᆞ다 어셔 ᄃᆞ려니거라 莫德의 어마

莫德의 어미년 내ᄃᆞ라 發明ᄒᆞ야 니르되 우리의 아기ᄯᆞᆯ이 고림症 ᄇᆡ아리와 잇다감 제症밧긔 녀나믄 雜病은 어려셔브터 업ᄂᆞ니

『청진』#567은 오류를 은폐하려다가 더 큰 오류를 노출하는 데서 오는 희극적 효과를 노린 작품이다. 그 내용은 莫德이의 남편이 "니 갈고 코 고오고 오좀 ᄉᆞ고 放氣 뀌"는 이유로 莫德이를 소박 놓으려 하자, 莫德의 어마네가 發明한다는 것이다. 그러나 雜病이 없다는 것을 증명하기 위해 "고림 症(임질병)", 배앓이, 이따금 있는 고질병이 있을 뿐이라는 말에 이르면, "莫德의 어미년 내ᄃᆞ라 發明ᄒᆞ야 니르되"로 시작하여 바야흐로 莫德이를 위한 그럴 듯한 변론이 있을 것으로 예상하던 독자의 기대는 와르르 무너진다. 이렇게 함으로써 말하고자 하는 진실이 무엇인지 이 작품에서는 쉽게 드러나지 않는다. 그에 비해 다음 작품은 무의미 속에 숨겨진 의미가 상대적으로 분명히 나타나고 있어, 사설시조의 희극적 특징을 파악하는 데 도움을 준다.

---

28) 논점회피에 대해서는 G. 프로이트, 앞의 책, 67면 참조.

『청진』#565

밋난편 廣州ㅣ ᄡᆞ리뷔 쟝ᄉᆞ 쇼대 난편 朔寧 닛뷔 쟝ᄉᆞ

눈경에 거론 님은 ᄯᅮᄯᅡᆨ ᄯᅮ두려 방망치 쟝ᄉᆞ 돌호로 가마 홍도ᄭᅢ 쟝ᄉᆞ ᄲᅵᆼᄲᅵᆼ 도라 물레 쟝ᄉᆞ 우물 젼에 치ᄃᆞ라 근댕근댕 ᄒᆞ다가 워렁충창 풍 ᄲᅡ져 물ᄃᆞᆷ복 ᄡᅧ 내ᄂᆞᆫ 드레곡지 쟝ᄉᆞ

어듸가 이 얼골 가지고 죠릐 쟝ᄉᆞ를 못 어드리

이 작품의 종장은 자신의 부정한 행위에 대한 예상되는 공격에 대한 방어를 위해 공세로 전환하는 농담의 본질과 관련해서 해석될 수 있다. 여기서도 자신의 오류를 감추기 위해 논점을 회피하는 논리적 가상을 마련하다가 결국 자신의 부정을 오히려 강조하는 결과를 낳았다. 그렇지만 이는 부끄러운 어리석음을 폭로한 것이 아니라, 스스로 자랑스럽게 여겨서 은연중 폭로되길 바라던 자기 존재의 일면을 드러낸 것이다. 남편을 두고도 여러 종류의 情夫를 둘 정도로 단정치 못한 '행실'에 있는데, 종장에서 심리적 강조점을 '행실'이 '얼굴'에 두자, 전혀 다른 관점이 가능하게 되었다. 화자가 말하고 싶은 것은 '행실'의 단정치 못함을 변명해 주는 '얼골'의 단정함이다. 반전을 통한 심리적 강조점의 이동은 행실을 따지는 가치관을 무화시키는 데서 나아가, 가치의 전복까지 암시하고 있는 것이다. 그에 반해 다음 작품에서와 같이 반전구조가 뚜렷하지 않을 경우에는 비슷한 모티프를 가지면서도 희극성이 격감하는 것을 볼 수 있다.

『육당본 청구영언』#831

밋남진 그놈 紫驄 벙거지 ᄡᅳᆫ 놈

소ᄃᆡ 書房 그놈은 삿벙거지 ᄡᅳᆫ 놈 그놈 밋남진 그놈 紫驄 벙거지 ᄡᅳᆫ 놈은 다 뷘 논에 졍어이로되

밤 中만 삿벙거지 ᄡᅳᆫ 놈 보면 ᄉᆡᆯ 별 본 듯 ᄒᆞ여라

언뜻 보면 이 작품은 『청진』#565에 비해서 더 희극적인 작품인 것처럼 보인다. 남편이든 情夫든 "그놈", "벙거지 쁜 놈" 등으로 거침없이 지칭하고 있기 때문이다. 이 작품에도 물론 소소한 갈등과 대립이 나타나고 있다. 본래 남편은 귀한 "紫驄 벙거지"를 썼고, 情夫는 한갓 "삿벙거지"밖에 못 쓴 위인이다. 그런데도 불구하고 남편은 벼를 다 베어낸 논에 허수아비 같다면, 情夫는 밤중에 만나면 샛별 같은 존재다. 실제 가치와 정감적 가치의 대조는 남편을 향한 마음은 인색하기 짝이 없고, 情夫를 향한 마음은 도탑기만 한 화자의 심리를 잘 그려 보이고 있다. "밤 中만 삿벙거지 쁜 놈 보면 실 별 본 듯 ᄒᆞ여라"라는 종장에서는 중장까지 전개된 심리를 증폭시키고 확정하는 역할을 한다. 그렇지만 희극적 효과란 기대와 그에 잇따라 오는 기대의 無化 사이의 충돌에 의존하기 때문에[29] 아무리 요설스럽게 말한다고 해도 반전 구조가 뚜렷치 않으면 희극성이 그만큼 감소할 수밖에 없다.

요컨대 종장에서 주의를 딴 데로 돌리거나, 심리적 강조점을 다른 것으로 돌려야 지금까지의 관심사가 아무런 매개 없이 돌연 아무것도 아닌 것으로 나타나게 되어 희극성을 얻게 된다. 그런데 사설시조는 반전의 구조를 통해 독자의 기대를 무화시킬 뿐 아니라 화자와 독자가 공유하고 있는 가치에 대한 의문을 제기하고 있다는 점을 기억해 둘 필요가 있다.

4. 희극성의 시학적 의의

지금까지의 고찰을 통해 사설시조의 희극성은 시적 화자의 통일된 내면 표현을 방해하는 것처럼 보이지만 나름대로의 내면적 진실을 추구하고 있다는 사실을 알 수 있었다. 이제 사설시조의 시적 화자가 굳이 평시조의 내면 표현과는 상충하는 방식으로 표현하고자 하는 '내면적 진실'은 무엇인지에 대해

29) D. E. Gruber, "The Imperfect Action of Comedy", *Genre*, Vol.10, No.1, Spring, 1977.

서 물음을 던질 차례이다. 이에 대해 답변할 수 있다면 사설시조 특유의 내면 표현 방식에 대한 이해를 얻게 될 것이다. 여기서 모든 사설시조 작품을 다 검토할 수는 없다. 그동안 사설시조의 내용적 지표로서 주목받아 온 에로티시즘적인 작품, 풍자적인 작품, 그로테스크하다고 여겨질 정도로 스스로를 비하하고 있는 작품 등에서 희극성이 어떤 시학적 역할을 담당하고 있는지 살피기로 한다.

에로티시즘을 그린 사설시조는 이미 김흥규에 의해서 "퇴폐 · 퇴영적"이라는 혐의를 벗고, 인간에 대한 희극적 탐구의 결과로 밝혀진 바 있다. 그렇지만 사설시조가 왜 그렇게 에로티시즘을 갈망하는지에 대해서는 아직 충분히 설명되지 못했다. 다음 작품을 통해 그 이유를 추정해 보자.

『청진』#569
얽고 검고 킈 큰 구레나룻 그것조차 길고 넙다
쟘지 아닌 놈 밤마다 ᄇᆡ에 올라 죠고만 구멍에 큰 연장 너허 두고 흘근할 적 ᄒᆞᆯ 제ᄂᆞᆫ 愛情은ᄏᆞ니와 泰山이 덥누로ᄂᆞᆫ 듯 ᄌᆞᆫ 放氣 소릐에 졋 먹던 힘이 다 쓰이노ᄆᆡ라
아므나 이 놈을 ᄃᆞ려다가 百年 同住ᄒᆞ고 永永 아니 온들 어ᄂᆡ 개ᄯᆞᆯ년이 싀앗 새옴ᄒᆞ리오

위의 작품에서는 남편을 "얽고 검고 킈 큰 구레나룻"로 지칭한다. "얽고 검은"은 화자가 남편의 외모에 대해 호감을 못 느낌을 암시하며, "킈 큰 구레나룻"은 성적 에너지가 충만한 남성성을 가리킨다. 화자가 이 남성에 대해서 느끼는 묘한 감정은 성기에 대한 묘사를 통해, 성행위에 대한 민망할 정도로 사실적인 묘사를 통해 파편적으로 드러나고 있다.

파편을 맞추어 보기 전에 두 가지 측면에 주목해 보자. 하나는 사설시조에서 육체에 대한 접근이 부수적인 물체를 통해 우회적으로 이루어지고 있다는 점이다. 『청진』#565와 『육당본 청구영언』#831에서도 남편과 情夫들은 그들이

생업으로 삼아 팔고 있는 물건이나, 그들이 쓰고 있는 벙거지에 의해 우회적으로 나타났고, 위의 시조도 마찬가지이다. 이 같은 우회적 표현은 이행기에 들어 확산된 사실주의적 정신과 밀접히 관련된다고 생각한다. 사실주의의 기본 전제는 인간을 둘러싸고 있는 물체들을 떠나서는 인간을 파악할 수 없다는 것이다. 물체들을 보고 세세히 열거하고, 그것들을 사람들이 살아가는 구체적인 환경으로 묘사하는 것이 사실주의적 정신이다. 이런 정신사적 배경에서는 육체에 대한 접근 방법도 부수적인 물체를 통해 우회하는 방식을 택하는 경향이 있다.30)

다른 하나는 사설시조에서 주목하고 있는 육체는 성적인 것이며, 성적인 육체에 대한 갈망에 있어서는 남자와 여자, 늙은이와 젊은이의 구별이 없다는 점이다. 性은 인간이 살아나가기 위해서 결여되어서는 안 되는 신진대사 활동 중의 하나이므로, 性을 갈망하는 데 있어 남자와 여자, 늙은이와 젊은이의 구별이 있을 수 없다. 사설시조에서 여자와 늙은이의 성을 조롱하는 어조는 항상 동시에 그것을 인정하는 연민의 어조와 겹쳐서 나타나고 있다. 성적인 대상을 그리워하면서도 욕하고, 욕하는 것 같으면서도 그 성적 에너지를 칭찬하기도 하는 등 어조의 불일치가 매우 심하다. 이로 인해 사설시조의 내면 표현 방식이 평시조와는 판이하게 달라지는 것이다. 사설시조에서 파편적으로 제시되는 내면 표현은 개별자의 욕구가 사회적 관습과 규범에 억압되기도 하고, 그것을 능가하기도 하는 시대정신과 관련된다고 본다.

이행기에 들어 개별적인 인간의 삶을 보편적인 것으로 환원시켜 설명해 주던 형이상학이 급격히 불신되면서 인간이 어떤 존재이며, 어떤 조건 속에 있는지 알기 위한 준거점이라고는 물질적 육체밖에 없게 되었다. 사설시조에서 성적인 에너지에 그토록 매달리는 것은 개별자의 의미를 존중함으로써 붕괴된 형이상학을 대체하려는 지극히 인간적인 노력의 단초로 해석될 수 있다. 이러한 사실들로부터 위의 작품을 재해석해 보면 성행위를 강요하는 남편에

---

30) 피터 브룩스, 『육체와 예술』, 이봉지 · 한애경 역, 문학과지성사, 2000, 98~116면.

대한 욕설 속에 그의 성적 에너지에 대한 칭찬이 드러나는 것을 발견하게 된다. 다음 작품도 풍자적 목소리 속에서 개별자로서의 인간에 대한 전혀 다른 목소리가 제기되고 있는 작품이다.

『해동가요』#394

一身이 사쟈ᄒᆞᆫ이 물쩟 계워 못견딜쐬

皮ㅅ겨 ᄀᆞᆺ튼 갈랑니 보리알 ᄀᆞᆺ튼 슈통니 줄인니 ᄀᆞᆺ 쓴니 ᄌᆞᆫ벼록 굴근벼록 강벼록 倭벼록 긔는 놈 ᄯᅱ는 놈에 琵琶 ᄀᆞᆺ튼 등에아비 갈ᄯᅡ귀 샴의약이 셴 박회 눌은 박회 바금이 거절이 불이 ᄲᅩ족ᄒᆞᆫ 목의 달리 기다ᄒᆞᆫ 목의 야왼 목의 ᄉᆞᆯ진 목의 글임애 ᄲᅧ록이 晝夜로 뷘 ᄯᅵ 업시 물건이 쏘건이 ᄲᆞᆯ건이 ᄯᅳᆺ건이 甚ᄒᆞᆫ 唐빌리 예서 얼여왜라

그 中에 참아 못견딜손 六月 伏더위예 쉬ᄑᆞ린가 ᄒᆞ노라

이정보의 이 작품에 대한 종래의 해석은 '물쩟'에 해당되는 여러 해충들을 나열하여 그것을 통해 민중들을 수탈하던 중간층이나 지배층을 풍자했다고 보는 것이다. 그런가 하면 '쉬파리'가 지닌 함축적 의미를 참조할 때, 이 작품은 바람직한 삶의 자세를 갖추지 못한 모리배, 아첨꾼, 소인배들을 풍자하고 배척했다는 이견이 제기되기도 하였다.[31] 이러한 해석은 모두 '나와는 다른', 더 정확히는 '나보다 못한' 남에 대한 풍자를 이 작품의 주제로 보고 있다. 그런데 이런 해석에서는 중장에서 여러 사물들을 나열한 의도가 가볍게 처리되고 마는데, 사설시조에서 비슷비슷한 사물들의 열거가 가지는 의미는 그리 간단치 않다.

조세형은 사설시조에 나타난 비슷한 사물의 나열은 원래 사물들이 가지고 있는 속성에서 파생된 동일성을 말하고 있으며, 큰 사물에서 작은 사물에 이르기까지 크기의 기준에 따라 차이지어지고 질서화되어 있음을 지적하고 있

31) 이강옥, 「사설시조 <일신이 사자하니>에 대한 고찰」, 『한국고전시가작품론』 2, 집문당, 1992, 806~807면.

다.[32] 위의 작품에서도 이(蝨)는 이대로, 벼록은 벼록대로, 목의(모기)는 모기대로 범주화되어 있고, 각 범주 안에서도 일정한 기준에 따라 차이를 드러내는 사물들이 열거되고 있다. 인간의 눈으로 내려다 볼 때는 모두 같은 이나 벼룩, 모기처럼 보이겠지만 그것들의 눈높이에서 보면 핏겨 같이 가느다란 이, 보리알 같이 통통한 이, 줄인 이, 갓 깐 이 등이 구분될 수 있다.

이로 미루어 보건대 세세하고 소소한 인간의 개성도 같은 눈높이에서 볼 때는 존중될 만한 차이들을 지니고 있음을 알 수 있다. 그러나 그것들은 근본적으로 동질적인 범주 안에서의 차이이기 때문에 가치의 우열을 의미하는 것은 아니다. 사람이 보기에는 다 같은 이고 벼룩이고 모기인 것처럼, 저마다 개성이 있다고는 하나 더 높은 견지에서 보면 비슷한 가치를 지닌 개성인 것이다. '쉬파리'에 비견될 만한 소인배들을 풍자하고 배척하는 지배적 목소리 아래에는, 이처럼 俗人의 도덕성이란 절대자의 눈으로 보면 五十步百步에 불과한 것이라는 정반대의 목소리가 암시되고 있다. 물론 그 목소리는 희극적 나열을 통해 섬광처럼 잠깐 나타날 뿐이다. 다음 작품은 우리를 옭아매는 비극적인 욕망도 생각하기에 따라서는 아무것도 아니라는 위안의 목소리가 그로테스크한 자기 비하 속에 섬광처럼 드러나는 사설시조이다.

『진청』#579

이제ᄂᆞᆫ 못 보게도 ᄒᆞ애 못 볼시ᄂᆞᆫ 的實커다

萬里 가ᄂᆞᆫ 길헤 海口絶息ᄒᆞ고 銀河水 건너 뛰여 北海 ᄀᆞ리지고 風土ㅣ 切甚ᄒᆞᆫ듸 深意山 ᄀᆞᆯ가마귀 太白山 기슭으로 골각골각 우닐며 ᄎᆞ돌도 바히 못 어더먹고 굶어 죽ᄂᆞᆫ 싸희 내 어듸 가셔 님 ᄎᆞ자 보리

아희야 님이 오셔든 주려 죽단 말 싱심도 말고 쌜쌀이 그리다거 어즐 病 어더서 갓고 쌔만 나마 달바조 밋트로 아장밧삭 건니다가 쟈근 쇼마 보신 後에 니마 우희 손을 언ᄭᅩ ᄒᆞᆫ 가레 추혀 들고 쟛바져 죽다 ᄒᆞ여라

32) 조세형, 앞의 논문.

이 시조는 님을 그리워하는 마음을 그리는 한편으로, 그 님을 찾아 나서기에는 기본적인 삶의 조건이 황폐하기 짝이 없는 현실을 그린 작품이다. 종장에서 자신의 신체를 과도하게 비하하고, 그리움의 진정성을 훼손하는 물질화된 표현이 나타난 점에 주목해 보자. 많은 해학적인 민중문학에서 이와 비슷하게 추상적인 것을 완전히 강등시켜서 철저히 물질적이고 신체적인 것으로 나타나는 경향이 있는데 이를 '그로테스크 리얼리즘'이라 부른다.[33] 서구의 민중문학에서 나타나는 그로테스크 리얼리즘은 공식문화 속에 확립되어 있는 일체의 특권이나 규범을 전복시키는 경향이 있다면, 사설시조 속에 나타나는 신체에 대한 지나친 비하는 자기 자신의 내면의 모습을 들여다보는 한 방편으로 쓰인 듯하다.

위의 작품에서 자신이 처한 궁핍한 현실을 "深意山 골가마귀 太白山 기슭으로 골각골각 우닐며 ᄎᆞ돌도 바히 못 어더 먹고 굶어 죽는" 형국에 빗대어 표현하고 있다. 이처럼 삶의 기본적 조건이 해결되지 못한 상황에서 어느 모로 보나 당치 않은 그리움을 품고 있는 자신의 내면에 대한 조롱과 동시에, 자신의 처지에는 아랑곳하지 않을 님에 대한 원망, 그리고 원망해야 할 님을 또 다시 사모하는 부조리함이 종장의 터무니없는 표현으로 나타나고 있다. 만약 종장의 희극적 변형이 없었다면 화자의 내면이 삶의 심각성과 스스로의 욕망의 비극성에 억압된 채로 표출되었을 것이다. 상사병이 들었어도 이렇게 우스꽝스럽게 죽었다고 해야 삶이란 견딜 수 없는 진지함으로 온통 점철된 것이 아니라는 관조가 가능해진다. 상사병 들면 어지럼증을 얻을 수 있는 것이고, 어지럼증 있는 사람은 서서 다니지 못하므로 우스꽝스럽지만 어쩔 수 없이 바조 밑으로 '아장밧삭' 다녀야 할 수밖에 없는 것이다. 소변을 보다가도 어지러워서 이마 위에 손을 얹을 것이며, 몸의 균형을 잡아 보려고 한쪽

33) 바흐친은 중세의 민중적 해학문화에서 추출한 이러한 요소들을 '그로테스크 리얼리즘'이라 명명하고 있다. 물질적인 육체원리나 육체요소를 긍정하고, 모든 것을 강등화하여, 모든 추상적인 것, 의식적인 것, 공식적인 것은 물질적이고 신체적인 저층으로 변형되고 만다는 것을 강조하고 있다(이재선, 「畸形의 탄생-그로테스크의 系譜」, 『한국문학주제론』, 서강대출판국, 1989).

가랑이를 추켜들기도 할 것이다. 그런 모든 노력에도 불구하고 결국 자빠져서 죽을 것이라는 언술에 이르면 도대체 그리움이 뭐고, 사랑이 뭔지에 대해서 근본적으로 회의하게 된다. 그리고 이렇게 회의해야만 욕망의 비극성이 완화된다. 희극에서는 심각한 욕망에 대해서, 관심의 토대를 절대적으로 無인데로 돌림으로써 긴장의 이완이 얻어진다는 주장이 있다.34) 이 작품의 희극성이 겨냥하는 바는 이 언술에 의해 가장 적절히 해명된다고 보아도 좋을 것이다.

님에 대한 그리움은 인간의 연약한 정신에 치명적인 손상을 입혀 그로 하여금 좌불안석하게 만든다. 평시조의 시적 화자는 같은 정신적 손상을 격조있고 통일된 목소리로 전한다면 사설시조의 시적 화자는 좌불안석하는 내면을 희극적인 방식으로 그대로 드러낸다. 사설시조에서 시적 화자의 내면을 투사한 대상들은 거의 대부분 "ᄒᆞᆫ 눈 멀고 ᄒᆞᆫ 다리 절고 痔疾三年 腸疾三年 邊頭痛 內丹毒 다 알ᄂᆞᆫ 죠고만 삿기 개고리(『청진』#562)"처럼 신체적인 결함을 안고 있고, 그 신체 결함에 비해서 턱없는 욕망을 꿈꾸는 부조리함을 가지고 있다. 『진청』#579에서도 자신의 신체를 비하함으로써 자신이 꿈꾸는 욕망을 포기하라는 암시를 주고 있다. 이들 작품은 님에 대한 그리움의 욕망을 분출하면서도 그 욕망이 호사스럽다거나 부조리하다는 질책을 함께 드러냄으로써, 욕망의 비극성에 매몰되지 않고 생동하는 '삶'을 살 수 있는 기반을 마련해 주고 있다. 생동하는 '삶'을 위해서는 현실의 심각성과 욕망의 비극성을 아무것도 아닌 것으로 만드는 희극적 변형이 필요한 것이다.

이상으로 볼 때 사설시조는 내면 표현이라는 평시조적인 충동을 포기하지 않으면서도, 그 내면이 종래의 평시조와 같이 통일적이고 일관된 어조 속에 울려 나오는 것이 아니라, 조각과 파편으로 암시되며, 이를 모자이크하는 것은 독자의 몫임을 알 수 있다. 사설시조의 내면이 통일되지 않은 것은 사설시조가 기반하고 있는 사실주의 정신이 개별자의 의미를 최대한 존중하는 듯하

34) Elder Olson, 앞의 책, 25면.

면서도 그 한계를 분명히 하고 있다는 점과 무관치 않다고 본다. 사설시조의 화자는 육체의 성적 에너지에 주목하고 삶의 비극성을 무화시킴으로써 개별자가 생동하는 삶을 사는 것을 욕망한다. 그런 한편으로 무한 앞에서 유한한 것은 모두 같으며 똑같이 아무것도 아니라는 성찰을 통해 개별자의 한계를 말하고 있다. 개별자의 의미가 아무리 존중된다고 해도 하나의 개별자가 형이상학적 전체를 대신할 수는 없다. 개별적 사례들의 집합을 통해 전체적 지식을 얻고자 하는 사실주의적 태도는 이러한 한계에 대한 자각에서 나온 것이라 여겨진다.

사설시조 안에 나타난 파편적 목소리들이 과연 붕괴된 형이상학을 대체하려는 노력의 산물인지에 대해서는 논란이 있을 수 있다. 그러나 작용-반작용의 희극적 불일치 속에서 삶에 대한 진지한 문제제기를 섬광처럼 드러내는 희극성에 대한 이해 없이는 사설시조 속에서 제기되는 중층적 목소리들을 세밀히 파악하여 사설시조의 시학으로 정립하는 것이 불가능하다고 본다.

5. 결론

지금까지 본고는 작용-반작용의 희극적 불일치에 대한 고찰을 통해, 평시조적인 충동과 그로부터의 일탈이라는 충동의 중층으로 이루어진 사설시조의 희극적 특징을 해명하고자 노력해 왔다. 그 결과 사설시조의 형식적 지표가 되는 장형성과 표현의 잉여, 시어의 반복성과 유희성, 종장의 반전과 논점회피에 나타나는 희극적 특징을 지적하고, 그 의미를 다음과 같이 규명할 수 있었다.

첫째, 사설시조에서 장형화를 이루는 표현들을 보면, 표현된 행위들이 마치 어릿광대의 몸짓처럼 과다한 운동비용을 쓰고 있다는 점에서 웃음을 유발한다는 사실을 지적했다.

둘째, 작용과 반작용의 성격을 지닌 "일락배락", "어렷두렷", "우벅주벅", "주글 번 살 번", "이리저리", "흥글항글" 같은 반복적인 의태어들은 하나의 삶을 갈망하는 이율배반적 욕구들의 갈등을 나타내고 있다고 보았다.

셋째, 종장의 반전은 중장까지 전개된 기대와, 그것을 뒤따르는 기대의 無化를 아무 매개 없이 병치시킴으로써 전형적인 희극적 효과를 창출하고 있음을 지적했다.

세 층위에서 살펴본 희극성의 공통점을 들자면 다음과 같다. 희극적인 것은 항상 반대되는 충동을 지니고 있고, 두 극단 사이를 끊임없이 오가는 반복적 움직임은 살아 있음을 의미한다는 것이다.

다음으로 희극성이 사설시조에서 어떤 시학적 의의를 지니는지 고찰하였다. 사설시조는 내면을 표현하려는 평시조적 충동을 포기하지 않으면서도, 그 내면을 평시조와는 전혀 상충하는 방식으로 나타내고 있다. 즉 내면을 통일적이고 일관된 어조로 드러내는 것이 아니라, 희극적 불일치를 통해 조각과 파편으로 암시한다는 것이다. 사설시조에 나타난 파편화된 내면은 개별자의 생동하는 욕망을 인정하고, 개별자의 연대를 통해 붕괴된 형이상학의 대체를 꿈꾸는 사실주의적 정신으로 수렴될 수 있을 것으로 본다.

이러한 사실로부터 희극성은 사설시조의 내용적·형식적 지표에 두루 관통하고 있는 객관적 장르 지표임을 재확인하고 다음과 같은 결론에 도달하였다. 즉 사설시조의 시학을 정립하라는 연구사적 요청에 부응하기 위해서는 사설시조의 장르적 정체성과 관련된 요소들을 폭넓게 해명할 수 있는 '희극성'에 대한 시학적 검토가 선행되어야 한다는 것이다.

참고문헌

강명관, 「사설시조의 창작 향유층에 대하여」, 『조선 시대 문학예술의 생성공간』, 소명출판, 1999.

고미숙, 「사설시조의 역사적 성격과 그 계급적 기반 분석」, 『어문논집』 30집, 고려대 국어국문학연구회, 1991.

고정희, 「사설시조에 나타난 우화적 내면표현」, 『국어교육』 108호, 2002.6.

김대행, 「<어이 못 오던가> 그리고 태도와 표현의 시학」, 『한국고전시가작품론』 2, 집문당, 1992.

김병국 외, 『장르 교섭과 고전시가』, 월인, 1999.

김석회, 「사설시조 <각시닉 내 妾이 되나>의 의미와 의미 변용」, 『고전문학의 현황과 전망』, 역락, 2002.

김학성, 「시조의 미적 유형 체계론」, 『관악어문연구』 5집, 1980.

김흥규, 「사설시조의 愛慾과 性的 모티프에 대한 재조명」, 『한국시가연구』 제13집, 2003.2.

류수열, 「놀이로 본 사설시조의 에로티시즘」, 『선청어문』 28집, 2000.

박애경, 「사설시조의 여성화자와 여성 섹슈얼리티」, 『여성문학연구』 3집, 한국여성문학회, 2000.

신은경, 「평시조를 패로디화한 사설시조」, 『고전시 다시읽기』, 보고사, 1997.

이덕수, 『희극적 갈등양식과 셰익스피어 희극』, 영남대 출판부, 2002.

이강옥, 「사설시조 <일신이 사자하니>에 대한 고찰」, 『한국고전시가작품론』 2, 집문당, 1992.

이명섭, 「영국인의 우호적 유머와 그 이론」, 『현대 비평과 이론』 15호, 한신문화사, 1998, 봄·여름.

이재선, 「畸形의 탄생-그로테스크의 系譜」, 『한국문학주제론』, 서강대 출판국, 1989.

이형대, 「사설시조와 성적 욕망의 지층들」, 『민족문학사연구』 17집, 2000.

조동일, 「미적 범주」, 『한국사상대계』 I, 성균관대 대동문화연구원, 1973.

조세형, 「사설시조의 시학적 고찰」, 『국어교육』 112호, 한국어교육학회, 2003.10.

조해숙, 「사설시조의 담당층과 문학적 성격」, 『국문학연구』 9집, 국문학회, 2003.

Bennet, K. C., "The Affective Aspect of Comedy", *Genre*, Vol.14, No.2, Summer, 1981.

Brooks, P., 이봉지·한애경 역, 『육체와 예술』, 문학과지성사, 2000.

Corvin, M., 문시연 역, 『희극읽기』, 문음사, 1998, 317면.

English, J. F., "The Laughing Reader: A New Direction for Studies of the Comic", *Genre*, Vol.19, No.2, Summer, 1986.

Freud, G., 임인주 역, 『농담과 무의식의 관계』, 열린책들, 1999.

Gruber, D. E., "The Imperfect Action of Comedy", *Genre*, Vol.10, No.1, Spring, 1977.

Leech, G. N., "Linguistics and the Figures of Rhetoric", *Essays on Style and Language*, Roger Fowler ed., London: Routledge and Kegan Paul, 1966.

Merchant, M., 석경징 역, 『희극』, 서울대 출판부, 1981.

Olson, E., *The Theory of Comedy*, London: Indiana Univ. Press, 1975.

사설시조와 여성의 수사적 상황*

1. 서론

이 글은 사설시조에 나타난 여성들이 왜 항상 성적인 문제들과 결부되고 있으며, 어째서 대개 희극적인 외양으로 나타나는지에 대한 궁금증에서 출발하였다. 최근 몇 년간 사설시조 연구 분야는 전에 없는 활기를 띠고 있다. 담당층 논쟁에 주력하는 동안 작품의 문학성을 소홀히 했다는 반성과 함께 다양한 대안을 모색하면서 이 분야의 연구는 바야흐로 부흥기를 맞이한 느낌이다.[1] 때마침 고전문학 안팎에서 여성주의 시각이 무르익고 여성적 글쓰기에 대한 관심이 고조됨에 따라, 사설시조 속의 '여성'에 대해서도 새로운 논의가 거듭되고 있다.[2]

---

* 이 글은 「여성의 수사적 상황과 사설시조」(김병국 외, 『조선후기 시가와 여성』, 월인, 2005)를 부분 수정한 것이다.

1) 담당층 논쟁과 이후의 연구 경향에 대해서는 조해숙, 「사설시조의 담당층과 문학적 성격」, 『국문학연구』 9집, 국문학회, 2003에 미룬다. 본 논문에서 주목하는 최근의 연구 동향을 들면 김석회, 「사설시조 <각시닉 내 妾이 되나>의 의미와 의미 변용」, 『조선후기시가연구』, 월인, 2003; 고정희, 「사설시조에 나타난 우화적 내면표현」, 『국어교육』 108호, 한국어교육학회, 2002.6; 김흥규, 「사설시조의 愛慾과 性的 모티프에 대한 재조명」, 『한국시가연구』 제13집, 2003.2; 조세형, 「사설시조의 시학적 고찰」, 『국어교육』 112호, 한국어교육학회, 2003.10 등이다.

2) 정출헌 외, 『고전문학과 여성주의적 시각』, 소명출판, 2003; 고전여성문학회 편, 『고전문학과 여성화자, 그 글쓰기의 전략』, 월인, 2003과 같은 책을 비롯하여 고전여성문학회와

그동안 여성화자를 표면에 내세운 대담한 성적 담론들은 곧 사설시조의 탈중세적 표지로 간주되었다. 그러나 남성작가와 여성화자, 남성의 욕망과 여성의 욕망을 엄격히 구별하려는 여성주의적 시각이 대두하면서 더 이상 이러한 해석에 안주할 수 없었다. 예컨대 이정보가 지은 "간 밤에 자고 간 그 놈 아마도 못 이져라……"와 같은 사설시조는 '탈중세성'이나 '진보성'을 운운하기에 앞서 "여성의 성을 희화의 대상으로 삼고 있다."[3]는 비판에 직면해야 했다. 이보다 더 과격한 주장이 대두하여 연구자들의 비상한 관심을 끌기도 하였다. 즉 사설시조에 나타난 여성화자가 실은, "남성이 주도하는 유흥 공간에서 성욕을 대리 체험하고 진술하는 욕망의 투사체"에 불과하다는 주장이 그것이다.[4] 이렇듯 예각화된 문제의식을 가지고 보면 사설시조의 여성화자가 그 적극적 · 도발적 포즈에도 불구하고 '타자성'을 벗어나지 못한 사실에 주목하지 않을 수 없다.

그런데 일부 여성주의적 연구들이 의심의 눈길을 받는 것처럼, 이 논의 또한 대상 작품의 특수성에 대한 충분한 배려 없이 '사물화'나 '타자성'이라는 결론에 도달한 감이 있다. 사설시조의 장르적 특징이 되는 '웃음'이나 '희극성'에 대해 제한된 비전을 지닌 여성주의적 시각을 만날 때도 비슷한 우려를 하게 된다. 대개의 여성주의 시각에서는 여성의 욕망을 희화화한 것이 곧 여성을 타자화한 증거라고 주장한다. 그러나 여성주의적 시각을 표방한 어떤 논의들은 '웃음'에서 가부장적 질서를 전복하는 전략을 찾고,[5] 사설시조의

여성문학회를 통하여 여성주의적 시각의 논문들이 앞 다투어 발표되고 있다. 사설시조와 직접 관련된 논문만을 들면 박애경, 「사설시조의 여성화자와 여성 섹슈얼리티」, 『여성문학연구』 3집, 한국여성문학회, 2001; 이형대, 「사설시조와 여성주의적 독법」, 정출헌 외, 『고전문학과 여성주의적 시각』, 소명출판, 2003; 조세형, 「사설시조의 중층성과 욕망의 언어」, 『한국고전여성문학연구』 제7집, 한국고전여성문학회, 2003 등이 있다.

3) 박혜숙, 「고려속요와 여성화자」, 한국고전여성문학회 편, 『고전문학과 여성화자, 그 글쓰기의 전략』, 월인, 2003, 42면.

4) 박애경, 「사설시조의 여성화자와 여성 섹슈얼리티」, 『여성문학연구』 3집, 한국여성문학회, 2001은 최근의 사설시조 관련 논문에서 가장 인용 빈도가 높은 논문이다.

5) 엘렌 식수와 같은 여성주의자들은 스스로에 대한 희극적인 냉소와 블랙 유머를 여성적 글쓰기 전략의 하나로 본다(팸 모리스, 「여성에 의한 글쓰기」, 『문학과 페미니즘』, 문예출

'말장난, 비유, 재담, 냉소, 조롱' 등에서 가부장적 질서에 대한 여성의 저항을 읽어낼 수 있다고 주장하기도 한다.[6)]

어느 쪽이 옳든, '희극성'을 남성, 혹은 여성의 욕망에 복무하는 전략쯤으로 본다는 사실 자체가 실은 민중문화 속에 나타난 '웃음'의 전통이나 사설시조가 지닌 미덕을 지나치게 제한하는 것이다. '웃음'에는 낡은 것을 죽이고 새로움과 젊음을 낳는 민중문화의 양면가치가 담겨져 있는데, 그것은 '치유하고 재생시키는' 웃음의 힘에서 나온다.[7)] 사설시조의 '웃음'에도 이에 못지 않은 의미심장한 측면이 있을 수 있다.

최근 사설시조의 '희극적 변형과 과장의 수법'에서 인간의 미숙함과 누추함에 대한 연민을 가지고 그것들을 감싸 안으려는 치유적인 성격을 읽어 낸 것은 하나의 좋은 선례가 된다.[8)] 전혀 여성주의적 시각을 표방하지 않은 이 논의에서 우리는 어떤 여성주의적 시각의 논의들보다 경청할 만한 발언을 듣게 된다. 즉 '여성'의 뒤틀린 형상 속에서 '억압 또는 훼손된 욕망'에 대한 치열한 문제제기가 가능했기 때문에 '희극적 변형'을 위해 유독 여성을 소재원으로 삼은 경우가 많았다는 것이다.

이렇게 본다면 '여성주의'라는 시각이 '여성'의 목소리와 이미지가 의미하는 바에 대해서 어느 정도까지 깊이 있게 해석할 수 있으며, 나아가 사설시조적 특성을 얼마나 섬세하게 드러낼 수 있는가 하는 의문이 생겨난다. 무엇보다도 안타까운 점은 그 유효성이 채 검증되기도 전에, 단기간의 집중적인 조명 때문에 '여성주의'라는 말이 어느덧 식상한 느낌을 준다는 것이다. 이 글의 목적은 어떤 시각에 대한 성급한 관심과 실망에 앞서 사설시조에 나타난

판사, 1993, 256~259면).

6) 이형대, 「사설시조와 여성주의적 독법」, 정출헌 외, 『고전문학과 여성주의적 시각』, 소명출판, 2003, 299면.

7) 미하일 바흐친, 이덕형 · 최건영 역, 『프랑수아 라블레의 작품과 중세 및 르네상스의 민중문화』, 아카넷, 2001, 23~24면.

8) 김흥규, 「사설시조의 愛慾과 性的 모티프에 대한 재조명」, 『한국시가연구』 제13집, 한국시가학회, 2003.2, 192면.

여성의 형상(figure)[9]을 차분히 분석하는 데 있다. 그럴 때만이 사설시조의 공시적·통시적 중층성 속에 얽혀 든 여성의 '성적 욕망'과 '희극성'에 대한 오해와 진실이 가려질 수 있을 것이라 믿는다.

2. 사설시조의 중층성과 여성

사설시조에서 성적 욕망의 화신으로 나타난 여성 형상에 대한 상반된 해석은, 마치 오늘날 성적 이미지에 호소하는 여성이 등장하는 광고 텍스트를 놓고 여성을 타자화했다고 비난하는 쪽과, 여성이 지닌 고유한 아름다움을 스스로 뽐낸다고 보는 상반된 시각이 공존하는 것에 비견할 만하다. 양자 모두 광고 텍스트 자체에서 비롯된 것이기 때문에 어느 쪽이 더 옳다고 보기 힘들다. 이 경우 누구의 욕망이 주도적인 것이며, 누구의 욕망이 타자의 욕망을 억누르는 것인지에 대한 판단은 해당 텍스트가 처한 역사적·사회적 상황을 고려해서 신중히 내려져야 할 것이다.

사설시조 속의 여성이 처한 역사적·사회적 상황을 재구하는 것은 대단히 어려운 일이며, 여성/남성의 욕망과 함께 계층의 문제가 착종되어 있는 텍스트에 접근하는 방법을 찾는 것조차 쉽지 않은 일이다. 이 장에서는 우선 사설시조의 공시적 중층성을 이해하고, 이렇게 중층된 텍스트를 해석하는 데 '여성'과 그의 '수사적 상황'이 왜 중요한지를 검토하고자 한다.

공시적으로 볼 때 사설시조는 평시조적 충동과 그에서 일탈하려는 충동의 중층성을 특징으로 하는 장르이다.[10] 중층성은 담당층이나 인식론 등 다양한 차원에서 논의될 수 있다. 지금까지의 연구사는 '평시조를 일탈하려는', '리얼리즘적' 지향을 사대부 계층이 아닌 중인가객이나 평민층과 같은 새로운 담

9) '형상(figure)'이란 용어는 추상적 진실의 알레고리인 동시에 육체적으로 살아 있는 여성이기도 한 모습을 지칭하기 위해 가져온 용어이다. 자세한 설명은 3장에 나타난다.
10) 조세형, 「사설시조의 시학적 고찰」, 『국어교육』 112호, 한국어교육학회, 2003.10.

당층의 것으로 파악하거나, 근대를 향한 새로운 인식론적 운동으로 파악하는 쪽에 무게를 싣고 있었다.

새로운 담당층과 관련하여, 평시조를 일탈하려는 충동을 '리얼리즘적 지향'이라고 일컫는 이유는 사설시조에 현저하게 나타난 물질적 세계에 대한 관심이 '현실의 총체성을 구현하는 전형의 창조와 전망 제시'라는 루카치의 리얼리즘적 개념에 근접했다고 보기 때문이다. 물론 사설시조에는 전형의 창조와 전망 제시가 미흡한데, 이 점이 바로 중인계층이 가진 한계를 노정한 것이라는 주장이 있다.[11] 그러나 형식과 시적 관심의 측면에서 평시조를 일탈하고 있는 사설시조가 장르적으로는 항상 서정 장르에 종속적으로 접속된다는 점은, 서사문학의 분석에서 나온 '리얼리즘' 개념의 실효성을 의심하게 만든다. 전형의 창조와 전망 제시가 미흡한 것은 중인계층의 한계 때문이 아니라, 사설시조라는 장르가 그러한 리얼리즘과는 본질적으로 맞지 않는 장르이기 때문일 것이다.

이와 관련하여 필자가 내린 결론은 사설시조에 나타난 '리얼리즘적 지향'이란, 이행기 문학에서 뚜렷하게 볼 수 있는 소박한 리얼리즘을 구현하는 문체적 지향에 한정된다는 것이다. 그 문체적 지향이 '물질적 세계와 현실에 대한 지대한 관심', '재현의 대상이 낮고 비속한 서민들인 경우가 많다는 점', '그 언어적 기법이 환유적이라는 점', '비문학적 영향에 예민하게 반응한다는 점' 등에서 소박한 리얼리즘과 닮아 있으면서도, 사실적 재현의 대상이 외부가 아닌 "내면"에 있다는 것이 사설시조 시학의 핵심이라고 주장하였다.[12]

그러나 루카치적 의미에서든, 문체적 차원에서든, 평시조에서 일탈하는 모든 것들을 '리얼리즘적'이라고 통칭하기에는 곤란한 점이 분명히 있다. "대개 구비문학적 토양에서 자라난 조선후기 작품들 속에 공히 나타나는 느슨한 이

11) 고미숙, 「사설시조의 역사적 성격과 그 계급적 기반 분석」, 『18세기에서 20세기 초 한국 시가사의 구도』, 소명출판, 1998.
12) 고정희, 「사설시조의 우화적 내면 표현」(이 책의 제2부 1장) 참조.

야기 줄거리, 개방적 · 탈선적인 다양한 언어, 잔치집 같이 북적대는 정형화된 묘사"가 그에 해당한다. 이런 국면들은 생동적이고 개성적인 여성 형상으로 집약되는 바, 소설화된 가사들에 나타난 괴똥어미, 노처녀, 한림댁과 같은 여성은 향촌 사회라는 공간적 친밀감 속에서 수사학적인 말의 성찬 속에 부각되는 인물들이다.[13)] 바흐친은 민중문학에 나타난 이와 유사한 요소들을 잠정적으로 '그로테스크 리얼리즘'이라 지칭한다. 그것은 한마디로, 모든 규범적이고 추상적인 가치들을 물질적, 육체적인 것으로 강등시켜 전복시키는 것을 의미한다. 그는 탈관과 대관, 욕설과 칭찬, 죽음과 재생이 축제적인 떠들썩함 속에서 동시적으로 일어나는 독특한 미학에 주목하여, 이것이 민중적인 웃음문화의 특징임을 주장하였다.[14)] 그런데 이러한 요소들에 대해 '리얼리즘'이란 용어를 붙이는 것이 논리적으로 타당한지는 의문이다.

리얼리즘이란 근본적으로 작품과 현실과의 논리적 정합성을 추구하는 관점이다. 그 논리적 정합성은 '보이는 것'을 '보이는 그대로' 형상화하는 사실성의 동어반복에서 나온다. 근대에 대한 암울한 전망을 지닌 아도르노와 호르크하이머는 근대를 강타한 사실주의적 사조의 영향으로 인식이 불가능해졌다고 탄식한다. 즉 '사실성'만이 정의로 인정되면, 인식은 사실성의 반복이 되며, 눈앞에 보이는 표피적 현상을 개념을 통해 매개시키는 '인식'이라는 행위를 송두리째 포기하게 된다는 것이다.[15)] 실제로 근대성에 대한 무조건적인 열광에서 벗어나 냉정한 눈으로 바라본다면 '리얼리즘'이란 비가시적인 實在들과도 관계할 수 있는 인간 存在에 대한 통찰을 방해하는, 대단히 물신주의적인 관점인 것이다. 따라서 '리얼리즘'이란 개념 앞에 '그로테스크'란 수식어를 붙여 민중문학 특유의 생동감을 설명하는 것은 적절해 보이지 않는다.

---

13) 서인석, 「조선후기 향촌사회 여성 형상의 한 면모」, 『양포 이상택교수 환력기념논총』, 집문당, 1998, 633면.

14) 미하일 바흐친, 이덕형 · 최건영 역, 『프랑수아 라블레의 작품과 중세 및 르네상스의 민중문화』, 아카넷, 2001, 47면.

15) 아도르노 · 호르크하이머, 김유동 역, 『계몽의 변증법』, 문학과지성사, 2001, 57면.

그럼에도 불구하고 이행기 민중문학 연구에서 리얼리즘적 관점은 각별히 중요하다. 그 이유는 '리얼리즘'이 상대적으로 지배계급에 대한 피지배계급의 입장을, 전근대적인 것에 대한 근대적인 인식을 대변하기 때문이다. 이 때 남성과 여성의 성적 차이는 역사적 · 계급적 차이 속에 사장되는데, 바로 이러한 이유로 리얼리즘적 관점에서는 "생동력 있는 주인공들이 왜 하필 '여성'이어야 하는가?"에 대한 진지한 문제제기가 어렵다고 본다. 사설시조의 생동력이 지배계급 대 피지배계급, 전근대적 인식 대 근대적 인식이라는 거대 담론의 틈새에서만 자라난다고 보는 한, 여성은 별도의 탐구대상이 될 수 없다. 그러나 동일한 계급, 계층 안에서도 서로의 욕망이 충돌하는 미시적인 집단들이 갈등하고 투쟁하고 있으며, 그러한 다툼이 일어나는 일상적이고 비역사적인 장이야말로 '여성'이 생동하는 형상으로 등장하는 무대가 되었을 가능성이 높다. 조선 후기 향촌 사회의 갈등을 틈타 누구보다도 자유롭게 욕망을 분출했던 '여성'들이 이를 입증한다. 다만 그들의 욕망이 논증된 것이 아니라 '수사학적'으로 상찬된 것에 불과하다는 사실은 '논리'와 '수사'의 길항관계를 말해준다. 다시 말해서 수사학적으로 가장 맹렬하게 욕망을 분출하는 인물은 논리적으로는 가장 억압된 욕망의 소유자라고 볼 수 있다.

이제 작품과 현실과의 논리적인 정합성을 추구하는 리얼리즘적 관점이 가닿지 못하는 곳에 있는 '여성'의 형상을, '수사적' 측면에서 접근해 볼 필요가 있다. '여성'에 대한 수사적 고찰은 리얼리즘적 시각을 보완한다는 점에서 사설시조의 공시적 중층성에 대한 이해를 넓혀줄 것이다. 한 사회를 공시적으로 구성하는 여러 집단들은 저마다 자신들의 특수한 욕구를 그 사회의 보편적인 욕구인 것처럼 논증해 내려는 분투를 벌이고 있다. 어떤 논증의 권위가 발견되는 곳에서, 그것이 작용하는 방식에 관심을 갖는 방법론이 바로 수사학이다.[16] 이 글에서 시도하는 '수사적 고찰'이란 작품의 의식적이거나 무의식적인 층위에서 울려나오는 상충하는 목소리들을 분석하는 작업이 될 것이

16) 제임스 크로스화이트, 오형엽 역, 『이성의 수사학-글쓰기와 논증의 매력』, 고려대 출판부, 2001, 6면.

다. 거대 담론으로 포착되지 못한 목소리들에 대한 섬세한 수사적 고찰은 여성 형상과 관련된 미시적 사회 집단들의 욕구를 살피는 데 유용하리라 여겨진다.

유념할 점은 '여성'에 대한 '수사적' 고찰이 '여성화자'의 목소리를 분석하는 작업에 그쳐서는 안 된다는 것이다. 신비평의 총아인 '화자'는 근본적으로 초시간적 패러다임이기 때문에 특정한 역사 사회적 상황들로 이루어진 구체적인 '여성 형상'을 분석하는 데 한계가 있다. 무엇보다도 '화자'에는 단 하나의 목소리나, 아무리 많아도 이중의 목소리[17]만을 상정할 수 있기 때문에 서로 다른 욕망을 지닌 사회집단의 미시적인 목소리들을 읽어내는 데 부적당하다. 만일 우리가 의식적인 저자의 의도뿐만 아니라 무의식적인 욕망이나 현재와 과거의 사회적 함의들[18]까지 읽어내고자 한다면, '화자'인 여성의 목소리뿐만 아니라, 화자와 함께 등장하는 인물의 목소리들, 그리고 그들이 형성하는 관계들을 암시하는 '수사적 상황'이 자세히 분석되어야 할 것이다. 여러 사회 집단이 사물을 바라보는 그들만의 방식을 언어 속에 각인시키려고 벌인 투쟁[19]들은 사설시조의 수사적 상황 속에 중층되어 있을 것으로 짐작되기 때문이다.

이상의 논의만으로도 사설시조의 중층성 속에 녹아든 '여성'의 공시적 함의는 생각보다 다대한 것임을 알 수 있다. 사설시조의 문학적 목소리를 주도한 계층의 실체를 직접적으로 규명하기 어려운 지금으로서는 사설시조 속에 숨겨진 미시적인 목소리들을 풍부하게 암시하는 '여성'의 수사적 상황에 대한 탐구가 절실히 요구된다.

---

17) "얼굴을 숨긴 남성 작자에 의해 만들어진 여성의 모습은 이중적인 의미를 갖게 되고, 그 목소리도 이중적으로 들리"는데, 이를 가리켜 '복화술적 목소리'라 한다(정인숙, 「가사에 나타난 시적 화자의 목소리 연구-연군가사와 애정가사를 중심으로」, 서울대 박사학위논문, 2001, 101~105면).

18) 팸 모리스, 앞의 책, 228면.

19) 미하일 바흐친, 앞의 책, 716면.

3. 성적 욕망의 수사적 상황

사설시조의 여성들은 대개 비정상적이고 예외적인 상황에서 성적 욕망의 화신으로 등장한다. 질탕한 유흥의 장에서 최음적 효과를 노렸기 때문이라는 설명도 있지만,[20] 그렇게 규정하기에 앞서서 여성의 성적 욕망이 여성 자신에게 어떤 의식적 · 무의식적 의미를 지니고 있는지 살피기로 한다. 사설시조에서 여성과 함께 등장하는 인간 유형은 장사치, 승려, 젊은 샛서방, 어린이, 시어머니 등이다. 이 가운데 젊은 샛서방까지는 성적 욕망의 직접적 상관자라면, 어린이와 시어머니 등은 성적 욕망을 간접적으로 감시하고 판단하는 인물들이다. 이하에서는 두 부류의 인물들이 여성과 함께 빚어내는 수사적 상황을 차례로 살피기로 한다.

1) 不姙과 姦通의 상황

프로이트에 따르면 성적 본능은 죽음 본능과 투쟁하면서 삶을 보존하는 것을 목적으로 하기 때문에 우리가 살아 있는 한 끊임없이 추구해야 할 욕망이 될 수밖에 없다. 여성의 성적 욕망을 죽음과 삶의 투쟁이라는 관점에서 볼 때, 많은 사설시조의 여성들이 죽음을 상징하는 불임의 위기에 처해 있다는 사실을 알게 된다. 사회적, 도덕적으로 공인되는 성적 관계를 맺을 수 있는 남편들은 신체적으로 불구인 정도를 넘어서 여성의 삶을 억압하는 병적인 존재로 그려지기 때문이다.

『병와가곡집』#1063

술이라 ᄒᆞ면 ᄆᆞᆯ 믈 혀듯ᄒᆞ고 飮食이라 ᄒᆞ면 헌 ᄆᆞᆯ등에 셔리황 다앗 듯

兩 水腫다리 잡조지 팔에 할긔눈 안ᄑᆞᆺ 쉽장이 고쟈 남진을 만셕듕이라 안쳐

20) 박애경, 앞의 논문.

두고 보랴

囹 밧긔 통메 장ᄉᆞ 네나 ᄌᆞ고 니거라

위 시조에서 묘사된 남편은 여성과 함께 생산을 도모할 만한 형편이 못 된다. 음식을 상처 난 말 등에 유황 댄 듯 기겁하고 피하면서 술은 말이 물 들이키듯 먹는다는 것은 알콜 중독자에 가까운 병리적 상태를 그린 것이다. 부은 다리, 오그라진 팔, 사팔뜨기에, 가슴과 등이 모두 곱사등이로서 온갖 일그러진 형상을 모은 듯한 신체에, "고자"이다. 이처럼 일그러진 신체와 성적 불능 상태는 생명력 없는 삶, 죽음과도 같은 일상을 암시한다. 이런 남편을 "안쳐 두고" 이 여인이 살 길은 "囹 밧긔 통메 장ᄉᆞ 네나 ᄌᆞ고 니거라"라는 말에서 알 수 있듯이 '불륜' 뿐이다. 뜨내기인 '통메 장사'는 비록 한시적인 간통 상대에 불과하지만, 잠재적으로는 여성의 생산을 돕는 보조자의 역할을 한다.

민중적인 장르에서 남편을 두고 이른바 '서방질을 하는 여인'들은 죽음과 낡음에 대한 거부와 생명과 새로움에 대한 열망을 암시한다.[21] 위 시조 또한 병들고 무기력한 남편과 건강하고 생산력 있는 여성의 투쟁을 그렸다고 볼 가능성이 충분하다. 그러나 여성의 생산을 도울 만한 상대자들이 과거도 모르고 미래도 기약할 수 없는 장사치나, 도덕적 불구인 샛서방이 아니면 사회적 불구인 승려들로 설정된 사실은 여성을 不姙의 상태로 방치하고자 하는 사회의 압력과 저항을 암시한다. 다음 두 시조를 비교해 보면 그러한 저항이 어느 정도인지 짐작해 볼 수 있다.

『청진』#480
각시ᄂᆡ 玉 ᄀᆞᆺ튼 가슴을 어이 구러 다혀 볼고
綿紬紫芝 쟉져구리 속에 깁젹삼 안셥히 되여 죤득죤득 대히고 지고
잇다감 ᄯᆞᆷ 나 ᄇᆞᆺ닐 제 ᄯᅥ힐 뉘를 모르리라

21) 미하일 바흐친, 앞의 책, 371면.

『청진』#494
새악시 書房 못 마자 애쓰다가 주근 靈魂
건삼밧 쑥삼 되야 龍門山 開骨寺에 니빠진 늘글 즁놈들 뵈나 되얏다가
잇다감 쑴나 ᄀ려온 제 슬쩌겨 볼가 ᄒ노라

위의 두 작품은 남녀 주인공이 직접적 방법으로 실현할 수 없는 그들의 욕구를 성적 상대의 살에 닿을 수 있는 옷감이 되었다가 "잇다감 쌈 나"는 때에 접촉하기를 바라는 유사한 '戱畵的 갈망'을 그린 작품이다.[22] 그런데 두 작품의 수사적 상황을 면밀히 살펴보면 남성의 욕망에 대해서는 호의적인 동조가, 젊은 '새악시'의 애처로운 욕망에 대해서는 악의적인 비하가 느껴진다.

우선 남성의 욕망은 남성 스스로의 목소리로 구체적으로 그려진 데 반해서, 젊은 여인의 욕망은 관찰자의 목소리로 대리 진술되고 있다. 남성의 욕망이 "綿紬紫芝 쟉져구리 속에 깁젹삼 안섭"으로 화한다면, 여성의 욕망은 "건삼밧 쑥삼"으로 초라하게 화한다. 애초부터 욕망하는 대상이 "각시닉 玉 ᄀ튼 가슴"과 "니빠진 늘글 즁놈들"로 달리 설정되었기 때문이다. 전자의 경우 욕망의 대상이 뚜렷하고 진지한 데 반해서 후자의 경우는 욕망의 대상이 醜할 뿐 아니라 불특정다수란 점에서 진정성이 의심된다.

앞의 시조가 남성 화자의 일인칭 발화로 이루어진 서정 장르라면, 뒤의 시조는 작중 인물에 대해 객관적 거리를 두고 발화하는 서사 장르에 가깝다. 특정 그룹의 공유된 가치를 나타내는 언어의 반복적 패턴이 '장르'[23]라고 할 때, 정치적 · 문화적 · 이념적 확산을 방어하려는 노력을 뚜렷이 보이는 장르가 '서정 장르'이다. "각시닉 玉 ᄀ튼 가슴을……" 시조는 아마도 상층 남성의 가치체계가 여성의 욕망에 대하여 배타적이고 일원적 목소리를 유지하면

22) 김흥규, 「사설시조의 詩的 視線 유형과 그 변모」, 『욕망과 형식의 시학』, 태학사, 1999, 217면.

23) Carolyn R. Miller, "Genre as Social Action"; "Rhetorical Community: The Cultural Basis of Genre", ed. by Aviva Freedman & Peter Medway, *Genre and New Rhetoric*, Taylor & Francis, 1994.

서 '서정 장르'로 나타난 것으로 여겨진다. 그 결과 여성은 '玉 ᄀᆞᆺ튼 가ᄉᆞᆷ'으로 사물화되고, 철저하게 침묵하고 있다. 반면 뒤의 시조는 여성 주인공에 대한 객관적 거리를 두고 발화하는 방식에서는 다르지만 여성 자신의 욕망이 소외된다는 점에서는 크게 다르지 않다.

여성의 욕망에 대한 완고한 저항은 "니ᄲᅡ진 늘글 즁놈들"이라는 표현에 잘 나타난다. 여기서 남성 생식기의 환유인 '치아'24)가 빠진 상태, 늙음, '즁놈'이라는 삼중의 '不姙' 이미지가 중첩된 점이 흥미롭다. "ᄂᆞᆷ이셔 즁이라 ᄒᆞ여도(『청진』#577)"나 "즁놈도 ᄉᆞ롬이 냥ᄒᆞ여(『청진』#552)"와 같은 표현에서 짐작할 수 있듯 '중'은 사회적 불구로 취급되고 있다. 뿐만 아니라 때로는 성적 능력의 결여와 결부시켜 마음껏 조롱할 수 있는 대상으로 취급되기도 한다. 예를 들어 "이 빠진 늘근 즁놈에 살 성귄 어리이시로다(『청진』#545)"와 같은 데서는 '이 빠진 늙은 중'의 이미지와 '빗살이 성근 빗'의 이미지를 중첩시켜 성적 매력이 전무한 남성을 조롱하고 있다. 사회적 약자에 대한 이러한 무자비한 관점은 그 사회의 주도권을 쥔 남성, 상층의 관점을 암시하는 듯하다. 그에 비해 같은 사회적 약자인 하층 여성의 입장에서는 '중'과의 性愛를 자랑하듯 난만하게 고백하는 목소리가 더 흔하다고 볼 수 있다.

『청진』#577

청울치 뉵놀 메토리 신고 휘대 長衫 두루혀 메고

瀟湘斑竹 열 두 ᄆᆞ듸를 불흿재 쎄쳐 집고 ᄆᆞ르 너머 재 너머 들건너 벌건너 青山石逕으로 흿근 누은 누은 흿근 흿근동 너머 가웁거늘 보은가 못 보은가 ᄀᆡ우리 난편 禪師 즁이

ᄂᆞᆷ이셔 즁이라 ᄒᆞ여도 밤즁만 ᄒᆞ여셔 玉ㅅ ᄀᆞᆺ튼 가슴 우희 슈박 ᄀᆞᆺ튼 머리를 둥글 썰썰 썰썰 둥굴 둥굴 둥실둥 굴러 ᄀᆡ여 올라올 져ᄀᆡᄂᆞᆫ 내사 죠해 즁 書房이

이 작품은 중과의 정사를 당사자인 여성화자의 입을 통해 고백하는 내용으

24) 지그문트 프로이트, 조대경 역, 『꿈의 해석』, 서울대 출판부, 1992, 344면.

로, '중'과의 관계에서만 누릴 수 있는 유일무이한 즐거움이 희화적으로 그려져 있다. '수박같은 머리'가 '둥글 썹썹 썹썹 둥굴 둥굴 둥실둥 굴러 긔여 올라'온다는 표현은 시각적 사실감과 촉각적 사실감을 더하면서 색다른 경험에 대한 청중의 호기심과 엿보기 심리를 만족시켜 준다. 따라서 주로 남성들이 이 노래를 향유하면서 여성의 욕망을 왜곡하고 비하하고 엿보며 즐겼으리라 짐작된다. 그렇다고 해서 여성 자신의 욕망이 전적으로 제거되었다고 할 수는 없다. 우선 남들이 중이라고 손가락질 하는 서방을 맞이할 수밖에 없는 이 여성은 어떤 식으로든 -하층이든지, 장애인이든지, 뜨내기든지- 사회적 장애를 안고 있는 인물로 짐작된다. 그렇다면 이 우스꽝스러운 정사는 공인되지 못한 욕망의 실현이고, 기성 사회에서 뿌리 뽑힌 자들의 존재감 확인이라는 측면에서 재해석될 여지가 있다. 무엇보다도 이 여성의 성적 만족은 선사 중이 고개를 넘고 있는 장면부터 미리 예고되었다. 비록 '중'이라지만 성적 능력이 충만하고 활력이 넘치는 상대에 대한 애정이 드러난 선행 장면을 통해서 볼 때, 이 여성의 욕망이 사물화되었다고 말하기는 힘들다.

상대에 대한 애정은 "보은가 못 보은가 긔 우리 난편 禪師 즁이"에서 분명하게 표현된다. 자랑하고 뽐내고 싶은 것은 상대방의 성적 능력 그 자체라기보다는 "청울치 늑늘 메토리 신고 휘대 長衫 두루혀 멘" 폼나는 모습과, "瀟湘斑竹 열 두 ᄆᆞ듸를 불흿재 쌔쳐 집"는 힘, "ᄆᆞ르 너머 재 너머 들건너 벌건너 靑山石逕으로" 어디든 갈 수 있는 젊고 건강한 육체, "휫근 누은 누은 휫근" 넘어가는 유연한 그의 신체인 것이다. 이로 미루어 보건대 성적 능력은 췌언을 불허한다. 여기서 "휫근 누은 누은 휫근"과 같은 반복적인 어휘는 '둥글 썹썹' '썹썹 둥굴'과 마찬가지로 '주로 한쪽 방향으로 작용하면서 동시에 반대 방향으로 작용하는 신체 행위의 불균형'을 나타내는데, 이는 마치 생쥐를 가지고 장난치는 고양이처럼 억압된 감정이 용수철처럼 분출되는 것과, 이것을 억누르는 것을 즐기는 반복 유희를 연상시킨다. 이런 반복은 유사한 동작을 되풀이 하면서 불안감을 쫓는 심리와 동일한 구조를 가지고 있다.[25)]

이 같은 반복적 유희 속에는 사회적 약자끼리 만나서 소망을 이룰 수 있다는, 삶에 대한 충만한 긍정이 함축되어 있다. 따라서 이정보의 "간 밤에 자고 간 그 놈 아마도 못 이져라…"와 같이 감정적 호감과는 무관하게 성행위 자체를 강조하거나, "…님의 연장이 그러코라쟈…"와 같이 성기에 대한 물신주의적 관심을 드러낸 작품26)들과는 강조점을 달리한다고 본다.

그런가 하면 공인받지 못한 존재들끼리의 연대는 사회의 보편 관념에 대한 도전이 될 수 있다. 舜妃의 충절이 아로새긴 '瀟湘斑竹'을 뿌리 채 뽑아든다는 표현에서, 상층 지배 이데올로기를 겨냥한 긴장감을 느낄 수 있다. 즉 이 작품은 약자를 비하하는 사회적 통념과, 그러한 통념을 무시해 버리는 약자의 상반된 목소리가 함께 공존하고 있는 작품인 것이다.

불임과 간통의 이미지와 관련된 사설시조들을 검토해 본 결과, 여성의 성적 욕구가 매도되는 듯한 희화적 표현 속에는 '생명의 삶'에 대한 여성 자신의 의지가 나타난다는 사실을 알 수 있었다. 그러나 민중문화의 전통에서와 같이 여성의 양면 이미지가 불임과 출산이 아니라, 불임과 간통에 그친다는 점은 사설시조에서도 이미 민간의 노래가 가지고 있는 리얼리티가 어느 정도 훼손되었음을 암시한다. 일급 가객과 최상층 벌열 사대부층의 결합이 만들어낸 歌集에 수록되려면 그러한 변화는 불가피했을 것이다. 그러나 여성의 욕망에 대한 그 사회의 저항이 거세면 거셀수록 새로운 생산은 기대하기 힘들기 때문에 결과적으로 기존 사회의 존속 자체가 어려워진다. 당대의 지배적 이데올로기가 여성의 성적 욕구를 억압할수록 사회의 존속 자체가 위협받는 아이러니 속에서 여성이 지닌 수사적 파괴력은 만만치 않으리라 짐작할 수 있다. 다음에서는 자칫 파괴적일 수 있는 여성의 성적 욕망을 감시하고 판단하는 어린이나 시어머니와의 관계를 통해 드러난 여성 자신의 심리적 이미지를 고찰해 보기로 한다.

---

25) 사설시조에 나타난 반복적인 어휘의 해석에 대해서는 「사설시조의 희극적 특징」(이 책의 제2부 3장) 참조.

26) "白華山 上上頭에 落落長松 휘여진 柯枝 우희/ 부헝 放氣뀐 殊常ᄒᆞᆫ 옹도라지 길쥭넙쥭 어를머를 믜뭉슈로 ᄒᆞ거라 말고 님의 연장이 그러코라쟈/ 眞實로 그러곳 ᄒᆞᆯ쟉시면 벗고 굴물진들 셩이 므슴 가싀리(『청진』#545)"와 같은 작품이 그 예다.

2) 자아와 초자아의 대화

프로이트는 마음의 구조가 이드(id), 자아(ego), 초자아(super-ego)로 구성되어 있다고 말한다. 쾌락원칙에 따라 움직이는 '이드'는 생존에 필요한 음식·공기·물·영양분을 찾는 본능적 욕구로서의 기능, 체온을 유지하고 신체조화를 유지하는 기능, 생식의 기능을 지니는데, 이 가운데 단연 주목되는 것은 성적인 본능이다. '자아'는 우리가 의식적으로 조정할 수 있는 마음의 부분으로서 이드의 욕망들을 현실에 맞추어 억제·조정하는 기능을 한다. 초자아는 자아의 기능을 관찰하고 평가하는 마음의 부분으로 무의식에 속해 있으며, 양심과 흡사한 것으로, 칭찬과 벌을 주는 부모나 윗사람들과의 동일시에서 생겨난다.[27]

여성 자신의 성적 욕망은 사회적 저항에 의해서만 도전받은 것은 아니다. 그보다는 사회적 금기가 내면화된 자아나, 초자아에 의해서 훨씬 더 강도 높은 통제와 억제가 이루어졌으리라 본다. 다음 작품이 그러한 사정을 짐작케 한다.

『청진』#576

니르랴 보쟈 니르랴 보쟈 내 아니 니르랴 내 남진 ᄃᆞ려

거즛 거스로 물 짓ᄂᆞᆫ 쳬ᄒᆞ고 통으란 ᄂᆞ리와 우물 젼에 노코 ᄯᅩ아리 버서 통조지에 걸고 건넌 집 쟈근 金書房을 눈ᄀᆡ야 불러내여 두 손목 마조 덥셕 쥐고 슈근슈근 말ᄒᆞ다가 삼밧트로 드러가셔 ᄆᆞ스 일 ᄒᆞ던지 ᄌᆞᆫ삼은 ᄡᅳ러지고 굴근 삼대 ᄭᅳᆺ만 나마 우즑우즑 ᄒᆞ더라 ᄒᆞ고 내 아니 니르랴 내 남진 다려

져 아희 입이 보도라와 거즛말 마라스라 우리ᄂᆞᆫ ᄆᆞ을 지서미라 실삼 죠곰 키더니라

27) 조두영, 『프로이트와 한국문학』, 일조각, 1999; 지그문트 프로이트, 「자아와 이드」, 윤희기·박찬부 역, 『정신분석학의 근본 개념』, 열린책들, 2003.

이 작품은 동일한 모티프를 지닌 민요가 남아 있는 것으로 보아, 본래 민간의 노래에서 왔을 가능성이 높다. "바람 불고 비올 줄 알면서/ 어떤 사람이 빨래를 가네/ 빨래를 갈라면 강가로 가지/ 저 건너 삼밭에 뭐하러 가나/ 삼 잎은 떨어져 방석이 되고/ 삼대는 슬슬 칼춤 추네."라는 <금산 모노래>에 나오는 여인은 "빨래를 가"는 척하면서 자신의 행동을 '숨기'려 하지만 그 내용 자체는 완전히 모두 '알고 있는' 내용이라는 데서 해학적인 웃음이 생겨난다.[28) 이처럼 모든 것을 알고 있는 공동체의 분위기 속에서는 여인의 부정한 행위가 '고발' 내지 '폭로'되어야 할 범죄로 취급되지 않았을 것이다.

그런데 사설시조에서는 목격자인 '아희'의 등장으로 말미암아 여인의 행실이 심판받을 위기에 놓이게 된다. 이 '아희'는 눈앞에 보이는 광경의 의미를 알고 그것을 이용하여 어른을 위협할 정도로 영악하다. 그런데 잔뜩 긴장한 채 사건의 추이를 주시하던 청중들은 수세에 몰린 여인의 입에서 뜻하지 않은 말을 듣게 된다. 즉 자신을 위협하는 객체를 "입이 보드라"운 "거짓말"하는 아이로 격하시키고, 스스로는 살림살이에 조금이라도 보탬이 되기 위해서 노동을 하는 갸륵한 "마을 지어미"로 격상시킴으로써 자아를 조금도 손상시키지 않는 방어기제를 작동시키고 있는 것이다. 이를 통해 얻는 소득은 부정한 행위를 하는 자아의 불안감과 죄의식을 합리화할 수 있다는 것이다. 남편에게 발각될까봐 두려운 마음이 목격자로 화하였다면, 그 목격자가 발언의 신빙성을 의심받는 어린애로 판명됨으로써 영원히 안도하는 것이다. 아이에게는 중대하게 보이는 이해와 고통도 어른의 입장에서 보면 사실은 사소한 것임을 알고 미소 짓는 경우가 종종 있는데, 이 때 어린이와 어른의 입장에는 자아와 초자아의 심리적 이미지가 대입된다. 위의 작품에서와 같이 심리적 악센트를 자아(ego)에서 거둬들이는 대신 이것을 초자아(super-ego) 쪽으로 옮기는 순간, 현실에 대한 자아의 두려움이 별 것 아닌 것이 되었다.[29) 이것이 바로 유머가 작동하는 방식이다. 다음 작품에서도 이와 유사한 심리적 과정

28) 이기서, 「민요창자의 삶과 미학」, 『한국학연구』 10집, 고려대 한국학연구소, 1998, 357면.
29) 지그문트 프로이트, 정장진 역, 「유머」, 『예술, 문학, 정신분석』, 열린책들, 509~516면.

을 엿볼 수 있다.

『청진』#478
어이려뇨 어이려뇨 싀어마님아 어이려뇨
쇼대 남진의 밥을 담다가 놋쥬걱 잘를 부르쳐시니 이를 어이 ᄒᆞ려뇨 싀어마님아
져 아기 하 걱정마스라 우리도 져머신 제 만히 것거 보왓노라

인간이 경험할 수 있는 여러 가지 갈등 중에서 고부갈등만큼 맹렬한 갈등도 없을 것이다. 시집살이 민요 속에 거듭 나타나는 고부간의 투쟁과 미움은 "싀어마님 며느라기 낫바 벽 바흘 구루지 마오…(『청진』#573)"와 같은 사설시조의 주요 모티프가 되기도 하였다. 그런데 위의 시조는 "시어머니에게 조심스럽게 자신의 허물을 밝히는 순간 시어머니가 자신의 젊은 시절 실수담을 고백하면서 며느리를 위로하는" 예기치 않은 방향으로 일탈된 노래이다. 때문에 선행연구에서는 이 작품에 나타난 대화가 비현실적일 뿐 아니라 사실을 왜곡하고 있다고 본다.[30] 물론 위 시조에 나타난 고부관계는 현실에서 찾아보기 힘든 관계이다. 그러나 나이 많은 여성이 젊은 여성에게 생의 의미와 교훈을 전수하는 모습은 하층 여성이 등장하는 조선후기 시가에서 전혀 낯선 장면은 아니다. 더구나 젊은 여성과 나이 많은 여성이 마치 分身처럼 해석되기에,[31] 이들을 한 사람의 '자아'와 '초자아'로 볼 개연성은 충분하다.

위의 작품은 샛서방의 밥을 눌러 담다가 '놋주걱' 자루를 부러뜨릴 만큼 애욕에 지배받는 '젊은' 며느리의 고백으로 시작된다. '고백'은 '막연한 친밀감과 일반적인 저열함'을 전제로 한다. 또한 판단을 내리고 벌하고 용서하고 위로하고 화해시키기 위해 개입하는 결정기관인 상대가 잠재적으로나마 현존

30) 박애경, 앞의 논문, 102면.
31) 고정희, 「<된동어미화전가>의 미적 특징과 아이러니」, 『국어교육』 111호, 한국어교육학회, 2003.6, 333면.

하지 않으면 성립되지 않는다.[32] 여기서 고백의 상대가 하필 '시어머니'라는 점은 고백하는 며느리 편에서 볼 때 대단한 모험이 아닐 수 없다. 며느리는 아마도 '고백'이 가진 친밀감과 흥미를 이용하여 가장 적대적인 인간을 동조자로 만드는 기회를 노렸을지 모른다. 설령 실패하더라도 며느리는 고백했다는 사실만으로도 속죄될 수 있다. 시어머니 편에서 보면 일단 심판자로서의 권위는 보장받은 것이며, 용서만 된다면 관용하는 자의 기쁨을 맛보며 며느리로부터 마음에서 우러나오는 복종까지 얻을 수 있다. '고백'이 매개해 주는 이 같은 상생관계에 의해서 시어머니는 그 자신이 "져머신 제 만히 것거 보왓"던 며느리의 초자아를 자처하는 것이다. 자아인 며느리에게는 중대한 실수처럼 보이는 당면 문제도 시어머니의 초자아로 보면 "하 걱정 마스라"고 말할 수 있는 사소한 것에 불과하다. 이 작품 또한 종장에서 전혀 예기치 않은 초자아의 목소리가 나타나는 반전 구조를 통해 희극성을 획득하고 있다. 그런데 양심을 대변해야 할 초자아가 여성의 불온한 욕망을 오히려 부추기는 것에 대해 의아해 한다면, 프로이트의 다음과 같은 설명을 참고해 보자.

> 우리는 초자아를 엄격한 주인으로 알고 있다. 초자아가 거드름을 피우면서 자아에게 작은 쾌락을 얻을 수 있게 한다는 것은 그런 성격과 잘 맞지 않는다고 사람들은 말할 것이다. (중략) 겁에 질려 있는 자아에게 유머를 통해 위안이 가득 담긴 말을 해주는 자가 정말로 초자아라고 하더라도 우리는 아직 초자아의 본질에 대해서 살펴보아야 할 것이 많이 남아 있다는 사실을 잊어서는 안 될 것이다. (중략) 만일 초자아가 자아를 위로해 주고 고통에서 보호해 주고자 한다면, 이는 부모가 어린아이의 정신 속에서 차지하고 있던 심급에서 초자아가 비롯되었다는 사실과 상치되는 것은 아닌 것이다.[33]

프로이트 자신도 초자아 속에 '엄격한 심판자'와, '위로하고 보호하는 부

32) 미셸 푸코, 이규현 역, 『性의 역사』 제1권, 나남출판, 1990, 79면.
33) 지그문트 프로이트, 정장진 역, 「유머」, 앞의 책, 516면.

모'라는 상극적 이미지가 들어 있는 점에 의아해 하면서 후자는 특히 유머가 작동할 때 두드러진다는 것을 강조한 바 있다. 만일 "어이려뇨 어이려뇨 싀어마님아 어이려뇨…"의 시어머니가 뛰어난 유머의 소유자가 아니었다면 며느리에 대한 가장 혹독한 심판자가 되고 말았을 것이다. 이 작품의 시어머니야말로 초자아의 상극적 이미지를 상징하는 인물이라고 하겠다.

사설시조에서 여성의 자아와 초자아 사이의 대화로 읽을 수 있는 작품들은 대개 당황스런 외부 상황을 극복하게 하고 그 고통의 감정을 익살로 넘겨 자아를 손상시키지 않는 희극성을 지니고 있다. 이러한 희극적 상황을 통해 사설시조의 여성은 희화화된 관음의 대상이 되는 단순한 육체적 여성을 넘어서는 것이 가능했다고 생각된다. 남편과의 관계에서 성적 욕구를 채우지 못하는 여인, 중을 사랑하는 여인, 마을의 지어미, 시어머니에게 부정을 고백하는 이 여인들은 분명히 피와 살을 가진 여성인 동시에, 사회적 억압에 저항하는 하층 여성의 성적 욕구와 감정생활, 초자아를 나타내는 알레고리이기도 하다. 이렇게 추상적 진실의 알레고리인 동시에 '육체적으로 살아 있는 모습'을 가리켜 '형상(figure)'이라 일컫기로 한다.

많은 문학작품 속의 여성들이 '버려진 여인'과 같은 수사적 '형상'으로 나타나며 현실의 리얼리티와 끊임없는 긴장관계를 형성한다.34) 사설시조의 여성은 자신의 욕구를 일원적이고 통일적인 목소리를 가진 '여성화자'를 통해서 '서정적'으로 드러내지도 않았으며, 침묵하지도 않았다. '성'을 중심으로 모인, 억압된 욕망에 대한 문제의식은 지나가는 장사치에게, 이웃의 여인에게, 어린이와 시어머니에게 말을 걸어 성적 욕망과 부정한 행실을 스스로 밝히는 희극적 '형상' 속에서 풍부히 암시되고 있었다. 다음에서는 이러한 여성 형상의 시대적 추이를 살피기로 한다.

---

34) Lawrence Lipking, "Introduction", *Abandoned Women and Poetic Tradition*, Chicago and London: The University of Chicago Press, 1988.

4. 여성 형상의 통시적 변모

19세기 초를 기점으로 하여 사설시조는 민중예술적 취향이 상당 부분 오롯이 남아 있던 단계에서 시정문화의 발흥에 의해 그 성격이 변모되는 단계로 변모하였다.[35] 그 변화의 징후는 19세기 시가사에 대한 거시적 연구[36]에서도, 작품에 대한 미시적 고찰[37] 속에서도 동일하게 포착되었다. 이러한 변화가 사설시조의 여성 형상 속에 어떠한 흔적을 남겼는지 살피는 것이 이 장의 과제이다.

이를 위해 18세기 가집인 『청진(진본청구영언)』에 나타난 여성 형상이 19세기 초반 가집으로 추정되는 『청육(육당본청구영언)』과 『흥비부』, 19세기 중·후반 가집인 『가곡원류』 등에서 어떻게 달라지는지 살피기로 한다. 『청진』에서 『청육』을 거쳐 『가곡원류』 계열 일반으로 이어지는 가곡사의 주류적 흐름은 일급 가객과 최상층 벌열 사대부층의 결합이 만들어낸 중앙문화의 산물이라면, 『흥비부』는 이들보다는 다소 그 사회적 지위가 낮은 계층을 배경으로 지류적인 흐름을 형성한 가집이다.[38] 두 계열의 가집을 향유한 사람들의 계층적 기반을 염두에 두면서 여성 형상을 분석해 보기로 한다.

『청진』#565

밋난편 廣州ㅣ ᄡᆞ리뷔 쟝ᄉᆞ 쇼대 난편 朔寧 닛뷔쟝ᄉᆞ

눈경에 거론 님은 ᄯᅮ짝 ᄯᅮ두려 방망치 쟝ᄉᆞ 돌호로 가마 홍도ᄭᅢ 쟝ᄉᆞ 뷩뷩 도라 물레 쟝ᄉᆞ 우물 젼에 치ᄃᆞ라 ᄀᆞᆫ댕ᄀᆞᆫ댕 ᄒᆞ다가 워렁충창 풍 ᄡᅡ져 물 ᄃᆞᆷ복

---

35) 김학성, 「18·19세기 예술사의 구도와 시가의 미학적 전환」, 『한국시가연구』 11집, 한국시가학회, 2002.2.

36) 고미숙, 「19세기 시가사의 시각」, 고려대 고전문학·한문학연구회편, 『19세기 시가문학의 탐구』, 집문당, 1995, 15면.

37) 김석회, 「사설시조 <각시ᄂᆡ 내 妾이 되나>의 의미와 의미 변용」, 『조선후기 시가 연구』, 월인, 2003.

38) 김석회, 「『흥비부』와 『청육』을 통해 본 노랫말 변용의 두 흐름」, 위의 책, 68면.

써내ᄂᆞᆫ 드레곡지 쟝ᄉᆞ

어듸가 이 얼골 가지고 죠릐 쟝ᄉᆞ를 **못 어드리**

(『홍비부』#117) 어듸가 이 얼골 **이 힝셰 가지고** 죠리박 장ᄉᆞ **못 어더 살니**

(『청육』#662) 어듸가 이 얼굴 가지고 **ᄯᅩ ᄒᆞᆫ** 죠릐쟝ᄉᆞ 못 어드리

(『가곡』#490) 어듸가 이 얼울 **쥐여들고 ᄯᅩ ᄒᆞᆫ 조리박** 쟝ᄉᆞ 못 어드리

이 작품의 후대적 변모는 간통하는 여성을 바라보는 다양한 시각들을 드러내고 있다. 지면상 전문을 모두 보이지는 못하지만, 가장 변화가 많은 부분은 종장이기 때문에 이것만으로도 서로 다른 입장들을 가늠해 볼 수 있다. 본래 이 노래의 희극성은 자신의 행동이 분명 낯 뜨거운 일임에도 불구하고 도리어 그것을 폭로하고 자랑하는 여성화자의 태도에서 발생한다. 이 여성화자는 잘 생긴 '얼굴'을 내세워, 남편을 두고도 가지각색의 情夫를 둘 정도로 단정치 못한 '행실'을 정당화하고 있다. 특히 종장에서 심리적 강조점을 행실이 아닌 '얼굴'에 두자, 여인의 무고함이 밝혀지고 오히려 잘 생긴 얼굴을 가진 여인으로 하여금 '행실'에 신경 쓸 겨를을 안주는 남성들의 행태가 반어적으로 조롱되는 것이다. 이처럼 자기 패러디를 통해서 남성적 가치에 대해 희화적으로 문제제기하는 여성작가들을 오늘날에도 종종 볼 수 있다.

그런데 『홍비부』에서처럼 부정의 원인으로 "행세"까지 꼽게 되면 이러한 문제제기는 더 이상 불가능해진다. 그때의 여인은 '얼굴 곱고 뜻 더러운 년'이라는 비난을 면치 못하는 육욕의 화신이 되고 만다. "얼골 조코 뜻 다라온 년아 밋졍조차 不貞ᄒᆞᆫ 년아/ 엇더ᄒᆞᆫ 어린놈을 黃昏에 期約ᄒᆞ고 거즛 ᄆᆡᆨ바다 자고 가란 말이 입으로 ᄎᆞ마 도와 나ᄂᆞᆫ/ 두어라 娼條冶葉이 本無定主ᄒᆞ고 蕩子之探春 好花情이 彼我의 一般이라 허믈ᄒᆞᆯ 줄 이시랴"(『청진』#550)와 같은 작품에서는 얼굴은 곱지만 행실이 부정하고 속이기를 잘하는 여성에 대한 남성의 원색적인 비난과 함께, 믿을 수 없는 여성의 행실마저도 너그럽게 이해하는 남성의 우월감이 드러나 있다. 이처럼 욕설을 퍼붓든 관용하든 '행실'을 들먹이는 것은 언제나 남성의 입장에서였다. "밋난편 廣州ㅣ ᄲᅡ리뷔

쟝ᄉᆞ 쇼대 난편 朔寧 닛뷔쟝ᄉᆞ…"로 시작하여 흥겹게 남성편력을 늘여 놓던 여성의 입장은 도덕적 판단에서 벗어나 있는 것이다. 그런 까닭에 『홍비부』 #117의 "이 얼골 이 힝셰 가지고"란 말에는 남성적 시각이 혼입되었다고 볼 수 있다.

한편 『청진』의 시조가 "어듸가 이 얼골 가지고 죠릐 쟝ᄉᆞ를 못 어드리"라고 하여 남성의 관심과 사랑을 '획득'하는 것 자체에 강조점을 둔다면, 『홍비부』에서는 "죠리박 장ᄉᆞ 못 어더 살니"라고 하여 여성의 자존심보다는 경제적 의존이라는 속물적 목적이 부각된 점도 간과할 수 없다. 그에 비해 『가곡원류』에서는 "이 얼굴 쥐여들고"라고 하여 잘 생긴 얼굴 때문에 생기는 상황을 마다하지 않는 여성 형상을 취하고 있다. 『청진』에 비해서는 남성적 가치가 많이 배어들었지만 『홍비부』에 비해서는 중도적인 입장을 보인다고 하겠다. 『청육』과 『가곡원류』에서 "ᄯᅩ ᄒᆞᆫ 조리박 장ᄉᆞ 못 어드리"라고 한 것도 『청진』 "죠릐 쟝ᄉᆞ를 못 어드리"에 비해 여성의 잠재력을 훼손시킨 것이다. 마음만 먹으면 어떤 남성도 굴복시킬 수 있다는 자기만족적 가정에 가까웠던 사태가, "ᄯᅩ ᄒᆞᆫ"이란 수식어에 의해 일회적이고 즉물적으로 한정되고 만 것이다. 이러한 한정은 여성의 욕망, 목소리, 이미지를 대상화하고 사물화하는 데 기여한다.

『청진』#559

高臺廣室 나는 마다 錦衣玉食 더옥 마다

銀金寶貨 奴婢田宅 緋緞치마 大段장옷 密羅珠 겻칼 紫芝鄕織 져고리 ᄯᅳᆫ머리 石雄黃으로 다 ᄭᅮᆷ자리 ᄀᆞᆽ고

眞實로 나의 平生 願ᄒᆞ기ᄂᆞᆫ 말 잘ᄒᆞ고 글 잘ᄒᆞ고 얼골 ᄀᆞ자ᄒᆞ고 품자리 잘ᄒᆞᄂᆞᆫ 져믄 書房이로다

(『홍비부』#191) 품자리 잘ᄒᆞ난 절문 郞君만 ᄶᅩᆨᄶᅩᆨ 어더 쥬쇼서

(『청육』#643) 품자리 ᄀᆞ쟝 알ᄯᅳ리 쟐ᄒᆞ는 졈은 書房인가 ᄒᆞ노라

(『가곡』#535) 품자리 ᄀᆞ쟝 알ᄯᅳ리 쟐ᄒᆞ는 졈은 書房인가 ᄒᆞ노라

『청진』#559의 시적 화자는 물질적 부요보다 더 갖고 싶은 것이 "말 잘ᄒᆞ고 글 잘ᄒᆞ고 얼골 ᄀᆡ자ᄒᆞ고 품자리 잘ᄒᆞᄂᆞᆫ 져믄 書房"이라고 애교스럽게 말한다. 우선 물질적 부요를 "高臺廣室", "錦衣玉食"이란 추상화된 말로 제시한 후 구체적으로 소망할 만한 물건들을 나열한다. 그 품목을 보면 ①銀金寶貨 ②奴婢田宅 ③緋緞치마 ④大段쟝옷 ⑤密羅珠 겻칼(호박 粧刀) ⑥紫芝鄕織 져고리 ⑦ᄯᅳᆫ머리 ⑧石雄黃(노랑물감)으로 모두 8가지이다. 이 8가지는 크고 값비싼 재화로부터 작은 장식물의 순으로 나열되고 있는데, 장식물들은 대개 여성의 용모를 꾸며주는 것들이다.

그런데 19세기 가집으로 가면서 나열하는 품목에 약간의 변화가 보인다. 『가곡원류』에서는 "緋緞치마" "大段쟝옷"이 빠지고 나머지 6가지가 나열되고 있다. 가장 많은 변화를 보이는 『흥비부』에서는 "銀金寶貨"와 "奴婢田宅"이 빠지고, ⑦ᄯᅳᆫ머리 ⑧石雄黃 대신 "칠쌍팔쌍 雙귀이ᄀᆡ", "李貢젼 眞珠", "투심둣토락(명아주)"이 들어가 있어 용모에 대한 관심이 감해졌다.[39] 19세기 가집들이 여성의 욕구들을 반영한 품목들을 줄이거나, 아름답게 보이고 싶은 욕망이 투사된 장식물들을 다른 물건으로 대체한 것은 여성의 욕망에 대한 섬세한 배려가 줄어든 증거라 볼 수 있다.

그에 반해 여성의 성적 욕망에 대한 표현은 오히려 강화된 추세이다. 『청진』에서는 말 잘하고, 글 잘하고, 얼굴 깨끗하고, 가급적 "품자리"까지 잘 하는 젊은 서방이 소원이었다면, 19세기 가집에서는 한결같이 "품자리"가 "ᄀᆞ쟝 알ᄯᅳ리" 잘 해야 할 주도적인 욕망으로 부상한다. 이는 마치 "각시ᄂᆡ ᄒᆞ나 水鐵匠의 ᄯᆞᆯ이오 나 ᄒᆞ나 짐匠이로 솟지고 나믄 쇠로 가마 질가 ᄒᆞ노라(『청진』#533)"라고 하여 중의적 의미를 띠던 시조가 "…솟디고 나믄 쇠로 츤츤 가마나 딜가 ᄒᆞ노라(『가곡』#481)"와 같이 '츤츤'이라는 수식어 하나만으로도 성적인 의미로 고착된 것과 한가지다. "품ᄌᆞ리 잘ᄒᆞ난 졀문 郎君만 쏙쏙 어더 쥬쇼서"로 끝맺는 『흥비부』의 변화 양상은 좀 더 흥미롭다. 여인의 영원한 소망

39) 심재완, 『(교본)역대시조전서』, 세종문화사, 1972, 63~64면. 지면상 각 시조들의 전문은 생략한다.

을 독백체로 발화하는 원래 시조에 비해 『홍비부』에서는 눈앞에 청자를 상정함으로써 욕망이 시공간적 제한을 갖게 된다. 게다가 청자에게 그런 낭군을 "쏙쏙" 얻어 달라는 부탁까지 하는데, 열매 따위를 알뜰히 따내는 모양을 가리키는 "쏙쏙"이라는 의태어가 지닌 즉물성으로 말미암아 욕망이 사물화되고 있다. 『홍비부』의 이러한 특징은 앞 장에서 분석했던 다음 시조에서도 잘 나타나고 있다.

『청진』#576

니르랴 보쟈 니르랴 보쟈 내 아니 니르랴 내 남진 ᄃᆞ려

거즛 거스로 물 짓는 체ᄒᆞ고 통으란 ᄂᆞ리와 우물 젼에 노코 ᄯᅩ아리 버서 통조지에 걸고 건넌 집 쟈근 金書房을 눈ᄀᆡ야 불러내여 두 손목 마조 덥셕 쥐고 슈근슈근 말ᄒᆞ다가 삼밧트로 드러가셔 므스 일 ᄒᆞ던지 ᄌᆞᆫ삼은 쓰러지고 굴근 삼대 빗만 나마 우즑우즑 ᄒᆞ더라 ᄒᆞ고 내 아니 니르랴 내 남진 다려

져 아희 입이 보도라와 거즛말 마라스라 우리는 ᄆᆞ을 지서미라 실삼 죠곰 키더니라

『홍비부』#192

이를랴 보ᄌᆞ 이르랴 보ᄌᆞ 네 書房 다려 ᄂᆡ 아니 이르랴 보ᄌᆞ

거즛 물 길러 가는 체ᄒᆞ고 桶을 버셔 엽페 ᄭᅵ고 ᄯᅩ아리 버셔 통쏫세 걸고 **건넌집 金書房**을 눈죽이 불러ᄂᆡ여 ᄉᆞᆷ밧트로 드러가셔 무슴 일 지ᄂᆡ든지 잔 ᄉᆞᆷ째 쓰러지고 굴근 ᄉᆞᆷ 째 ᄉᆞᆺ만 남아 간뎽간뎽 ᄒᆞ드라 ᄒᆞ고 ᄂᆡ 아니 이르랴 보ᄌᆞ 네 남진 다려

陰凶한 져 ᄉᆞ롬이 우은 말 마로시쇼 이 몸이 지어민지라 **놀기가 심심ᄒᆞ여 질ᄉᆞᆷ 죠금 하엿노라**

이 시조의 경우 『가곡원류』에서는 의미 있는 변이가 발견되지 않은 데 비해 『홍비부』는 전혀 다른 방향으로의 일탈을 보이고 있다. 『청진』이 초범에

가까운 아낙네의 소년(작은 김서방) 유혹으로 설정이 되었다면 『흥비부』의 경우는 음행에 길이 들어 버린 논다니 같은 여인의 情夫 밀회로 설정이 되어 있다. 응답의 경우도 『청진』의 여인이 집단 속으로 재빨리 숨어들면서 다소 고압적으로 순진한 아이를 따돌리고 있는 데 비해, 『흥비부』의 여인은 느긋하게 수작을 하며 받아 넘기는 여유를 보인다.40) 그 결과 앞에서 지적한 자아와 초자아의 관계가 『흥비부』에 와서 완전히 파손되었다고 할 수 있다. 목격자를 아무것도 모르는 어린애 취급하면서 그 근거로 "입이 보드랍"다는 엉뚱한 이유를 갖다 붙인 데서 오는 통쾌한 '웃음'은 사라지고, 목격자의 위협을 '우은 말'로 일축하는 냉소가 그 자리를 대신하고 있다. 삼밭에 들어간 변명으로 보건대 『청진』의 여성은 평상시 마을 공동체의 일원으로서 "실삼 캐는" 것을 비롯한 제반 노동에 종사하던 여인임을 짐작할 수 있는 데 반해, "지어민지라 놀기가 심심ᄒᆞ여"라고 변명하는 『흥비부』의 여인은 본래부터 일상을 벗어난 유흥에 관심을 둔 여인으로 그려져 있다. 삼밭에 들어가 "질솜 죠금" 하였다는 부자연스러운 변명을 한 이유가 여기에 있는 듯하다. 이 작품의 여성은 실제로 존재하는 여성이라기보다는 유흥공간 속 남성의 관심과 기준으로 만들어진 형상에 가깝지 않은가 한다. 그리고 이러한 여성 형상이 관음증적 희화의 대상이 아니라고 장담하기도 어려운 듯하다. 이에 못지않게 여성 형상에 대한 극단적 변모를 보인 작품으로는 다음 시조를 꼽을 만하다.

『청진』#577

청울치 뉵늘 메토리 신고 휘대 長衫 두루혀 메고

瀟湘斑竹 열 두 ᄆᆞ듸를 불흿재 쌔쳐 집고 ᄆᆞ르 너머 재 너머 들건너 벌건너 青山石逕으로 흿근 누은 누은 흿근 흿근동 너머 가옵거늘 보은가 못 보은가 긔 우리 난편 禪師 즁이

ᄂᆞᆷ이셔 즁이라 ᄒᆞ여도 밤즁만 ᄒᆞ여셔 玉 ᄀᆞ튼 가슴 우희 슈박 ᄀᆞ튼 머리를

40) 김석회, 「19세기 초·중반 가집 『흥비부』의 노랫말 변용 양상」, 앞의 책, 26면.

둥글썰썰 썰썰둥굴 둥굴둥실둥 굴러 긔여 올라올 져긔는 내사 죠해 즁 書房이

『홍비부』#171

청울치 뉵늘 메토리 신고 휘대 長衫 두루혀 메고

瀟湘斑竹 열 두 마듸를 불의쎡 쎼여 집고 靑山石逕에 굽은 늙은 솔알릐로 눈 휫근 휫근 눈 휫근동 너머 가옵느니 보신가 못 보신가 우리 남편 즁 禪師올졔

남이ᄉᆞ 즁이라도 허여도 **밤즁마 맛치 硯滴 갓튼 젓통이에** 슈박 갓튼 ᄃᆡ구리를 썰썰둥굴 둥굴썰썰 썰썰썰 둥굴둥굴 구으러 긔여 올라올 졔면 ᄂᆡᄉᆞ 죠의 즁 셔방이

(『가곡』#631) 남이샤 듕이라 헐디라도 옥것튼 ᄀᆞ슴 우희 슈박 것튼 듸굴이를 둥글썰썰 둥굴둥굴 둥굴둥실 둥구러 긔여 올나 올제면 ᄂᆡ야 됴하 듕 書房이

이 작품은 선사 중이 고개를 넘고 있는 장면과, 그 중이 밤에 화자의 가슴에 기어 올라오는 두 장면으로 이루어져 있다. 그 비중이 『청진』에서는 평형을 이루었으나, 『홍비부』에서는 첫째 장면은 축약되어 있고, 둘째 장면은 "젓통이"나 "ᄃᆡ구리"와 같은 육담적 어휘를 동원해 가며 좀 더 자극적으로 묘사되어 있다.[41] 『가곡원류』에서도 첫째 장면에서 "ᄆᆞ르 너머 재 너머 들건너 벌건너"가 축약됨으로써 선사 중의 신체적 능력과 건강함이 평가절하된 것은 마찬가지다. "ᄆᆞ르 너머 재 너머 들건너 벌건너 靑山石逕으로"라는 『청진』의 표현은 무한한 공간을 휘젓고 다니는 선사 중의 초인적 이미지마저 암시한데 반해서, 『청육』, 『홍비부』, 『가곡원류』에서는 일제히 "靑山石逕에 굽운 늙은 솔아릐로"[42]라는 관습적이고 유희적인 묘사로 선사 중의 이미지에 손상을 입히고 있다.

앞 장의 분석을 상기해 보면 이 작품에는 당대 사회에서 소외된 여성과 사회적 불구인 선사 중의 사랑 속에 삶에 대한 충만한 긍정이 함축되어 있었다.

41) 위의 논문, 26면.
42) 심재완, 앞의 책, 394~396면.

그렇게 해석한 근거는 선사 중이 고개를 넘는 장면의 묘사가 활력으로 넘쳐 있었기 때문이다. 이 장면이 축약되고 성적 유희에 대한 묘사가 늘어남으로써, 여성화자의 욕망은 생의 욕망으로까지 일반화되지 못하고 관음증적 시선에 포착된 즉물적 대상으로 화하게 된다.

이상의 논의를 통해 여성 형상 속에 중층된 사설시조의 시대적 추이를 확인할 수 있었다. 민간 노래의 리얼리티가 사설시조 속으로 적극적으로 수용되던 18세기 동안은 여성의 언어도 사설시조 속에 활발히 삼투되면서 그 어느 때보다도 풍부한 여성 형상을 보여 주었다. 그러나 19세기로 갈수록 여성의 욕망은 즉물적인 차원으로 강등되거나 왜곡되는 양상을 보여준다. 계층적 기반과 취향이 보다 통속적인 경향을 보이는 『흥비부』는 눈에 띄는 방식으로 여성의 욕망을 제거해 갔지만, 세련된 서정성을 표방한 『가곡원류』는 적당히 숨기면서 억압했던 것으로 보이는데, 그러한 경향의 선두에는 "女唱歌曲"이 있었다고 생각된다.

女唱歌曲은 19세기 초엽에 창곡과 사설 양 측면에서 당시 향유층인 남성 고객의 기호를 가장 민감하게 받아들이며 성립되었다.[43] 그 결과 아이러니하게도 여창가곡 속에 나타난 여성의 형상은 사설시조 속에 그토록 대담한 목소리로 제기되었던 애정의 구체성이나 性的 관심을 배제한 채 사대부 문학 장르 속에서 발견되는 고정된 여성 이미지에 가깝다.[44] 여창가곡을 통해 感傷的인 것을 여성적인 감수성으로 분리시킴으로써 남성 고객은 나약한 감성으로부터 스스로를 보호하는 한편, 은연중에 자아가 상승되는 느낌을 즐길 수 있었다.[45] 이는 성적 욕망을 대담하고 거리낌 없이 표현하는 희화화된 여

---

43) 신경숙, 「18・19세기 가집, 그 중앙의 산물」, 『한국시가연구』 11집, 한국시가학회, 2002.2에 의하면 남창/여창의 구분은 18세기 말에서 19세기 전반 사이에 완결되었다고 한다.

44) 신경숙, 「19세기 여창가곡의 작품세계」, 『19세기 시가문학의 탐구』, 고려대 고전문학・한문학연구회편, 집문당, 1995, 149면.

45) 고정희, 「19세기 女唱歌曲과 시조의 상품화」, 『한국민족문화』 24집, 부산대 한국민족문화연구소, 2004.10에서는 여성적 감수성이 사물화되는 양상을 시조의 상품화와 관련하여 자세히 살핀 바 있다.

성보다 여창가곡 속에서 진지한 목소리로 '비애'를 호소하는 여성들이 실제로는 더 강도 높은 통제와 억압의 산물일 수 있음을 암시한다. 여기서 "낡은 것을 죽이고 새로움과 젊음을 낳는 여성의 양면가치적인 이미지는 해학적인 차원에서 진지한 차원으로 전환될 때 오히려 그 본성이 왜곡되고 만다."46)는 바흐친의 지적을 되새겨 볼 직하다.

남창과 여창을 분리하고 남성적인 감수성과 여성적인 감수성을 분리하고자 했던 19세기 초를 기점으로 사설시조의 미감이 평시조에 가깝게 변모했던 것47)은 우연의 일치라 할 수 없다. 지배 계층의 통일적이고 일원적인 어조로부터 일탈을 감행한 발생기 사설시조에는 사물과 사태를 바라보는 여러 집단의 서로 다른 목소리들이 팽팽히 맞설 수 있었다. 그 중에서도 계층이나 性差에 의해서 유독 달리 해석될 여지가 많았던 '性'이야말로 가장 뜨거운 사회적 논쟁거리였다. 그 틈새에서 '性'이 가진 생산적 의미와, 이를 통해 여성의 특권을 주장하는 하층 여성의 목소리도 들려질 수 있었다. 그러나 사설시조의 미감이 평시조에 가깝게 변모했다는 것은 논쟁적 목소리가 일원적 목소리로 통일되고, 하나의 지배적인 관점이 자리 잡게 되었음을 의미한다. 그리하여 '희극적 객관화'의 시선에서 '공감적 일체화'의 시선으로 옮아가는 바로 그 지점에서 여성을 소재원으로 삼아 제기했던 '억압 또는 훼손된 욕망'에 대한 사설시조의 문제의식도 탈색되었던 것 같다. 이렇게 볼 때 희극적 수사는 분명, 여성에게 억압이라기보다는 기회였고 심리적 방어기제였던 것으로 판단된다. 여성주의 시각에서 문제 삼았던 '관음증적 희화화'는 본래적 의미의 '희극성'이 억제되거나 왜곡된 19세기 이후의 사설시조에만 적용될 수 있을 것이다.

46) 미하일 바흐친, 앞의 책, 371~374면.

47) 김흥규, 앞의 논문(1999).

5. 결론

지금까지 이 글에서는 사설시조에 나타난 여성의 '성적 욕망'과 '희극적' 수사의 미세한 의미를 밝히고자 노력해 왔다. '여성'에 대한 수사적 고찰은 리얼리즘적 시각을 보완하여, 거대 담론으로 포착되지 못한 미시적 사회 집단들의 욕구를 살피는 데 유용하리라 믿었기 때문이다. 이를 위해 성적 욕망을 표방한 '여성화자'의 목소리뿐만 아니라, 그와 함께 등장하는 부류의 목소리들, 그리고 그들이 형성하는 관계들을 암시하는 '수사적 상황'을 검토해 왔다. 그 결과는 다음과 같다.

사설시조에서 여성과 함께 등장하는 인간 유형은 두 부류이다. 즉 장사치, 승려, 젊은 샛서방 등이 성적 욕망의 직접적 상관자라면, 어린이와 시어머니 등은 성적 욕망을 간접적으로 감시하고 판단하는 인물들이다. 첫 번째 부류는 不姙의 위기에 처한 여성의 생산을 돕는 역할을 하지만, 사회적으로 뿌리 뽑힌 존재들로서 일시적인 姦通 상대로 그치고 만다. 그러나 이들이 등장하는 희극적 상황은 사회적 하층의 생존 욕구와 보편적 관념 간의 팽팽한 긴장을 감추고 있다. 한편 두 번째 부류가 등장하는 사설시조에서는 자아와 초자아의 대화적 상황이 뚜렷이 전개된다. 성적 욕구를 감시하는 어린 목격자를 희극적 반전으로 따돌리는 여인의 목소리는 자아의 불안을 잠재우고 위로하는 초자아의 심리적 이미지와 상응한다. 그런가 하면 엄격한 심판자라고 할 시어머니가 불륜을 고백하는 며느리를 옹호하는 초자아로 등장한다. 이들 작품들은 당황스런 외부 상황을 극복하게 하고 그 고통의 감정을 익살로 넘겨 자아를 손상시키지 않는 희극성을 지니고 있다.

희극적 상황을 통해 사설시조의 여성은 관음의 대상이 되는 단순한 육체적 여성을 넘어서서 추상적인 진리를 전달하는 '형상'이 된다. '性'을 중심으로 모인, 억압된 욕망에 대한 문제의식은 지나가는 장사치에게, 이웃의 여인에게, 어린이와 시어머니에게 말을 걸어 성적 욕망과 부정한 행실을 스스로 밝히는 희극적 '여성 형상' 속에서 풍부히 암시되고 있었다.

이 같은 여성 형상은 통시적으로 뚜렷한 변모를 보인다. 18세기에는 여타 민중적 언어와 함께 여성의 언어도 사설시조 속에 활발히 삼투되면서 그 어느 때보다도 풍부한 여성 형상을 보여 주었다. 그러나 여창가곡이 분리되고, 사설시조의 미감이 평시조에 가깝게 변해가는 19세기로 갈수록 여성의 욕망은 즉물적인 차원으로 강등되거나 왜곡되는 양상을 보인다. '性'이라는 논쟁적 주제를 둘러싼 여러 사회 집단들의 다양한 목소리가 하나의 지배적인 관점 속으로 흡수되는 과정은 사설시조의 '희극성'이 인간학적 성찰을 상실해간 과정과 일치한다. '희극성'은 그 본래적 의미에서는 여성에게 억압이라기보다는 기회였고 심리적 방어기제였지만, 점차 여성의 욕망을 희화화하는 데 그치게 되었다고 보았다.

이로써 사설시조에 나타난 여성들이 왜 항상 성적인 문제들과 결부되고 있으며, 어째서 대개 희극적인 외양으로 나타나는지에 대한 궁금증이 다소 해소되었다고 본다. 뿐만 아니라 사설시조라는 장르의 공시적·통시적 중층성은 '여성'과 '희극성'을 중심으로 해석되고 이해되어야 한다는 점도 분명해졌다. '희극성'을 중심으로 볼 때 '여성'은 소재원의 의미를 훨씬 넘어 중차대한 시학적·역사적 문제들의 결정체로 거듭나게 된다. 따라서 '여성 형상'에 대한 탐구는 앞으로 더욱 본격적으로 이루어져야 할 것이다.

이 글에서 살핀 어떤 국면들, 즉 자아와 초자아로 나타난 여성연대나 가부장적 질서에 대한 문제제기, 리얼리즘 시학에 대한 불만은 기존의 여성주의 시각에서 산발적으로 주목해 온 내용들이다. 그런 점에서 여성주의 시각은 이제 그 유효성을 적극적으로 개발하여 인간학적 통찰력을 지닌 비전으로 거듭나야 할 때가 아닌가 싶다.

참고문헌

고미숙, 「19세기 시가사의 시각」, 고려대 고전문학·한문학연구회편, 『19세기 시가문학의 탐구』, 집문당, 1995.

고정희, 「사설시조에 나타난 우화적 내면표현」, 『국어교육』 108호, 한국어교육학회, 2002.6.

_____, 「사설시조의 희극적 특징 고찰」, 『한국문학논총』 35집, 한국문학회, 2003.12.

_____, 「19세기 女唱歌曲과 시조의 상품화」, 『한국민족문화』 24집, 부산대 한국민족문화연구소, 2004.10.

김석회, 『조선후기 시가 연구』, 월인, 2003.

김학성, 「18·19세기 예술사의 구도와 시가의 미학적 전환」, 『한국시가연구』 11집, 한국시가학회, 2002.2.

김흥규, 「사설시조의 詩的 視線 유형과 그 변모」, 『욕망과 형식의 시학』, 태학사, 1999.

_____, 「사설시조의 愛慾과 性的 모티프에 대한 재조명」, 『한국시가연구』 제13집, 2003.2.

박애경, 「사설시조의 여성화자와 여성 섹슈얼리티」, 『여성문학연구』 3집, 한국여성문학회, 2001.

서인석, 「조선후기 향촌사회 여성 형상의 한 면모」, 『양포 이상택 교수 환력기념논총』, 집문당, 1998.

신경숙, 「18·19세기 가집, 그 중앙의 산물」, 『한국시가연구』 11집, 한국시가학회, 2002.2.

_____, 「19세기 여창가곡의 작품세계」, 『19세기 시가문학의 탐구』, 고려대 고전문학·한문학연구회편, 집문당, 1995.

심재완, 『(교본)역대시조전서』, 세종문화사, 1972.

이형대, 「사설시조와 여성주의적 독법」, 정출헌 외, 『고전문학과 여성주의적 시각』, 소명출판, 2003.

조세형, 「사설시조의 시학적 고찰」, 『국어교육』 112호, 한국어교육학회, 2003.10.

_____, 「사설시조의 중층성과 욕망의 언어」, 『한국고전여성문학연구』 제7집, 한국고전여성문학회, 2003.12.

조해숙, 「사설시조의 담당층과 문학적 성격」, 『국문학연구』 9집, 국문학회, 2003.

미셸 푸코, 이규현 역, 『性의 역사』 제1권, 나남출판, 1990.

미하일 바흐친, 이덕형 · 최건영 역, 『프랑수아 라블레의 작품과 중세 및 르네상스의 민중문화』, 아카넷, 2001.

팸 모리스, 「여성에 의한 글쓰기」, 『문학과 페미니즘』, 문예출판사, 1993.

지그문트 프로이트, 조대경 역, 『꿈의 해석』, 서울대 출판부, 1992.

________________, 윤희기 · 박찬부 역, 『정신분석학의 근본 개념』, 열린책들, 2003.

________________, 정장진 역, 『예술, 문학, 정신분석』, 열린책들, 2003.

Miller, C. R., “Genre as Social Action”; “Rhetorical Community: The Cultural Basis of Genre”, ed. by Aviva Freedman & Peter Medway, *Genre and New Rhetoric*, Taylor & Francis, 1994.

Lipking, L., *Abandoned Women and Poetic Tradition*, Chicago and London: The University of Chicago Press, 1988.

제3부

단일한 목소리와 혼효된 목소리

『가곡원류』 시조의 서정시적 특징*

1. 서론

1) 연구사 검토 및 문제 제기

이 글은 『가곡원류』 소재 시조들이 지닌 서정시적 특징을 고찰하여 『가곡원류』의 문학사적 의의를 재고하는 데 목적이 있다.

『가곡원류』는 19세기 후반(1876년) 박효관・안민영에 의해 편찬된 가집으로 曲調별로 배열되어 있다. 曲調별 배열에서 알 수 있듯이 본 가집은 단순한 사설집이 아니라 가곡창의 演唱을 위한 자료집과 같은 성격을 지닌다. 즉 작가 표기 의식이 불분명한 대신, 매화점 장단이나, 장고 장단, 연음표와 같이, 실제 가곡창에서 참고해야 할 音符가 기입되어 있다. 『가곡원류』는 음악적으로 가장 정연한 모습을 갖춘, 19세기를 대표하는 가집이라고 볼 수 있다.[1] 그러나 문학성의 측면에서는 오히려 퇴행한 가집이라는 평가가 일반적이다.

연구사를 보면 『가곡원류』만 독립적으로 고찰한 논문은 문헌적인 연구[2]

---

* 이 글은 「『가곡원류』 시조의 서정시적 특징」(서울대 석사학위논문, 1994)을 대폭 수정한 것이다.

1) 신경숙, 『19C 가집의 전개』, 계명문화사, 1993, 6~33면.

2) 김근수, 「가곡원류考」, 『명지대 논문집』 1집, 1968; 심재완, 「가곡원류계 가집에 대하여」, 『시조의 문헌적 연구』, 세종문화사, 1972, 45~62면.

외에는 의외로 없는 가운데 크게 두 단계로 진행되었다.

선편을 잡은 조윤제,[3] 이태극,[4] 김진영,[5] 최동원[6] 등은 주로 시조사적 문제와 결부하여 『가곡원류』의 성격을 복고주의적 성향과 매너리즘적 성향으로 파악하였다.[7] 『가곡원류』는 跋文에서 명시하고 있듯이 시조창을 비롯한 대중 음악이 가곡창의 정통성을 위협하는 時流에 반발하여 나온 가집이라는 점 때문에 복고주의는 定說로 굳어졌다. 뿐만 아니라 안민영의 개인 시조집 『금옥총부』에서 보여지는 다수의 한문투어의 시조들은 이 가단의 규범적이고 복고적인 지향을 단적으로 말해 주는 것으로 여겨졌다.[8] 그런데 이 시기의 복고주의란, 중세에서 근대로의 이행기라는 시대적 조류에 역행하여 중세로의 지향을 보여주는 것을 의미하는, 세계관적 지향을 가리키는 말이다. 跋文의 내용이나 작품에 대한 피상적 관찰만으로는 세계관적 지향을 판단하기 힘들다. 수록된 작품의 세계관적 지향을 살펴서 복고주의적 성향을 검증할 필요가 있다.

매너리즘에 빠졌다는 평가도 작품의 실상에 대한 구체적인 연구에서 나온 것이 아니라, 이 시기를 시조의 쇠퇴기로 보는 관점에서 나온 듯하다. 앞선 논의들에서 19세기는 뚜렷한 시조 작가와 작품을 배출하지 못하고 唱曲만 왕성한 시대로 지적된다. 그러나 가집에 수록된 작품들의 전체적인 경향과 특

3) 조윤제, 『조선시가사강』, 을유문화사, 1954, 415～444면.

4) 이태극, 『時調의 史的 硏究』, 二友出版社, 1975.

5) 김진영, 「시조, 그 천년의 미학」, 『국어교육』 22호, 한국어교육학회, 1974.

6) 최동원, 「19세기 시조의 시대적 성격」, 조규설 · 박철희 공편, 『시조론』, 일조각, 1978.

7) 이들은 공통적으로 19세기 시조사에서는 문학보다는 창곡이 위주가 되어 새로운 작가가 많이 출현하지 않았다는 점, 이 시기에 창작된 시조들은 문학적 성과가 전시대에 미치지 못하였다는 점을 지적하였다.

8) 권두환, 「조선 후기 시조가단 연구」, 서울대 박사학위논문, 1985, 113면을 보면 "『금옥총부』의 작품들이 한자 투어를 많이 사용하고 있는 점 등은 시조창에 비하여 품격이 높다고 인식되던 가곡창을 선택한 승평계 가단의 면모와 연관되는 것으로 보인다. 그러나 이와 같이 규범적이고 복고적인 가치 지향성은 歌樂의 정통성을 회복하는 데 기여하고 있지만, 그 작품의 창의성이나 문학성의 확보에는 도달하지 못한 것으로 평가되고 있다."고 보았다.

성을 살피기에 앞서 문학성에 대한 평가를 내린 점은 연구사의 아쉬운 점이다. 그것은 아마도 사대부 시조의 양적이고 질적인 쇠퇴가 곧 시조 장르 전체의 쇠퇴인 것으로 여겨진 때문이 아닌가 한다.

두 번째 단계의 연구들[9)]은 시조의 시대적 변모에 관심을 기울이고 있다. 이들은 주로 계급주의적 시각에 입각하여 작자층의 사회·물질적 기반에 상응하는 작가의식을 통해 작품세계를 이해하는 방법을 취하였다. 그 결과 쇠퇴기로만 규정된 19세기 시조사가 多岐한 방향으로 전개된다는 사실을 지적하는 성과를 거두었다. 고미숙에 의하면 19세기 시조사는 전문적 고급예술의 산물인 『가곡원류』 계열과, 대중적 통속예술의 산물인 『남훈태평가』 계열과, 사대부 계열의 세 가지로 전개되었다고 한다. 그의 연구는 통시적인 시각과 19세기 시조의 전반적 구도를 바라보는 시각을 함께 갖추고 『가곡원류』를 다룬 점에서 진일보한 것이었다. 뿐만 아니라 작품에 대한 구체적인 접근을 통해 "심미적 낭만주의"라는 성향을 지적한 것도 전에 없던 성과였다.

그런데 이 연구의 문제점은 선행 연구와 마찬가지로 안민영의 시조를 『가곡원류』라는 가집의 성향을 대표적으로 보여주는 전형으로 설정한 데에 있다.[10)] 180여 수라는 가장 많은 작품을 남겼기 때문에 『가곡원류』라는 가집은 물론, 19세기 가객시조를 대표하는 작가[11)]로 안민영을 꼽는 것이 당연하다고

9) 고미숙, 「19세기 시조의 전개 양상과 그 작품 세계 연구」, 고려대 박사학위논문, 1993; 신경숙, 앞의 책; 신경숙, 「조선 후기 여창 가곡의 연구」, 고려대 박사학위논문, 1994; 고려대 고전문학·한문학연구회 편, 『19세기 시가문학의 연구』, 고려대 민족문학연구소, 1995 등이 있다.

10) 고미숙, 「19세기 시가사의 시각」, 고려대 고전문학·한문학연구회편, 앞의 책, 15면. "19세기 시조가 공히 감정의 주정적 토로, 현실에 대한 피상적 접근, 리얼리즘적 역동성의 상실 등을 노정한다는 사실은 19세기 시조의 현실대응력의 박약함을 그대로 말해 주는 것, 달리 말하면 하나의 장르가 반봉건적 전선에서 물러나 비관주의와 체념으로 그리고 권력에 의해 보호된 내면성으로 나아간 것에 다름 아닌 것이다. 안민영 시조의 매너리즘적 양식화와 심미적 세련성, 낭만적 동경 등은 그와 같은 특징을 총괄적으로 보여 주는 대표적인 예가 될 것"이라고 하였다.

11) 이동연, 「19세기 시조의 변모양상-조황·안민영·이세보의 개인 시조집을 중심으로」, 이화여대 박사학위논문, 1995와 이지영, 「안민영의 시조 창작을 통해 본 19세기 가객 시조의 성격」, 이화여대 석사학위논문, 1992를 비롯한 대부분의 연구가 이런 입장을 취한다.

보기 때문이다. 그렇지만 가집의 성격을 어느 작가의 어떤 시조가 전형적으로 보여주는가 하는 판단은 가집의 전체적인 경향을 파악하고 나서 결정할 문제이다. 전형을 먼저 설정하고 그를 통해 『가곡원류』의 성향을 논하는 방법을 택하려면 전형으로 삼을만한 이유가 명확해야 한다. 그러나 안민영은 승평계 가단 내에서 작가적 위치가 독특했다. 독특한 창작 의식을 지닌 그의 시조는 『가곡원류』 시조의 일반적인 경향과 다를 수 있는 것이다.

고미숙의 연구에서 안민영의 시조를 정점으로 놓은 결과, 19세기의 시조는 18세기의 사설시조가 획득한 리얼리즘적 성취에 미치지 못하였고, 매너리즘에 빠졌다고 평가하게 된다. 나아가 이 시조들의 성향을 "퇴영적 낭만주의"로 규정함으로써 『가곡원류』에 대한 부정적인 인식을 강화하였다.[12] 그러나 연구자의 리얼리즘적 시각에 의해 『가곡원류』 시조들에 나타난 현실 대응 능력의 결함만이 강조되고, 시적 형상화의 수준이 주목받지 못한 감이 있다. 리얼리즘은 문학이 현실의 총체성을 드러내야 한다고 보는 관점인데 총체성은 서사 장르에서 구현되는 것이 일반적이다.[13] 따라서 서사 장르 쪽으로 견인되는 사설시조에서 리얼리즘적 성취가 드러나는 것은 당연한 사실이다. 그러므로 사설시조보다 평시조가 주류가 된 19세기 시조에서 리얼리즘적 성취가 같은 정도로 드러나야 한다고 요구할 수는 없다.

리얼리즘적 시각에 의해서만이 아니라 조선 후기의 장르 혼효라는 특별한 현상에 주목하는 과정에서 다른 장르와 혼효되지 않은 순수 서정 장르적 성격을 띤 작품들에 대한 주의가 부족하였던 것이 사실이다. 『가곡원류』 시조들이 "순수 서정시"[14]적 지향을 지닌다는 것을 지적한 적도, 그것을 높이 평

---

12) 고미숙, 앞의 글.

13) 루카치가 서정시에는 총체성이 부재한다고 하여 부정적으로 평가한 것은 바로 이런 이유에서였다. 그에게 있어서는 객관적 전체성을 반영하는 소설이 유일한 가능성으로 여겨졌다. 김윤식, 「문학 장르와 인류사의 이념」, 『한국근대문학사상사』, 한길사, 1984, 478~497면 참조. 이와 같이 총체성을 고집하는 한, 서정시의 가치는 보잘 것 없이 여겨질 위험이 있다.

14) 『가곡원류』 시조의 서정시적 특징을 살펴본 결과, "순수 서정시"적 지향이 뚜렷하게 나타난다. "순수 서정시"란 두 가지 의미로 해석될 수 있다. 그 하나는 장르적 견지에서 "순수

가한 연구도 없었던 것은 이런 까닭이었다.

사설시조가 보여 주었던 비판적 기능이 약화가 곧 시조의 보수화와 퇴행성을 의미한다고 보는 견해도 조선 후기 시조에 있어 서정성을 논외로 했기 때문에 나온 결과였다. 그러나 시조는 근대시가 출현하기 직전까지 존재했던, 고전시가 가운데 대표적인 서정시의 하나이다. 그 장르가 사라질 때까지 서정시로서의 존재 양상을 추적해야만 우리는 근대 서정시의 출현을 온당하게 이해할 수 있다.

이상으로 살핀바, 『가곡원류』에 대한 선행 연구들은 대체로 작품의 실상에 대한 구체적인 분석이 미흡했다고 지적할 수 있다. 작품을 분석하더라도 서정시라는 측면에서 시조의 형상적 특징과 수준을 분석하는 시각은 찾아 볼 수 없었다. 작품 분석은 대부분 '무엇을 담고 있는가'라고 하는 주제에 대한 분석을 의미했고, '어떻게 표현하고 있는가'라는 문제에 대한 관심이 부족했기 때문이었다.

따라서 선행 연구를 보완하기 위하여 첫째는 작품 내적 특성을 통하여 가집의 전체적인 성향을 살피는 작업이 요구된다. 나아가 그러한 성향을 띠게 된 원인을 고찰해야 할 것이다. 작품에 대한 면밀한 고찰은 『가곡원류』 시조들의 세계관적 지향을 파악하게 해주므로 본 가집에 대한 복고주의라고 하는 견해의 타당성을 검토할 수 있다. 둘째는 작품 내적 특성들을 보는 시각의 변화가 요구된다고 하겠다. 즉 서정시적 측면에서 시적 형상화의 수준을 파악하여 매너리즘에 빠졌다고 하는 기존 견해의 타당성을 검토할 필요가 있다. 이를 통해 『가곡원류』가 갖는 문학사적 의의를 재조명할 수 있을 것으로 기대한다.

장르(pure genre)"를 의미하는 것이고, 다른 하나는 참여문학, 혹은 목적문학과 대립되는 개념으로서의 "순수 문학"을 의미한다. 여기에서 "순수 서정시"라는 용어는 그 두 가지 의미를 모두 함의하는 개념이다. 자세한 것은 2장에서 논의할 것이다.

2) 연구대상 및 연구방법

『가곡원류』의 이본으로 확인된 것은 모두 14종이나 되지만 이본 간의 편차는 크지 않다.[15] 그 가운데서 『國樂院本』은 音符記入과 작가표시법이 가장 세밀하고, 편찬자의 작품이 많이 수록되어 있으며, 책 뒤에 漁父詞가 있다는 점에서 가장 오래된 完本으로 인정된다.[16] 본고에서는 이 『國樂院本』을 텍스트로 하여 『가곡원류』 시조들의 특징을 다음과 같은 순서로 살핀다.

2장에서는 『가곡원류』가 기존 시조들을 선별・계승하는 양상을 통해 가집의 지향성을 파악한다. 여기서 『가곡원류』와 대비하여 볼 가집들은 다음과 같다.

『청구영언』(珍本: 1724년 편찬)

『해동가요』(金三不 校註本: 1769년 편찬)

『병와가곡집』(李衡祥: 정조년간 1776~1800년으로 추정[17])

이들 가집에서 어떤 시조들이 『가곡원류』(국악원본: 1876년)에 재수록되고 있는가 고찰하고, 변개되어 수록되는 경우는 개작 방향을 살핀다. 다음으로 재수록된 시조의 유형과 일치하는 신출작들을 추출하여, 이들 작품을 중심으

15) 심재완, 앞의 책, 50면을 참조하면 각 본들의 序・跋 등에는 그 내용과 순위는 차이가 있어도 박효관의 歌論, 曲調, 歌之風度形容, 梅花長短點, 長鼓長短排布 등이 공통적으로 나온다. 또 曲目도 거의 일치되고 있으며 본문의 작가표시법, 수록된 작가명에도 유사성을 볼 수 있기 때문에 이본 간 편차가 거의 없다고 한다.

16) 위의 책, 51~52면.

17) 『병와가곡집』은 병와 이형상이 편찬자로 추정되며, 『악학습령』이라고도 한다. 편찬 년대도 미상이나, 출현한 작가들의 연대를 고려하여 심재완이 정조 연간으로 추정한 바 있다. 연대 상으로 『해동가요』에서 『가곡원류』 사이로 추정되는 것이다. 이 가집은 각종 문헌의 참조와 내용과 순서배열, 작품 취재의 경향이나 어구 표현 등은 『청구영언(진본)』과 유사하고 작가 명단의 목록을 작성한 점 등은 『해동가요』와 일치하며, 곡목별 편찬의도가 일관되어 있는 점은 『가곡원류』와 통한다(정병욱 편저, 『시조문학사전』, 신구문화사, 1966, 726면 참조).

로 『가곡원류』 시조가 전대 시조를 계승하는 양상을 살핀다.

전대 시조의 계승 양상을 통해 『가곡원류』의 지향성이 밝혀지기는 하지만 그것이 『가곡원류』 시조들이 가진 독자적인 성격인지, 아니면 동시대 가집들이 공통적으로 지닌 특징인지 불분명하다.

따라서 3장에서는 동시대의 가집으로 전혀 다른 목적을 가지고 출현한 『남훈태평가』(京板本: 1863년)와의 대비를 통하여 『가곡원류』 시조가 지닌 독자적 형상화 방식을 파악한다.

이러한 작업을 통해 『가곡원류』 시조들이 가지는 순수 서정시적 특징이 밝혀지면 이러한 특징을 띠게 된 원인을 생각해 보아야 할 것이다. 4장에서는 가집의 序跋을 분석하여 가객의 사회적 성격을 논하고자 한다. 편찬자의 사회적 성격에 의해 "순수 서정시"가 선택된 것은 문학사적으로 어떤 의미를 지니는가도 살펴 볼 문제이다. 이는 곧 『가곡원류』의 문학사적 의의가 되기 때문이다.

2. 『가곡원류』의 시조 선별 양상

기존 가집에 실렸던 시조들은 일정한 선별 의식에 의해 재수록되기도 하고 탈락되기도 한다. 그러므로 재수록된 작품들과 탈락된 작품들의 일반적인 유형을 보면 그 선별 의식을 어느 정도 추정해 볼 수 있다.

전대 시조의 선별·계승 양상을 일반화하기 위해서는 적절한 기준이 필요하다. 본고에서는 작가층과 주제의식 그리고 발화 유형을 기준으로 삼는다. 작가층과 주제의식에 따른 재수록 양상은 가집의 전체적인 성향을 파악하기에 용이한 기준이 된다. 문제는 같은 작가, 같은 주제 내에서도 선별이 일어난 경우이다. 이때에는 작품 내적 기준이 필요한데, 시조가 연행된 장르였음을 감안한다면 화자와 청자의 관련 양상이 중요한 기준이 될 수 있다. 발화 유형은 화자와 청자의 관련 양상만이 아니라, 대상에 대한 화자의 태도, 장르

의식까지 논할 수 있기 때문에 유형분류의 기준으로 빈번히 이용된다.[18] 발화 유형에는 네 가지가 있다.

① 화자 지향-정감적 기능
② 청자 지향-사동적 기능(욕구적 기능)
③ 맥락 지향-지시적 기능
④ 텍스트 지향-시적 · 미적 기능[19]

본고에서는 '맥락 지향'을 기존 논문의 용례를 따라 '화제 지향'이라고 일컫기로 한다. 화제 지향은 시적 화자가 객관적 보고자의 중립적 역할을 하는 유형이다. 텍스트 지향은 표현 방법에 역점을 두는 유형이라고 할 수 있다.

그러면 다음에서 작가, 주제, 발화 유형이라는 기준에 의하여 『가곡원류』가 전대 시조를 선별하는 양상을 알아보기로 한다.

---

18) 담화 유형으로 장르적 성격을 논한 논문으로는 김광조, 「조선 전기 가사의 장르적 성격」, 서울대 석사학위논문, 1987이 있다. 여기에서는 화자 지향의 함축적 청자 유형, 관계 형성의 현상적 청자 유형, 화제 지향의 대화체 유형으로 나누어 조선 전기 가사는 함축적 청자 유형이 지속적으로 전개되면서 현상적 청자 유형의 교술성과 대화체 유형의 극성을 수용하고 있다는 점에서 서정 장르적 성격이 강하게 나타난다고 보았다. 발화 유형을 장르적 성격보다는 시적 화자의 태도를 알려주는 표지로 파악한 논문으로는 최재남, 「시조 종결의 발화상황과 화자의 태도」, 『고전문학연구』 4집, 고전문학연구회, 1988이 있다. 이 논문에서는 화자 중심의 정감적 태도, 청자 중심의 환기적 태도, 사물 지향의 평가적 태도, 담화 중심의 선언적 태도로 나누고 있다. 권두환, 「송강의 <훈민가>에 대하여」, 권두환 · 김학성 편, 『고전시가론』, 새문사, 1984에서는 화자 지향의 정서적 기능과 청자 지향의 욕구적 기능이라는 담화 유형을 통해 <훈민가>의 문학성을 밝히고 있다. 결국 화자 지향, 청자 지향, 화제 지향이 공통적인 발화 유형으로 산출된다.

19) 김준오, 『시론』, 삼지원, 1990, 188면. 이 유형은 야콥슨의 5가지 분류체계 가운데 소통경로를 지향하는 친교적 기능이 빠진 것이지만 문학에 나타나는 언어 전달 기능을 드러내는 데 유용하다. 야콥슨의 분류체계를 이용하여 시조의 언어전달 기능을 표현적(화자 지향), 지령적(청자 지향), 정보적(정보 지향), 미적(傳言 지향), 친교적(소통경로 지향) 기능으로 나누고 고시조와 현대시조에서 어떤 기능들이 우세하게 나타나는가에 따라 시조의 변모를 논한 논문으로는 나정순, 「시조 장르의 시대적 변모와 그 의미」, 이화여대 박사학위논문, 1989가 있다.

1) 재수록 작품의 유형

『가곡원류』에서는 사대부의 시조나 18세기 가객들의 시조에 비해 무명씨의 시조가 활발히 재수록된다. 진본 『청구영언』에 실렸던 작가가 밝혀진 시조는 30.7%만이 『가곡원류』에 재수록되었으나, 무명씨작은 65.1%, 만횡청류는 69%로 높은 재수록 비율을 보인다.[20] 『해동가요』(김삼불 교주본)는 有名氏 작으로만 되어 있는데, 그 중 24.6%만이 재수록되는 경향을 보여 준다.[21] 『병와가곡집』에 실렸던 유명씨 작품도 30.7%만 재수록되었으며, 무명씨작과 사설시조가 58.6%나 재수록되었다. 즉 『청구영언』부터 『병와가곡집』까지 충실하게 실려 있던 사대부 시조나 가객 시조의 약 70%가 『가곡원류』에서는 탈락하였다. 그 대신 무명씨 시조가 65%이상 선별됨으로써 『가곡원류』의 전체적인 성향은 무명씨 시조가 좌우하게 되었다.

주제별로는 애정과 醉樂이 42%정도로 가장 많이 선별되었다. 이는 시대별 가집의 주제층에 대한 선행 연구[22]에서 이미 확인된 바였다. 주제별 재수록 양상에 따라 詩語의 출현 빈도도 다음과 같이 달라진다.

---

20) 진본 『청구영언』의 유명씨 작 293수 가운데 『가곡원류』에 재수록 된 작품은 90수에 불과하다. 무명씨 작 171수 가운데 재수록된 작품은 111수이고, 만횡청류 116수 가운데는 80수가 재수록되었다.

21) 569수 가운데 140수가 재수록되었다.

22) 고미숙의 앞의 논문에 의하면 각 가집의 주제별 점유율은 다음과 같다.

주제별 분류	(진본) 『청구영언』	(일석본) 『해동가요』	(국악원본) 『가곡원류』	
			재수록작	신출작
강호한정	33%	32%	19%	36%
송축	3%	4%	5%	15%
윤리 · 도덕	17%	11%	7%	0%
탄로	21%	4%	4%	0%
연군	4%	4%	2%	0%
사랑과 그리움	9%	14%	27%	25%
無常 · 회고 · 취락	13%	16%	15%	22%
세태 한탄	10%	9%	5%	2%
생활 묘사	2%	3%	3%	0%

시어	『청구영언』 (총 588수)	『해동가요』 (총 569수)	『병와가곡집』 (총 1109수)	『가곡원류』 (총 854수)
功名	11	13	20	11
富貴	17	19	21	9
君恩	7	7	8	1
님금 · 임금 · 님군	3	9	11	3
忠臣 · 忠魂	3	6	8	4
忠孝	3	4	3	0
紅塵 · 風塵	5	9	7	0
榮辱	4	8	11	1
君親 · 雙親 · 어버이	6	4	8	3
兄弟	3	5	3	0
思郞 · ᄉᆞ랑	13	2	39	34
酒色	6	0	9	10
長醉不醒 · 玩月長醉	2	2	9	11
夕陽	15	15	32	29

위의 표에서처럼 『가곡원류』에서는 전대 가집에서 많이 쓰이던 富貴 · 功名 · 어버이 · 兄弟 등의 시어가 많이 보이지 않고, ᄉᆞ랑 · 酒色 · 夕陽 · 長醉不醒과 같은 시어가 많아졌다. 이는 작가층의 판도가 변화하는 현상과 밀접한 관계가 있다.

시어를 통해서도 각 가집에서 어떤 내용들이 주로 재수록되는지 짐작할 수 있다. 예를 들어 功名 · 富貴는 『청구영언』에서 28번, 『해동가요』에서 32번, 『병와가곡집』에서 41번 나온다. 그러나 『가곡원류』에는 작품수가 늘어난 데도 불구하고 이 시어의 출현 빈도는 20번으로 줄었다. 그에 반해 "ᄉᆞ랑"은 『청구영언』 13번, 『해동가요』에서 2번, 『병와가곡집』에서 39번 나오던 것이 『가곡원류』에서 34번 나온다.

어느 경우에나 『병와가곡집』에서 빈도수가 가장 높게 나오는 것은 수록된 작품의 총수가 많다는 점도 있지만, 이 가집이 전대 가집과 『가곡원류』의 종합적인 성격을 갖고 있기 때문이다. 『병와가곡집』의 체제는 작품 취재에 있어서는 『청구영언』을, 작가 명목에 있어서는 『해동가요』를, 曲目에 있어서는 『가곡원류』를 닮고 있다[23])고 지적된다. 수록된 시조들을 보면 『청구영언』과

『해동가요』에 나온 유명씨의 시조들뿐만 아니라 두 가집에 없었던 무명씨 시조들도 대량 나타나고 있다. 『가곡원류』에 보이는 무명씨작들은 대부분 『병와가곡집』에서부터 출현하고 있다. 그러므로 『가곡원류』에서 무명씨의 시조가 어떻게 변이되는가를 살펴볼 때는 대부분 『병와가곡집』과의 대비가 된다. 유명씨작들은 『청구영언』, 『해동가요』와 대비해 볼 수 있다.

각 가집에 수록된 시조의 작가층별 비중을 그림으로 나타내면 다음과 같다.

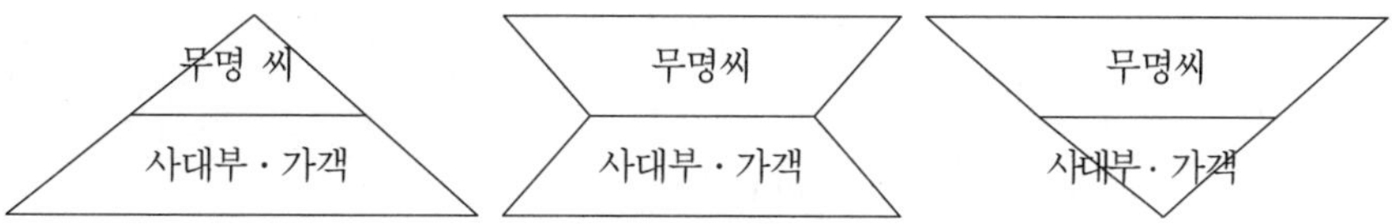

그림에서 보듯이 전체적으로 『가곡원류』에서는 사대부 · 가객 시조 가운데 탈락된 시조가 많고, 무명씨 시조 가운데는 재수록된 시조가 많다. 따라서 논의를 간단히 하기 위해서 사대부 · 가객 시조의 경우와 무명씨 시조의 경우로 나누어, 탈락되는 시조의 유형과 재수록되는 시조의 유형을 살피기로 한다.

(1) 사대부 · 가객 시조의 경우

유명씨는 작가의 신분으로 보면 사대부, 가객, 기녀들로서 구분된다. 각 계층에서 대표성 있는 작가를 선정하기 위해 작가별로 작품이 수록된 상황을 보이면 다음의 표[24]와 같다. (작품 수가 적은 작가는 여기 기록하지 않는다.)

23) 정병욱 편저, 앞의 책.

24) 표를 보는 방법은 다음과 같다. 작가명에서 칸을 나눈 것은 사대부, 가객, 기녀의 순으로 하였다. 예를 들어 어떤 작가가 『청구영언』에 실린 작품수가 10수였는데, 『가곡원류』에서는 5수가 실렸다고 하자. 그러면 『가곡』/『청구』 항목에 5/10이라고 표기된다. 그리고 이 작가의 시조가 재수록되는 비율이 50%로 표기된다.

작가명		『가곡』/『청구』	『가곡』/『해동』	『가곡』/『병가』
사대부	이현보<어부가>	0/5 (0%)	0/5 (0%)	0/0 (0%)
	맹사성<강호사시사>	0/4 (0%)	0/4 (0%)	0/4 (0%)
	이황<도산십이곡>	6/12	6/12	6/12
	정철	4/47 (8.5%)	2/21 (9.5%)	5/57 (8.7%)
	이이<고산구곡가>	0/0 (0%)	0/10 (0%)	0/0
	서익	2/2	2/2	0/0
	이항복	3/3	2/3	3/4
	신흠	7/30 (23%)	5/20 (25%)	7/28 (25%)
	李侃	0/26 (0%)	0/0	0/9
	김창업	3/3	3/3	3/3
	효종	3/3	0/6	3/4
	김광욱	5/16 (31%)	5/14 (35.7%)	?
	윤선도<어부가>	0/0	1/52 (1.9%)	1/50 (2%)
	이정보	0/0	11/82 (12.8%)	3/22 (13.6%)
중인 가객	주의식	4/10 (40%)	6/15 (40%)	0/0
	김삼현	2/6	2/5	6/13
	김성기	0/8	0/5	?
	김유기	4/10 (40%)	5/8 (62.5%)	0/8 (0%)
	김천택	3/30 (10%)	2/57 (3.5%)	?
	김수장	0/0	15/117 (12.8%)	0/23 (0%)
기녀	황진이	3/3	4/4	5/7
	소백주	0/1	0/1	0/0
	매화	1/1	1/1	1/1

사대부 시조의 재수록 비율을 보면 작품수가 현저하게 적은 서익, 이항복, 김창업 등의 시조만 『가곡원류』에 그대로 수록될 뿐, 대부분 0~10%내에서 재수록 된다. 특히 연시조는 이황의 <도산십이곡>을 제외하고는 모두 재수록에서 제외되었다. 그런데 <도산십이곡>도 곡조에 따라 여기 저기 산재되어 있어, 연시조의 자취는 찾아 볼 수 없게 한다. 전대 가집에서 큰 비중을 차지한 송강 정철의 시조는 8~9%만이 재수록된다. 『청구영언』의 47수 가운데는 4수만, 『병와가곡집』의 57수 가운데는 5수만 재수록될 뿐이었다. 오히려 전대 가집에 실린 작품수가 정철의 절반 가량밖에 안 되는 신흠과 김광욱의 시조가 25~35%의 비교적 높은 재수록 비율을 나타냈다. 그러나 이들의 경우도 작품수로 보면 많지 않은 작품이 재수록된 것이어서 사대부 시조의 탈락 현

상을 현저하게 보여준다.

가객의 경우도 전대 가집에서 큰 비중을 차지하고 있던 김천택과 김수장의 시조는 10%내외로 재수록되었지만, 주의식이나 김유기의 시조는 오히려 40% 이상이 재수록되는 결과가 나타났다.

기녀의 경우 황진이의 시조는 모두 재수록되고 있으나, 다른 기녀들의 시조는 전대 가집에서나 『가곡원류』에서나 많이 나타나지 않는다.

우리는 전대 가집에서는 많은 작품이 실려 있으나 『가곡원류』에 와서 재수록 비율이 낮은 작가들을 통해 전대 가집과 『가곡원류』의 차이를 읽을 수 있다. 마찬가지로 전대 가집에서는 비중 있게 나타나지 않던 작가가 『가곡원류』에서 차지하는 비중이 늘어난 경우도 주목된다. 전자의 예로는 정철, 김천택, 김수장을 들 수 있고, 후자의 예로는 신흠을 들 수 있다.

『청구영언』에 실린 송강 정철의 훈민시조 중 『가곡원류』에 재수록된 것은 단 한 수에 불과하다.

> 『청구영언』#54
> 이고 진 져 늘그니 짐 푸러 날을 주오
> 나는 져멋거니 돌히라 무거온가
> 늙기도 셜웨라커든 짐을 조차 지실가

정철의 <훈민가>는 다른 작가의 훈민시조에 비해서 문학성이 뛰어나다는 평가를 받고 있다. 즉 청자 지향의 욕구적 기능이 우세한 훈민시조에서도, 백성들의 언어를 사용함으로써, 정서적인 기능이 드러나고 있기 때문이다.[25] 그

25) 권두환, 앞의 논문, 421면에서 "욕구적 기능을 가진 문자 행위라는 것은 그 행위가 피전달자에게 더 큰 비중이 주어졌다는 뜻이며 정서적인 기능을 가진 문자 행위라는 것은 그 행위가 전달자 자신에게 더 큰 의미를 두고 있다는 뜻이 된다. …<훈민가> 역시 강원도 백성들을 향한 문자 행위이기에 욕구적인 기능을 가진 것이며 신분적 상하 관계에 의하여 권고하며 훈계하는 내용과 어법을 가진 작품이라고 할 수 있을 것이다."라고 하고, 428면에서는 "송강이 강원도 관찰사라는 직책을 이용하여 강원도 백성들에게 직접적으로 강제

런데도 훈민시조 가운데 위의 시조만 재수록되고 있다. 『가곡원류』에서는 孝나 형제 간의 우애와 같은 인륜을 주제로 한 시조들은 어떻게 노래되느냐에 관계없이 거의 외면되고 있다. 그런데 이 시조가 유일하게 재수록된 이유는 무엇일까? 추측건대 젊은이의 노인을 향한 공경심이라는 주제보다는 늙은이의 서러움에 대한 측은함과 동정심이 배어난다는 점에서 탄로를 주제로 한 시조들과 같이 인식되었을지도 모른다. "늙기도 설웨라커든"은 젊은이의 목소리를 빌어 늙은이 자신의 한탄이 표현되고 있기 때문이다. 다음 시조를 보자.

『청구영언』#82
나모도 病이 드니 亭子ㅣ라도 쉬 리 업다
豪華히 셔신 제는 오 리 가 리 다 쉬더니
닙 지고 柯枝 져즌 後니 새도 아니 온다

이 시조는 몰락한 자신의 처지를 병든 나무에 비유하고 있다. 亭子로서의 위엄과 역할을 잃어버린 것에 대한 자탄과 함께, 새조차 오지 않는 고독과 단절감이라는 화자 자신의 정서가 표출된 시조이다. 그러면서도 한편으로 보면 권력을 따라 이합집산하는 세태에 대한 비판의 뜻이 담겨진 시조라고 할 수 있다.

나머지 연군의 심정을 그린 시조 2편26)과 강호에 물러난 생활을 그린 시

하는 형식을 취하지 않고 백성들끼리 일상을 통하여 외우고 노래하여 청유하는 형식을 취하고 있기 때문에 작가의 의도에 의하여 욕구적인 기능을 전편을 통해 드러내고 있지만 각 편 속에는 정서적인 기능이 오히려 강화되고 있는 것"이라고 했다.

26) 『청구영언』#59
뻔 ᄂᆞ믈 데온 물이 고기도곤 마시 이셰
草屋 조븐 줄이 긔 더욱 내 分이라
다만당 님 그린 타스르 시름 계워 ᄒᆞ노라

『청구영언』#69
내 ᄆᆞ음 버려 해여 뎌 ᄃᆞᆯ을 밍글고져
九萬里 長天에 번드시 걸려 이셔
고온 님 계신 고ᄃᆡ 가 비최여나 보리라

조[27] 한 편을 포함하여 전체적으로 정철 시조의 작품들에서 재수록된 것들은 화자를 중심으로 정서 표출의 기능이 우세하게 드러나는 시조들이었다.

한편 다른 사대부 작가들에 비해서 많은 시조가 재수록되어 있는 상촌 신흠(1566~1628)[28]의 경우는 강호시조라도 16세기 사대부의 강호시조의 세계와는 다른 작품세계를 보여주었다. 그래도 재수록된 시조들을 보면 강호를 노래한 작품보다는 연군의 심정을 애틋하게 토로한 작품들과 醉樂과 興을 주제로 한 작품들이 대부분이었다. 특히 대사회적 문제를 다룬 시조는 탈락되었다. 재수록된 작품의 예를 보자.

『청구영언』#124
蒼梧山 히진 후에 二妃는 어듸간고
홈긔 못 주근들 셔롬이 엇더튼고
千古에 이 뜻알니는 댓숩핀가 ᄒᆞ노라

『청구영언』#131
내 가슴 헤친 피로 님의 양ᄌᆞ 그려 내여
高堂素壁에 거러 두고 보고지고
뉘라셔 離別을 삼겨 사름 죽게 ᄒᆞᄂᆞᆫ고

『청구영언』#133
어젯밤 비온 後에 石榴 곳이 다 픠엿다

---

27) 『청구영언』#84
中書堂 白玉杯를 十年만에 고쳐 보니
ᄆᆞᆰ고 흰 빗츤 녜로 온듯 ᄒᆞ다마는
엇더타 사름의 ᄆᆞᄋᆞᆷ은 朝夕變을 한다

28) 신흠은 1613년 영창 대군의 사건이 일어나자 선조의 遺敎七臣의 하나로 지목되어 관직을 빼앗기고 향리 춘천으로 돌아갔다가 인조반정 후 다시 이조 판서가 되었으며 인조 5(1627)년에는 영의정에 이른다.

芙蓉塘畔에 水晶簾을 거두고
눌 向혼 기픈 시름을 못내 프러 ᄒᆞᄂᆞ뇨

위의 시조는 연군 시조 가운데서도 형상화가 잘된 시조들이다. #124는 순임금과 두 妃의 일화를 통하여 자신의 임금을 향한 절개와 그리움을 간접적으로 보여주는 시이다. “흠ㅅ긔 못 주근들 셔름이 엇더튼고”는 살아서 임금과 이별해 있느니, 임금을 위해서 죽는 것이 낫다고 하는 심정을 표현한 구절이다. #131은 비절한 어조로써 격앙된 그리움을 형상화하고 있다면, #133은 아름다운 언어들을 골라 사용하여 조심스럽고 다감한 어조를 통해 안으로 삭이는 그리움을 형상화하고 있다. 발화 유형으로 본다면 세 작품이 모두 화자 지향적인 발화로 되어 있다. 세상을 비판하고 세속을 멀리 하는 노래에서도 화자 지향적 발화 유형으로 된 시조들이 재수록되었다.

『청구영언』#125
술 먹고 노는 일을 나도 왼 줄 알건마는
信陵君 무덤 우희 밧가는 줄 못 보신가
百年이 亦草草ᄒᆞ니 아니 놀고 엇지ᄒᆞ리

『청구영언』#139
술이 몃 가지오 淸酒와 濁酒ㅣ로다
먹고 醉할션정 淸濁이 관계ᄒᆞ랴
ᄃᆞᆯ 붉고 風淸한 밤이 여니 아니 ᄭᆡᆫ들 엇ᄃᆞ리

#125는 단지 놀면서 세월을 보낸다는 뜻을 노래한 것은 아니다. 화자는 술 먹고 노는 일을 그릇되다고 생각하지만 세상에는 더욱 그릇된 길을 좇아 살아가는 사람들이 있기 때문에 그러한 세상을 한탄한 시조이다. 신릉군은 『史記』 신릉군 列傳에 나오는 인물로서 선비들을 어질게 대하기로 유명하여 食

客을 삼천 인이나 거느렸다고 한다. 이처럼 부귀와 豪奢의 대명사인 그로서도 말년에는 술과 婦女를 가까이 하다가 병을 얻어 쓸쓸한 최후를 맞는다. 신릉군 무덤 위에 밭간다는 말은 부귀와 공명이 아무리 컸더라도, 죽은 후에 그것을 기리는 사람은 아무도 없음을 가리키는 말이다. 그러므로 백 년을 살지라도 또한 수고롭고 고되니 다만 놀 뿐이라고 하는 말을 하기 위해서 신릉군의 고사를 인용한 것은 매우 의미심장하다. 부귀공명이라는 허망한 것을 좇는 세태를 향하여 비판하는 목소리가 醉樂이라는 겉모양으로 표현된 것이다. #139 또한 술을 매개로 하여, "깨어나기 싫은 현실"을 노래한 시조라고 할 수 있다. 그런데 같은 주제를 화자 지향적으로 노래하면서도 시적 자아가 공적인 마스크를 쓰고 있는 다음 시조는 재수록에서 제외되었다.

> 『청구영언』#117
> 功名이 긔 무엇고 헌신짝 버스니로다
> 田園에 도라 오니 麋鹿이 벗이로다
> 百年을 이리 지냄도 亦君恩이로다

이 시조에서 화자는 임금으로부터 버림받은 자신을 스스로 위로하면서 공명이 헌신짝 같은 것이라고 노래한다. 그러나 공명은 헌신짝처럼 버릴 수 있지만 임금을 향한 자신의 마음만은 어떠한 상황에서도 변치 않음을 보여주고 있다. 백 년을 전원에서 이렇게 지낸다는 말은 임금이 자신을 다시는 안 불러줄지도 모른다는 절망감의 표현이다. 하지만 그것 또한 임금의 은혜로 알겠다는 의지가 "亦君恩이로다"로 표명된다. 앞에서 본, 임금을 향한 간절한 그리움을 읊은 시조와 이 시조의 전체적인 분위기가 달라진 것은 공적인 자아가 시의 화자가 되었기 때문이다. 앞의 시조가 절절한 그리움을 표현하는 데 효과적인 여성의 사적인 목소리를 보여 준 데 비해서 이 시조는 신하된 자의 절개를 표현하고 있다. 이 시조의 묘미는 단지 관습적으로 "亦君恩이도다"를 갖다 붙인 것이 아니라 절망적인 상황에서도 임금의 은혜는 절대적인 사실이라는 것을 스스로에게 재삼 각인시키는 데 있다. 그리하여 임금을 향한 그리움이라는 정서보다 신하된 자로서의 다짐이 강조되었다. 이 점이 화자 지향적 발화 유형으로 된 연군시조임에도 불구하고 이 시조가 탈락된 이유인 것으로 보인다.

이처럼 세상사와 공명·부귀에 대하여 경계하고 자기 자신을 그것으로부터 지키려는 태도는 시인이 그러한 것들에 대하여 무관심하게 살아갈 수 없는 역설을 보여준다. 여기에서 나오는 그의 현실적 고뇌는 다음과 같이 탈락된 작품에서 더욱 명시적으로 나타나고 있다. 같은 주제를 재수록된 시조들은 화자 지향적으로 표현한 데 비해, 탈락된 시조들은 청자 지향적으로 표현하여 주제를 강하게 드러내기 때문이다. 다음의 시조가 그 예이다.

『청구영언』#122
냇ᄀᆞ에 ᄒᆡ오라바 므스일 셔잇ᄂᆞᆫ다
無心ᄒᆞᆫ 져 고기를 여어 무슴 ᄒᆞ려ᄂᆞᆫ다
아마도 ᄒᆞᆫ믈에 잇거니 니저신들 엇ᄃᆞ리

『청구영언』#127
얼일샤 져 鵬鳥ㅣ야 웃노라 져 鵬鳥ㅣ야
九萬里長天에 므스 일로 올라간다
굴헝에 볍새 ᄎᆞᆷ새ᄂᆞᆫ 못내 즐겨 ᄒᆞᄂᆞ다

모두 해오라비와 鵬鳥를 청자로 설정하여, 해오라비와 붕조로 비유된 이들의 어리석음을 권계하는 내용의 작품들이다. #122는 권력을 가진 무리가 욕심 없고 청렴한 이를 모함하여 없애려고 한다고 질책하는 내용이다. 무심한 고기는 자신과 自派이고, 해오라비는 政敵이다. 政敵이지만 같은 조정에서 한 임금을 섬기기 때문에 "ᄒᆞᆫ믈에 잇거니"라고 한 것이다. "니저신들 엇더리"는 서로의 입장이 너무 달라 화합이 불가능하다면 아예 잊어버리고, 괴롭히지도 간섭하지도 말자는 뜻으로 보인다. 서로 물고 뜯는 현실에 대한 냉소적인 목소리와 상대방에 대한 꾸짖음은 #127에서도 나타난다. 鵬鳥는 등 크기가 수천리나 되며 날개는 하늘에 드리운 구름과 같고 한 번에 구만 리를 날아다니는 상상의 새이다. 그런데 화자는 이 새가 그렇게 힘차게 날아다니는 것을 보고 어리석고 우습다고만 한다. 그것은 鵬鳥가 권력층을 가리키기 때문이다. 날개의 크기와 구만리장천이란 말은 권력의 영향력과 위세를 나타낸 말이다. 위세가 온 하늘을 덮고 그 활동 범위가 무한한 것처럼 보이는 鵬鳥에 비해서 뱁새, 참새는 보잘 것 없는 존재이며 사는 곳도 九萬里長天이 아니라 굴헝이다. 그런데도 뱁새, 참새가 "못내 즐겨"할 수 있는 것은 하찮은 위치에 있어도 도덕적인 결백성에 있어서만큼은 한층 우위에 있다는 자부심이 있기 때문이다. "구만리 장천"과 "굴헝"이 각각 지니는 의미의 대조와 붕조와 뱁새, 참새의 힘의 대비가 이 시조의 작품성을 뛰어나게 한다.

우리는 신흠의 시조에서 임금을 사모하는 마음, 현실을 비판하는 자세 등이 일관되는 것을 느낄 수 있지만 어떻게 표현하느냐에 따라 두 가지 유형으로 나타나는 것을 보았다. 하나는 사적인 화자가 독백으로 표현하는 것이고, 다른 하나는 공적인 화자가 청자 지향적인 목소리로 드러나는 경우였다. 전자의 경우는 은유적인 표현이 많아서 우의적으로 표현된 반면, 후자는 은유를 쓰더라도 傳言을 명백히 하는 경향이 있다. 이 두 가지 경향 중 『가곡원류』에 재수록된 것은 전자였다. 즉 같은 주제의 경우 화자 지향적인 발화 유형의 재수록 가능성이 월등히 높다는 것이다.

한편 가객 시조의 경우는 주체 층위가 다양하여 『가곡원류』에서 특별히 선호한 주제들이 무엇인지 파악하는 데 도움을 준다. 김천택은 『청구영언』에 30수의 작품이 실렸는데 그 중 3수만이 재수록되었고, 『해동가요』에는 57수의 작품 중 단 2편만이 재수록되었다. 김수장도 이와 비슷하여 『해동가요』에 실린 117수 중에서는 15편만 재수록되고, 『병와가곡집』에 실린 23수의 시조 가운데서는 단 한 편도 재수록되지 않았다. 먼저 김천택의 시조 중 재수록된 작품들을 보기로 하자.

『청구영언』#257
白鷗ㅣ야 말 무러 보쟈 놀라지 마라스라
名區勝地를 어듸어듸 ㅂ렷ᄃ니
날ᄃ려 仔細히 닐려든 네와 게가 놀리라

『청구영언』#261
田園에 나믄 興을 전 나귀에 모도 싯고
溪山 니근 길로 흥치며 도라와셔
아희 琴書를 다스려라 나믄 ᄒ를 보내리라

『청구영언』#264
綠駬霜蹄櫪上에셔 늙고 龍泉雪鍔匣裏에 운다
丈夫의 혜은 뜻을 쇽졀 업시 못 이로고
귀밋테 흰 털이 늘니니 글을 셜워 ᄒ노라

#257과 #261은 전원의 생활을 그린 시조이다. 강호의 성격이 현실과 대립된 의미를 지니는지 아닌지는 확실치 않으나, 적어도 이상을 실현하고 있는 세계로서의 의미보다는 화자가 노니는 배경적 의미를 내포하는 면이 강한 듯하다. 강호자연이 가지고 있는 본연의 이치에 자신을 잊고 융화되려는 태도가 아니라 名勝地를 찾아 나서는 豪氣를 드러내고 있기 때문이다. 그렇지만 전원에서의 한가로움과 興을 노래한다는 점에서는 사대부의 강호시조와 맥이 닿아 있다. 반면 #264는 세상에 나가 뜻을 펴려는 자신의 의지가 속절없이 꺾임을 안타까워하고 있는 시조이다. 이런 시조는 중인이기에 받아야 하는 신분적 제약에 대한 비판적 의식의 산물이라고 하여, 김천택의 작품에서 가장 높게 평가되고 있는 유형의 시조이다.

김천택의 작품세계는 이렇게 사대부적 지향을 띤 시조들과 중인층의 비판의식을 담은 시조들로 양분된다. 어느 경우든 그의 시조는 『가곡원류』에서 이 세 편의 시조 이외에는 재수록되지 않았다. 다음과 같이 비유적 이미지에 의해 형상화가 잘된 작품도 탈락되고 있다.

『청구영언』#262
雲霄에 오로젼들 ᄂᆞ래 업시 어이 ᄒᆞ며
蓬島로 가쟈 ᄒᆞ니 舟楫을 어이 ᄒᆞ리
출하리 山林에 主人되야 이 世界를 니즈리라

이 시조는 그의 신분 갈등 의식이 더욱 첨예하게 드러난 시조이다. 세상에 나아갈 뜻은 하늘가에라도, 혹은 머나먼 봉래산에라도 다다를 만큼 간절하다. 그러나 그 뜻을 이루게 하는 신분적 조건이라는 매개가 없다. 성취의 가능성이 애초부터 없다는 것을 알고 있었지만 그래도 못내 괴로워서 "출하리" "이 世界를 니즈리라"라고 말하고 있다. 그의 시대는 양반이라는 신분이 도약하려는 이에게는 날개가 되고, 배를 저어 나아가고자 하는 이에게는 노가 되는 시대였다. 그런 면에서 "ᄂᆞ래", "舟楫"이라는 시어를 선택은 적절한 것이었다.

이런 시조가 『가곡원류』에서 재수록되지 않는 것은 역시 중인 신분을 가진 『가곡원류』의 편찬자가 이러한 갈등 의식에 더 이상 공감하지 않았기 때문인 듯하다. 이 문제는 뒤에 편찬자의 사회적 성격을 논하면서 생각해 볼 것이다.

그런데 탈락된 시조들의 대표적인 유형은 위의 시조처럼 형상화가 잘된 시조들이 아니라, 다음과 같이 유교 이념이 관념적, 직설적으로 형상화된 시조들이었다.

『청구영언』#263
知足이면 不辱이오 知止면 不殆라ᄒᆞ니
功成名遂ᄒᆞ면 마는 거시 긔 올흐니
어즈버 宦海諸君子는 모다 조심ᄒᆞ시소

이 시조는 관직에 있는 자칭 君子들이 足한 줄도 모르고 그칠 줄도 모르는 것을 비꼬면서, 옳지 못함은 반드시 보응을 받는 때가 있을 것을 암시하고 있다. 비유적으로 형상화하지 않음으로써 傳言이 직설적으로 나타나 시적 형상화의 수준은 그다지 높지 않다. 김천택과 김수장의 시조에서 형상화 수준이 낮은 작품군들은 대부분 유교 이념을 표방하면서 관념적인 직설로 된 시조들로서, 전체 작품에서 약 25% 정도를 차지하고 있다. 김수장의 다음과 같은 시조가 대표적인 예인데, 송강의 시조와 비교해 보면 형상화 방식이 다름을 알 수 있다.

『해동가요』#455 김수장
父兮 날 나으신이 恩惠밧긔 恩惠로다
母兮 날 길으신이 德밧긔 德이로다
암아도 하늘 갓튼 이 恩德을 어듸다혀 갑ᄉᆞ올ᄭᅩ

『청구영언』#39 정철
아바님 날 나ᄒᆞ시고 어마님 날 기르시니
두 分 곳 아니면 이 몸이 사라시랴
하ᄂᆞᆯ ᄀᆞᆮ튼 恩德을 어듸다혀 갑ᄉᆞ올고

두 시조의 주제와 어투는 거의 차이가 없다. 그런데 김수장의 시조는 한자어를 즐겨 사용하며 교훈을 강조한 흔적이 엿보인다. 부모가 나를 기르는 것을 人情이라는 면보다 德이라는 當爲의 면을 강조하고 있기 때문이다. 그런데 송강의 시조는 부모가 아니면 이 몸이 살았겠느냐고 스스로에게 반문함으로써 부모의 은혜를 삶의 근원적인 물줄기로 형상화하고 있다. 따라서 종장은 같지만 전체적으로 작품이 환기하는 정서적 이미지는 정반대의 느낌을 준다. 김수장 시조가 節度는 있지만 메마른 듯한 느낌을 주는 반면에, 정철의 시조는 자연스럽고 부드러운 느낌을 주는 것이다. 김수장의 시조는 욕구적 기능이 강하게 작용하고 있기 때문에 한층 경직되고 교조적인 목소리를 드러내게 된 것이다. 이런 시조가 김천택과 김수장의 작품에서 25% 이상의 큰 비중을 차지하였고, 신분 갈등을 드러내는 시조들은 10% 내외로 그렇게 많지 않았다.[29] 교훈을 강조한 작품들에서 발화의 지향점은 역시 청자에게 있는 경우가 많았다.

『청구영언』#463 김수장
臨高臺 ᄒᆞ다ᄒᆞ고 나즌 듸를 웃지 말라
雷霆大風에 失足홈이 怪異ᄒᆞ랴
우리는 平地에 안잣신이 分別업셔 ᄒᆞ노라

『청구영언』#503 김수장
宦欲에 醉ᄒᆞᆫ 分ᄂᆡ 압길 生覺ᄒᆞ소
옷벗은 얼인아희 陽地졋만 녁엿짜가
西山에 ᄒᆡ 넘어 가거든 엇지 ᄒᆞᄌᆞ ᄒᆞ는다

위의 두 시조에서는 명령어를 써서 청자를 향하여 豪氣를 드러내고 가르침을 주려는 의도가 강하게 나타난다. 명령 어법은 화자의 청자를 향한 전달 욕구를 가장 직설적으로 표현하는 어법이다. 이처럼 중인 의식이 강하게 드러나고 전달하는 메시지가 분명한 시조들은 인륜·도덕을 주제로 한 시조들과 같이 『가곡원류』에 선별되지 않았다. 그렇다면 김수장을 거론할 때 흔히 지

---

29) 『청구영언』에 실린 김천택의 시조들을 주제별로 분류해 보면 ①부귀·공명을 배척함(7수) ②강호에서 즐김(8수) ③신분 갈등의 표출(4수) ④유교 이념의 강조(10수) ⑤醉樂과 歎老(8수)등이 비슷한 숫자로 나타나는데 ①과 ②는 서로 겹치는 작품이 많다. 『해동가요』에 실린 김수장의 시조들도 이와 비슷한 양상을 보여 준다. ①부귀·공명을 배척(4수) ②강호에서 즐김(17수) ③신분 갈등의 표출(6수) ④유교 이념의 강조(36수) ⑤醉樂과 歎老(13수) ⑥기타(노골적인 性의 묘사 등)로 나타나는 그의 시조의 주제층에서 ④유교 이념의 강조가 상당한 비중을 차지한다는 것을 유의해야 한다.

적되는 사설시조의 선별은 어떻게 되고 있는지 보기로 한다. 이 경우 재수록된 작품들의 예를 먼저 보자.

『해동가요』#532
눈셥은 그리듯ᄒᆞ고 닙은 丹砂로 직은 듯ᄒᆞ다
날 보고 웃는 樣은 太陽이 照臨ᄒᆞᆫ듸 이슬 믹친 碧蓮花로다
네 父母 너 삼겨 닉올 쎄 날만 괴게 ᄒᆞ도다

『해동가요』#556
속적우리 고은 씩치마 밋머리예 粉씩민 閣氏
엇그제 날 소기고 어듸가 또 눔을 소길려 ᄒᆞ고
夕陽에 곳柯枝 것거 쥐고 가는 허리를 ᄌᆞ늑ᄌᆞ늑 ᄒᆞ는다

위의 시조와 같이 아름다운 여인의 모습을 보고 감탄해 마지않는 심정을 표현하거나 어여쁜 각시에게 배반당한 심정을 그린 시조가 재수록되었다. 또한 다음과 같이 옛 세상을 그리워하며 슬퍼하는 모습, 시름을 잊고자 술과 가까이 하는 시적 자아의 심정을 그린 시조가 재수록되었다.

『해동가요』#533
七年旱 九年水에도 人心이 淳厚커든
國泰民安ᄒᆞ고 時和歲豊ᄒᆞ되 人情은 險陟千層浪이요 世事는 危登 百尺竿이고
엇덧타 古今이 다른 줄을 못닉 슬허 ᄒᆞ노라

이상의 시조들은 모두 화자 지향적인 발화 유형으로 되어 있다. 그리고 아무리 언사가 길어져도 종장에서 화자의 정서가 드러나는 서정성은 변화되지 않았다. 그런데 김수장 하면 떠올리는 질탕한 애정 행각을 그린 사설시조들은 탈락되고 있음을 유의해야 한다.

『해동가요』#547

削髮爲僧 앗가온 閣氏 이닉 말을 들어 보소

어득 寂寞 佛堂 안히 念佛만 외오다가 즈네 人生 죽은 後ㅣ면 홍독기로 탁을 괴와 柵籠에 入棺ᄒᆞ야 더운 불에 찬직 되면 空山 구즌비에 우지지는 鬼ㅅ것시너 안인가

眞實로 마음을 둘으혐연 子孫滿堂ᄒᆞ여 헌멀이에 니쐬듯시 닷는 놈 긔는 놈에 榮華富貴로 百年同樂 엇더리

『해동가요』#560

折衝將軍龍驤衛副護軍 날을 아는다 모로는다

닉 비록 늙엇시나 노릭 춤을 추고 南北漢 놀이갈 쩨 써러진 적 업고 長安花柳風流處에 안이 간 곳이 업는 날을

閣氏네 그다지 숙보와도 ᄒᆞ롯밤 격거 보면 數多ᄒᆞᆫ 愛夫들에 將帥ㅣ될 줄 알이라

위의 시조들처럼 비속한 말로 유혹하고 즐기는 시조들이 김수장의 시조에 들어 있는 것이 사실이다. 그런데 이를 너무 강조하여 김수장 시대에 이르러서는 음탕한 사설시조도 부끄럽지 않게 창작되었다고 하고, 그것이 사대부 시조에 대한 반발이라는 측면에서 볼 때 김천택 시대보다 진일보한 성과였다고 주장하기도 한다. 그러나 김수장의 시조에서 가장 많은 작품수를 차지하는 것은 유교 이념이 관념적, 직설적으로 주장된 작품들이었고, 性적인 주제를 노골적으로 다룬 작품들은 극소수에 불과하다는 점에서 그렇게 볼 수는 없다. 김수장에 의해 창작된 사설시조의 수가 적은 것은 아니었지만 그것이 담고 있는 세계는 평시조의 세계나 일반인 것이 더욱 많았기 때문이다.

이상에서 본 사대부나 가객 시조의 경우, 강호의 세계나 인륜을 다룬 시조들은 화자 지향적인 발화보다는 청자 지향적인 발화 유형이 많았는데, 이런 유형의 시조는 재수록 비율이 30% 미만으로 아주 낮음을 알 수 있다. 연군이

나, 醉樂, 애정과 같이 선호된 주제 내에서도 청자 지향적 시조들은 탈락되는 경우가 많았다. 요컨대 작가층으로는 사대부나 가객일 때, 주제로는 강호나 인륜을 노래한 시조일 때, 발화 유형별로는 청자 지향적 발화일 때가 재수록에서 탈락될 가능성이 가장 높았다. 반대로 가장 재수록될 가능성이 높은 시조의 유형을 무명씨 시조에서 찾아보기로 하자.

(2) 무명씨 시조의 경우

사대부 시조나 가객 시조의 경우처럼 주제 의식이 뚜렷하고 전달하려는 욕구가 강한 경우에는 청자 지향적인 시조가 되는데, 이 때 나타나는 시적 자아는 공적인 경우가 많다. 이에 반해 화자의 정서 표시적 기능이 우세한 시조에서의 시적 자아는 보다 사적이고 내향적인 편이다. 특히 이념과 서정이 결합한 사대부 시조보다 내면에 집중한 무명씨의 애정시조나 연군시조의 재수록 비율이 높았기 때문에 『가곡원류』에서는 화자 지향적인 발화로 된 시조가 더욱 많아지게 되었다. 대표적으로 다음과 같은 작품들을 들 수 있다.

『가곡원류』#428
겨월 날 다스ᄒᆞᆫ 볏츨 님 계신 ᄃᆡ 비최고쟈
봄미나리 ᄉᆞᆯ진 마슬 님의게 드리고쟈
님이야 무서시 업스리마는 내 못 니저 ᄒᆞ노라

『가곡원류』#440
가더니 니즈 양ᄒᆞ여 ᄭᅮᆷ에도 아니 뵈다
현마 님이야 그 덧에 니저시랴
내 ᄉᆡᆼ각 애쉬온 젼ᄎᆞ로 님의 타슬 삼노라

『가곡원류』#438

ᄀᆞ르지나 셰지낫 즁에 주근 後ㅅ면 내 아ᄃᆞ냐
주근 무덤 우희 밧츨 가나 논을 ᄆᆡ나
酒不到劉伶墳上土ㅣ니 아니 놀고 어이리

#428과 #440은 님에 대한 애틋한 그리움을 고백적으로 노래한 시조들이다. 재수록된 무명씨의 시조는 대부분 애정을 노래하거나, #438처럼 뚜렷한 삶의 방향이 없이 현재를 즐기려고 하는 태도를 드러내고 있다. 劉伶은 晋나라 竹林七賢의 하나로서 술을 즐기기로 유명한 사람이다. "ᄀᆞ르지나 셰지나"라는 것은 어떻게 살아가느냐 하는 삶의 방향을 문제 삼지 않는 태도이다. 죽은 후에 자신에게 돌아올 어떤 칭찬도 비난도 소용없기 때문에 그저 술이 있는 한 놀 뿐이라고 한다.

앞에서 본 신흠의 시조는 술을 즐기기는 하지만 그 이유가 이와 달랐다. 그것은 부귀와 공명을 떨치고 世事를 등져야 하는 내면의 갈등 때문이었다. 거기에는 어떻게 사는 것이 올바른 것인가에 대한 신념이 있었다. 그러나 그런 신념도 부질없는 것으로 보는 #438은 쾌락지상주의적 태도라 아니할 수 없다. 즉 현재의 쾌락을 제어하는 어떤 규범도 받아들이지 않는 것이다. 이런 태도로 醉樂을 노래한 시조들도 역시 대부분이 화자 지향적 발화로 되어 있다.

그러면 애정 시조들은 어떤 발화 유형에 따라 선별되고 있는지를 살펴보기로 한다. 애정을 주제로 한 시조들은 당연히 화자 지향적일 것 같은데 연군시조, 기녀시조를 제외하면 사실 애정이 화자 지향적으로 표현된 시조가 많지 않다. 사설시조의 화제 지향적 풍자라는 발화 유형을 거친 뒤에 비로소 애정의 독백적 표현이 보편화된다. 진본 『청구영언』의 만횡청류 중에서 애정을 표면적 주제로 한 다음과 같은 작품들은 탈락되고 있다.

『청구영언』#478
어리려뇨 어이려뇨 싀어마님아 어이려뇨
쇼대 남진의 밥을 담다가 놋쥬걱 잘를 부르쳐시니 이를 어이 ᄒᆞ려뇨 싀어마

님아

져 아기 하 걱정 마스라 우리도 져머신 제 만히 것거 보왓노라

부정을 저지른 며느리가 시어머니한테 자신의 부정을 고백하는 초장과 중장까지는 며느리의 심정이 잘 나타나 있다. 샛서방과 부정한 관계에서 죄책감을 느끼는 며느리가 놋주걱 자루가 부러진 사건 때문에 고백하지 않아도 될 불륜을 고백한다는 자체가 희극적으로 설정되어 있기는 하지만, 중장까지는 부정한 행실을 후회하는 것처럼 보인다. 그러나 종장에 오면 이 시조의 주된 관심사가 불륜의 고백과 후회에 있는 것이 아니라는 것을 알 수 있다. 시어머니의 대사를 통해, 말하고자 하는 바는 젊었을 때의 문란한 애정 생활의 즐거움을 긍정하는 쪽으로 반전된다. 여기서 시어머니의 권위를 파괴하는 실제적 화자는 시어머니 자신이라고 보기 어렵다. 며느리와 시어머니라는 배역 설정을 통해 제삼자의 흥미를 드러낸 시조라고 볼 수 있다. 감추어진 시적 화자는 지금 벌어지고 있는 상황에 객관적인 거리를 두고 바라보면서 즐기고 있다. 여기에서의 애정은 시적 자아 자신의 진지한 관심사며, 고백의 대상이 되는 애정이 아니라 다른 사람의 것으로서, 흥밋거리나 풍자의 대상이 되는 애정임을 알 수 있다.

이처럼 대화체로 된 작품은 일인칭 화자의 정서 표출을 보여주기보다는 대화가 이루어지고 있는 상황에 대한 재미있는 묘사나, 화제로 삼고 있는 이야기의 흥미를 추구하는 경향이 있다. 즉 발화의 지향이 '화제'에 있다는 점에서 화제 지향적 발화 유형이라 하겠다. "댁들에" 유형의 시조가 그 대표적인데 다음과 같은 대화체의 시조들은 대부분 탈락되고 있다.

『청구영언』#532

ᄃᆡᆨ들에 동난지이 사오 져 쟝ᄉᆞ야 네 황후 긔 무서시라 웨ᄂᆞᆫ다 사쟈

外骨內肉 兩目이 上天 前行後行 小아리 八足 大아리 二足 靑醬 ᄋᆞ스슥 ᄒᆞᄂᆞᆫ 동난지이 사오

쟝스야 하 거복이 웨지 말고 게젓이라 ᄒᆞ렴은

『청구영언』#535

ᄃᆞᆨ들에 나모들 사오 져 쟝스야 네 나모 갑시 언매 웨ᄂᆞᆫ다 사쟈
ᄲᆞ리 남게ᄂᆞᆫ ᄒᆞᆫ 말치고 검부 남게ᄂᆞᆫ 닷되를 쳐서 合ᄒᆞ야 헤면 마닷되 밧습ᄂᆡ
삿대혀 보으소 잘븟습ᄂᆞ니
ᄒᆞᆫ적곳 사 ᄶᅡ혀 보며ᄂᆞᆫ ᄆᆡ양 사 ᄶᅡ히쟈 ᄒᆞ리라

한편 노골적인 육감을 표현한 시조들이나 비속한 인물을 그리고 있는 시조들도 탈락하는 현상이 나타난다.

『청구영언』#480

각시ᄂᆡ 玉 ᄀᆞᆺ튼 가슴을 어이 구러 다혀 볼고
綿紬紫芝 각져구리 속에 깁적삼 안셥히 되여 죤득죤득 대히고 지고
잇다감 ᄯᆞᆷ나 붓닐 제 ᄧᅵ힐 뉘를 모르리라

『청구영언』#567

재너머 莫德의 어마네 莫德이 쟈랑 마라
내 품에 드러셔 돌겻즘 자다가 니ᄀᆞᆯ고 코 고오고 오좀 ᄉᆞ고 放氣 쉬니 盟誓개지 모진내 맛기 하 즈즐ᄒᆞ다 어셔 ᄃᆞ려니거라 莫德의 어마
莫德의 어미년 내ᄃᆞ라 發明ᄒᆞ야 니르되 우리의 아기ᄯᆞᆯ이 고림症 ᄇᆡ아리와 잇다감 제 症밧긔 녀나믄 雜病은 어려셔브터 업ᄂᆞ니

#480은 육정적 욕망이 희화적으로 표현되어 있다. 육욕을 심각하게 여기거나 그로 인한 갈등의 흔적이 없는 유희적인 발상에서 나온 시조처럼 보인다. 앞에서 본 것처럼 『해동가요』에 실렸다가 『가곡원류』에서는 탈락된 김수장의 사설시조 가운데서도 비윤리적인 남녀의 만남을 제삼자가 목격하고 폭로

하는 상황으로 설정되어 있는 시조가 많았다. 이런 시조들도 발화 유형이 화제 지향적인 것이었다. #567은 대화를 통해 비속한 인물을 설정하여 온갖 비속한 행동을, 비속한 언사를 써서 나타내는 것 자체를 즐기는 태도가 보인다.

이처럼 『가곡원류』에서는 화제 지향의 대화체로 된 시조들을 많이 탈락시키고, 일인칭 화자의 서정을 표출하는 사설시조를 주로 재수록한다. 그 결과로 사설시조의 시적 관심이 희극적 객관화의 시선에서 공감적 일체화의 시선으로 옮겨갔다[30]는 지적이 나온 것이다. 이것은 사설시조의 파격적 의의와 역할이 약화된 것을 의미한다. 또한 사설시조는 높은 재수록 비율을 보이고는 있지만, 가집 전체에서 사설시조가 차지하는 비율을 보면 그 비중이 크게 달라지지 않는다.[31] 즉 사설시조가 점점 창작되지 않게 되었던 것이다.

우리는 여기에서 문학적 관습이 크게 변화되었다고 보아야 하지 않을까 싶다. 그러나 선행 연구자들은 이러한 사설시조의 저조한 창작이 곧 시조가 더 이상 발전해 나가지 못하고 퇴행하는 시초로 잡았는데 이는 사설시조가 지니는 18세기적 의의와 19세기적 의의를 구별하지 않은 데서 온 속단이다. 전기 강호시조와 훈민시조에 대한 반작용으로서의 사설시조는 시조의 표현 영역을 확대했다는 점에서 그 의의도 대단했던 것이 사실이다. 그러나 그 가운데는 서정성과 거리가 먼 시조들이 많았고 탈락된 시조들이 대부분 그런 경우라고 하겠다. 사설시조 중에서 재수록된 작품들은 다음과 같이 서정성 있는

---

30) 김흥규, 「조선 후기 사설시조의 시적 관심 추이에 관한 계량적 분석」, 『한국학보』 73호, 1993에서는 "진본 『청구영언』에 적층된 17세기 말에서 18세기 전반의 사설시조에서는 작중의 인물·사태에 심리적 거리를 둔 희극적 객관화의 시선(50%)이 우세하고, 그에 대한 공감적 일체화의 시선(39%)이 상대적으로 적었는데, 『가곡원류』·『남훈태평가』에 새로 나타난 작품들에서는 전자의 비중이 27.4%로 줄어들고, 후자의 비중은 64.3%로 압도적인 비율을 차지하게 된다."고 지적하고 이러한 추이는 "범속·용렬한 삶의 모습들에 대한 극화된 관찰이 우세하던 단계로부터 공감적 투영으로서의 서정적 자아가 훨씬 중시되는 방향으로의 변화로 이해된다."고 한 바 있다.

31) 위의 논문에서 가집들의 사설시조 비율에 대한 조사를 참고해 보면 다음과 같다. 진본 『청구영언』 118/580=20.3%, 일석본 『해동가요』 107/636=16.8%, 『병와가곡집』 219/1109=19.7%, 연민본 『청구영언』 77/258=29.8%, 육당본 『청구영언』 290/999=29.0%, 『가곡원류』계 12종 212/957=22.2%, 시조창본계 가집 111/425=26.1%.

시조들이었다.

『청구영언』#542

天寒코 雪寒ᄒᆞᆫ 날에 님 ᄎᆞ즈라 天上으로 갈 제

신 버서 손에 쥐고 보션 버서 품에 품고 곰뷔님뷔 님뷔곰뷔 쳔방지방 지방쳔방 ᄒᆞᆫ번도 쉬지말고 허위허위 올라가니 보션 버슨 발은 아니스리되

념의온 가슴이 산득산득 ᄒᆞ여라

『청구영언』#543

待人難難難ᄒᆞ니 鷄三呼ᄒᆞ고 夜五更이라

出門望望望ᄒᆞ니 靑山은 萬重이오 綠水ᄂᆞᆫ 千回로다 이윽고 犬吠ㅅ소릐에 白馬遊冶郞이 넌즈시 도라드니 반가온 ᄆᆞ음이 無窮탐탐ᄒᆞ여

오늘밤 서로 즐거오미야 어늬 그지 이시리

이들 시조의 경우 애정 행각이 나타나는데, 그것은 제삼자의 것이 아니라 시적 자아의 것으로 보인다. 시종일관 일인칭 화자의 목소리가 고백적으로 들려지고 있기 때문이다. #542에서는 허둥지둥하는 모습을 통해 시적 화자의 님을 향한 절박한 그리움을 읽을 수 있다. "념의온 가슴이 산득산득 ᄒᆞ더라"는 말은 화자의 허탈하고 시린 심정을 집약적으로 보여준다. #543에서도 님을 기다리는 안타까운 심정을 그리고 있다. 그리는 사람을 기다리는 것이 너무나 어려운 일이라 "待人難難難"으로 표현하였다. 이어서 밤을 꼬박 새운 뒤 문에 나서서 바라보는 모습이 "出門望望望"으로 표현되어 있다. 그런데 님이 오실 길에 청산이 萬重하고 綠水가 千回라 했으니, 님이 오시기 힘든 상황을 화자가 지금 상상하고 있는 것이다. 시간이 흐름에 따라 점점 시적 화자의 심정이 다급해지고 있다. 드디어 그리는 님을 만남으로써 시적 자아의 회포를 풀 뿐 아니라 시의 긴장감도 해소된다.

이렇게 주관적, 체험적, 독백적이라는 점에서 사설시조이면서도 순수 서정

장르에 가깝다고 할 수 있는 이런 시조들은 객관적, 간접적, 풍자적인 사설시조에 비하여 재수록 비율이 높게 나타났다. 전자는 화자 지향적 발화 유형이라면 후자는 관찰하고 보여주기 식의 표현으로 화제 지향적 발화 유형이라고 하겠다.

이상에서 재수록 비율이 높은 사설시조와 애정시조 내에서도 선별이 일어난 경우 발화 유형에 따라 화제 지향보다는 화자 지향의 발화 유형에서 재수록 비율이 높다는 것을 확인하였다. 사대부 작가나 가객들의 시조 가운데 탈락된 작품과 재수록된 작품들의 발화 유형은 대체로 전자가 청자 지향적이고 후자가 화자 지향적인 것과 같이 『가곡원류』에서는 시조의 정서적 기능이 중시된 것을 알 수 있다.

요컨대 사대부·가객 시조 중에 강호한정과 인륜을 다루되 특히 청자 지향적으로 다룬 시조들이 탈락하고, 기녀 시조나 무명씨 시조 가운에 애정·醉樂을 다루되 화자 지향적으로 표현한 시조들과 사설시조 중에서 화자 지향적 시조들이 재수록된다고 할 수 있다.

그런데 단지 작자층별, 주제별, 발화 유형별 재수록 양상만 보아서는 『가곡원류』의 지향성을 정확하게 파악할 수가 없다. 다음과 같은 문제점이 있기 때문이다. 첫째, 사대부 시조의 경우는 재수록 비율은 낮지만 새로 창작된 작품들은 오히려 사대부 시조의 형식과 어법을 닮고 있다. 둘째, 사설시조의 경우는 재수록 비율은 높지만 새로 창작된 작품은 거의 드물다. 이런 문제는 기존 시조들을 개작하는 방향과 신출작의 지향성을 통해 『가곡원류』가 전대 시조를 어떤 관점에서 계승하고 있는지 고찰하여야 풀릴 문제들인 것이다.

2) 작품 改作의 탈규범적 경향

『가곡원류』에서는 사대부들의 성리학적 이념을 담은 연시조가 전혀 보이지 않는다. 그나마 실려 있는 <도산십이곡>의 경우도 부분부분만 실려 있어, 전대의 연시조를 단형 시조의 집합으로만 인식했던 것을 알 수 있다.

『가곡원류』#52

雷霆이 破山ᄒᆞ여도 聾子는 못 듯ᄂᆞ니

白日이 到天ᄒᆞ여도 皷子는 못 보ᄂᆞ니

우리는 耳目淸明 男子ㅣ로되 聾瞽 갓치 ᄒᆞ리라

퇴계 이황의 <도산십이곡>은 총 43종의 시조집 중에 34종에 수록되어 있으며, 『가곡원류』계 가집을 제외하고는 모두 전문을 수록하고 있는데, 『가곡원류』계 가집에서만 부분적으로 수록하고 있다.[32] 게다가 이 시조의 원래의 종장은 "우리는 耳目淸明 男子로 聾瞽갓치 마로리"였는데 여기서는 "우리는 耳目淸明 男子ㅣ로되 聾瞽 갓치 ᄒᆞ리라"로 바뀌었다. 원래 시조에서 "이목청명 남자"란 더러움(鄙吝)을 씻은 사람(蕩滌)으로 이상적인 인간형을 말하는 것이지만 종장을 이렇게 돌려 놓으면 그러한 교훈적인 의미가 없어지고 의미하는 바가 가벼워지게 된다.

시어를 바꾸어 작품의 주제와 이미지를 바꾼 시조들도 있다. 대부분 애정과 醉樂 위주의 변개로서 재수록 양상에 나타난 특정 주제의 선호가 재확인된다.

『청구영언』#538

모시를 이리져리 삼아 두로 삼아 감삼다가

가다가 한가온대 뚝 근처 지거늘 皓齒丹脣으로 홈샐며 감샐며 纖纖玉手로 두긋 마조 자바 뱌븨여 니으리라 져 모시를

엇더타 이 人生 긋처 갈 제 져 모시쳐로 니으리라

『가곡원류』#839

모시를 이리져리 ᄉᆞᆷ아 두루 ᄉᆞᆷ아 감ᄉᆞᆷ다가

32) 심재완, 앞의 책, 80면.

ᄀ다가 한ᄀ운데 쏙 ᄭᅳᆫ쳐 지옵거든 纖纖玉手로 두긋 마조잡아 뱌븨쳐 니으리라 져 모시를

우리도 ᄉᆞ랑 근쳐갈 제 뎌 모시것치 니오리라

두 시조를 비교하여 보면 『청구영언』의 시조보다는 『가곡원류』의 시조가 약간 간결해졌다. 뒤에서 보겠지만 시어의 나열을 특징으로 하는 사설시조가 간결해지는 것도 『가곡원류』의 특징이 된다. 그러나 여기서 주목할 것은 주제 의식의 차이이다. 『청구영언』의 시조에서 "모시"는 인생을 비유하였다. 그러나 『가곡원류』의 시조에서 "모시"는 사랑을 비유한다. 인생의 유한성을 극복하려는 의지의 표현이 님과의 사랑을 영원히 지속하겠다는 의지의 표현으로 바뀐 것이다.

따라서 기존의 시조를 엉뚱하게 바꿔 버린 듯하지만 기존 시조와 개작된 시조를 놓고 詩想의 전개를 비교해 보면 오히려 후자가 자연스럽다. 인생이 그쳐 가거든 굳이 "皓齒丹脣", "纖纖玉手"로 이을 필요는 없다. 물론 "皓齒丹脣", "纖纖玉手"는 인생의 절정기에 달해 있는 여인을 가리키는 말이기는 하다. 그러나 젊고 아름다운 여인이 인생이 그쳐 갈 것을 근심하는 것이 어색하다. 오히려 사랑에 빠진 여인이 그 사랑이 유한할까 근심하는 마음을 이렇게 표현했다고 하는 편이 나을 듯하다. 다른 시조를 보자.

『해동가요』(일석본)#376
희여 검을지라도 희는 것시 셜우러든
희여 못 검는 듸 늙의 몬져 흴 줄 어이
희여서 못 검을 人生이니 그를 슬허 ᄒᆞ노라

『가곡원류』#336
희여 검울디라도 희는 덧시 셜우려든
희여 못 검는 쥴 긔 아니 셜울소냐

희여셔 못 검울 人生이 아니 놀고 어이리

"그를 슬허 ᄒᆞ노라"를 "아니 놀고 어이리"로 바꿈으로써 "歎老"라는 전통적인 주제를 "遊興"으로 이끌고 간다. 세월의 흐름에 저항하면서도 어쩔 수 없이 함께 가야 한다고 생각하던 마음가짐이, 세월은 세월대로 흐른다 하더라도 인간은 인간대로 즐겁게 살아가면 된다고 하는 태도로 변한 것이다. 『가곡원류』에서는 특히 유흥이 강조된다.

『병와가곡집』#567
綠水 靑山 깁흔 골에 靑藜 緩步 드러가니
千峯에 白雲이오 萬壑에 煙霧ㅣ로다
이곳이 景槩 됴흐니 예 와 늙자 ᄒᆞ노라

『가곡원류』#117
綠水 靑山 깁흔 골에 靑藜 緩步 드러가니
千峯에 白雲이오 萬壑에 煙霞로다
이곳이 景槩 됴흐니 예 와 놀녀 ᄒᆞ노라

山水의 절경을 만나 받은 감동을 표현한 점에서는 조금도 달라지지 않았다. 그러나 "늙자"를 "놀녀"로 바꾼 데는 인생관의 차이가 크게 나타난다. 『병와가곡집』의 시조는 감동을 주는 山水를 만나면서 삶의 방향이 달라진다. 즉 그 속에서 자신을 잊고 평생을 자연과 벗하며 살고자 하는 마음이 불현듯 일어난다. 그러나 『가곡원류』의 시조는 자연을 자신이 귀의할 곳으로 보지 않고 있다. 절경은 풍류의 배경으로 안성맞춤인 것으로 보고 있다.

이처럼 개작된 시조들은 자연의 이치에 순응하는 삶의 자세를 노래하던 기존 시조의 세계관을 그대로 따르지 않고 있다. 때로는 개작을 통해 기존 시조에 나타난 세계관을 비판적으로 패러디한다.[33)]

『병와가곡집』#677
가다가 올지라도 오다가 가지 마소
뮈다가 괼지라도 괴다가 뮈지 마소
<u>世上에 인사ㅣ 變ᄒᆞ니 그를 슬허 ᄒᆞ노라</u>

『가곡원류』#709
가다ᄀᆞ 올디라도 오다가란 가지 마소
뮈닥ᄀᆞ 괼디라도 괴다ᄀᆞ란 뮈지 마소
<u>뮈거나 괴거나ㄷ中에 쟈고 갈ㄱᄀᆞ ᄒᆞ노라</u>

위 시조의 시적 화자는 자기를 사랑하는 마음이 변하여 떠나가려고 하는 님을 붙잡아 두고자 하는 소망을 노래하고 있다. 『병와가곡집』의 시적 화자는 "오고 가는 것", "사랑하다가 미워하는 것" 등의 원인이 "人事가 변함"에 있다고 생각한다. 그래서 시적 화자는 "人事의 영원하지 못함과 가변성"을 원망하게 된다. 실제 심정은 오다가 가는, 또는 사랑하다가 미워하는 사람을 원망하는 심정일 것이다. 그런데 이를 직접 표출하지 않고 어떤 평가 가능한 상황을 설정해 놓고 최대한 객관적으로 표현하려고 한 것이다. 이렇게 평가적 태도를 보이는 것은 시적 화자가 상황에 대해 거리감을 확보하려고 애쓰기 때문이다.

『가곡원류』의 시조는 같은 상황에 대한 정서적 반응이 판이하게 나타난다. 변한다는 것이 중요한 문제가 아니라고 보기 때문이다. 지금의 사랑이 영원한가, 영원하지 않은가를 묻기 전에 지금 이 순간을 즐기면, 그것도 육체적인

33) 패러디는 단순 반복이 아니라 비평적 거리를 가진 반복이다. 비평적이라는 것 때문에 패러디와 풍자는 혼동하기 쉬운데, 풍자는 그 목표가 사회적 · 도덕적 개량에 있다면 패러디는 다른 담론의 텍스트를 겨냥, 반복한다는 점이 다르다(린다 허치언 著, 김상구 · 윤여복 譯, 『패러디 이론』, 문예출판사, 1992, 192~193면). 『가곡원류』에서 기존 시조가 개작되는 경우는 대개 비평적 거리를 지닌 경우가 많다. 그런데 오히려 도덕과 이념에 반대되게 개작한다는 점에서 패러디한다는 표현이 가장 적절하다.

결합을 통해서, 그만이라는 생각이 드러난다. 이것을 초·중장에 나오는 진지한 화자의 목소리에서 약간은 경박한 느낌을 주는 상대방의 목소리로 바꾸어 말하고는 있지만 결국 그것은 화자 자신의 욕망과도 그리 멀지 않는 것이다.[34] 문제는 이런 감정을 객관화하지 않은 채로 표출한다는 것이다. 『가곡원류』에는 시조에 "쟈고 갈가 ᄒᆞ노라"가 종종 나오는 것으로 보아 이런 표현이 용납된 것 같다.

『해동가요』#271 김유기
丈夫로 상겨나셔 立身揚名 못ᄒᆞᆯ찜연
출하로 다 ᄠᅥᆯ치고 일업씨 늙을이라
이밧씌 碌碌ᄒᆞᆫ 營爲예 걸리씰 줄 잇시랴

『가곡원류』#362
丈夫로 되야나셔 立身揚名 못헐딘듸
출하로 다 ᄇᆞ리고 酒色으로 늙으리라
이밧게 碌碌한 營爲야 거닐 쥴이 이시랴

시어 하나 때문에 두 작품의 분위기가 달라졌다. 『해동가요』 시조에서 공명과 출세를 바라지 못할 양이면 일없이 늙겠다고 하는 것은 營爲에 마음 흔들리지 않으면서 살아가려는 의지의 표현이다. 그러나 같은 상황에서 『가곡원류』 시조처럼 酒色으로 늙겠다는 것은 전혀 다른 삶을 지향하는 말이다. 酒

34) 『가곡원류』에서는 극적인 양식의 대화체(복수 발화)는 재수록되는 비율도 낮고, 새로 창작되는 경우도 대화체(복수 발화)인 경우는 드물다. 서정적 양식의 단일 발화가 훨씬 우세하게 나타나는데 이는 앞서 살펴본 발화 유형별 선별 양상에서 사설시조의 경우 화제 지향적인 시조보다 화자 지향적인 시조가 우세해지고 풍자적 어조보다는 고백적 어조가 우세해지는 경향과 일치하는 것이다. 따라서 이 시조는 가집의 전체적인 경향에 역행하는 예외적인 시조라고 할 수 있는데, 이는 작품의 구성상 복수 발화가 더욱 획기적인 표현을 할 수 있기 때문인 것으로 보이며 작중 인물의 독자적인 재현이 아니기 때문에 장르적 성격이 극적인 방향으로 이끌렸다고 볼 수도 없다.

色으로 보내는 것을 경계하고 멀리하는 것이 아니라 뜻이 좌절된 세상에서 화자가 누릴 수 있는 유일한 기쁨으로서 생각하고 있는 태도이다.

이상에서 본 바와 같은 주제의 변개는 그렇게 많은 수를 차지하고 있지는 않지만 시조에 대한 태도의 변화를 보여준 것으로 주목된다. 그 양상은 크게 두 가지로 나타났다. 첫째, 감정보다는 人事를 보편적・객관적으로 노래한 시조들은 시어가 바뀌어 감정을 주관적으로 표현한 시조가 되었다. 둘째, 物外閑身을 주제로 한 시조를 酒色이나 遊樂을 주제로 한 시조로 바꾸는 경향이 있다.

두 경우 모두 인륜, 도덕, 人事에 대한 시적 자아의 태도를 정립하는 역할을 하는 시조의 이념적 전통에 대하여서는 강한 반발이 일어났음을 보여준다. 이념적 가치를 부정하고 그 자리를 대신한 것은 앞서도 보았듯이 "즐기는 삶"과 "구체적인 님"이었다. 삶의 즐거움이나 님과의 결합을 제어하는 일체의 규범을 벗어나는 삶을 지향한다는 점에서, 작품 개작 방향을 한마디로 한다면 "탈규범적" 경향이라고 할 수 있다. 19세기 가집 대부분이 명망 있는 사대부의 시조를 대폭 탈락시켰다[35]는 점으로 미루어 볼 때, 탈규범적 경향은 『가곡원류』뿐만 아니라 이 시기 시조가 보여주는 공통적인 성향이라고 할 수 있다.

3) 新出作의 순수 서정적 지향

(1) 신출작의 전형 문제

지금까지 『가곡원류』를 대표할 뿐만 아니라 19세기 시조의 성과를 가늠하는 표준으로 제시되어 온 작가는 안민영이었다. 그는 『가곡원류』의 편자로서 활약했을 뿐만 아니라, 뚜렷한 시조 작가가 없는 시기에 무려 180수의 시조를

35) 이런 현상은 육당본 『청구영언』을 제외한 19세기 전반의 가집부터 뚜렷이 나타났던 현상이라고 한다. 신경숙, 앞의 책, 15면 참조.

창작했기 때문이다. 그러나 실제로 안민영이 승평계 가단 내에서 다른 가객들과 구별되는 활동을 한 작가라는 점은 이동연의 연구에서 이미 지적한 바다. 이 연구에 의하면 19세기 가객들은 대체로 음악에만 전념하는 전문 음악인의 길을 걷는 데 비해, 안민영은 왕실 기념일 공연을 위한 가곡 창사를 도맡았다는 점에서 다르다.[36)]

작품의 내적 특성들을 보아도 그의 시조는 독자적인 방향성을 띠고 있다. 송축시는 목적 문학적 성격을 강하게 지닌다는 점에서 논외로 하더라도, 송축시 이외의 작품들도 또한 전달 욕구가 강하고 청자 지향적 발화 유형으로 되어 있음을 볼 수 있다.

『가곡원류』#231
ᄭᅬᆺ고리 고은 노릐 나븨 츔을 猜忌마라
나뷔 츔 아니런들 鸚歌 너ᄲᅮᆫ이여니와
네 겻헤 多情ᄐᆞ 니를 것슨 蝶舞ㅣ론가 ᄒᆞ노라

『가곡원류』#411
담 안에 섯는 ᄭᅩᆺ츤 버들ㅂ빗츨 ᄉᆡ워마라
버들곳 아니런들 花紅 너ᄲᅮᆫ이여니와
네 겻헤 多情타 니를 거슨 柳綠인가 ᄒᆞ노라

위의 시조는 꾀꼬리나 꽃을 청자로 설정하여 훈계하는 내용으로 되어 있다. #231에 대하여는 "명예와 이익을 좇는 사람들은 서로 돕는 것이 귀한 줄을 알지 못하고 모든 일에 시기하여 도리어 그 몸을 망치니 애석함을 가히 이

---

36) 박효관의 경우 총 13편의 시조 중 2수만이 송축시로 분류될 수 있을 뿐이며, 그나마 왕실 연희용 축가인지 아닌지도 모르는데, 안민영은 세자의 생일이나 대원군 부부의 환갑, 대왕대비의 칠순 등의 왕실 연회에서 19수의 작품을 남기고 있다는 것이 그 근거이다. 이동연, 앞의 논문, 91~93면 참조.

길 수 있겠는가"[37]라는 설명이 붙어 있다. 이로 인해 이 시조의 청자인 꾀꼬리는 세상에서 명예와 이익을 탐하는 무리들로 해석된다. #411에 대하여는 "강릉 기생 월출과 진주 기생 초옥이 이름을 천하에 떨치었으나 서로 시기하고 미워하였다."[38]고 하니, 꽃으로 비유된 청자가 기생임을 알 수 있다. 두 기생이 서로 시기하고 미워하는 것을 보고 서로 같은 처지임을 일깨워 주는 시이다.

이런 청자 지향적인 어법은 사대부 시조 중 특히 훈민시조들에서 많이 나타나는 어법이었다. 그런데 안민영의 시조 대부분은 청자 지향적인 시조들이다.[39] 그렇지 않으면 시적 화자와 작가와의 거리를 두고 평가적인 목소리를 드러내는 화제 지향적인 시조들[40]이 눈에 띄고, 순수한 화자 지향적인 시조는 애정을 다룬 시조 몇 편에서만 보일 뿐이었다.

청자 지향적인 발화 유형 이외에도 그의 창작 기반이 漢詩에서 자주 쓰이는 典故에 기대고 있다는 점에서 그의 시조는 사대부시조를 닮고 있다고 할 수 있다. 위의 #231에 나오는 "꾀고리 노래(鶯歌)"와 "나뷔 춤(蝶舞)"도 李適의 詩[41]에서 나온 유명한 典故이다. #411은 王維의 시와 元好門의 시[42]가 『금옥총부』에 함께 부대되어 있다. 한시에서 桃紅과 柳綠의 어우러짐에서 오는 아름다운 형상을 보고 노랫말을 지었음을 알 수 있다.

『가곡원류』#409
菊花야 너는 어이 三月東風 슬여ᄒᆞᆫ다
성긘울 챤 비ᄃᆞ 뒤에 츌하리 얼디연졍

37) 名利之人 不知相扶之爲貴 全事猜忌 反陷其身 可勝惜哉.

38) 江陵妓月出 晋州妓楚玉 揚名於洛下 而有相猜之嫌.

39) 『가곡원류』의 작품 번호로 #165, #351, #169, #139, #852, #23, #58, #302, #683, #543의 시조들이 이에 속한다.

40) 『가곡원류』의 작품번호로 #154, #22, #753, #124의 시조들이 이에 속한다.

41) <奉和聖製春日 幸望春宮應制詩> 中에서 나오는 구절은 다음과 같다. "蝶舞飛行飄御席/鶯歌慶曲繞仙杯."

42) 王維: 桃紅後含宿雨 柳綠更帶明烟, 元好門: 石門柳綠淸明市 洞口桃紅上已出.

반드시 群花로 더부러 한 봄 말녀 ᄒᆞ노라

『가곡원류』#101
萬戶에 드리운 버들 ᄭᅬ고릐 世界여늘
淸江에 성긘 비는 ᄒᆡ오리 平生이라
우리도 聖恩 갑픈 後에 져와 갓치 놀니라

위의 시조들은 한시에서 모티브만 따온 것이 아니라 한시를 시조로 번역했다고 볼 정도로 한시와 밀접한 관련이 있는 시조이다. #409에 대한 『금옥총부』의 해설에는 "藥峴金相國詩曰 疎籬雨後寫寒死 不如群花共一春"이라 하여 중장과 종장이 한시의 뜻 그대로를 옮기고 있음을 보여준다. #101의 시조는 『금옥총부』에 "竹洞洪相國詩曰 萬戶垂揚鶯世界 一江疎雨鷺平生"이 초장과 중장에 옮겨져 있다. 조선 후기에는 시조를 한역화하는 경우는 많아도 이렇게 한시를 시조화하는 것은 특이한 경우이다. 이는 그가 한시에 대한 교양을 바탕으로 창작을 한 결과였던 것으로 보인다. 그의 시조는 공식구에 의한 표현이 별로 없고 한시의 전고에 의한 표현이 많이 나타난다. 안민영의 <매화사> 8수를 보면 "氷姿玉質", "暗香浮動", "月黃昏", "눈 期約", "羅浮山"과 같은 시어가 반복적으로 쓰이고 있는데, 이들은 매화를 노래한 한시에서 보편적으로 쓰인 고사나 이미지43)였다. 이처럼 안민영의 시조 창작 과정은 한시 창작 과정과 유사하였다.

이는 다른 가객들의 작품이 공식구에 기대어 창작하는 경향이 다분한 데 비해서 매우 독특한 경우이다. 안민영은 관용적으로 쓰이는 노랫말에 만족하지 않고, 한시에서 얻은 교양을 표현하려는 의도가 강했다. 그러다 보니 종장의 정형적인 잣수율을 지키기 어려운 경우가 있게 되었다.

신출작들은 전대 시조에 비해 종장의 잣수율이 훨씬 엄격하게 고정되어 있

43) 류준필, 「안민영의 <梅花詞>論」, 『한국고전시가작품론』, 집문당, 1992 참조.

다. 종장의 잣수율이 3 · 5(6) · 4 · 3의 기본형을 지키고 있는 시조들을 정형이라 하고 기본형에서 일탈한 작품들을 비정형이라 명명하고, 신출작들의 종장 형식을 보면 다음과 같다.

신출작	평시조	사설시조	계
정형	111수	2수	113수
비정형	9수	7수	16수
계	120수	9수	129수

위에서 보면 신출작들은 평시조가 사설시조보다 월등히 많고, 종장의 잣수율도 전체 130수 중 113수가 정형으로 되어 있다. 단 16수만이 정형에서 일탈하고 있는데, 그 16수 중에 9수가 안민영의 작품이라는 사실이 주목된다. 안민영의 다음과 같은 시조들에서 비정형이 많은 이유를 생각해 보기로 하자.

『가곡원류』#852
石坡公의 造化蘭과 秋史筆紫霞詩는 詩書樂三絶이요
蘇山竹石蓮梅는 梅與竹兩絶이라
그 中에 本밧기 어려울쓴 石坡蘭인가 ᄒᆞ노라

『가곡원류』#22
玉露에 져즌 곳과 淸風에 나는 닙흘
老石의 造化筆로 깁밧탕에 옴겨신져
異載라 寫簡이 豈有香가마는 暗然襲人 ᄒᆞ돗다

이런 시조들은 음보율에 있어서는 기본형에서 일탈하지 않았기 때문에 비정형이라고 명명하는 것에 대하여 의문의 여지가 있을 것이다. 그런데 신출작의 87.5% 정도는 3・5・4・3으로 되어 있어, 이 정도의 잣수율의 벗어남도 보이지 않고 있다는 점에서 이 시조가 상대적으로 비정형적이라고 할 수 있다. #852는 안민영이 자신과 교유하고 있는 명사들을 열거하면서 칭찬하고 특히 대원군을 찬양하는 내용의 시조이다. "梅與竹兩節이라" 같은 것은 한문 문장 그대로에 토만 단 듯한 느낌을 준다. #22의 종장 "異載라 寫簡이 豈有香가마는 暗然襲人 ᄒᆞ돗다"도 한문 문장을 그대로 사용한 것이다.

안민영의 시조만이 아니라 이런 방법으로 창작된 시조가 비정형인 예가 많다. "至今에 花紅柳綠鶯歌蝶舞ᄒᆞ니 醉코 놀녀 ᄒᆞ노라"(안민영 #410), "그남아 攸好德考終命이야 닐너 무슴 ᄒᆞ리요"(이정진 #316), "我東方 生靈이 熙華世를 보리로다"(박효관 #17) 같은 한자투어는 비정형적 시조에 공통적으로 보여지는 현상이다. 즉 비정형 평시조 9수 가운데 7수가 한자투어를 사용한 결과로 일탈된 것이다. 이는 사설시조의 경우도 마찬가지였다.

『가곡원류』#543
智謀는 漢相諸葛武侯요 膽略은 吳侯孫伯符ㅣ라
舊邦維新은 周文王之功業이요 斥邪衛正은 孟夫子之聖學이로다
아마도 五百年 幹氣英傑은 國太公이신가 ᄒᆞ노라

위의 시조도 역시 대원군을 송축하기 위하여 온갖 고사를 동원하고 있다. 위 시조처럼 율격의 정형성이 일탈되는 부분이 한자 어투와 관련 있는 경우는 비정형의 사설시조 7수 가운데서 6수를 차지한다.[44] 즉 시조의 창작을 한시 창작 행위와 같은 것으로 인식했던 안민영의 작품과 같은 몇몇 시조들은 율격의 정형성을 일탈하고 있지만 전체적인 신출작의 성향은 율격의 정형성을 엄격히 지키고 있었다. 그리고 이러한 율격의 정형성은 가요로서의 시조 향유와 관련이 있을 것이지만 가객들의 의식과도 밀접한 관련이 있다. 이는 4

44) 『가곡원류』의 작품 번호로 #502, #156, #595, #851, #154, #543, #540의 시조들이 그러하다.

장에서 논의될 것이다.

요컨대 안민영의 시조는 형식적인 면이나 표현 방식 면에서 독특한 위치를 점한다고 해야 할 것이다. 이는 그의 특별한 작가적 위치와 뚜렷한 창작 의식에서 말미암은 것이다. 안민영의 경우는 사대부 예술의 기품 있는 분위기에 경도되어 창작 활동을 하였다고 할 수 있다.

그러나 박효관을 비롯한 다른 가객들의 경우는 그렇지 않았다. 우리는 이정진과 박효관의 시조에서 『가곡원류』 전체의 성향과 일치되는 작품 세계와 표현적 특성을 찾을 수 있다고 보고, 다음에서는 그들의 시조를 중심으로 신출작의 지향성을 살피기로 한다.

(2) 사대부 시조적 형식과 사설시조적 내용

사대부 시조가 대부분 탈락된 『가곡원류』에서, 신출작들이 평시조이면서 표면적으로 사대부 시조의 형식과 어법에 가까운 것은 앞뒤가 맞지 않는 현상 같아 보인다. 그러나 그 이면의 지향성은 사설시조적인 내용이었다는 점이 신출작의 주요한 특징이다.

『청구영언』#414
어져 可憐ᄒᆞ다 宇宙ㅣ 어이 忽亡턴고
南董殿 五絃琴이 어ᄂᆡ 째에 그처진지
春秋에 風雨ㅣ 亂ᄒᆞ니 그를 슬허 ᄒᆞ노라

『가곡원류』#314
죽기 설웨란들 늙기도곤 더 셜우랴
무거운 팔츔이요 숨결은 노릐로다
갓득에 酒色ᄌᆡ 못ᄒᆞ니 그를 슬허 ᄒᆞ노라

앞의 『청구영언』의 시조는 어지러운 세상을 당하여 조화롭고 평화로운 옛 세상을 그리워하는 내용으로, 평시조의 전형적인 모습을 보여 주고 있다. 『가곡원류』의 시조를 보면 형식도 간결하고 어투도 점잖지만 내용은 사설시조 못지 않은 비속함을 담고 있다.45) 이 시조는 가객 이정진의 시조이다. 이정진의 시조 가운데는 『육당본 청구영언』에 실려 있는 다음과 같은 세태 비판적인 시조가 있지만 『가곡원류』에서는 재수록되지 않았다.

『육당본 청구영언』#747

붉가 버슨 아해ㅣ들리 거믜쥴 테를 들고 기川으로 往來ᄒᆞ며

붉가숭아 붉가숭아 져리 가면 죽ᄂᆞ니라 이리 오면 ᄉᆞᄂᆞ니라 부로나니 붉가숭이로다

아마도 世上일이 다 이러ᄒᆞᆫ가 ᄒᆞ노라

『가곡원류』에 그의 시조는 이름이 밝혀진 시조 10수와 밝혀지지 않은 시조 5수를 합하여 총 15수가 보이고 있다. 그런데 그의 작품으로 알려진 시조 가운데 재수록되지 않은 시조는 위의 시조 하나뿐이다.46) 또 다른 세태 비판적인 시조47)가 재수록되는 것으로 보아 내용 때문에 재수록되지 않는다기보다

45) 다음 시조도 사대부 평시조의 평가적 어법을 그대로 따르는 가운데, 내용은 性에 대한 관심을 담고 있다.
『가곡원류』#382
楚襄王은 무ᄉᆞᆷ일로 人間樂事 다 ᄇᆞ리고
巫山十二峯에 雲雨夢만 ᄉᆡᆼ각는고
두어라 神女의 生涯는 ᄉᆞᆷ생인가 ᄒᆞ노라

46) 이 시조가 탈락하고 김창업 시조의 종장을 바꾼 시조가 『가곡원류』에서는 그의 작품으로 되어 있어서 결과적으로 15수가 실려 있는 셈이 되었다.

47) 『가곡원류』#224
ᄆᆡ암이 ᄆᆡᆸ다 울고 쓰르람이 쓰다 우니
山菜를 ᄆᆡᆸ다는가 薄酒를 쓰다는가
우리는 草野에 뭇쳐시니 ᄆᆡᆸ고 쓴 쥴 몰ᄂᆡ라
김용찬, 「『청구영언』(육당본)의 성격과 시가사적 위상」, 고려대 고전문학·한문학 연구회 편, 앞의 책, 65~73면을 참조하면 19세기 전반기에 활동했던 이정진은 김민순의 경우처

는 평시조에서 벗어난 형식 때문에 재수록되지 않은 것이 아닐까 추정된다. 이 시조를 제외한 그의 시조들은 모두 간결한 평시조 형식을 지니고 있다. 재수록작의 경우는 세태 비판(#224, #225, #317)이나 閑居·隱居(#263)를 주제로 한 시조들[48]인데 반하여, 『가곡원류』에만 나오는 그의 시조는 앞에서 본 작품처럼 나이가 들어 酒色일을 못한다고 한탄하는 시조나, 막연하고 적막한 분위기가 묘사된 시조,[49] 그리움의 정조를 여성화자의 목소리로 표현한 시조들(#711, #690, #691)이었다. 이런 시조들은 모두 사적이고 고백적으로 표현한 화자 지향적인 시조들이다.

『가곡원류』#315
늙어 됴흔 일이 百에셔 ᄒᆞᆫ 일도 업ᄂᆡ
쏘던 활 못 쏘고 먹던 술도 못 먹괘라
閣氏네 有味ᄒᆞᆫ 것도 쓴 외 보듯 ᄒᆞ여라

이 시조는 평시조이지만 주로 사설시조에서 그랬던 것처럼 성적인 관심사를 노골적으로 드러내 말하고 있다. 이정진은 세태 비판적인 시조를 짓기도 하였고, 분수를 지키려는 시조[50]도 지은 작가였다. 그런데 이처럼 성적 관심

럼 현실에 대한 강한 비판적 시각을 드러내는 시조를 『청육』에 남기고 있다고 한다. 이로써 그가 현실정치에서 소외된 채 은거하면서 지내던 인물로 추정되었다. 이들은 대개 익종의 대리 청정기에 활동한 인물들로 추정되며 혼탁한 현실에 대하여 유흥과 풍류에의 몰입을 대안으로 삼으려는 작품세계를 보여주었다고 한다.

48) 여기에 애정을 다룬 시조가 한편 있는데 꿈을 의인화한 기법이 참신한 시조이다.
『가곡원류』#320
ᄭᅮᆷ이 날 爲ᄒᆞ여 먼듸 님 ᄃᆞ려와늘
耽耽이 반기 넉여 ᄌᆞᆷ을 ᄭᆡ여 니러보니
그 님이 性ᄂᆡ여 간지 긔도망도 업더라

49) 『가곡원류』#390 (신출작)
쟈다가 ᄭᆡ여보니 이 어인 소ᄅᆡ런고
入我床下蟋蟀인가 秋思도 悄悄ᄒᆞ다
童子도 對答지 아니코 고ᄀᆡ 숙여 조오더라

50) 『가곡원류』#225

을 과시하는 그의 시조가 『가곡원류』에서 비로소 나타난 이유는 왜일까? 그때에는 어쩌면, 시조에서 酒色이 더 이상 돌려 말해야 하는 금기적 주제가 아니었을지도 모른다. 혹은 어쩌면 酒色이라는 본능적인 욕구를 드러낼수록 진실하다고 생각되었기 때문일 수도 있다. 그렇기 때문에 비속한 내용이지만 경험적이고 독백적으로 표현하면서 진지한 어조를 띠게 되었을 것이다. 오히려 전시대 가객들의 다음과 같은 사설시조가 『청구영언』의 시조와 내용적 지향을 같이 한다.

> 『가곡원류』#478
> 七年之旱과 九年之水에도 人心이 淳厚러니
> 時和歲豊ᄒᆞ고 國泰民安ᄒᆞ되 人情險陟千里浪이요 世事는 險登百尺登이로다
> 古今에 人心이 不同홈을 못ᄂᆡ 슬어 ᄒᆞ노라[51)]

김수장의 사설시조에는 사설시조의 표면을 가지고 있으면서 그 이면은 오히려 평시조를 지향하는 것이 많았다. 그러므로 표면으로는 사설시조를 부정하고, 이면으로는 평시조를 부정하는 『가곡원류』에서는 가객들의 사설시조가 표면으로도, 이면으로도 부정될 수밖에 없었다.

앞에서 보았듯이 18세기 가객들의 시조는 독자적인 지향성을 보이는 한편으로는 사대부 시조를 모방한 혐의가 짙다. 그들의 평시조는 사대부 평시조의 표면과 이면을 매우 충실하게 계승하고 있을 뿐만 아니라, 더욱 강조하는 양상을 보여준다. 사대부 평시조의 이면이 부정적으로 계승된 『가곡원

벼슬을 져마다 ᄒᆞ면 農夫되리 뉘 잇시며
醫員이 病 곳치면 北邙山이 져러ᄒᆞ랴
우리는 天性을 직희여 ᄂᆡ 뜻ᄃᆡ로 ᄒᆞ리라
이 시조는 『청구영언』, 『병와가곡집』에는 작가가 김창업으로, 종장이 "아희야 盞 ᄀᆞ득 부어라 내 뜻대로 ᄒᆞ리라"로 나와 있다.

51) 『해동가요』에 실린 김수장의 시조는 종장이 "엇덧타 고금이 다른 줄을 못ᄂᆡ 슬어 ᄒᆞ노라"라고 되어 있다.

류』에 이러한 18세기 가객들의 작품이 많이 나타나지 않은 것은 당연한 것이다.

그에 비해 무명씨 평시조와 기녀시조는 신출작에서 가장 긍정적으로 계승되고 있는데 다음절에서 상세히 다루기로 하겠다. 우선 이상에서 살펴본 양상을 정리하면 다음과 같다.

계승○, 부정×	표면	이면
사대부 평시조	○	×
가객 평시조	○	×
가객 사설시조	×	×
무명씨 평시조	○	○
무명씨 사설시조	×	○

위 표에서 보듯이 신출작들은 표면에서는 평시조를, 이면에서는 무명씨 평시조와 사설시조를 계승하였다. 즉 형식상으로는 평시조 주류이면서 세계관에 있어서는 사설시조와 맥이 닿아 있다는 것이 된다.

이와 마찬가지로 같은 공식구를 공유하면서, 전혀 새로운 세계관을 지향하는 작품들이 공존하는 현상이 나타났다. 예를 들어 공식구 "그를(못닉) 슬허 ᄒᆞ노라"가 나타나는 시조는 모두 28편[52]이다. 이 작품들은 크게 두 가지 성향으로 구분된다. 하나는 앞의 『청구영언』의 평시조와 김수장의 사설시조에서처럼 지금이 옛적과 다름을 한탄하는 것이다. 다른 하나는 이정진의 시조와 대다수 무명씨 시조의 경우처럼 人生이 유한함 내지는 님과의 격리, 이별을 한탄하는 것이다. 그런데 신출작에서는 거의 후자의 유형만 나타난다.

관용적 표현은 같으나 상반된 지향성을 보여주는 시조들의 유형을 보면 모두가 사대부의 의식 세계를 노래하던 어법을 그대로 가져다가 님과의 결합이

52) #283, #314, #318, #321, #348, #369, #371, #385, #402, #456, #457, #220, #256, #478, #563, #583, #680, #695, #699, #711, #728, #775, #71, #130 (#595, #142, #395, #238)

나 그리움, 醉樂을 강조하는 내용으로 패러디하고 있다.[53] 이로써 볼 때, 시조가 지향하는 세계, 시조에 표현한 관심사는 크게 달라졌지만, 그것이 전대의 관습적 형식과 어법 안에서 일어난 변모였던 것으로 보인다.

(3) 신출작의 순수 서정적 지향

신출작에 있어서 가장 보편적인 주제 중 하나는 애정이었다. 애정은 누구나 경험하는 가장 보편적인 문제이지만, 언제나 가장 私的인 영역에서 일어나는 문제이기도 하다. 애정의 형상은 무명씨의 평시조나 기녀시조에서 더욱 진지하게 드러난다. 그것은 사설시조가 애정이라는 영역에 있어 지대한 관심을 드러내면서도 앞서 보았듯이 희화적이고 풍자적인 대상으로 밖에 다루지 않은 것에 비하여, 무명씨 평시조나 기녀시조의 경우 체험적, 주관적으로 다루고 있기 때문이다.

---

53) 이 밖에 같은 관용적 표현에 상반된 지향성을 보여주는 시조들의 유형은 다음과 같다.
1) '좀든 나를 ○○이 씌운다'는 관용적 표현을 보여주는 시조에는 #269, #185, #186, #195, #227, #393, #379, 306, #319, #322, #332, #364, #429, #439, #691, #474, #644, #503등이 해당하는데 이 유형은 크게 "太古를 꿈꾸는 시조"와 "님과의 결합을 꿈꾸는 시조"로 나누어진다. 그런데 太古를 꿈꾸는 시조는 전대 가집에서 재수록된 #72(성운), #332(조준), #397(김민순), #393(유성원)등 몇몇 사대부 작가의 작품에 한하며 신출작들에서 꿈은 대개가 님과 관련된 주제소로 기능하고 있다.
2) '우리도 ○○○되옵고', '우리도 ○○○다리고' 유형은 "聖主 뫼옵고 同樂太平한다"는 내용(#12, #13, #183, #188=#724)과 "고은님 다리고 同樂太平한다"는 내용(#453=#798, #640, #510, #848, #95)으로 대별된다. 신출작들은 역시 후자의 비중이 높다.
3) '○○○하거든/이니 아니 ○○ᄒᆞ고 어이ᄒᆞ리' 유형은 "옛길을 좇으리라는 다짐"의 시조와 "지금을 즐기리라는 다짐"의 시조로 양별된다. 특히 후자의 유형이 (#45)'人生이 일장춘몽이니 아니놀고 어이리', (#230)'져마다 이러한 人生이 아니놀고 어이리', (#265, #336)'희여서 못검을 人生이 아니놀고 어이리', (#570=#830,#670,#697)'두어라 非百歲 人生이 아니놀고 어이리' 등으로 많이 나타난다. 이들 시조에서는 갖가지 이유를 들면서 人生이 유한함은 놀라는 뜻이라고 강조한다. 이 유형의 시조들은 특히, 이황의 시조를 제외하면, 자연의 항구성과 자신의 본성을 일치시켰던 전기 사대부의 의식세계의 흔적을 나타내는 시조가 거의 없다.

『병와가곡집』#638
ᄭᅮᆷ에 ᄃᆞᆫ이ᄂᆞᆫ 길히 ᄌᆞ최곳 날작시면
님 계신 窓 밧기 石路ㅣ라도 달흐리라
ᄭᅮᆷ길히 ᄌᆞ최 업ᄉᆞ니 그를 슬허 ᄒᆞ노라

이렇게 애정을 노래하되 간결한 언사를 써서 사적이고 고백적으로 노래하는 시조들의 비율이 신출작에는 높게 나타난다. 그 중에서도 특히 여성화자의 독백체로 된 시조들이 신출작의 전범으로서 기능하고 있는 양상을 좀 더 살펴보기로 하자.

『가곡원류』#678
거울에 빗쵠 얼골 ᄂᆡ 보기에 ᄭᅩᆺ것거든
허물며 端粧ᄒᆞ고 님의 ᄋᆞᆲ히 뵐 ᄶᅧᆨ이랴
이 端粧 님을 못 뵈니 그를 슬허 ᄒᆞ노라

그런데 이런 시조는 다음과 같은 연군시조의 표면을 긍정적 계승하면서 그 이면을 부정적으로 계승했다고도 볼 수 있다.

『청구영언』#81 송강 정철
내 양ᄌᆞ ᄂᆞᆷ만 못ᄒᆞᆫ 줄 나도 잠간 알건마ᄂᆞᆫ
臙脂도 ᄇᆞ려 잇고 粉ᄯᅴ도 아니미ᄂᆡ
이러코 괴실가 ᄠᅳᆺ은 젼혀 아니 먹노라

이 시조는 『가곡원류』에 재수록되지는 않았지만 연군시조의 형상적 특성을 잘 보여주고 있다. 연군시조의 표면은 여성의 님에 대한 연모의 情이 그 주제가 되지만, 그 이면은 임금에 대한 신하로서의 절대적 순종이 더욱 중요한 주제가 된다. 연군시조에는 화자와 님과의 관계가 군신 관계라는 전제가 있어야,

신하로서 임금에 대한 절개를 표현하고 있는 작품의 본의를 알 수 있다. 이러한 전제를 수용하지 않으면 연군시조의 표면만 계승하게 된다. 많은 연군시조가 『가곡원류』에 여창으로 분류된 것은 연군시조를 보는 시각이 군신 관계를 전제로 하지 않고 표면 그대로 여성의 목소리로만 이해하기 때문이다.

한편으로 님에 대한 여성화자의 그리움을 그린 신출작들은 기녀시조의 표면과 이면을 계승했다고 볼 수 있을 것이다. 박효관의 다음 작품은 그와 같은 면모를 여실히 보여 준다.

『가곡원류』#293
於臥 닉 일이여 나도 닉 일을 모를노다
우리님 ᄀ오실 제 ᄀ지 못 ᄒ게 못 헐넌가
보닉고 길고 긴 歲月에 슬쁜 싱각 어이료

『가곡원류』#294
님이 가오실 뎍에 날은 어이 두고 간고
陽綠이 有數ᄒ여 두고 갈 法은 ᄒ거니와
玉皇게 所志原情ᄒ여 다시 오게 ᄒ시쇼

위 시조들에서 시적 화자는 떠나는 님에 대해서 속수무책인 상황에 있는 여인이다. 가객인 작가와 기녀 사이의 애정을 직접적으로 표현하고자 한다면 떠나는 이가 시적 화자가 되고, 떠나 보내는 입장은 어느 기녀의 입장일 것이다. 예컨대 안민영의 시조 중, 기생과의 이별의 정을 그린 노래들에는 보내는 이가 아니라 떠나는 이가, 님을 기다리는 이가 아니라 찾아 나서는 이가 시적 화자가 된 시조가 몇 편씩 있다.54)

그러나 일반적으로 가객의 입장이 아니라, 기녀의 입장에서 노래한 시조들

54) 박을수, 『한국시조대사전』, 아세아문화사, 1992의 작품 번호로 #1259, #1606, #2999 등이다.

이 더욱 공감을 준다. 기녀의 사랑은 이별을 만드는 과정이라 해도 과언이 아닐 만큼 순간적이고 불완전한 사랑이다. 하루아침에 정점에서 나락으로 떨어질 수도 있는 사랑이다. 그로 인해 기뻐하고, 불안해하고, 괴로워하며 수없이 많은 감정의 굴곡을 경험한다. 이러한 경험에서 나온 기녀시조는 전통적으로 표현효과가 뛰어날 수밖에 없었다.

그러므로 시조가 군신 관계의 寓意를 떠나, 아무 이데올로기적 해석도 요구하지 않는 남녀의 사랑과 이별을 다루는 한, 기녀시조가 전범이 될 수밖에 없다. 이렇게 기녀시조의 표면과 이면을 계승한 시조들은 #129수의 신출작 중 35수에 달한다.

기녀시조의 발화 유형은 항상 화자 지향적이다. 대화체를 사용한 극적인 요소나, 서사적인 요소도 거의 보이지 않는다. 그것은 애정을 주제로 한 기녀시조가 항상 작가의 비공개적인 私的 시점을 견지[55]하기 때문이다. 이 점에서 기녀시조는 물론, 기녀시조를 전범으로 삼은 『가곡원류』의 신출작들은 다음 두 가지 의미에서 순수 서정적 지향을 가진다고 하겠다.

첫째는 다른 장르와 혼합되지 않은, 서정 장르적 성격만으로 된 순수 장르(pure genre)[56]라는 점에서 그러하다. 둘째는 참여문학적 성격과는 거리가 먼

55) Paul Hernardi, *Beyond Genre: New Directions in Literary Classification*, Ithaca and London: Cornell Univ. Press, 1972, 156~157면을 참조하면 장르는 1) 작가의 주제적 呈示가 우세한 "주제적 양식", 2) 작중 인물 간에 극적 재현을 실연하는 "극적 양식", 3) 작가 및 작중 인물의 이중적 시점을 교체해 가는 "서사적 양식", 4) 작가의 비공개적인 사적 시점을 견지하는 "서정적 양식"으로 구분된다. 비공개적인 사적 시점을 견지하는 것은 발화 유형으로 볼 때 화자 지향적이 될 수밖에 없다. 『가곡원류』에서 재수록된 작품들을 보면 청자 지향적 발화 유형이나 화제 지향적 발화 유형, 기타 대화체 유형의 시조들보다는 화자 지향적 발화 유형의 시조들이 대표적 유형으로 나타났다. 신출작에서도 화자 지향적 발화 유형이 우세하게 나타나는 것은 장르적 지향이 순수 서정에 있기 때문인 것으로 보인다.

56) 장르에는 순수 장르(pure genre)와 혼합 장르(hybrid genre)가 있다. 순수 장르는 그 장르의 공식적인 관습을 견지하는 반면, 혼합 장르는 한 장르의 공식적인 관습에서 벗어나 여러 장르가 혼효된 장르이다. 혼합 장르가 순수 장르보다는 정보량이 많고 명확한 특징이 있다. Thomas Kent, "The Classification of Genre", *Genre*, Vol.16, No.1, Univ. of Oklahoma, 1983 참조.

순수 문학적 성격을 지니고 있다는 점에서 그러하다. 현실에 대한 비판이나, 계층의식이나, 역사적·사회적 문제들은 거의 외면하다시피 하고, "애정"이라는 가장 私的이면서도 내면적인 주제[57]를 다루고 있기 때문이다.

『가곡원류』의 시조들은 전대 시조를 여항가요 중심으로 재수록하고 있으며, 형식과 어법에 있어서만 사대부 시조를 계승하고, 그 이면의 세계관은 사설시조적인 것을 알 수 있었다. 이에 따라 『가곡원류』의 세계관적 지향은 "탈규범적"이라는 사실을 밝히게 되었다. 또한 가장 재수록 가능성이 높은 시조들이나, 가장 적극적으로 계승된 시조들의 발화 유형은 화자 지향적이며 체험적·독백적 목소리를 들려주고 있다는 점에서 순수 서정적 시조들이 선호된 것을 알 수 있었다.

그런데 사대부 시조의 대거 탈락 현상이 19세기 가집에 공히 나타나는 정황으로 보아 "탈규범적 세계관"은 동시대 의식의 산물로 보인다. 따라서 19세기 여타 가집들과 구별되는 『가곡원류』의 독자성은 "순수 서정적 지향"이라고 가정할 수 있다. 다음에서 대중시조집 『남훈태평가』에 실린 시조와 대비하여 『가곡원류』 시조들의 형상적 특징을 구체적으로 살펴봄으로써 이러한 가설이 타당한가 살피기로 한다.

3. 『가곡원류』 시조의 순수 서정시적 특징

1) 간결한 형식

시조 형식의 정형성은 사대부들의 투철한 이념의 산물로 알려져 있다. 김

57) 신경숙, 앞의 논문에서는 "대책 없는 슬픔의 유로"·"소극적 정서 표출"의 한계를 지닌 "여창적 주제"의 시조들이 많아진 원인은 기방 예술의 상품 경제적 유통 현상과 연결하여 볼 때, 예술이 "수용자에 대한 호소력과 심미적 울림"에 자기 존재를 걸게 되었기 때문이라고 설명한다.

학성은 정형성 고수가 "고급 문화의 압축과 긴장미 및 세련성을 견지"하는 의미를 지닌다고 보았다. 이와 함께 "ᄒᆞ노ᄆᆡ라", "ᄒᆞ노라"류의 서술어미는 儒家 사상을 바탕으로 하는 사대부층의 영원한 현재를 지향한 표현이라고 주장하였다.[58] 그러나 박노준은 시조가 관습적 장르로 출발했다고 한다면, "담당층이 비록 사대부 계층이라 할지라도 형성 당초부터 시조에 어떤 부동의 원리가 있었던 것이 아니라 상당한 세월을 두고 작품이 집적됨에 따라 시조 특유의 성향이 자연스럽게 나타났다고 보아야 할 것"이라고 보았다.[59]

윤선도의 <어부사시사>가 『해동가요』에 실리면서 종장이 시조형으로 맞춰진 것을 보면, 시조가 처음부터 그렇게 엄격한 정형성을 요구하지는 않았다고 보는 그의 주장은 일리가 있다. 역대 가집을 통시적으로 살펴보았을 때, 시조의 형식적 관습이 초기 사대부 시조에서는 약하게 나타나고 후대 가집에 실리면서 더욱 고정되는 현상을 발견하게 된다.

따라서 형식적 정형성을 사대부의 사상적 기반과 연결하는 것은 발생기의 시조에 대하여서는 타당한 것이지만, 후대 시조에 보이는 관습화된 정형성을 굳이 사대부적 취향과 연결하여 보는 것은 무리이다. 관습화된 형식은 시조의 이념적 전통을 강화한 의미가 있다기보다는 후대의 가객들에게 시조 창작의 표현력과 적용력을 제공해 준 점에서 의의가 있다. 정형적인 시조 형식의 고수는 가곡이라는 고급문화를 지키려는 가객들의 의지와 관련된 것으로 여겨진다.

전대 가집에 실린 정철, 이황, 신흠 등의 시조를 보면 종장의 잣수율이 3·5·4·3이 아닌 경우가 많았는데, 『가곡원류』에 재수록될 때는 모두 조정된

58) 김학성, 앞의 논문 참조.

59) 김학성의 발표에 대한 박노준의 질의서, 『고전문학연구』 6집, 고전문학연구회, 1991 참조. 일반적으로 아무리 엄격한 형식이라도 처음부터 관습이 되는 것은 아니라고 알려져 있다. 아놀드 하우저 著, 황지우 譯, 『예술사의 철학』, 돌베개, 1983. 384면을 보면 서양의 경우 소네트와 전원시조차 처음에는 개인적 시인의 발명품이었으며 후에 점점 많은 시인들이 그것을 채택하게 되고, 그것에 알맞은 재료와 그렇지 못한 재료를 같은 정도로 적용시킴에 따라 관습화되었다고 한다.

다. 그 밖의 사대부, 가객, 무명씨의 작품에서도 역시 같은 현상이 나타난다. 잣수율 조정은 제6구를 조정하여 3 · 5(6) · **2 · 4**에서 3 · 5(6) · **4 · 3**으로 정형화시키는 예[60]와 제5구를 조정하여 **3 · 3** · 4 · 3에서 **3 · 5(6)** · 4 · 3으로 정형화한 예[61]가 있다. 이 밖에 사설시조의 종장에서는 간결화하고 평시조 종장

---

60)

기존 가집	『가곡원류』
『해동가요』#72 中書堂 白玉盃를 十年만에 다시 본이 ᄆᆞᆰ고 흰 빗츤 네론 듯 ᄒᆞ다만은 엇덧타 사ᄅᆞᆷ의 ᄆᆞ음은 朝夕變을 ᄒᆞᆫ다	#688 (→ᄒᆞ는고)
『청구영언』#29 이황 淳風이 죽다 ᄒᆞ니 眞實로 거즛 말이 人性이 어지다 ᄒᆞ니 眞實 올흔 말이 天下에 許多英才ᄅᆞᆯ 소겨 말슴 ᄒᆞᆯ가	#608 (→ᄒᆞ리요)
『해동가요』#162 김광욱 東風이 건듯 불어 積雪을 다 녹인이 四面靑山이 녯 엇굴 나노ᄆᆡ라 귀밋틔 ᄒᆡ 묵은 셜이는 녹을 ᄌᆞᆯ을 모로는고야	#46 (→녹을 듈이 이시랴)
『병와가곡집』#400 주의식 ᄒᆡ 다져 져문 날에 지져귀ᄂᆞᆫ 참ᄉᆡ들아 조고마ᄒᆞᆫ 몸이 半柯枝도 足ᄒᆞ거늘 엇더타 크나 큰 덤불을 ᄉᆡ와 무ᄉᆞᆷ ᄒᆞ리	#330 (→무ᄉᆞᆷ ᄒᆞ리요)
『청구영언』#361 무명씨 小園百花叢에 ᄂᆞ니ᄂᆞᆫ 나뷔들아 香내를 죠히 너겨 柯枝마다 안지 마라 夕陽에 숨ᄭᅮ즌 거믜 그믈 걸여 논다	#290 (→걸고 엿는다)
『병와가곡집』#393 무명씨 百川이 東到海ᄒᆞ니 何日에 復西歸오 古往今來에 逆流水ㅣ 업건마ᄂᆞᆫ 엇덧타 肝腸 셕은 물은 눈으로 소ᄉᆞ ᄂᆞᄂᆞ니	#784 (→눈으로셔 솟는고)

61)

기존 가집	『가곡원류』
『병와가곡집』#625 무명씨 長生術 거즛말이 不死藥을 긔 뉘 본고 秦王塚 漢武陵에 暮烟秋草 ᄲᅮᆫ이로다 ᄭᅮᆷᄀᆞᆺ튼 人生이 아니 놀고 어이리	#45 人生이 一場春夢이니 아니놀고 어이리
『병와가곡집』#627 무명씨	#38

화하는 경향이 나타난다.[62]

가집별로 보면 『청구영언』의 8작품,[63] 『해동가요』의 8작품[64](중복 작품6편), 『병와가곡집』의 23작품[65]이 이런 종장의 율격의 변화를 보였다. 이는 전체 작품 수에 비하면 미미한 숫자라고 하겠다. 그러나 대부분의 시조들이 정형적 율격을 지키고 있는 상태에서, 율격적으로 일탈된 소수의 시조들도 정형화된다는 것은 그것을 지킬 만한 이유가 있어서였을 것이다. 이는 4장에서 생각해 보기로 한다.

---

62)

가마귀 져 가마귀 너를 보니 ᄋᆡ닯리야 네 무슴 藥먹고 ᄆᆞ리죠ᄎᆞ 검어ᄂᆞᆫ다 우리의 白髮은 무슴 藥에 검길고	가마귀 너를 보니 ᄋᆡ닯고도 ᄋᆡ달왜라 네 무슴 藥을 먹고 ᄆᆞ리좃ᄎᆞ 검엇ᄂᆞ냐 우리는 白髮 검길 藥을 못엇을ᄀ 가 ᄒᆞ노라

기존 가집	『가곡원류』
『해동가요』#556 속적우리 고은 ᄊᆡ치마 밋머리예 粉ᄊᆡ 민閣氏 엇그제 날 소기고 어듸가 ᄯᅩ 눔을 소길려 ᄒᆞ고 夕陽에 곳柯枝 것거 쥐고 가는 허리를 ᄌᆞ늑ᄌᆞ늑 ᄒᆞ는다	#460 靑的了ᄒᆞᆫ 歡陽의 ᄯᅡᆯ년 紫的粧 옷슬 뮈려바릴 년아 엇그제 날 속이고 ᄯᅩ 눔을 마자 속이려 ᄒᆞ고 夕陽에 가느단 허리를 한들한들 ᄒᆞᄂᆞ니
『청구영언』#569. 얽고 검고 킈 큰 구레나룻 그것조차 길고 넙다 잠지 아닌 놈 밤마다 ᄇᆡ에 올라 죠고만 구멍에 큰 연장 너허 두고 흘근할젹 홀 제는 愛情은ᄏᆞ니와 泰山이 덥누로ᄂᆞᆫ듯 ᄌᆞᆫ放氣 소릐에 졋 먹던 힘이 다 ᄡᅳ이노ᄆᆡ라 아므나 이 놈을 ᄃᆞ려다가 百年同住ᄒᆞ고 永永 아니 온들 어ᄂᆡ 개ᄯᅡᆯ년이 ᄉᆡ앗새음 ᄒᆞ리오	#661 얽고 검고 킈 큰 구레나룻 난 놈 제것좃ᄎᆞ 길고 넙의 뎜지 아닌 놈이 밤마다 긔여 올나 뎍은 굼게 큰 撚裝 너허 흘근흘근 훌나드릴 제면 愛情은커니와 泰山으로 덥누르는듯 잔방귀 솟ᄉᆞ 나며 졋먹든 힘이 다 쓰이거다 아무나 이놈 다려다가 百年을 同住헐디라도 ᄉᆡ암헐 쑐 이시랴

63) 작품은 진본 『청구영언』의 작품 번호로 #20, #29, #82, #361, #462, #540, #542, #596번 작품들이다.

64) 김삼불 교주본 『해동가요』의 작품 번호로 #40, #46, #70, #72, #162, #182, #242, #391번 작품들이다.

65) 『병와가곡집』의 작품 번호로 #99, #111, #160, #328, #393, #400, #539, #554, #587, #625, #627, #642, #681, #704, #776, #787, #935, #952, #996, #1029, #1035, #1081, #1083번 작품들이다.

『가곡원류』 시조들은 율격의 정형성과 아울러 雅語體를 선호하여 "엇졔소" 와 같은 구어체를 "어이ᄒᆞ리"같은 문어체로 바꾸는 경향이 있다. 그 결과 평시조의 "~ᄲᅮᆫ인가 ᄒᆞ노라", "~인가 ᄒᆞ노라", "~인가 ᄒᆞ여라"와 같은 종결어미가 많은 비중을 차지하게 되었다.66) 그렇다면 "~인가 ᄒᆞ노라"와 같은 서술어미가 이 시기 시조 향유층에게 의미하는 바는 무엇이었을까? 그것은 "이 순간의 솔직한 마음"을 드러내는 표현인 것은 분명하다. 그러나 『가곡원류』에 수록된 평시조의 내용을 보면 이런 서술어미들은 처음에 바탕한 儒家 사상과는 관련이 없는 듯하다. 『가곡원류』 시조들은 단지 표면적으로만 사대부 평시조처럼 형식을 강화하면서 어조를 간결하게 하고 문어체적인 양식으로 유지하려는 경향을 지닌다.

이러한 형식상의 제약은 자칫 주관적 정서의 무제한적 유출이기 쉬운 이 시기 시조에 대하여 압축적인 표현을 요구하는 결과를 가져왔다. 그런데 이러한 압축성과 정형성의 요구는 동시대의 가집이나 시조집 중에서 『가곡원류』만의 특수한 성격이었다고 여겨진다. 동시대의 대중 시조집인 『남훈태평가』67)를 보면 주제 면에서는 차이가 없으나 그것을 담는 형식과 표현 양상이 매우

---

66) 서술 어미의 사용 빈도를 도표로 나타내 보면 다음과 같다.

서술어미	『청구영언』 588수		『해동가요』 569수		『병와가곡집』 1109수		『가곡원류』 854수	
-ᄲᅮᆫ인가 ᄒᆞ노라	8	1.3%	6	1%	25	2.2%	22	2.6%
-인가 ᄒᆞ노라	73	12.4%	66	11.6%	173	15.5%	153	17.9%
-ᄒᆞ노라	146	24.8%	167	29.3%	306	27.5%	272	31.8%
-ᄒᆞ여라	24	4%	19	3.3%	62	5.6%	35	4%

67) 『남훈태평가』는 편자 미상의 순국문으로 쓴 印刊本으로 편찬 연대는 철종 14년(1863)으로 『가곡원류』보다 앞선 것으로 되어 있다. 곡목은 12항목으로 낙시됴, 롱, 편, 송, 소용. 우됴, 후경화, 계면, 만수딕엽, 원사청, 잡가, 가사로 되어 있다. 낙시됴 항목하에 시조 224수가 실려 있고 잡가 항목 아래 쇼춘향가, 믹화사, 빅구사가 있으며 가사 항목 아래 츈면곡, 상사별곡, 쳐사가, 어부사 등 7편이 수록되어 있는 것으로 보아 시조라는 장르에 대한 의식이 강하지 않고 여타 음악장르와 같이 인식했던 것 같다. 3장으로 나누고 종장 말구가 생략되어 있는 것은 가곡창 형식이 아니라 시조창 형식으로 불렀음을 말한다. 심재완, 앞의 책, 62면 참조.

달라진다. 즉 똑같은 세계관이라 할지라도 사설시조는 나열과 확장을 통해 표현하는데 『남훈태평가』의 시조들은 사설시조의 장르적 성격을 계승하고 있기 때문이다.[68]

시조의 장르적 성격은 종장에서 주객의 합일 내지 몰입이 시도되느냐 그렇지 않느냐에 따라 달라진다고 해도 과언이 아니다. 시조 종장의 시적 기능과 서정성에 대해서는 이론의 여지가 없을 정도로 거론되어 왔다.[69] 김대행은 초·중장에서 객체가 제시되고 종장에 가서 주관화함으로써 시조가 서정성을 유지한다고 지적하고, 시조의 형상화가 관념적이었으면서도 시적 장르로 인정될 수 있었던 소지가 시조의 서정적 구조에 있다고 보았다.[70] 또한 사설시조에서도 종장만은 평시조 종장의 압축성을 유지하려는 의식이 강한[71] 것은 누차 지적되어 왔다. 요컨대 초·중장에서는 겉으로 드러나지 않던 주관적 자아가, 종장에서 드러나기 때문에 종장에 따라 시조의 서정성이 좌우될 수도 있는 것이다.

『병와가곡집』#955

生ᄆᆡ 잡아 깃드려 둠에 쒱 山行 보ᄂᆡ고

白馬 씻겨 바느려 뒷東山 가지에 ᄆᆡ고 손죠 고기 낙가 버들 움에 쎄여 돌 지질너 ᄎᆞ여 두고

아희야 날 볼 손 오셔든 긴 여흘노 술와라

---

68) 최규수, 「『남훈ᄐᆡ평가』를 통해 본 19세기 시조의 변모 양상」, 이화여대 석사학위논문, 1989.

69) 김열규, 「시조의 서정과 종장」, 조규설·박철희 공편, 『시조론』, 일조각, 1978에서는 시조 종장의 서정적 집약성에 주목하여 主·客體의 상호 몰입이 있게 하는 시조 종장은 서정의 정점이라고 하였다.

70) 김대행, 『한국시의 전통연구』, 開文社, 1980, 110면.

71) 박철희, 「사설시조의 구조와 그 배경」, 김학성·권두환 공편, 『고전시가론』, 새문사, 1984, 434면에서는 장형시조가 평시조 종장을 지닌 것을 두고 자유시의 내적 속성으로 보이는 자설성을 보이는 사설시조가 아직 시조적 한계에서 벗어나지 못한 것이라고 파악했으나, 김대행, 앞의 책(1986)에서는 이런 종장이 사설시조의 장르적 성격을 서정성에 귀결시키는 역할을 한다고 보았다.

『가곡원류』#797

生미 줍아 길쓰려 豆麻 쒕산영 보닉고

白馬 싯겨 바느러 뒷東山 松枝에 미고 손조 구글무지 낙싯 움버들에 쎄여 물에 칙와 두고

兒희야 날 볼 손 오셔드란 긴 여흘로 술와라

『남훈태평가』#196

승미 잡아 길 잘 드겨 뒤메로 쩡산양 보닉고

셋말 구불굽통 솔질 쇌쇌 ᄒ야 뒤송경 잔디잔듸 금잔듸 난데 말뚝 쐥쌍 박아 바늘여 미고 암닉 여흘 고기 뒷닉 여흘 고기 자나 굴그나 굴그나 자나 쥬어쥬섬낙과 내야 움버들가지 쥬루룩 흘터아감비 쒜여 시닉 잔잔 흘으는 물에 청석 바둑돌을 얼는 닝큼 슈슈히 집어 자장단 마츄아 지질너 노코

동자야 이 뒤에 욋썔 가진 청소 타고 그 소가 우희가 부푸러 치질이 셩헛가 ᄋ야 남의 소를 웃어 타고 급히 나려와 뭇거들낭 너도 됴곰도 지체 말고 뒷녀흘노

전원에서의 호사로운 흥취를 표현한 기존 시조에 비해 『남훈태평가』에 실린 시조의 분위기가 가장 이질적이다. 비속한 언사와 주변 사물들에 대한 우스꽝스럽고 자세한 열거 때문이다. 이러한 성질을 지닌 사설시조를 수용한 휘모리잡가에서는 형용사, 명사의 열거를 더욱 확대시키고, 오실 손님에 대한 표현을 사설시조에서보다 더욱 희극적으로 바꾸어 버린다고 한다.[72]

최규수에 의하면 『남훈태평가』에서는 열거·확장에서도 장르적 성격이 달라지는 현상을 보이지만 특히 단일화자의 표현 방식으로 존재하는 기존의 두 시조를 합성하여 대화체로 구성한 작품 등에서 서정성에서 벗어난 시조들이 많다고 한다.

72) 최원오, 「잡가의 교섭 갈래적 성격과 그 이론화의 가능성 검토」, 『관악어문연구』 제19집, 1994, 209면.

주씨본 『해동가요』#550 김수장

李仙이 집을 叛ᄒᆞ여 노ᄉᆡ 목에 금돈을 걸고

天台山 層岩絶壁을 넘어 방울ᄉᆡ 쏫기치고 만鳳孔雀이 넘ᄂᆞ는 곳ᄃᆡ 樵夫를 맛나 麻姑할미 집이 어듸ᄆᆡ오

저 건너 彩雲이 어린 곳ᄃᆡ 數間茅屋 대사립 밧긔 靑삽ᄉᆞ리를 ᄎᆞ즈소셔

『가곡원류』#588

李禪이 집을 叛ᄒᆞ야 나귀목에 金돈을 걸고

天台山 層巖絶壁을 넘어 방울ᄉᆡ 삿기티고 鸞鳳孔雀이 넘노는 골에 蕉夫를 만나 麻姑 할뮈집이 어드메나 ᄒᆞ뇨

져 건너 綠雲 어린 곳에 數間茅屋 ᄃᆡᄉᆞ립 밧게 靑삽술이 더려 무르시쇼

『남훈태평가』#194

이션이 반호야 제 집을 반하고 나귀 등에 순슴 안장을 지어 금전을 걸고

천틱산 충암은 절벽 방울ᄉᆡ 삿기친 곳에 잉무공작 넘나는 데 초부 불너 뭇난 말이 쳔틱산 마고선녀 슈영뚤 슉향의 집이 게 어듸메뇨

져 건너 ᄃᆡ사립 안에 청삽살이가 누엇스니 게 ᄀᆞᆯ 아러봅소

『가곡원류』는 위의 사설시조를 그대로 수록하였지만 『남훈태평가』의 경우는 “초부 불러 묻는 말이”라는 설명적 어구가 삽입되면서 이른바 이중시점의 서사 방식을 보여 주고 있다.73) 또 마고할미 집을 찾는다는 시조를 마고선녀 수영딸 숙향을 찾는다고 하여 전체적인 의미를 통속화시키고 있다.

『가곡원류』 소재 시조에서는 문어체적 종결어가 강화된 것에 반해서 『남훈태평가』 소재 시조에서는 일상어와 비속어의 구사가 두드러진다. 즉 “저 님아 널로든 병이니 네 고칠가 하노라”를 “져 임아 널로 난 병이니 날 살려주

73) 최규수, 앞의 논문, 『가곡원류』와의 비교는 필자가 함.

렴"으로 고친 것처럼 문어체적 표현을 구어적 표현으로 고치는 예가 많았다. 이로 인해서도 작품의 분위기와 미적 지향이 달라지게 된다.

『가곡원류』#296
울며 ᄌᆞᆸ운 ᄉᆞᄆᆡ ᄯᅥᆯ치고 가지 마쇼
迢遠 長堤에 ᄒᆡ 다 져무런ᄂᆡ
客窓에 盞燈 도도고 ᄉᆡ와 보면 알니라

『남훈태평가』#187
울며 불며 ᄌᆞᆸ운 ᄉᆞᄆᆡ 떨떨이고 가들 마오
그ᄃᆡ는 장부라 도라가면 잇건마는
소쳡은 아녀자라 못ᄂᆡ 잇씀네

『가곡원류』의 시조는 이별의 정한을 절제되고 다듬어진 언사로 표현한다. 서러운 분위기에 어울리는 시간적·공간적 배경을 적절히 사용하여 화자의 심정을 표현하되, 화자와 대상과의 거리가 너무 가깝지도, 너무 멀지도 않은 긴장 관계를 유지하면서 잘 형상화된 시조이다. 그런데 『남훈태평가』의 시조는 시적이고 미적인 표현을 찾을 여유가 없는, 막 이별하고 있는 여인의 목소리를 드러내고 있다. "못ᄂᆡ 잇씀네" 라는 구어체적 표현이 현장감을 더해 주면서 청자로 하여금 이별의 장면을 목격하도록 한다.

『청구영언』#339
白沙場紅蓼邊에 구버기ᄂᆞᆫ 白鷺들아
口腹을 못 메워 뎌다지 굽니ᄂᆞᆫ다
一身이 閑暇ᄒᆞᆯ션졍 ᄉᆞᆯ져 무슴 ᄒᆞ리오

『청구영언』#340

쥐촌쇼로기들아 ᄇᆡ 부로롸 쟈랑마라
淸江여윈 鶴이 주리다 부를소냐
내 몸이 閑暇ᄒᆞ야마는 ᄉᆞᆯ 못진들 엇ᄃᆞ리

『가곡원류』#329
쥐챤소록이들아 ᄇᆡ불뤠라 ᄌᆞ랑 마라
淸江여뉜 鶴이 듀린들 부를소냐
一身이 閑暇헐쎈정 ᄉᆞᆯ져 무삼 ᄒᆞ리요

『남훈태평가』#85
ᄇᆡ사장 홍뇨변에 굽니러 먹는 져 ᄇᆡ노야
한 닙에 두 셋 물고 무에 낫빠 굽니느냐
우리도 구복이 웬슈라 굽니러 먹네[74]

『가곡원류』에서는 위의 예와 같이 별개의 두 작품을 합하여 한 작품을 이루는 경우가 있더라도 대개 평시조의 범위에서 벗어나지 않도록 만든다. 『남훈태평가』에서 두 시조의 합성이 사설의 확장과 나열을 낳는 것과는 다르다. 『가곡원류』의 시조 중 전대 가집의 시조를 재수록하면서 비속어로 바꾼 예는 전혀 없다. 오히려 문어체, 雅語體화 하는 경향이 나타난다면, 『남훈태평가』에서 『청구영언』의 시조를 변개시킨 경우는 정반대의 현상이 일어난다.

우선 갑자기 백로의 목소리를 등장시켜 대화체로 만든 점이 다르다. 세속에서 버림받은 화자는 자연 속에서 한가한 것을 만족으로 여기려고 한다. 그런 화자의 눈에 육체적 욕구와 만족을 추구하는 대상이 나타난다는 상황은 똑같이 설정된다. 이 때 대상과의 관계에서 우위에 선 화자가 대상을 질책하는 것이 기존 시조의 내용이다. 반면 『남훈태평가』의 시조는 백로의 항변을

74) 최규수, 앞의 논문, 30면.

통하여 삶의 다른 문제를 제기한다.

그 다음에 눈에 띄는 것은 그 언어 구사의 비속성이다. 비속함이 가치 문제와 연결되어서는 안 된다. 그것은 일종의 문학적 트릭이다. 한가롭고 평안한 삶, 일체의 물질적 속박에서 자유로운 삶은 누구나 원하는 이상적인 삶이다. 그러나 높은 이상을 추구하지 못하게 하는, 저항할 수 없는 현실의 구속이 있다. 그래서 口腹을 "웬슈"라고 한 것이다. 사대부들에게도 일시적으로 현실 조건이 심하게 결핍되는 경우가 있었다. 그런데 현실적 결핍은 정신적으로 보상받느냐 아니냐에 따라 의미가 달라진다. 비속한 언사 뒤에는 물질적, 정신적 결핍을 가져다 준 현실에 대한 풍자가 도사리고 있다.

최규수는 『남훈태평가』에 나타나는 이런 비속어들이 서민적 미의식의 소산이라고 하였다. "사대부적 미의식이 유교적 덕목의 이상인 淸潔性, 恒常性, 孤高性, 沈黙性 등을 표상한다면 서민적 미의식은 우둔, 비속, 추한 것들을 지향한다."고 보았다. 현실의 제약 때문에 이상을 실현시킬 수 없는 데 대한 반작용으로 서민들의 작품에서는 상대적으로 속되고 뒤틀린 언사를 많이 보게 된다.

그렇다면 『가곡원류』에서 雅語體적 文語體를 선호하는 것은 가객들이 그만큼 현실적 제약에서 자유로웠기 때문이라고 생각해 볼 수 있다. 어쨌든 간결한 형식으로 말미암아 『가곡원류』 시조들은 서정 장르의 순수성을 유지하게 되었다.

2) 감정이입

『가곡원류』 소재 시조들은 "酒色"에 대한 관심을 과시하듯 드러내고 있는 점이 전대 시조와는 달랐다. 19세기 시조들은 대체로 이처럼 시인 자신의 성실한 감정 표현에 주력하였다. 그것은 이 시기 시조관이, 표현하고자 하는 감정을 얼마나 숨김없이 드러내느냐 하는 진실성[75]에 최대 가치를 두기 때문이라고 할 수 있다.

진실성을 강조하다 보면 제재에 대한 심리적 거리가 소멸되고 그만큼 시적 자아와 대상 사이의 거리가 밀접해진다. 이 때문에 19세기 시조가 종종 감정의 과도한 노출을 보여주게 되었다. 이 시기 시조들이 모두 그러한 感傷性에 치우친 것은 아니지만 화자와 대상과의 거리가 매우 가까워지는 경향으로 인해 감상성으로 빠져들기 쉬운 것만은 사실이었다. 이로 인해 담당층의 성격이 퇴폐적인 것으로 오해되거나 이 시기 시조의 형상화 수준이 떨어지는 것으로 치부되었다.

그러나 주체와 대상의 거리가 없다는 것은 서정시의 본질적 특징이기도 하다.76) 서정시는 무엇보다도 주체와 대상의 동일화를 추구하기 때문이다. 문제는 거리의 조정에 있다. 만약 대상과의 거리가 지나치게 멀리 조정되었을 때는 관념성이 나타나게 되고, 대상과의 거리가 너무 부족할 때는 感傷性이 나타나게 된다.77) 특히 感傷性은 감정 표현의 욕구는 강한데, 충분한 시적 상관물이나 이미지가 없을 때 나타난다.

신출작들의 거리 조정은 부족한 거리 조정과 지나친 거리 조정이 모두 나타나는데 화자 지향적 시조에서는 부족한 거리 조정이 되는 수가 많고, 청자 지향적 시조에서는 지나친 거리 조정이 되는 수가 많다. 다음과 같은 시조는 적절한 시적 상관물을 통해 형상화가 잘 이루어진 작품들이다.

『가곡원류』#205 박효관
空山에 우는 뎝동 너는 어이 우지는다
너도 날과 갓치 무음 離別 ᄒᆞ엿ᄂᆞ야
아무리 피나게 운들 對答이나 ᄒᆞ더냐

---

75) 김준오, 앞의 책, 257면. 작품이 시인의 실제 감정과 정신 상태와 일치해야 한다는 "진실성(성실성)"은 표현론의 가치 기준으로서, 이런 과점은 서구 낭만주의 시인들을 주종으로 하는 개성론의 핵심이었다고 한다.

76) 위의 책, 29면. 이를 거리의 서정적 결핍(lyric lack of distance)이라 하며, 거리의 서정적 결핍은 현대 서정시의 본질적 특징이라고 한다.

77) 위의 책, 253면.

접동새나 원앙, 꾀꼬리, 매미는 사랑과 이별을 주제로 한 시조들에서 시적 자아의 정서를 촉발시키는 역할을 한다. 그 중에서도 흔히 이별의 정한을 주제로 한 시조들은 위의 시조와 같이 접동새를 시적 상관물로 하여 표현하는 경우가 많다. 이 시조에서 님이 없는 곳에서 홀로 울고 있는 화자와, 아무도 없는 "空山"에서 울고 있는 "뎝동"은 완전히 동일시되어 있다. 따라서 "아무리 피나게 운들 대답이냐 ᄒᆞ더냐"라는 말은 자신을 향한 절규가 되는 것이다.

"울며 가는 기러기"도 님에 대한 그리움이나 고향에 대한 그리움을 전달해 주는 시의 재재로 많이 쓰이는 관습적 표현 가운데 하나이다.

『가곡원류』#214 박효관
서리티고 별성긘 제 울며 가는 져 기럭아
네 길이 긔 언마ㅣ나 밧바 밤ㅁ길 좃ᄎᆞ 녜는 것가
江南에 期約을 두엇시ᄆᆡ 늣져 갈ㄱ가 져헤라

『가곡원류』#339 송종원
霜天明月夜에 우러 녜는 져 기럭아
北地로 向南헐 제 漢陽을 지ᄂᆞ마는
엇디ᄐᆞ 故鄕消息을 傳치 안코 녜ᄂᆞ니

『가곡원류』#340 송종원
九月九日 望鄕臺를 ᄒᆞ여 보니 엇더턴고
他席에 送客盃를 ᄂᆡ라 오늘 ᄒᆞ거고나
鴻鴈아 南苦 슬타마는 너는 어이 오ᄂᆞ니

#214에 나타난 기러기와 문답을 주고받는 양식은 여항가요에 있었던 양식이다. 그런 시조들은 보통 유희적인 어조를 띠고 있었다. 그런데 위의 시조의 어조는 사뭇 다르다. "서리치고 별성긘" 스산한 배경 속에 그려진 기

러기는 쓸쓸하고 외로운 화자의 심정이 이입된 대상에 다름 아닌 것이다. 그러므로 진지하고 무거운 어조를 띠게 된 것이다. 한편 #339에 나오는 "울며 가는 기러기"라는 표현은 『가곡원류』에서 자주 나오는 표현이다. 이와 전혀 다른 분위기와 함의를 지닌 관용구인 "떼 많은 ᄀᆞᆯ며기"는 신출작들에서 시적 제재로 쓰이지 않는다. 이 관용구는 전대 가집에서는 많이 사용되던 관용구였다.

『청구영언』#31 이황
山前에 有臺ᄒᆞ고 臺下에 有水ㅣ로다
<u>뻬 만흔 ᄀᆞᆯ며기</u>ᄂᆞᆫ 오명가명 ᄒᆞ거든
엇더타 皎皎白鷗ᄂᆞᆫ 멀리 ᄆᆞ음 ᄒᆞᄂᆞᆫ고

『청구영언』#206 김성최
公庭에 吏退ᄒᆞ고 ᄒᆞᆯ 일이 아조 업서
扁舟에 술을 싯고 侍中臺 ᄎᆞ자 가니
蘆花에 <u>수 만흔 ᄀᆞᆯ며기</u>는 제 벗인가 ᄒᆞᄃᆞ라

『해동가요』#279 김성기
紅塵을 다 ᄯᅥᆯ치고 竹杖芒鞋 집고 신고
검은고 들어 메고 西湖로 도라 간이
蘆花에 <u>ᄶᅦ 만흔 갈멱이</u>는 제 벗인가 ᄒᆞ드라

위의 시조는 『가곡원류』에 재수록되지 않고 있으나, 이들 시조에서 "떼 많은 ᄀᆞᆯ며기"와 시적 화자가 맺는 관계는 앞에서 "울며 가는 기러기"와 시적 화자가 맺는 관계와 대조적이기에 인용하였다. "떼 많은 ᄀᆞᆯ며기"는 조화와 풍요의 세계를 상징하는 사물로서 이상적인 강호자연을 나타낸다. 그러한 이상적인 세계로 들어간 시적 자아를 "ᄀᆞᆯ멱이가 벗으로 맞이한다"는 말은 ᄀᆞᆯ며기의

세계로 시적 자아가 들어가는 것을 말한다.

신출작에서 시적 자아가 보편적인 이치를 함축한 대상의 세계로 들어가는 경우는 거의 없다. 그 반대로 대상을 자신의 세계로 끌어들이는 것이다. 이와 같은 감정이입에 의한 동일화는 신출작의 대표적 특징이라고 할 수 있을 정도로 많은 예가 있다.

『가곡원류』#744
가락디 짝을 닐코 네 홀로 날 ᄊᆞ로니
네 네 짝 ᄎᆞ즐 제면 나도 님을 보련마는
짝 닐코 글이는 양이야 네나 ᄂᆡ나 다르랴

#744는 전에 없던 시적 상관물을 만들어낸 시조라고 하겠다. 가락지는 여인과 쉽게 동일시되는 사물이다. 그렇기 때문에 가락지가 짝을 잃고 그리워하고 있다고 하는 것이 곧 여성 화자 자신의 처지가 그렇다는 내용이 된다. 전통적인 제재를 쓰든지 독창적인 제재를 쓰든지 어느 경우에나 감정이입은 화자가 자기감정에 무조건적으로 몰입하는 것을 막아준다. 이에 반하여 다음 시조는 화자 자신의 감정에 몰입된 경우이다.

『가곡원류』#342 박영수
우러셔 나는 눈물 우흐로 솟지 말고
九回 肝腸에 속으로 흘너 드러
님 글여 다 ᄐᆞ는 肝腸을 눅여 볼ㄱ가 ᄒᆞ노라

눈물이 위로 솟지 않고 속으로 흘러든다면 그리움으로 타는 간장을 눅이리라는 발상은 무척 재미있다. 그러나 상징적 이미지가 없기 때문에 직설적으로 전달하는 시조가 되었다. 말하자면 감정이 시적 상상력에 의해 새로운 차원으로 고양되지도 않은 것이다. 그러면서 경험적 자아와 표현하려는 대상과의 거리 조정이 부족하여 감상성이 드러나고 있다. 반대의 경우를 보자.

『가곡원류』#369 박효관
뉘라셔 가마귀를 검고 凶타 ᄒᆞ돗던고
反哺報恩이 긔 아니 아름다온가
ᄉᆞ롬이 져 ᄉᆡ만 못ᄒᆞ믈 못ᄂᆡ 슬허 ᄒᆞ노라

이 시조는 孝라는 관념을 ‘가마귀’라는 객관 대상을 이용하여 전달하고자 했는데, 가마귀와 화자와는 정서적 일체감이 없기 때문에 주객의 일치를 보지 못하고 양자의 거리가 그대로 있다. 그 사이를 다만 관념이 매개할 뿐이다. 즉, 이 시조는 화자와 대상 사이의 거리 조정이 지나쳐서 관념적인 시조가 된 것이다.

이런 시조는 신출작에서 그렇게 많지 않다. 안민영의 시조 중에 이렇게 거리 조정이 지나치게 된 경우가 있을 뿐, 나머지 시조들은 대부분 그 거리가 적절하거나 부족하게 조정되어 있다. 그것은 앞서 말했듯이 화자와 작가 사이, 화자와 대상 사이의 거리가 가까워졌기 때문이다. 개작을 하는 경우도 화자와 대상과의 거리를 밀착시키고 감정이입을 통해 동일성을 이루는 쪽으로의 변개가 일어난다.

『병와가곡집』#578
蜀에서 우ᄂᆞᆫ ᄉᆡ는 漢나라흘 슬허ᄒᆞ고
春風에 웃ᄂᆞᆫ 곳ᄎᆞᆫ 時節 만난 타시로다
두어라 物有盛衰니 앗겨 무슴 ᄒᆞ리오

『가곡원류』#423
蜀에셔 우는 ᄉᆡ는 漢나라흘 글여 울고
봄ㅂ비에 웃는 ᄭᅩᆺᄎᆞᆫ 時節 만난 탓시로다

月下에 외로온 離別은 이쁜인가 ᄒᆞ노라

『병와가곡집』의 시조는 인생이 울고 웃음이 다 이유가 있으니 좋은 시절을 아끼지 말자는 뜻으로 풀이된다. "蜀에서 우는 새"와 "春風에 웃는 곳"은 추상적인 "衰"와 "盛"을 구체적이고, 정감적으로 표현하는 사물이다.

그런데 『가곡원류』의 시조에서는 그 본뜻대로 "蜀에서 우는 새"는 漢나라가 망함을 "슬퍼한다"고 하지 않고 예전의 한나라를 "그리워 운다"고 한다. 즉 '융성했다가 쇠락함'의 의미보다는 '상실해 버린 것에 대한 그리움'이라는 의미를 강조한 것이다. 마찬가지로 "봄비에 웃는 꽃"은 '절정기를 맞이함'의 의미보다는 '자신을 꽃피게 해주는 대상(시절)'을 만났다는 의미로서 강조된다. 그리하여 종장에 와서는 사랑하는 대상을 상실한 시적 화자의 목소리가 드러날 수 있었던 것이다. 즉 초장과 중장을 "衰"와 "盛"의 대립 구도라는 측면에서가 아니라 "상실"과 "만남"의 대립 구도로 파악한 결과이다.

궁극적으로 말하고자 하는 바가 달라짐에 따라 『병와가곡집』의 시조는 "物有盛衰"라는 보편 현상을 정감적 사물로 축소하여 형상화한 것이 되었다면 『가곡원류』의 시조는 화자의 이별이라는 주관적 감정을 유사한 사물과 대비적 사물을 통해 공감적으로 확산하는 표현 방식을 보여준다. 우리는 이런 변개를 통해서 사물의 이치가 아니라 작자의 감정에 의해서 대상의 의미를 파악하는 태도를 엿보게 된다.

『병와가곡집』#777
산 밋히 ᄉᆞ쟈 ᄒᆞ니 杜鵑이도 붓그럽다
ᄂᆡ 집을 굽어 보고 솟 적다 우는고나
두어라 安貧樂道ㅣ니 恨ᄒᆞᆯ 줄이 이시랴

『가곡원류』#176
산 밋히 ᄉᆞ쟈 ᄒᆞ니 杜鵑이도 붓그럽다

ᄂᆡ 집을 굽어 보고 솟 적다 우ᄂᆞᆫ고나
져 ᄉᆡ야 世事間보다간 그도 큰ᄀᆞ ᄒᆞ노라

『병와가곡집』의 시조에서 종장은 초장과 중장에서 형상화된 상황을 객관적 거리에서 평가하고 있다. 산 밑에서 빈한하게 사는 삶에 만족을 못 느끼는 화자에게 "솟 적다"고 우는 두견은 자신의 빈한함을 비웃는 존재로 비춰진다. 두견은 대화의 상대가 아니라 나를 바라보는 대상으로만 인식한다. 그리하여 두견의 소리에 상관없이 시적 화자는 공적인 마스크를 쓰고 "安貧樂道"를 표방하고 있다.

그런데 『가곡원류』의 시조에서는 "솟 적다"는 소리가 "사람됨의 그릇이 적다"는 소리로 들린다. 이 시의 화자는 두견을 대화의 상대로 적극적으로 끌어 들여 "世事間보다는 크다"고 말해 준다. 이로 인해 공적인 마스크를 버린 시적 화자의, 세상을 비판하는 태도를 보여주게 된 것이다. 여기서의 두견과 화자의 거리는 앞의 시조에 비해 매우 가깝게 되어 정감적 일체가 가능하게 된다.

사대부 시조에서처럼 이치가 내재되어 있는 객관 사물에 촉발되어 주관의 흥취가 발생하는 경우 객관 사물의 이치 자체가 시적 가치 기준이 될 수 있다. 주관의 흥취를 강조하더라도 그것은 객관적 진실과 상충하는 것이 아니라 객관적 진실과의 일체감에서 오는 흥취일 때만 긍정될 수 있다.

주관성을 대상에 투사시키든지, 대상의 진실성을 주관으로 화하게 하든지 어느 경우에든 서정시에서는 자아와 세계의 일체감이 필요 조건이 된다. 그러나 주관은 주관대로 객관은 객관대로가 아니라 주관(자아)과 객관(세계)이 각기 특수한 성격을 상실하고 하나의 새로운 동일성의 차원에서 승화되었을 때 미적 체험이 된다.[78] 『가곡원류』의 시조들은 감정이입을 통하여 이러한 미적 체험이 가능케 된 것이다.

---

78) 김준오, 앞의 책, 27면.

3) 이미지 묘사

시조 가운데 서정시적 형상화 구조를 갖춘 작품은 윤선도의 일부 작품과 기녀 또는 무명씨의 작품 일부에 국한하고 나머지 대부분의 작품들은 직설적 구조로 되어 있다고 지적된다.79) 그런데 『가곡원류』의 시조들을 보면 기녀 또는 무명씨의 시조가 가장 중심적인 위치를 차지하게 된다. 이를 보아서도 직설적 구조가 아닌 묘사적 형상화 방식이 많은 비중을 차지할 것으로 예상할 수 있다.

안민영과 박효관은 창작 의식과 창작 기반이 상반되게 나타났지만 그들은 공통적으로 어떤 정서적인 분위기 자체를 선호하였다. 『금옥총부』의 작품 해석에는 박효관이나 안민영이 "高致雅韻해서 東籬菊과 같다"는 표현이 자주 쓰인다. 안민영은 주로 국화나 매화를 통해 "雅韻高致"를 드러내려고 하였다.

『가곡원류』#99
氷姿玉質이여 눈 속에 네로고나
ㄱ마니 香氣 노아 黃昏月을 期約ᄒᆞ니
아마도 雅致高節은 너뿐인가 ᄒᆞ노라

『가곡원류』#232
桃花는 흣날리고 綠陰은 퍼져 온다
꾓고리ᄉᆡ 노ᄅᆡ는 烟雨에 구을거다
마초아 盞드러 勸ᄒᆞ랼 제 淡粧佳人 오도다

#99는 <매화사> 셋째 수로 "氷姿玉質", "暗香不動", "月黃昏"등은 매화를 소재로 한 한시에서 거듭 사용되던 용어들이다. 그런데 퇴계의 경우 매화는

79) 김대행, 앞의 책(1980), 100~110면.

"淸眞, 淸淨, 天理의 세계"를 표상하는 사물이었음[80]에 비해 안민영에게 있어서 매화는 단순한 기품이나 그윽한 분위기 그 자체를 의미한다. #232는 역시 그의 시조에서 많이 나오는 "桃花", "綠陰", "鶯歌"가 어우러져 시각적 이미지와 청각적 이미지가 모두 동원되고 있다. "꾀꼬리새 노래가 안개비에 굴러 가는구나"하는 것도 노래를 즐기는 최상의 운치를 표현하려는 의도가 엿보인다. 취흥을 돋우는 그윽한 배경이 구비될 즈음에 나타난 "淡粧佳人"도 그 배경의 일부가 되어 버린다. 이처럼 그는 운치를 표현하기 위하여 주로 한시에서 많이 쓰는 이미지와 전고를 차용하였다.

그러나 韻致의 高雅한 표현은 한시의 차용이 아니라도 표현할 수 있다. 공식구를 이용할 때 아름다운 분위기의 표현이 더 효과적으로 나타나는 경우가 많았다. 오랜 세월 구비되는 동안 하나로 간추려진 공식구들은 낱낱의 말보다 정교하고 집합적인 표현의 세트를 이루는 특징이 있다. 이로 인해 구비 공식구들은 때때로 문자 문화에서 상상하기 힘든 "복잡하고 지적이고 아름다운 사고와 경험을 조작해 낼 수 있"다.[81]

『가곡원류』에 나타나는 공식구들[82]을 보면 "夕陽에 싹일흔 갈매기"나 "千

80) 류준필, 앞의 논문, 575면 참조.

81) 월터 J · 옹 著, 이기우 · 임명진 譯, 『구술 문자와 문자 문화』, 문예출판사, 1995, 45면.

82) 공식구의 사용 양상을 보이면 다음과 같다.

공식구	『청구영언』 588수	『해동가요』 569수	『악학습령』 1109수	『가곡원류』 854수
亦君恩이샷다(이시도다)	6	6	7	0
어듸서 망녕의 거슨	3	4	3	1
夕陽에 싹 일흔 갈매기(물차는 제비)	1	0	1	4
千里에 외로옴 쑴(千里에-)	1	0	2	3(4)
오락가락ᄒᆞ노라 (ᄒᆞ노매)	4	3	9	8
귀불귀를ᄒᆞ는고(가고 아니 오나니)	0(1)	3	4	5
소년 행락이 어제론 듯 ᄒᆞ여라	3	0	3	4
쟈고 간들 엇더리 (쟈고 갈가 ᄒᆞ노라/아니 쟈고 어이리)	2	0	2	5
취코 놀려 ᄒᆞ노라(취코 놀미 엇더리)	5	3	3	9
아니 놀고 어이리	8	6	13	12

里에 외로운 꿈", "夕陽에 지나는 客", "千里에 지나는 客"과 같이 잘 어울리는 단어를 짜 맞추어 하나의 더할 나위 없는 표현을 이루고 있는 것들이 있다. "夕陽"과 "외로움", "夕陽"과 "客愁", "千里"와 "그리움의 깊이", "외로움의 깊이"는 오랜 세월 동안 서로 떨어져서 사고할 수 없는 한 덩어리의 의미 단위를 이룬 것들이었다.

시조는 여항의 가요로서 오랜 세월 구전되어 왔기 때문에 시조에는 구비 공식구적 표현이 많이 나타난다.[83] 이 점을 관심 깊게 본 공식구에 관한 기존 논문들은 시조의 관습성에 대하여 상반된 평가를 내리고 있다. 하나는 관습화가 시조의 창조력이 떨어졌다는 증거가 된다고 보는 태도이다. 19세기 시조에 대하여 매너리즘에 빠졌다고 보는 것도 바로 이런 관습성을 부정적으로 보는 시각에서 나온 것이었다. 이에 반해 김대행은 "시조의 공식성이 沒個性의 非詩的 요소라기보다는 관습시로서의 탄탄한 구조성을 드러내 주는 요소"로서 평가되어야 한다고 주장한다.[84] 이는 초·중장의 병렬적 구조가 종장에서 접속·종결되는 구조적 관습을 가리킨 것이지만, 공식구적 표현에도 적용될 수 있는 주장이라고 본다.

공식구를 사용한다고 해서 상투적이고 매너리즘에 빠졌다고 보는 견해는 재고되어야 한다. 똑같은 표현을 써서는 안 된다는 것은 문자 문학을 보는 기

그를 슬허 ᄒᆞ노라(못내 슬허 ᄒᆞ노라)	7	10	31	28
남의 애를 긋나니(살뜬 애를 긋나니)	1	1	5	4
ᄋᆡ긋는 듯 ᄒᆞ여라	2	0	5	6

이 표에서 보면 맹사성의 <강호사시사>에서 나왔던 "역군은이샷다"나 정철의 훈민시조 중에 나왔던 "어듸셔 망녕의 것이"같은 공식구는 『가곡원류』에 나타나지 않고 있다는 것과 『가곡원류』에서 특히 선호된 일군의 공식구들이 있다는 사실을 알 수 있다. 공식구 "그를 슬허 ᄒᆞ노라"는 시적 화자의 정서적 태도를 나타내는 직설적으로 공식구이다. "그를 즐겨 ᄒᆞ노라"류가 몇 안 되는데 반해 이 공식구가 많은 것으로 시조의 정서를 유추할 수 있다. 그런가 하면 "석양에 싹 일흔 갈매기", "천리에 외로운 꿈"처럼 형용구에 의하여 서정적 이미지가 창출되는 공식구도 특별히 선호됨을 알 수 있다.

83) 최재남, 「구비적 측면에서 본 시조의 시적 구성 방식」, 『국문학연구』 64집, 서울대 국문학연구회, 1983. 참조.

84) 김대행, 앞의 책(1986), 164면.

준이지 구비성이 강한 시조를 평가하는 기준이 될 수 없기 때문이다. 따라서 공식구라는 방식을 통해 얼마나 표현의 효과를 얻고 있는가를 생각해야 할 것이다. 이 문제는 공식구를 사용하여 개작한[85] 작품들을 통해 알아보도록 하자

윤선도 <어부사시사>
우ᄂᆞᆫ 거시 벅구기가 프른 거시 버들숩가/ 이어라 이어라
漁村 두어 집이 냇 속의 나락들락/ 至匊悤 至匊悤 於思臥
말가ᄒᆞᆫ 기픈 소ᄒᆡ 온갇 고기 뛰노ᄂᆞ다

『청구영언』#309
우ᄂᆞᆫ 거슨 버국이가 프른 거슨 버들숩가
漁村 두 세 집이 ᄂᆡᆺ 속에 날락들락
夕陽에 欸乃聲 듯거든 더옥 無心ᄒᆞ여라

『가곡원류』#281
우는 거시 벅국ᄉᆡ가 푸른 거슨 버들숩가
漁村 두 세 집이 暮烟에 ᄌᆞᆷ겨세라
<u>夕陽에 짝 일ᄒᆞᆫ 갈먹이는 오락가락 ᄒᆞ더라</u>

윤선도의 <어부사시사>는 정서의 표백이 없는 객관 세계 자체를 통해 "어디에도 구애 받지 않는" 인식의 자유와 즐거움을 드러내고 있다. 『해동가요』의 <고산어부가> 跋文에 "산림에 은둔하여 강호에 감추고 공명을 해진 짚신

85) 공식구는 기존 시조의 개작에도 중요한 역할을 하였다. 『청구영언』의 7수, 『해동가요』의 7수, 『병와가곡집』의 31수가 공식구적 표현으로 개작되었다. 그런데 아무 작품이나 개작되는 것이 아니고 주로 애정을 주제로 한 작품들에서 종장이 서로 뒤바뀌거나 관용적 표현으로 바뀌는 현상이 많다는 점이 주목된다.

으로 돌리며 부귀를 뜬구름에 버렸다. 대개 고기잡이하는 자는 그 심성의 지극한 善을 낚고 노래하는 자는 그 세상 밖의 즐거움을 노래한다."고 되어 있다. 이로써 보아 어부가 처해 있는 곳이 세상 밖의 別天地의 세계임을 알 수 있다. "말가ᄒᆞᆫ 기픈 소ᄒᆡ 온간 고기 ᄠᅱ노는" 것은 이 別天地의 세계를 구체화한 표현이다. 그래서 『孤山遺稿』의 <어부사시사> 발문은 "읊으면 강바람과 바다비가 이빨과 뺨 사이에 생겨나서 사람으로 하여금 표연히 세상을 버리고 홀로 서게 하는 뜻이 있다"고 한 것이다.

무명씨작으로 되어 있는 『청구영언』의 시조는 <어부사시사>의 인식의 세계를 "夕陽에 疑乃聲 듯거든 더욱 無心ᄒᆞ여라"라는 서정성 있는 목소리로 설명해 주고 있다. 석양에 노 젓는 소리를 들으면 더욱 세상으로부터 멀어져서 아무 욕심도 거리낌도 없는 경지로 들어간다고 노래한다.

『청구영언』의 시조와 『가곡원류』의 시조 사이에는 서정적 목소리의 드러남이라는 점은 같지만 드러낸 세계와 그 세계가 의미하는 바, 즉 이미지와 주제가 모두 달라진다. 즉 『가곡원류』의 시조에는 "夕陽에 짝 일흔 갈매기"는 초장과 중장의 세계 자체가 한가로움과 자연스러움의 이상적인 세계가 아니라 쓸쓸한 배경적 이미지로 해석되게 만든다. 즉 세상으로부터의 속박에서 벗어난 깨끗한 뜻을 노래하던 본래의 의미는 사라지고 홀로 있는 외로움과 憂愁어린 분위기가 시조 전체를 지배하게 된다.

이처럼 정서적 분위기를 묘사하는 간접적 방법으로 화자의 정서를 표출하고 있는 것이 『가곡원류』 시조의 특징이다. 다음의 시조도 감각적 묘사를 통해 정서적 분위기를 간접적으로 보여주는 예가 된다.

> 『병와가곡집』#425
> 남은 다 ᄌᆞ는 밤의 ᄂᆡ 어니 홀노 안자
> 輾轉不寐ᄒᆞ고 님 둔 님을 生覺난고
> 그 님도 님 둔 님이니 生覺ᄒᆞᆯ 줄이 이시랴

『가곡원류』#355
남은 다쟈는 밤에 ᄂᆡ 어이 홀로 ᄭᆡ야
玉帳 깁픈 곳에 쟈는 님 ᄉᆡᆼ각는고
<u>千里에 외로온 ᄭᅮᆷ만 오락가락 ᄒᆞ노라</u>

『병와가곡집』의 시적 화자는 다른 이를 사랑하는 님을 사랑하는 안타까운 형편에 처해 있다. 님의 마음이 다른 데 있음을 알고 괴로움으로 잠들지 못하고 있다. 자신의 심정을 무덤덤하게 서술하면서 표현의 아름다움이나 말의 조합 등에 각별히 관심을 기울인 흔적이 없는 시조이다. 그러면서 이룰 수 없는 사랑에 대한 절망감이 직설적으로 표출된 시조이다.

그러나 『가곡원류』의 시조에서는 그리움의 시상을 직설하지 않고 시적 이미지로 묘사하였다. "千里"는 님과 내가 떨어져 있는 거리인 동시에 고독과 그리움의 깊이이기도 하다. 현실에서는 님과 나 사이의 거리를 극복할 수도 없고 서로가 있는 곳으로 넘나들 수도 없으므로 ᄭᅮᆷ을 통한 상상적 만남만 소망하게 된다. 그런데 그 꿈조차도 "외로운 ᄭᅮᆷ"이다. 혼자만의 꿈이라서 그런지, 꿈을 통한 만남도 불가능하기 때문이라서 그런지 확실치는 않지만, 확실한 것은 시적 자아의 외로운 심정과 "외로운 ᄭᅮᆷ"의 이미지가 하나로 결합된다는 점이다.

『청구영언』#181 李侃
太公의 釣魚臺를 계유 구러 ᄎᆞ자 가니
江山도 그지 업고 志槩도 새로왜라
眞實로 萬古英風을 다시 본 듯 하여라

『가곡원류』#278
뎌 건너 一片石이 姜太公의 釣臺로다
文王은 어듸 가고 뷘 대만 남앗는고

夕陽에 물 ᄎᆞ는 제비만 오락가락 ᄒᆞ더라

경치 좋은 곳에 있는 한가로운 낚시터는 항상 "姜太公의 釣臺"이다. 강태공이 없는 그 낚시터를 보는 두 시조의 시적 자아의 심정은 전혀 다르다. 『청구영언』의 시조는 그곳에서 옛사람의 志槪를 느끼고 萬古 英雄의 기개와 자신의 기개를 일치시키고 있다. 그런데 『가곡원류』의 시조에서는 빈 낚시터를 보면서 슬픈 심정이 우러날 뿐이다. 인적이 끊긴 강가에는 제비 한 마리만이 오락가락 하면서 외로운 심정을 달래 주고 있다. 이 시조 역시 공식구를 이용한 감각적 이미지의 묘사에 의해 세상으로부터의 소외감을 표현하고 있다.

앞 절에서 본, 감정이입을 통해 주·객체의 합일을 이룬 시조들의 경우도 이와 같은 묘사시적 특징을 보여 주었다. 위의 예에서 알 수 있었듯이 감정이입이란 이입된 감정과 사물의 속성이 혼연일체되어 상승 작용을 일으켰을 때 성공할 수 있다.[86] 그런데 감정과 사물의 속성과의 공통점은 이미지로서 파악되기 때문에 감정이입과 이미지 묘사가 같이 나타나는 경우가 많은 것이다. 『가곡원류』에서 이러한 이미지의 묘사는 주로 님이나 고향을 향한 그리움을 표현한 시조들에서 많이 보이고 그 밖의 주제를 가진 작품들에서는 별로 나타나지 않고 있다.

『가곡원류』#748
가을 하늘 비긴 빗츨 드는 칼로 말나 ᄂᆡ여
天銀針 五色실로 繡를 노아 옷슬 지여
님 계신 九重宮闕에 드려볼ᄀᆞ가 ᄒᆞ노라

『가곡원류』#226 박영수
西廂에 期約ᄒᆞᆫ 님이 달 돗도록 아니 온다

86) 최두석, 「1930년대 시의 표현에 관한 고찰」, 서울대 석사학위논문, 1982, 35면.

지게ᄃ門 半만 녈고 밤 드도록 기다리니
月移코 花影이 動ᄒᆞ니 님이 오나 녀엿노라

『가곡원류』#785
玉燈에 불이 밝고 金爐에 香ᄂᆡ ᄂᆞ네
芙蓉 깁픈 帳에 혼ᄌᆞ ᄭᅵ여 ᄉᆡᆼ각더니
窓밧게 曳履聲 나니 가슴 금즉 ᄒᆞ여라

『가곡원류』#710
석류쏫 다 盡ᄒᆞ고 荷香이 ᄉᆡ로ᄋᆡ라
波瀾에 노는 鴛鴦 네 因緣도 부럽고나
玉欄에 호을로 지여셔 시름 계워 ᄒᆞ노라

#748만 제외하고는 모두 『가곡원류』에 처음 출현한 작품들이다. #748은 시적 자아의 님을 향한 마음이 "비 갠 후의 가을 하늘"같이 한 점 더러움이 없이 투명하고 깨끗하다는 것을 표현하고 있다. "가을 하늘 비갠 빛"을 마름질하여 그 바탕에 "오색실로 수를 놓는" 시각적 이미지를 극대화하면서 상상적 행위의 표현을 통해 님을 위해서라면 어떠한 불가능한 일도 다 할 수 있다는 각오가 드러난다.

#226과 #785는 밤늦도록 오지 않는 님을 기다리다가 조그마한 움직임이나 소리에도 놀란다는 관습적인 모티브를 두 시조가 각각 다르게 詩化한 예이다. #785처럼 "曳履聲"에 놀란다고 하는 것은 전통적인 표현이다. #226에서는 달이 지나가고 꽃 그림자가 움직이는 시각적 이미지를 통한 시적 화자의 민감하고 조마조마한 심정을 잘 형상화하고 있다. 전통적인 소재를 변용하여 개성적으로 형상화한 좋은 예이다. #785는 종장이 관습적인 표현으로 마무리되지만 초장과 중장에서 시적 화자가 처해 있는 상황이 구체적으로 묘사되어 있는 점이 다르다. "玉燈"과 "향내 나는 金爐"와 "芙蓉帳"은 妓房의 모습을

그린 듯한데 꼭 기녀가 아니더라도 님을 위하여 방안을 꾸미며 정돈해 놓고 기다리는 간절함을 이렇게 표현할 수도 있을 것이다. 즉 "기약한 님이 밤늦도록 오지 않는다"는 내용을 방안의 묘사를 통해 대신하고 있는 것이다.

#710에서는 세월의 흐름을 피고 지는 꽃을 통해 암시한다. 석류꽃은 6월에 피는 꽃이고, 연꽃은 7·8월에 피는 꽃이다. 荷香이 새롭다는 것은 또 다시 7·8월이 된 것이다. 그 동안 화자는 님과 만나지 못했다는 사실을 중장의 물결 위에서 다정하게 노니는 원앙을 보고 그 인연이 부럽다고 하는 말에서 짐작할 수 있다. 님과 만나지 못하여 괴로운 심정이 시름 겨워 한다는 말로서 직설되었다고는 하나 "玉欄에 기대어" 있는 화자의 모습을 통해 전달되는 측면이 강하다.

이상에서 『가곡원류』 시조들이 지닌 순수 서정시적 특징을 살펴보았다. 형식은 간결한 평시조를 지향하고 있었다. 이러한 형식은 이야기를 지양하고 내적 경험의 순간성에 의존[87]하는 내용을 요구한다. 그리하여 시조가 순수 서정시적 특징에서 벗어나지 않도록 규제하는 역할을 하였다고 할 수 있다.

표현 면에서는 감정이입을 통하여 주체와 객체가 합일되는 양상을 보았다. 말할 것도 없이 주객체의 합일은 서정시의 본질적 특징이다. 한편 정보를 전달하려는 욕구는 산문적 언어를 낳고, 표현 욕구는 시적 언어를 낳는다. 『가곡원류』 시조에서는 의미 전달보다는 이미지 묘사가 강조되는 경향이 나타났다. 즉 생경한 관념의 직설은 거의 찾아 볼 수 없고, 감정과 내면을 이미지화하는 데 주력한 것을 볼 수 있다. 이러한 『가곡원류』 시조들의 특징이야말로 "쓸데없는 것을 가차 없이 쳐내고 핵심적인 말과 말, 이미지와 이미지를 병치·충돌시킴으로써 사물의 본질에 육박해 가는 짧은 서정시"[88]로서의 면모

87) 김준오, 앞의 책, 32면.

88) 최원식, 「서정시의 재건」, 『세계의 문학』, 1986년 겨울호; 박종철, 「시 해석을 위한 언어기호학적 접근」, 최현무 편, 『한국문학과 기호학』, 문학과 비평사, 1988에서도 "시는 대상이 갖고 있는 정보를 전달해서 가능한 한 그 대상을 이해시키려고 하는 것이 아니라 그 대상을 언어 기호로 재창조해서 독자로 하여금 그 대상의 본질을 있는 그대로 느끼게끔 유도한다."고 하여 시의 본질적 특징이 정보 전달에 있지 않고, 이미지 묘사와 같은 표현

를 보인 것이라 하지 않을 수 없다.

이렇게 되면 우리는 『가곡원류』의 시조가 유난히 순수 서정시적 특징을 띠게 된 원인이 무엇인지 궁금해진다. 이 글에서는 같은 시대에 다른 시조집에 비하여 『가곡원류』가 특히 순수 서정시적 특징을 띤다면 그것은 본 가집의 편찬자가 당대 사회에서 가지는 위치와 사회에 대한 태도, 즉 편찬자의 사회적 성격과 관련된다고 가정한다.

4. 『가곡원류』의 문학사적 의의

1) 편찬자의 사회적 성격

어떤 개인이나 집단도 그 시대의 지배적인 풍토에서 자유로울 수는 없다. 『가곡원류』같은 전문 예술 활동의 산물이나, 『남훈태평가』같은 통속 예술 활동의 산물이나, 탈이념적 · 탈규범적 세계관을 보인다는 점에서는 다를 바 없다. 이념과 규범보다는 인간의 감정을 중시하는 경향이 조선 후기의 지배적인 풍토였기 때문이다.

『가곡원류』에서 엿보이는 승평계 가단의 면모와 가객들의 의식이 "탈규범적 세계관"에 기반하고 있다는 본고의 주장은 이제까지 『가곡원류』에 나타난 가치관이 복고적이고 규범적이라고 보는 견해와는 상반되는 것이다. 따라서 복고적인 가치 지향의 원인을 "상류층 문화에의 예속"으로 보려는 견해를 검토할 필요가 있다.

초기 연구자들은 19세기의 가객인 박효관 · 안민영도 18세기의 가객인 김천택 · 김수장이 가졌던 문제의식과 동일한 문제의식을 가지고 신분적 불평등에 대한 보상으로서 문학 활동을 전개하였다고[89] 보았다.

에 있음을 지적하였다.

89) 권두환, 앞의 논문; 조규익, 『조선조 시문집 서 · 발의 연구』, 숭실대 출판부, 1988; 조무룡,

그런데 최근의 연구는 19세기에 주목하여, 문학 담당층인 중인층의 위상이 19세기에는 18세기와 판이하게 달라졌음을 강조하고 있다. 19세기는 신분의 변동이 활발히 일어난 시기로 양반 계층의 급격한 증가와 평민층・노비층의 감소 현상이 뚜렷한 시기였다. 또한 19세기 초・중엽 두 번의 疏通으로 말미암아 서얼들은 通淸의 목적을 달성하게 되고 이러한 서얼에 대한 通淸 조치에 영향을 받아 철종 2년에는 적층된 중인층의 역량이 폭발하여 대규모 通淸 운동이 일어나게 된다.[90] 서얼에 대한 완전 通淸에서 볼 수 있듯이 신분 차별이 점차 폐지되어 가고 상민・천민의 사회경제적 지위가 신분의 상승 이동을 가져왔다.[91] 양반의 위상이 그만큼 저하되었음은 물론 '신분'이 '사회적 지위'를 보장해주는 결정적 조건이 되지 못하였다고 할 수 있다. 따라서 경제력이나 여타의 능력에 의해 획득한 '사회적 지위'가 '신분'에 의한 '사회적 지위'를 능가했을 가능성이 있다.

그러므로 19세기의 중인들이 18세기의 중인들처럼 문화적인 회로를 통하여 신분적 컴플렉스를 보상받았다고 볼 필요는 없다. 이들은 예술활동을 신분적 컴플렉스와 별개의 것으로 인식하게 된 것이다. 『가곡원류』 발문을 보면 이러한 판단이 개연성 있음을 알 수 있다.

> … 노래는 비록 하나의 기예이나 태평성세 기상의 원류가 된다. 옛날에는 위로 재상으로부터 아래로 백성에 이르기까지 뜻이 높고 속되지 않는 사람은, 짓고 불러서 그 뜻을 나타내고 마음을 펴곤 하였다.[92]

「가객들의 시조의식」, 『파전 김무조 박사 화갑 기념 논총』, 1988; 전형대, 「시조집에 나타난 문학의식-서・발을 중심으로」, 『관악어문연구』 4집, 서울대 국문과, 1979 등이 각 가집 편찬 의식의 시대적 차별성을 언급하고 있기는 하지만 그보다는 '중인 계층의 의식'이라는 동질성을 중점적으로 본 논문들이다.

90) 한영우, 「조선 후기 중인에 대하여-철종조 중인通淸운동 자료를 중심으로」, 『한국학보』 45집, 1986.

91) 김영모, 「조선 후기의 신분개념과 신분구조의 변화」, 『현상과 인식』 2권 1호, 1978.

92) 歌雖一藝 乃聖世太平氣像之源流也 古者 上自卿宰 下至藜庶 志高不俗之人 有製有唱 述其志敍其懷而興賦比諷詠之趣.

"위로 재상으로부터 아래로 백성에 이르기까지"에는 신분에 의한 구분 의식이 일체 없다. 실제로 『가곡원류』에 선별된 시조들은 대부분 여항가요에서 왔고, 사대부의 시조는 수록 비율이 매우 낮았다.

고미숙은 이러한 현상을 포착하여 "예술 활동의 자율성"이 확보되었다고 하였다. 그런데 그는 예술 활동의 자율성 때문에 가객들이 현실로부터 유리되어, "권력에 의해 다스려진 고분고분한 감상성에 다름 아닌"93) 심미 취향을 갖게 되었다고 보고 있다. 이렇게 본 이유는 19세기 중·후반 중인층의 계급적 성격을 보수·반동주의로 규정하는 역사주의적 시각의 연구와 견해를 같이 하기 때문이다. 그러면서 중인 자신의 양반에로의 접근의식과 추사 김정희의 영향력이 중인 문학의 변질을 가져온 것이라고 주장한다.94)

앞에서 살핀 본 가집의 탈규범적 세계관을 통하여 볼 때, 19세기 가객들이 보수적인 세계관을 가지고 있다고 보기는 어렵다. 또한 뚜렷한 신분 컴플렉스가 없고, 양반층의 위상이 저하된 시기였기 때문에 가객들이 상류층과 같아지려는 의식을 지녔다는 견해도 의심의 여지가 있다.

또한 『가곡원류』에서 엿보이는 심미 추구 의식이 김정희류의 심미 취향에서 온 것인지 재고할 필요가 있다. 김정희가 자연에서 추구한 정신성은 분명 "불변의 純精한 인간 이념의 표현"95)이었다. 이에 반해 『가곡원류』에 나타난 강호 자연은 "이념을 벗어난 즐기는 공간"이었다는 점에서 김정희의 영향력을 발견하기가 힘들기 때문이다.

그렇다고 해서 위에서 지적한 "탈규범적 경향"만으로 『가곡원류』라는 가집의 성격을 완전히 규명했다고 볼 수는 없다. 2장과 3장을 통해 『가곡원류』의 독자성을 무엇보다도 수록된 시조들의 순수 서정시적 성향에서 찾을 수 있었기 때문이다.

---

93) 고미숙, 「19세기 시가사의 시각」, 고려대 고전문학·한문학연구회 편, 앞의 책.

94) 대표적인 논문으로 강명관, 「조선 후기 경아전 사회의 변화와 위항문학」, 『대동문화연구』 25집, 성균관대 대동문화연구회, 1990을 들 수 있다. 이 논문은 경아전의 부정적 수입에 의한 경제적 성장과 위항문학의 변질을 주장하였다.

95) 김혜숙, 「추사 김정희의 시문학 연구」, 서울대 박사학위논문, 1989.

따라서 세계관이나 예술사의 흐름을 논의하는 것보다는 공시적으로 이 가집의 편찬자 집단이 가지고 있었던 한 사회에서의 위치와 그들의 대사회적 태도를 밝히는 작업이 필요하다.

(1) 가객의 전문직업화 현상

이미 많은 연구자들이 19세기에 예술이 전문화되는 현상에 대해서 지적한 바 있다. 조규익은 "옛것을 고수할 수밖에 없었던 가객들의 의식은 가곡의 유지 발전을 자신들의 기득권과 직결시켜 생각한 프로의식이었다"[96]고 하여 단지 복고주의적 세계관으로만 설명하던 정통 고수를 가객들의 실질적 이익과 연결하는 탄력성을 보여주었다. 신은경은 조선 후기 가단들을 '풍류 집단'으로, 이들의 향유 공간을 '풍류방'으로 명명하고 조선 전기와의 차별성을 논하였다. 조선 전기는 음악적 관심이 전문화·집단화로 나아가지 않고 餘技나 취미 차원에 머물고 말았는데, 조선 후기의 풍류 집단은 진정한 프로의식을 갖고 餘技나 취미가 아닌 평생의 길로서 자처한 '쟁이 의식'을 지녔다는 지적이 그것이다.[97]

이러한 온당한 지적들에도 불구하고 가객들의 전문가 의식이 작품의 문학적 특성에 어떻게 작용하였는가를 밝힌 연구는 아직 찾아보기 힘들다. 이지영의 경우 전문화된 19세기의 가객들은 패트런에의 종속이 강해지고 그들의 현실인식이나 진실성을 드러내지 못하게 되었다고 보았다.[98] 이러한 관점은 19세기 가객들을 전문적 집단이라고 일컬으면서도 종속적 연예인과 다를 바

96) 조규익, 「安玟英論-歌曲史的 位相과 작품세계를 중심으로」, 『국어국문학』 109호, 국어국문학회, 1993, 58면.

97) 신은경, 「풍류방예술과 풍류집단」, 한국고전문학회 편, 『문학과 사회집단』, 집문당, 1995, 196~207면에서는 조선 전기에 음악적 관심이 전문화되지 못한 이유를 두 가지 들고 있다. 즉 예능인에 대한 사회적 인식이 낮았다는 점과 사적으로 歌婢를 두어 음악적 욕구를 충족시킬 수 있었다는 점이 집단 중심의 가악활동이 활성화되지 않은 이유라고 했다.

98) 이지영, 앞의 논문, 1992, 68면; 나정순, 「19세기 시조의 성격과 그 의미」, 『이화어문논집』 10집, 1988에서도 승평계 가단이 패트런에의 종속이 강해졌다고 보았다.

없이 본다는 점에서 재고할 필요가 있다.

전문직 이론에 의하면 어떤 직업이 전문화(professionalization)된다는 것은 일정 영역에 대한 독점적 지배를 가능하게 하는 전문적 권위와 자율성을 확립해가는 과정을 말하는 것이다.[99] 다시 말해 전문화된다는 것은 패트런과 맺는 관계가 예속적인 관계에서 권위적인 관계로 바뀜을 의미한다. 그렇다면 19세기 가객이 패트런과 맺는 관계에서 어느 정도의 권위와 자율성을 획득하게 되었는지 살펴볼 필요가 있다. 안민영의 시조를 보자.

> 仁旺山下 弼雲臺는 雲崖先生 隱居地라
>
> 先生이 豪放自適ᄒᆞ여 不拘小節ᄒᆞ고 嗜酒善歌ᄒᆞ니 酒量은 太白이요 冶遊士女들이 구름 갓치 모여 들어 날마다 風樂이요 ᄯᅢ마다 술이로다. …이 ᄯᅢ예 太陽館又石公의 歌音의 皎如ᄒᆞ여 遺逸風騷人과 名姬賢伶을 다 모하 거나리고 날마다 즐기실 졔 先生을 愛敬ᄒᆞ샤 못 미칠 듯 ᄒᆞ오녀
>
> 아마도 聖代의 豪華樂事 이밧게 ᄯᅩ 어듸 이실소냐[100]

『금옥총부』에 "선생의 호는 雲崖이다. 又石尙書께서 아낌으로써 존경하여 날마다 모이니 진실로 가히 聖代의 호화롭고 즐거운 일이라 이를 것이다"[101]라는 서술과 함께 실려 있는 시조이다. 又石公은 대원군의 장자 이재면의 호이다. 그와 박효관은 歌音을 매개로 하여 서로 존중하는 관계였음을 알 수 있다. 이처럼 패트런이 예능인을 아끼고 존경했다고 하는 것은 단지 종속적 예인으로 대우한 것이 아니었음을 알 수 있다.[102] 『금옥총부』 序文에서도 가객

99) 전병재 · 안계춘 · 박종연 공저, 『한국사회의 전문직업성 연구』, 사회비평사, 1995, 59면.

100) 박을수, 『한국시조대사전』의 작품번호 #3395.

101) 先生號雲崖也 又石尙書 愛以敬之 逐日團會 眞可謂聖代豪華樂事也.

102) 권두환, 앞의 논문, 74면을 보면 "대원군 자신이 이들과의 모임을 소중하게 생각하고 있었고, 1876년 6월 29일 안민영의 회갑 때에는 孔德里 秋水樓에서 잔치를 베풀어 주고, 아들 載冕으로 하여금 널리 妓樂을 초대하여 종일토록 질탕하게 놀게 한 일도 있다."고 한다.

과 대원군과의 관계를 歌音에 밝은 이들 간의 동료적 관계로 보게 하는 말이 나온다.

> 國太公 石坡大老께서 친히 천하의 정사를 돌보시니 풍화가 사방으로 움직이고 예악과 법도가 찬연히 새로워져서 音樂律呂의 일에 이르러 정통하지 않음이 없으시도다. 또한 又石尙書께서도 더욱(音樂律呂에) 밝으시도다. 어찌 좋은 때가 아니리오.[103)]

실제로 대원군은 문화적 소양이 상당한 수준에 있었다고 하니, 대원군이 音律에 精通하였고, 그의 장남 이재면도 음률에 밝았다고 하는 것은 의례적으로 찬양하는 말은 아닌듯하다. 이 가단에서 교류한 인사들의 주요 자격은 藝能에 있었을 것으로 추정되기 때문이다. 그것은 이 가단의 구성원 중에는 최상층 인사도 있었지만, 賢伶, 唱夫등으로 불리며 천대받아 오던 藝能人들이 다수 출입하고 있었던 것[104)]으로 보아 알 수 있다. 즉 이 가단의 구성원들은 사회적 지위 고하를 막론하고 歌音의 수준을 판단하는 준거를 공유하는 관계가 된다. 그러므로 가객들이 패트런에 대하여 권위적인 입장에 놓이지는 못했을지라도 적어도 그들이 제공하는 서비스에 대하여서는 독자적으로 판단하는 입장에 있었다고 보인다. 그런데 전문직이라면 이러한 독자적 판단은 동료집단에게만 공유된 것으로 여타의 집단이 지닐 수 없는 것이어야 한다. 『가곡원류』 발문을 보자.

> …육률 육려 음양이 상생하는 이치, 자음 청탁 고저의 운이 그 법도를 넘지 않으면 가히 사람의 뜻을 감발케 하고 즐겨도 음란하지 않게 된다. 무릇 읊고 노래하는 법도란 마음이 바르지 않으면 그 소리가 바르지 않게 된다. 이 어찌

103) 國太公石坡大老 躬攝萬機 風動四方 禮樂法度 燦然更張 而至音樂律呂之事 無不精通 繼而又石尙書 尤皦如也 豈非千載一時也歟.

104) 권두환, 앞의 논문, 78면.

> 군자의 正音이 아니겠는가?
>
> 근세의 용렬하고 利를 꾀하는 무리를 이끌어 부지런히 서로 쏠리게 하여 자연스럽게 비린한 습성에 젖게 하고, 혹 한가로이 놀이를 하는 자가 근본도 없는 잡요와 농지거리하는 해괴한 짓으로서 귀하고 천한 이가 다투어 전두를 주는 풍속을 숭상함이 어찌 예날 현자, 군자가 한 정음의 여파로 삼겠는가.
>
> 내가 그 正音이 인멸되는 것에 개탄함을 이기지 못하여 대략 가곡을 초록하여 한 가곡보를 만들고, 그 구절·고저·장단점수를 표시한다. 여기에 뜻이 있는 후인을 기다려서 감계하겠다.[105]

박효관·안민영이 가장 중요시 하는 것은 音의 경지이다. 그 音의 경지는 자신들에 의해서만이 보존되고 있다고 자부한다. 그래서 자신들이 아니면 正音이 인멸될 것이라고 하는 것이다. 바로 이러한 의식에서 구절·고저·장단 점수를 세밀히 기입하여 편찬한 가집이 『가곡원류』인 것이다.

특히 利로움을 꾀하여 대중의 취향에 따른 예능을 제공하는 예능인을 무엇보다도 경계하고 있다. 正音에 대한 판단 능력을 독점하고자 하였기 때문이다. 판단이 전문가에게 독점되지 못하고 소비자에게 주어지게 되면 전문직으로서 가지는 권위와 자율성이 약화된다. 따라서 그 직업은 탈전문화(deprofessionalization)된다. 그렇기 때문에 소비자주의(consumerism)는 전문직이 경계하는 바가 아닐 수 없다. 그러므로 가곡의 정통성을 주장한 것이 세계관의 보수성에 의한 것이 아니라고 한다면, 조규익의 견해처럼 정통주의를 전문가 집단의 기득권과 관련하여 볼 필요가 있다.

최근의 연구에 따르면 박효관과 안민영이 좌상객인 대원군의 고무적인 지원을 받으며 연음표를 그려 넣은 가집 『가곡원류』를 완성해 나간 과정은 곧

---

105) …律呂陰陽上生之理 子音淸濁高低之韻 不踰其矩 可以感發人之志而樂而不淫者 凡詠歌之慶 心不正則聲不正 是其非君子之正音乎 挽近俗末碌碌謀利之輩 孜孜相移 薰然共化於鄙吝之習 或偸閑爲戲者 以無根之雜謠 謔浪之駭擧 貴賤爭與纏頭習尙 奚有古昔賢人君子 爲正音之餘派者 余不勝慨歎其正音之泯絶 略抄歌? 爲一譜 標其句節高低長短點數 俟後人有志於斯者 爲鑑準焉.

'하나' 혹은 '최고'의 선율해석을 향한 발전과정이었다고 한다.[106] 가객들이 正音과 정통성을 표방하고 민속악을 배격한 것은 패트런에게 종속되어 있었기 때문이 아니라, 그들 스스로 하나의 해석을 표준화하려고 시도했기 때문이다. 이러한 전문가 의식은 그들의 대사회적 위치와 태도를 변화시켰으며, 그들에 의해 향유된 문학의 성격도 바꾸어 놓았다. 다음에서 이를 살펴보기로 한다.

(2) 개인주의적 예술관의 대두

18세기 가객들의 궁극적인 목표는 세상에 나아가 다스림을 펴는 것이었다. 그들의 예술 활동은 예술 그 자체로서 의의가 있는 것이 아니라 정치의 차선책 같은 것이었다. 그러므로 예술의 사회에 대한 효용이 무엇보다도 중요한 것이었다. 효용성을 강조하면서 그들의 작품에는 윤리와 도덕이라는 규범적 주제를 교술적으로 담는 시조들이 많았다.

그러나 박효관과 안민영의 경우는 예술과 정치를 분리해서 사고하였다. 이 시대의 예술이 전문화되었다는 말은 곧 治教와의 분리를 의미하는 것이기 때문이다. 예술은 뜻이 높은 사람들이 하는 것으로 누가 누구를 다스리고 가르치는 성질의 것이 아니었음을 『가곡원류』 跋文에서 알 수 있다.

> …노래는 비록 하나의 기예이나 태평성세 기상의 원류가 된다. 옛날에는 위로 재상으로부터 아래로 백성에 이르기까지 뜻이 높고 속되지 않는 사람은, 짓고 불러서 그 뜻을 나타내고 마음을 펴곤 하였다.[107]

---

106) 신경숙, 「18 · 19세기 가집, 그 중앙의 산물」, 『한국시가연구』 11집, 한국시가학회, 2002. 2, 42~43면.

107) 歌雖一藝 乃聖世太平氣像之源流也 古者 上自卿宰 下至藜庶 志高不俗之人 有製有唱 述其志敍其懷而興賦比諷詠之趣.

신분에 대한 어떤 차별의식도 없다. 그저 뜻이 높고 속되지 않은 사람이 좋은 노래를 부를 수 있다고 본다. 노래는 뜻을 나타내고 마음을 펴기 위해서 불리워진 것이다. 뜻이 높은 이가 속된 이를 교화하기 위해서 노래를 부른다는 의식이 없다. 이를 『청구영언』 序文과 비교해 보면 예술의 대사회적 기능이 얼마나 달라졌는지 알게 된다.

> 김천택이 하루는 『청구영언』 한 책을 가져와서 나에게 보이면서 말하기를 이 책은 본래 국조의 선배 명공 거인들의 작품이 많이 수록되어 있으나 이를 넓게 수집했기 때문에 항간 시정에서의 음란한 이야기와 상스러운 말 또한 왕왕 있다. 노래는 본시 소예이나 또 여기에 연루되기 때문에 군자가 이것을 보기에는 병폐가 없다고 하겠는가 하거늘…
>
> …나는 이것이 시로서는 할 수 없고 노래로서는 할 수 있음을 알고 있으니 노래가 가히 효용이 적다고 하겠는가 라고 대답하였다.[108]

김천택은 사대부 시조에 비하여 여항가요가 속되다고 생각하였다. 이에 대해 중략된 부분에서 마악노초는 鄭·衛風의 시가 속되지만 詩經에 들게 된 것은 선악을 구비하여 勸戒하기 위함이라고 응수한다. 마악노초는 여항가요가 속됨을 인정하면서도, 효용적인 측면에서는 오히려 사대부의 한시나 시조보다 낫다는 식으로 논리를 전개한다. 이처럼 효용론적 관점은 사대부의 시조와 여항가요를 雅-俗의 대비로 본다는 것을 전제로 한 것이다.

『가곡원류』에서는 사대부 시조와 여항가요를 雅-俗의 대비로 보지 않기 때문에 효용론적 관점이 뚜렷이 나타나고 있지 않다. 그보다는 音의 경지를 중시하고 있다. 그에 비해 『청구영언』에서는 音의 수준이 그렇게 중요하지 않았다.

---

108) 金天澤 一日 指靑丘永言一編 以來視余曰 是編也 固多國朝先輩名公鉅人之作 而以其廣收也 委巷市井淫哇之談 俚褻之設詞 亦往往而在 歌固小藝也 而又以是之 君子覽之 得無病諸 夫子以爲奚如…吾知不于詩而于歌 歌其可小乎哉. 박을수, 앞의 책, 1057~1058면.

> 여항간 속요의 음에 있어서 가락이 비록 바르고 숙련되지는 못하나 무릇 즐겨하고 원탄하며 미쳐 날뛰고 거칠게 이는 정황이나 태도 묘사가 각각 자연의 眞機에서 나왔으므로 옛날에 민간의 풍속을 살펴보는 자로 하여금 이를 채집케 하였다.[109)]

물론 이 글은 가객이 아닌 마악노초가 쓴 글이라 비교가 어렵겠지만 "음에 있어서 가락이 비록 바르고 숙련되지 못하나" 그 내용이 "자연의 眞機에서 나온 것"이면 된다고 보는 관점과, 正音과 오랑캐음을 철저하게 구별하는 『가곡원류』의 관점 사이에는 시조를 보는 시각차가 뚜렷하게 나타난다.

> …五胡의 난을 겪자 북방이 분열되고 元씨의 魏나라, 高씨의 齊나라, 宇文씨의 周나라가 모두 오랑캐의 강한 종족으로 中華를 차지하였음으로 그 노래가 중화·오랑캐의 음이 뒤섞어져 서툴고 급하고 비린하고 속되어 버리고, 또 다시는 절주됨이 없어져 옛날 악부의 음률이 전하지 않게 되었다.[110)]

가곡창은 가객을 전문인으로 만드는 수단이자 목표이며, 그들의 후원자들과의 교류 수단이기도 했다. 가객들은 實利에 못지않은 명분을 확보하고자 가곡의 정통성을 주장한다.

이상에서 본 것처럼 전문화된 예술가는 후원자 계급의 이데올로기를 전파해야 하는 예속으로부터만 자유로워질 뿐[111)]아니라 대사회적 의무감을 벗어나 오히려 대중과의 분리를 꾀한다. 자신들을 위한 시조는 교훈적이고 규범

---

109) 至於里巷謳歈之音 腔調雖不雅馴 凡其愉佚怨歎 猖狂粗莽之情狀態色 各出於自然之眞機 使古觀民風者采之.

110) 『가곡원류』 序: …更五胡之亂 北方分裂 元魏高齊宇文氏之周 咸以戎狄强種 雄據中夏 故其謳謠 雜揉華夷焦殺急促鄙俚俗下 無復節奏 而古樂府之聲律不傳…. <能改齋漫錄>

111) 아놀드 하우저 著, 한석종 譯, 『예술과 사회』, 기린원, 1990, 141면을 보면 보통 예술가가 고용주·지배자 및 후원자들의 이데올로기를 자기 것으로 하던 현상은 그들이 직업 계급으로서 해방될 때 없어진다고 한다. 이는 가객이 전문인화되면서 그들의 시조가 탈성리학적이고 탈규범적 세계관을 띠게 된 것과 같은 현상이다.

적일 필요가 없었다.[112] 이에 따라 이념적 주제가 아닌, 애정을 다룬 기녀들의 시조나 醉樂의 시조들이 가집의 대부분을 차지한 것이다.

신분에 의한 차등을 의식하지 않으며, 대중으로부터 분리하여 전문인으로서의 정체성을 확립하게 된 가객들의 주요 관심사는 예술의 사회적인 효용에 있지 않고, 개인의 개성과 내면을 표현하는 데 있었다. 그 결과 청자 지향적 발화 유형보다 화자 지향적인 발화 유형이 선호되었다. 序·跋에서 효용론적 견해보다는 표현론적 견해가 피력되는 것도 같은 이유로 설명된다.

그러나 표현론적 관점은 『청구영언』과 『해동가요』에 비하여는 『가곡원류』의 뚜렷한 성격이 될 수 있지만, 이것은 동시대의 다른 문학 장르들과도 공유하는 시대 이념에서 온 것이었다. 그에 반해 개성과 내면을 어떻게 표현하는가 하는 기법의 측면에서는 동시대 가집들과 상당한 차이를 나타냈다.

평시조를 우선시하면서, 대중가집에서와 같은 나열과 확장적 어조가 아니라, 간결한 어조를 선호하였다. 형식의 엄격성은 가곡창과 시조창의 음악적인 차이에서 기인한 것일 수 있다. 그러나 대중 예술과의 차별성을 부각시키려는 의식과도 무관하지 않은 것이다. 즉 가곡이라는 고급 예능에 대한 독점은 형식에 있어서도 배타성을 가져온 것처럼 보인다. 연시조가 없는 것은 시조를 통해 사물의 이치에 대한 통찰을 담던 사대부의 이념 세계와 거리가 멀어진 까닭이다. 사설시조를 선호하지 않은 것은 시조에 세속의 풍경에 대한 이야기를 담았던 대중들의 기대 의식과도 다른 기대 의식을 가졌기 때문이다.

요컨대 두 가지 원인에 의해 『가곡원류』 소재 시조들이 순수 서정시적 특징을 띠게 되었다. 첫째, 가곡창이라는 예능의 독점과 대중주의의 경계이다. 둘째, 가객들이 대사회적인 문제보다 자기표현을 요구하였다는 점이다. 대중과의 분리 의식과 자기표현의 욕구를, 단일한 어조와 정제된 형식으로 형상

112) 위의 책, 25면을 보면 예술이 실제적 관심이나 도덕적 성찰 및 학문적 입장으로부터 점점 멀어져 간 상황은 다름 아닌 사회사적 현상이며 생활이 점점 전문화 내지는 세분화해 가는 데서 오는 증세라고 하였다. 이처럼 예술이 전문화되면 학문이나 정치로부터 분리되어 예술의 규범적 성격이 약화된다.

화한 것이 『가곡원류』의 서정시들인 것이다.

2) 순수 서정시 선택의 문학사적 의의

선행 연구에서는 본 가집이 지닌 보수주의와 비판 의식의 약화를 들어 『가곡원류』의 문학사적인 의의를 다소 낮게 평가해 왔다. 앞 장에서의 논의를 통해 볼 때 이 가집의 세계관적 지향을 보수주의라고 일컫는 것이 적절치 않다는 것을 지적할 수 있었다. 반면 비판의식의 약화는 타당한 지적이라 볼 수 있다. 편찬자의 관심이 사회로 밀착된 것이 아니라 사회로부터 거리를 두었기 때문에 시대적 상황이나 여타 계층의 실질적 삶을 들여다보려는 의지가 없었다. 그러나 그런 개인주의적인 예술관 때문에 순수 서정시를 선택하게 된 것은 "시조 장르의 純正性 견지"라는 점에서 문학사적으로 적지 않은 의의가 있다.

前代의 시조가 새로운 세계관을 수용하면서 서정 장르에서 일탈하거나 장르의 혼효 현상을 보여준 것과는 달리, 『가곡원류』소재 시조들은 새로운 세계관을 순수 서정 장르 안에서 포괄하게 된다. 즉 사설시조가 담았던 탈이념적이고 탈규범적인 세계관을 단아한 평시조 안에 담았던 것이다.

애정시조를 예로 들어 볼 때, 18세기적 상황은 애정에 대한 관심이 보다 강조되기는 하였지만 몇몇 선각자들의 시론 속에서 "남녀의 정이 절실한 삶의 본질"이라는 것을 주장하는 것에 그쳤다. 그리고 사설시조에도 주관적이고 체험적인 애정 형상이 나타나는 경우는 드물었다. 제삼자의 애정에 대하여 객관적 거리를 두고 바라보는 사설시조의 경우는 주체와 객체의 화합이라는 서정시적 특징이 잘 드러나지 않는다. 화자 중심의 독백적 발화로서 표현되는 애정의 형상화는 연군 시조라는 문학적 관습에 기대거나, 예외적인 존재인 기녀들의 시조에서나 나타났던 것이다. 그런데 『가곡원류』에 오면 애정시조들이 고백적이고 독백적으로 표현되며, 특히 감정 이입을 통해 주체와 객체의 합일을 지향하는 점에서 순수 서정시적 특징을 강하게 띠게 된다.

한편 가객들의 활동은 "전반적으로 대중화·俗化의 방향으로 나아가 '이질적인 것끼리의 뒤섞임'을 특징으로 하던 조선 후기의 시대적 흐름에 역행하여 가악의 '純正性'과 '고급성'·'귀족성'을 유지하고 고수"하는 역할을 했다.[113] 그 결과 장르적 측면에서도 '純正性'을 유지하는 역할을 하였다. 『가곡원류』 소재 시조들이 되도록 간결하고 압축된 표현과 이미지 묘사에 의한 정서 전달을 꾀하는 반면, 대중 시조집인 『남훈태평가』는 나열과 확장이라는 사설시조의 특성을 계승하였다.[114] 가객·대중·사대부들의 시조를 장르 의식이라는 측면에서 본다면 19세기 시조는 같은 서정 장르 내에서도 순수 서정성을 견지하는 『가곡원류』의 경우와, 서사적·극적 성격이 혼효된 『남훈태평가』의 경우, 그리고 교술적 성격이 강한 사대부 시조[115]의 세 가지 양상으로 전개되었다고 할 수 있다.

장르 선택의 조건은 주로 시대적인 상황과 연관되어 설명된다.[116] 그런데 본고에서는 동일한 시대를 배경으로 장르의식이 다르게 나타난 현상에 주목하여 장르 선택을 편찬자의 사회적 성격과 관련하여 볼 수밖에 없다고 보았다. 즉 "목표로 하는 것이 전체성이냐 개성이냐, 혹은 객관이냐 주관이냐, 공동체 우선이냐 개인 우선이냐를 묻게 될 때, 우리는 소설 장르 선택이냐, 서정시 장르 선택이냐에 마주치게 된다."[117]고 하는 지적대로 개인주의적 예술

113) 신은경, 앞의 논문.

114) 최규수, 앞의 논문, 27~80면에 의하면 『남훈태평가』와 같은 종류의 국문시조집 가운데 『調및詞』, 『시쳘가』등은 장르 혼효의 정도가 더욱 심하여, 민요 및 잡가와 교섭하면서 시조가 장르적 변별성을 잃게까지 되는 양상을 보여준다고 한다.

115) 19세기 사대부 시조의 교술 지향성을 지적한 것으로는 다음 논문들을 참고할 수 있다. 고미숙, 앞의 논문; 정흥모, 「19세기 사대부 시조 연구 -주요 작가의 의식 지향을 중심으로」, 고려대 박사학위논문, 1994; 이동연, 앞의 논문.

116) 김윤식, 『한국근대문학양식논고』, 아세아문화사, 1980, 23~25면과, 「1920년대 詩장르 선택의 조건」, 『한국현대시론비판』, 일지사, 1975, 237면에서 이 같은 견해를 피력하였다. 즉 한 개인에게 사회가 발견되고 역사의 방향성에 대한 지평이 드러날 때는 현실을 대상화하여 인식할 수 있는 서사 양식이 선택되지만, 사회를 발견하지 못하고 역사의 진행 방향에 대한 전망을 확보하지 못했을 때는 현실의 순간적 체험 지각, 즉 서정적 인식이 선택될 수밖에 없다고 한 것이다.

117) 김윤식, 앞의 책(1984), 487면.

관이 순수 서정시를 선택하게 한 것으로 보았다.

그런데 『가곡원류』 시조들이 보여준 개인적인 서정의 순수 문학적 표현은 전통적인 서정시가 근대시로 변모하는 과정을 보여준다. 개인주의적 예술관에서 나온 심미성의 추구는 근대시의 본질이기 때문이다. 근대시의 형성에 대하여는 주로 형태론적인 측면[118]에서 고찰되어 왔지만 주체와 대상의 관련 양상이라는 측면에서 고찰한 연구가 없는 것은 아니다. 그러나 고시조의 서정시적 양상이 끝까지 추적되지 않았기 때문에 근대적 서정성은 서구 문학의 수용에 의한 것으로 이해되었다. 즉 우리 시가 교술적·계몽적 성격에서 벗어난 것은 1910년대 말엽에 수입된 상징주의 시와 시론의 영향 때문이었다고 보는 관점이 제출되었다.[119] 시조 연구자들도 개화기 이전의 고시조에서 개인적 서정과 표현적 기능이 뚜렷이 나타난다고는 생각지 않았다.[120] 그러므로 많은 현대시 연구자들이 개인적 서정의 순수문학적 표현[121]이 육당 최남선에게서 비롯된다고 보는 것은 당연한 것이었다. 육당 직전의 개화기 시가는 개인적 정감을 떠나 교술성을 강하게 띠고 있기 때문이었다.[122]

---

118) 형태론적 측면에서 볼 때, 고시조 가운데는 사설시조에 나타난 자유시적 요소가 근대적인 특성으로 주목된 바 있다. 박철희, 앞의 논문 참조.

119) 윤여탁, 『시의 논리와 서정시의 역사』, 태학사, 1995, 114면.

120) 나정순, 앞의 논문, 82면에서는 "육당의 백팔번뇌에 이르면 개인적 정감을 나타내는 시조가 대거 등장하여 화자의 감정과 태도를 드러내는 표현적 기능의 양상을 나타낸다." 고 하여 시조에서 표현적 기능이 강조된 것도 육당에게서 비롯된 것이라고 보았다.

121) 김영철, 『한국 개화기 시가의 장르 연구』, 학문사, 1990, 114~115면에서는 육당에 이르러 창작 행위가 무의식적 단계에서 의식적 단계로 넘어간 것과, 문학 저널리즘의 비전문성에서 전문성으로 넘어간 것, 목적 문학성의 순화 및 희석화로 전환되어 개인적 목소리의 대두와 양식적 조탁의 징후가 나타났다고 보았다. 이에 따라 "분명 한계는 있는 것이지만 근대시를 잉태시키기 위한 순수문학적 자양분은 육당의 장르의식에서 배태될 수 있었다"고 한 것이다.

122) 개화기에는 시조뿐만 아니라 시가 양식 전반이 교술성을 강하게 띠고 있다고 한다. 정한모, 「개화기 시가의 제 문제」, 『한국학보』 제6집, 일지사, 1977, 223면을 보면, "우리의 고유의 서정시인 시조까지도 이 시대에는 그 서정성을 떠나 시대와 사회에 민감하게 참여하였는데, 시대가 더욱 민족적 자각과 정치적·사회적 각성을 촉구할수록 시가에서는 그 서정성이 그만큼 거세될 수밖에 없었던 것이다."고 했다; 신범순, 『한국현대시사의 매듭과 魂』, 민지사, 1992에서는 개화기 시들이 익명성에 의해서 좀 더 비개인적이 되고,

그러나 『가곡원류』 소재 시조들이 개인적인 서정을 표현하는 데 몰두하였다는 사실은 근대시적 표현의 기원을 19세기 후반으로 소급해 볼 수 있는 가능성을 보여준다. 공식구라는 집단적이고 공통적인 표현을 사용하였다는 점에서는 근대시와 다르지만, 철저한 내면 추구 및 이미지의 중시[123] 또한 고시조가 자체적인 변모를 거쳐 근대 서정시로 이행한다는 가설을 뒷받침하는 것이다.

『가곡원류』 소재 시조들에 나타난 이른바 순수 서정적 지향은 당대 민중의 삶과 저만치 동떨어져 있었고, 위기에 처한 시대적 상황을 외면한 것이라는 점에서 유흥과 향락 문화의 반영으로 무가치하게 볼 수도 있다. 그러나 서정시는 공감할 수 있는 인간의 보편적인 심성을 노래한다는 점만으로도 그 가치를 찾을 수 있다. 인간은 언제나 자신의 존재를 확인하고 드러내고 싶어 한다. 시인이 되지 않더라도 시적 화자와 자신을 동일시함으로써 표현하기 어려웠던 미묘한 경험들을 언어로 포착할 수 있다. 그렇기에 서정성은 침잠되었다가 회복되기를 되풀이 하는 것이다.[124]

5. 결론

이 논문은 『가곡원류』 시조에 대한 선행 연구의 부정적인 평가를 극복하

집단의 객관적 의미와 그 수준에서 획득되는 보편성으로 이끌려고 했다고 지적했다; 김영철, 앞의 책에서는 개화기 시가의 특징으로 연작시조가 많다는 것, 서술시로서의 성격을 지향한다는 것, 현실비판적 성격이 강하다는 것, 사설시조의 장르적 속성을 지닌다는 것을 들고 이는 개인 정감의 유로가 거세될 수밖에 없었던 시대적 상황 때문이었다고 하였다; 김준오, 「개화기 시가 장르 비평의 연구」, 『국어국문학』 22집, 부산대학교, 1984에서도 개화기 시조가 연시조의 형태가 많다는 것을 지적하면서 교술장르적 성격이 "청자 지향"적 어법으로 나타남을 보여주었다.

123) 근대시가 내면의 추구, 언어에 의한 이미지 환기라는 특징을 가졌다고 한 논문으로 김윤식, 앞의 논문, 272면을 참고했다.

124) 윤여탁, 앞의 책, 346면과 최원식의 앞의 글에서는 90년대에 들어서면서 민족문학이 투쟁적 · 관념적 언어에서 서정성의 회복으로 돌아오고 있는 현상을 지적했다.

고, 『가곡원류』의 문학사적 의의를 재조명하려는 목적으로 『가곡원류』 소재 시조들이 지닌 순수 서정시적 특징을 고찰하였다.

일반적으로 19세기는 唱曲만이 왕성한 시대이며, 시조의 문학성은 쇠퇴한 시기라고 알려져 있다. 같은 맥락에서 이 시기의 대표적인 가집 『가곡원류』는 복고적 성향과 매너리즘에 빠진 가집으로 평가되었다. 그런데 이러한 평가는 가집에 수록된 작품들의 내적 특성을 면밀히 분석하여 내린 결론이 아니라, 가집의 跋文에 나타난 '正音 표방'과, 편찬자들이 상류층의 후원으로 예술 활동을 전개하였다는 사실에 근거한 것이었다. 또한 선행 연구에서는 작품 분석을 하더라도 리얼리즘적 성취도를 중시하여 서정시로서의 시조의 시적 형상화 방식은 상대적으로 소홀히 다루었다.

이에 대한 문제의식을 가지고 이 글에서는 시적 형상화 방식에 주목하여 『가곡원류』 소재 시조들의 작품 내적 특징을 살피는 작업을 진행하였다.

2장에서 가집이 지니는 전체적인 성향을 파악하기 위해 시조 선별 양상을 고찰하였다. 『가곡원류』에서는 『청구영언』부터 『병와가곡집』까지의 가집에 충실히 실려 있던 사대부 시조와 사대부적 지향을 지닌 가객들의 시조를 70% 이상 탈락시켰다. 그 대신 여항 가요 즉, 무명씨의 시조를 65% 이상 재수록하되, 애정과 醉樂을 주제로 한 시조를 중심으로 재수록하였다. 이를 통해 본 가집의 탈규범적 성향이 엿보였는데, 이는 작품 개작에서 더욱 뚜렷이 확인되었다.

한편 동일한 작가나 동일한 주제 내에서의 선별 기준으로 발화 유형을 상정했을 때, 재수록된 시조 가운데는 화자 중심의 독백적 발화 유형이 우세하게 나타났다. 이들 시조는 비공개적 · 사적 시점을 견지한다는 점에서 서정적 지향을 띠고 있었다. 그런데 그 서정적 지향은 목적문학적 성격이 전연 없으며, 생경한 관념이나, 대화체나, 이야기가 섞여 있지 않기 때문에 주제적 양식, 극적 양식, 서사적 양식과 혼효되지 않는 장르적인 순수성도 지향한 것이었다. 신출작들의 경우가 특히 그러하였는데, 본고에서는 이를 "순수 서정적 지향"이라고 명명하였다.

안민영은 가장 많은 신출작을 남긴 작가였으나, 그의 작품은 기존 시조의 재수록 양상에 나타난 가집의 일반적인 경향과는 다른 면모를 보인다. 즉 그는 뚜렷한 작가 의식을 가지고 한시 창작의 방법으로 시조를 창작하는 독특성을 보여 주었다. 그러므로 그의 시조는 여항 가요의 전통을 잇고 있는 다른 작품들과 형식적·내용적으로 구별되었다. 그의 시조에 청자 지향적 발화 유형이 많은 것도 사대부 시조의 특징과 연결된다. 따라서 안민영의 예를 들어 『가곡원류』의 경향을 상층 지향으로 파악한 논의들을 재고할 필요가 있음을 밝혔다.

신출작들은 형식적으로는 사대부 시조와 달라진 점이 없었지만 그 세계관적 지향이 무명씨 시조의 탈규범적·세속적 지향과 같다는 점에서 사대부 시조의 표면과 무명씨 시조의 이면을 결합시켜 계승하였다고 할 수 있다. 그리고 신출작들이 전범으로 삼은 시조들은 애정을 독백적으로 노래한 기녀 시조였다는 점에서도 신출작들의 순수 서정적 지향을 알 수 있었다.

요컨대 우리는 『가곡원류』의 전체적인 성향을 "탈규범적 경향"과 "순수 서정적 지향"으로 파악할 수 있었다. 그런데 탈규범적 경향은 독자적인 현상이 아니라 당대의 보편적인 성향이었으므로 『가곡원류』의 독자성은 서정시적 지향에서 찾아야 한다. 이에 따라 3장에서는 『가곡원류』 시조들이 가지는 서정시적 특징을 형식과 표현의 측면에서 살펴보았다.

형식적으로는 평시조를 지향하여 아무리 비속한 내용도 간결한 평시조로 표현하는 특징을 보여 준다. 종장의 3·5·4·3이라는 기본 잣수율을 일탈한 시조가 극소수에 불과하여 정형성을 엄격히 요구한 것으로 보인다. 연시조가 없는 것은 시조를 통해 사물의 이치에 대한 통찰을 담던 사대부의 이념 세계와 거리가 멀어진 까닭이다. 사설시조를 선호하지 않은 것은 『가곡원류』 편찬자의 시조에 대한 기대 의식이, 세속 풍경과 이야기를 담고자 했던 대중들의 기대 의식과도 다르다는 것을 알려 준다.

표현 면에서 감정이입이 많이 나타난 것은 객관의 이치가 아니라, 주관의 감정을 미적 판단의 기준으로 보는 미의식의 반영이라고 할 수 있다. 감각적 이미지 묘사가 많은 것 또한 사물의 의미를 그 자체의 본질이 아닌 주관의 감각에 의해 파악한다는 것을 알려준다. 이렇게 주관성이 강조되었기는 하지만 공식구에 의해서 표현한 감정과 이미지가 많았다는 점에서 완전히 개인적 서정시로 창작된 것은 아니었다.

4장에서는 『가곡원류』의 문학사적 의의를 재론하기에 앞서, 『가곡원류』 소재 시조들이 이처럼 순수 서정시적 특징을 띠게 된 원인을 편찬자의 사회적 성격과 관련하여 살펴보았다.

예술 분야에서 자율성과 권위를 획득한 19세기 가객들은 후원자 계급의 이데올로기를 전파해야 하는 예속으로부터 자유로워질 뿐만 아니라, 대사회적 의무감을 벗어나 오히려 대중과의 분리를 꾀한다. 이 과정에서 예술의 사회적 기능보다는 개인의 표현 기능이 중시되었다.

특히 가객들은 歌曲唱이라는 예능의 독점을 위해 대중주의를 경계하였다. 독점적 지배를 정당화하기 위해 正音과 정통성을 표방하고 민속악에 대하여 배타적인 태도를 나타냈다. 이와 같은 가객들의 전문직업적 활동은, 결과적으로 시조에 있어서 개인적 서정의 순수 문학적 표현을 요구하였기 때문에, 서정 장르의 純正性을 고수하는 역할을 하였다.

『가곡원류』 소재 시조들의 순수 서정시적 특징을 감안 할 때 『가곡원류』에 대한 기존의 견해는 다음과 같이 수정 · 보완되었으면 한다.

첫째, 『가곡원류』의 세계관적 지향은 "복고주의"가 아니라 "탈규범주의"로 보아야 한다. 跋文에 표방된 '正音과 정통주의' 또한, 도덕적 규범성을 의미하는 것이 아니라 가객들이 전문직업적 정체성을 확립하고 정당화하기 위해 주장한 것으로 이해해야 한다.

둘째, 수록된 시조들의 형상화 수준을 보면 19세기 시조가 매너리즘에 빠졌다는 평가에 의문을 제기하게 된다. 오히려 평시조와 같이 압축적인 형식에서는 공식구를 활용할 때 더욱 효과적인 표현이 가능하였다. 『가곡원류』 소재 시조들은 관념이나 감정을 직설하지 않고, 감정이입과 이미지 묘사를 통해 서정적 분위기를 환기함으로써 독자의 공감을 얻고 있다.

셋째, 사설시조 이후의 시조, 또는 19세기 시조가 반드시 질적으로 쇠퇴했다고 보기는 어렵다는 것이다. 『가곡원류』에 수록된 순수 서정시들은 문학의 사회적 기능을 포기한 대가로 시적 형상화의 면에서는 성과를 거두었다고 할 수 있기 때문이다. 이처럼 『가곡원류』 시조에 의해서 서정 장르의 純正性이 유지되고, 개인적 서정의 순수 문학적 표현이 시도되었다는 점에서 『가곡원류』의 문학사적 의의를 찾을 수 있다. 특히 『가곡원류』 시조에 보이는 '개인적 서정'·'내면의 추구'·'이미지 중시' 등의 요소는 시조가 자체적 변모를 거쳐 근대적 서정시로 이행하는 과정을 보여 주었다.

『가곡원류』시조의 순수 서정시적 특징을 지적하고, 이를 편찬자의 사회적 신분과 관련하여 논의한 이 논문은 『가곡원류』가 공시적인 면에서 지니는 독자성을 부각시키고 그 원인을 규명하는 데 부족하나마 기여를 했다고 본다.

부족하다는 것은 승평계 가단이 지방 가객 및 판소리 광대들과 폭넓은 교유를 하였다는 사실은, 가객이 전문직업화되었다고 보는 입장에서 어떻게 보아야 할 것인가 하는 등의, 설명하기 어려운 문제들도 있기 때문이다. 이는 가객들이 지니는 판소리 광대들과의 동료 의식이 어느 정도이며, 가객들은 음악 예능의 어느 영역을 특히 독점하고 있었는지에 대한 확실한 증거를 찾지 못했기 때문이다. 19세기에 가객들이 전문직업적 정체성을 지니게 되었다는 본고의 주장을 확고하게 하자면 19세기 가집들을 두루 다루어야 할 뿐 아니라, 음악 예술 분야에서 활동한 여러 층의 예능인들의 성격을 파악해야 하는 문제에 부딪히게 된다. 모두 후속 연구에서 보완되어야 할 과제이다.

그 밖에 중요한 문제지만 이 연구에서는 다루지 못한 과제가 또 하나 남게 된다. 좁게 보면 19세기, 넓게 보면 조선 후기에 시조의 서정성이 변모된 원인을 사상사와 관련하여 통시적으로 살피는 작업이 그것이다. 시조에서 교훈성·효용성을 떠난 개인적 서정이 대두하게 된 데에는 미의식의 변화를 가져온 시대적 상황과 사상적 전환이라는 바탕이 있었을 것이기 때문이다. 이 문제를 정면으로 다룰 때 時調史가 온전히 정립될 수 있을 것으로 본다.

참고문헌

1. 자료

『가곡원류』(國樂院本)
『청구영언』(珍本)
『해동가요』(金三不 校註本)
『병와가곡집』
박을수 편저, 『한국시조대사전』, 아세아문화사, 1992.
정병욱 편저, 『시조문학사전』, 신구문화사, 1966.

2. 저서 및 논문

강명관, 「조선 후기 경아전 사회의 변화와 위항문학」, 『대동문화연구』 25집, 성균관대 대동문화연구회, 1990.
고미숙, 「안민영의 작품 세계와 그 예술사적 의미」, 『한국학보』 62집, 일지사, 1991.
______, 「19세기 시조의 전개 양상과 그 작품 세계 연구」, 고려대 박사학위논문, 1993.
______, 「19세기 시가사의 시각」, 고려대 고전문학 · 한문학 연구회 편, 『19세기 시가 문학의 연구』, 고려대 민족문화연구소, 1995.
고려대 고전문학 · 한문학연구회 편, 『19세기 시가 문학의 연구』, 고려대 민족문학연구소, 1995.
권두환, 「조선후기 가단연구」, 서울대 박사학위논문, 1982.
______, 「송강의 <훈민가>에 대하여」, 권두환 · 김학성 편, 『고전시가론』, 새문사, 1984.
김광조, 「조선전기 가사의 장르적 성격」, 서울대 석사학위논문, 1987.
김근수, 「가곡원류考」, 『명지대 논문집』 1집, 1968.
김대행, 『한국시의 전통연구』, 開文社, 1980.
______, 『시조유형론』, 이화여대 출판부, 1986.
______, 「시적 표현의 문법」, 『고전문학연구』 3집, 고전문학연구회, 1986.
______, 「조선후기 악부에 나타난 시가관」, 한국문화연구소 제2회 학술회의, 1990.
김열규, 「시조의 서정과 종장」, 조규설 · 박철희 공편, 『시조론』, 일조각, 1978.
김영모, 「조선후기의 신분개념과 신분구조의 변화」, 『현상과 인식』 2권 1호, 1978.
김영철, 『한국 개화기 시가의 장르 연구』, 학문사, 1990.

김윤식, 「1920년대 詩장르 선택의 조건」, 『한국현대시론비판』, 일지사, 1975.
______, 「문학장르와 인류사의 이념」, 『한국근대문학사상사』, 한길사, 1984.
______, 『한국 근대문학 사상 연구』 1, 일지사, 1984.
______, 『한국근대문학양식논고』, 아세아문화사, 1980.
김준오, 「개화기 시가 장르 비평의 연구」, 『국어국문학』 22집, 부산대학교, 1984.
______, 『詩論』, 삼지원, 1990.
김진영, 「시조, 그 천년의 미학」, 『국어교육』 22집, 한국어교육학회, 1974.
김학성, 「시조의 詩學的 기반에 대한 연구」, 『고전문학연구』 6집, 고전문학연구회, 1991.
김혜숙, 「추사 김정희의 시문학 연구」, 서울대 박사학위논문, 1989.
김흥규, 『조선후기의 詩經論과 詩意識』, 고려대 민족문화연구소, 1982.
______, 「조선 후기 사설시조의 시적 관심 추이에 관한 계량적 분석」, 『한국학보』 73호, 1993.
나정순, 「시조 장르의 시대적 변모와 그 의미」, 이화여대 박사학위논문, 1989.
______, 「19세기 시조의 성격과 그 의미」, 『이화어문논집』 10집, 1988.
남정희, 「18세기 사대부 시조 연구」, 이화여대 석사학위논문, 1994.
류준필, 「안민영의 <매화사>론」, 백영 정병욱 선생 10주기 추모 논문집, 『한국고전시가작품론』 2, 집문당, 1992.
민병수, 「조선후기 시론 연구」, 『한국문화』 11집, 서울대 한국문화연구소, 1990.
박민수, 『현대시의 사회시학적 연구』, 느티나무, 1989.
박노준, 「안민영 시조의 기본 '틀'과 지향세계」, 『고전문학연구』 5집, 고전문학연구회, 1990.
박종우, 「사회사업가의 전문직업적 정체성 연구」, 서울대 박사학위논문, 1991.
박종철, 「시 해석을 위한 언어 기호학적 접근」, 최현무 편, 『한국문학과 기호학』, 문학과 비평사, 1988.
박철희, 「사설시조의 구조와 그 배경」, 김학성 · 권두환 편, 『고전시가론』, 새문사, 1984.
신경숙, 『19C가집의 전개』, 계명문화사, 1993.
______, 「조선 후기 여창 가곡의 연구」, 고려대 박사학위논문, 1994.
신범순, 『한국현대시사의 매듭과 魂』, 민지사, 1992.
신은경, 「풍류방 예술과 풍류집단」, 한국고전문학회편, 『문학과 사회집단』, 집문당, 1995.
심재완, 「가곡원류계 가집에 대하여」, 『時調의 文獻的 硏究』, 세종문화사, 1972.

윤여탁, 『시의 논리와 서정시의 역사』, 태학사, 1995.
윤재민, 「조선 후기 중인층 한문학의 연구」, 고려대 박사학위논문, 1990.
______, 「중인문학의 개념과 성격」, 『한국한문학연구』 17집, 한국한문학연구회, 1994.
엄국현, 「시에 있어서 이데올로기의 문제」, 『국어국문학』 22집, 부산대학교, 1984.
이동연, 「19세기 시조의 변모 양상-조황·안민영·이세보의 개인 시조집을 중심으로」, 이화여대 박사학위논문, 1995.
이동환, 「조선후기 한시에 있어서 민요취향의 대두」, 『한국한문학연구』 4집, 한국한문학회, 1979.
이숭원, 「민족의 시련과 서정시의 맥락」, 『현대시와 지상의 꿈』, 시와 시학사, 1995.
이우성, 「金秋史 및 중인층의 性靈論」, 『한국한문학연구』 5집, 한국한문학회, 1980~1981.
이종호, 「18세기초 사대부층의 새로운 문예의식-동계 조귀명의 문예인식과 문장론」, 『한국근대문학사의 쟁점』, 창작과비평사, 1990.
이지영, 「안민영의 시조 창작을 통해 본 19세기 가객 시조의 성격」, 이화여대 석사학위논문, 1992.
이태극, 『時調의 史的 硏究』, 二友出版社, 1975.
장원철, 「조선후기 문학사상의 전개와 天機論」, 한국정신문화연구원 석사학위논문, 1982.
전병재·안계춘·박종연 공저, 『한국사회의 전문직업성 연구』, 사회비평사, 1995.
전형대, 「시조집에 나타난 문학의식-序·跋을 중심으로」, 『관악어문연구』 4집, 서울대 국문과, 1979.
정우봉, 「19세기 시론 연구」, 고려대 박사학위논문, 1992.
정한모, 「개화기 시가의 제 문제」, 『한국학보』 제6집, 일지사, 1977.
정흥모, 「19세기 사대부 시조 연구-주요 작가의 의식지향을 중심으로」, 고려대 박사학위논문, 1994.
조규익, 『조선조 詩文集 序·跋의 연구』, 숭실대 출판부, 1988.
______, 「안민영론-가곡사적 위상과 작품 세계를 중심으로」, 『국어국문학』 109호, 국어국문학회, 1993.
조동일, 『한국문학사상사시론』, 지식산업사, 1978.
조무룡, 「가객들의 시조의식」, 『파전 김무조 박사 화갑 기념 논총』, 1988.
조윤제, 『朝鮮詩歌史綱』, 을유문화사, 1954.

진덕규 외, 『19세기 한국 전통 사회의 변모와 민중의식』, 고려대 민족문화연구소, 1992.

최규수, 「『남훈태평가』를 통해 본 19세기 시조의 변모 양상」, 이화여대 석사학위논문, 1989.

최동원, 「19세기 시조의 시대적 성격」, 조규설 · 박철희 공편, 『時調論』, 일조각, 1978.

최두석, 「1930년대 시의 표현에 관한 고찰」, 서울대 석사학위논문, 1982.

최신호, 「情感의 發散論과 理法의 表現論-국문시가집의 序跋을 통해서」, 『한국한문학연구』 3 · 4집, 1978～1979.

최원오, 「잡가의 교섭 갈래적 성격과 그 이론화의 가능성 검토」, 『관악어문연구』, 제19집, 1994.

최재남, 「구비적 측면에서 본 시조의 시적 구성 방식」, 서울대 석사학위논문, 1983.

______, 「시조 종결의 발화상황과 화자의 태도」, 『고전문학연구』 4집, 고전문학연구회, 1988.

한영우, 「조선후기 중인에 대하여-철종조 중인通淸운동 자료를 중심으로」, 『한국학보』 45집, 1986.

린다 허치언, 김상구 · 윤여복 譯, 『패러디 이론』, 문예출판사, 1992.

아놀드 하우저, 황지우 譯, 『예술사의 철학』, 돌베개, 1983.

____________, 한석종 譯, 『예술과 사회』, 기린원, 1990.

월터 J · 옹, 이기우 · 임명진 譯, 『구술 문자와 문자 문화』, 문예출판사, 1995.

Hernardi, P., *Beyond Genre: New Directions in Literary Classification*, Ithaca and London: Cornell Univ. Press, 1972.

Kent, T., "The Classification of Genre", *Genre*, Vol.16, No.1, Univ. of Oklahoma, 1983.

소설 수용 시조의 장르 변동 양상*

1. 서론

이 연구는 시조에 나타난 장르 변동 현상을 고찰하고, 그것이 어떤 집단의 사회적 관계를 드러내고 있는지 규명하는 데 목적을 두고 있다. 시조에서 장르 변동 내지 혼효 현상을 생각할 때, 흔히 주목하는 대상은 사설시조이다. "순수한 서정시에 가장 가까이 있었던 역사적 장르"[1]였던 시조에서 사설시조만큼 낯설고도 충격적인 양식을 찾아보기 힘들기 때문이다. 시조 고유의 정제된 형식과 엄격한 율격을 파괴하고, 성리학적 이념도 벗어 던진 그 형식적·내용적 파격은 어떤 식으로든 시조의 장르적 성격에 영향을 끼쳤을 것이라 짐작된다. 그렇지만 사설시조가 지니는 문학적 담화 방식에 대한 고려 없이 형식적·내용적 측면에서 포착되는 사설시조의 '시조답지 않은 성격'을 곧 장르 변동으로 이해하는 데는 문제가 있다. "장르"라는 개념 자체가 본래 다양한 문학적 담화 방식에 대한 인식에서 추출된 것이므로,[2] 장르 논의에는

---

* 이 글은 「소설 수용 시조의 장르 변동 양상과 그 사회적 맥락」(김병국 외, 『장르교섭과 고전시가』, 월인, 1999)을 부분 수정한 것이다.

1) 김병국, 「시조 발생의 문학사적 의의」, 『고려 시대의 가요 문학』, 새문사, 1982.

2) 플라톤의 『공화국』 제3권에서 소크라테스가 문학적 담화 방식을 '시인 자신이 말하느냐', '작중인물이 말하느냐', 혹은 '이 양자가 번갈아 가며 말하느냐'에 따라 구분한 것이 장르를 '서정', '극', '서사'로 나누는 시초가 된 것은 잘 알려진 사실이다(Paul Hernadi, *Beyond*

담화 방식(혹은 언어 진술 방식)에 대한 고찰이 선행되어야 하기 때문이다.

장르를 문학적 담화 방식으로 이해하는 관점에서 사설시조의 장르적 성격을 고찰한 선행 연구 2편은 사설시조의 장르적 성격이 평시조와 크게 달라지지 않았다고 보고 있다. 이노형은 "장시조(사설시조)가 평시조의 획일적인 독백체에서 벗어나 다양한 진술 원리를 지향하고 있음을 작품 전체 국면에서 예시하고 있다"고 보면서도 "장시조의 그와 같은 장르적 성향이 한층 극단화할 경우 … 장시조는 시조 장르로서의 대원칙적인 단형 및 정형의 형식을 완전히 와해시킴으로써 시조 개념을 상실해 버리는 장르적 한계를 보여 주었"다고 하여, 장시조의 기본적 장르 개념이 "평시조와 같이 사적 시점의 독백체가 우세한 서정장르임에 있다는 사실은 부인될 수 없다"고 하였다.[3] 신은경도 사설시조 안에 나타난 다양한 장르적 요소들을 지적하면서 이들은 "결국 私的인 비젼(vision)을 강도 있게 설정하고자 하는 의도를 내재한 것으로서 抒情 장르로서의 시조 장르 자체를 해체할 정도는 아니었다."고 결론짓는다.[4]

이러한 결론이 모든 사설시조에 해당하는가 하는 의문이 남지만, — 이 문제에 대한 입장은 4장에서 제시될 것이다. — 만약 이들의 주장처럼 사설시조의 담화 방식이 평시조에서 의외로 크게 벗어난 것이 아니라면, 담화 방식을

Genre: New Directions in Literary Classification, Ithaca and London: Cornell University Press, 1972, P. 헤르나디, 김준오 역, 『장르론: 문학분류의 새 방법』, 문장, 1983, 11면).

3) 이노형, 「장시조의 장르적 성향과 그 한계」, 『관악어문연구』 12집, 서울대 국문과, 1987.

4) 헤르나디는 소크라테스의 담화 양식을 심도 있게 제시하면서 모든 문학적 담화 양식이 주석적·주제적 제시와 인물 쌍방적·극적 재현의 양극 사이에 놓인다고 설명한다. 그에 의하면 '서사 양식'은 한 작품 속에서 주석적·주제적 시점과 인물 쌍방적 시점이 번갈아 이동된다. 즉, 작가가 주석적 시점에서 사건의 전개나 행위를 직접 서술하거나 혹은 작자의 주석적 개입 없이 등장인물의 인물 쌍방적 시점에서 행위나 사건을 묘사하는 것이다. 서정 양식 역시 주제적 제시와 극적 재현의 중간에 놓인다고 할 수 있는데, 시점이 번갈아 이동되는 것이 아니라 시인 자신이나 특정 화자의 私的인 시점에서 표명되는 내면 독백이 서정 양식이라고 하였다(P. 헤르나디, 김준오 역, 앞의 책, 182~219면). 신은경은 헤르나디의 장르체계를 따라 서정적 양식은 비전(주관적 진리)의 사적 설정, 주제적 양식은 비전(보편적 진리)의 주석적 제시, 극적 양식은 행위의 인물 쌍방적 재현, 서사적 양식은 행위의 이중적 제시로서 정의하고, 사설시조의 장르 범주를 '서정'이라 규정하였다(신은경, 『사설시조의 시학적 연구』, 開文社, 1995, 185~190면).

통해 장르 변동 현상을 확인할 수 있는 예가 시조에는 없는 것일까?

그렇지는 않다. 오히려 흥미롭게도 매우 대조적인 담화 방식이 마주치는 작품군이 시조 가운데 발견되고 있다. 시적 담화 방식과 소설적 담화 방식[5]이 교섭하는 '소설 수용 시조'들이 그런 예이다. 소설 수용 시조에서 우리는 '독백성'이라는 시적 담화 방식의 정화를 보여주는 시조[6]가 '대화성(dialogism)'[7]이라는 담화 방식을 지닌 소설을 수용함으로써 겪게 되는 담화 방식의 변화를 짐작할 수 있는데, 이는 곧 시조의 장르적 성격의 변화를 예고하는 것이라 할 수 있다.

그간 소설 수용 시조를 대상으로 한 연구 자체가 드물었던 이유는 작품수가 너무 적기 때문이었다. 즉 시조에서의 소설 수용은 예외적인 현상으로서 대수롭지 않게 취급되거나, 적극적으로 의미 부여를 시도하는 경우에도 소재 및 주제의 확대라는 차원에서 해석될 뿐이었다.[8] 그러나 시조에서의 소설 수용은 위에서 언급한 바와 같이 대립되는 담화 방식의 접합이라는 측면에서뿐만 아니라 다음의 몇 가지 측면에서도 시조 장르의 변동과 관련한 중요한 문제들을 내포하고 있다.

---

5) 양자는 바흐친이 그의 저서 『대화적 상상력』에서 양극적으로 파악하고 있는 담화 방식이다(M. Bakhtin, *The Dialogic Imagination*, ed. by Michael Holquist, Austin: University of Texas Press, 1981).

6) 조세형은 "시조의 화자는 짧고 정형화된 양식적 특성을 활용하며 담론 전달 대상의 여부와 무관하게 자신의 견해를 단정적으로 선언함으로써 고독의 미학을 구축하려는 지향성을 보였다."고 하며, 시조의 담화 방식은 '독백'임을 지적하였다(조세형, 「가사 장르의 담론특성 연구」, 서울대 박사학위논문, 1998, 179면).

7) 바흐친 이론에서 말하는 '대화성(dialogism)'이란 '서로 다른 의식의 대화적 공존'을 의미하는 것으로서, 바흐친은 대상의 이해에 존재하는 타인의 언어와의 대화를 소설적 담화 방식의 특징으로 본다. 본고에서 적용하고자 하는 '소설적 담화 방식'은 이러한 '의식의 혹은 세계관적 대화성' 뿐만 아니라 '언어의 다중성(다성성)'을 지니는 담화 방식까지를 포함하는 넓은 의미로 쓴다. 자세한 것은 2장에서 언급한다.

8) 김용찬, 「조선후기 시조에 나타난 소설 수용의 양상-『三國志演義』를 중심으로」, 『어문논집』 32, 고려대 국문학과, 1993에서는 소설 수용 작품들의 시대별・歌集別・작가별 분포를 자세히 분석하였다. 비록 소재 및 주제의 확대라는 차원에서 접근한 것이지만, 이 연구는 소설 수용 시조에 대한 전에 없는 관심을 보여준 점에서 주목된다.

첫째, 소설 수용 시조에서는 '수용되는 소설'과 '소설을 수용하여 창작한 시조 작품'이 선행담화와 후행담화의 관계를 형성하는데, 이 때 양자의 대화적인 관계는 시조 본래의 독백적인 담화 방식과는 다른 담화 방식, 혹은 텍스트성을 요구할 수 있다.

둘째, 소설 수용 시조에는 선행담화인 '소설의 화자'와 후행담화인 '시조의 화자'라는, 적어도 두 명의 화자가 존재할 수 있다. 더욱이 소설에 나오는 인물의 담화가 인용되는 경우에는 더욱 많은 화자와 다양한 시점이 개입하게 된다. 그럴 때 한 작품 내에서 다성적인 목소리들이나 어조의 불일치나 문체의 혼효가 나타날 가능성이 크다.

셋째, 소설을 수용한다는 것은 시인 자신의 체험이 아닌 이야기를 가져온다는 점과, 이야기의 객관적인 서술방식이 요구될 수 있다는 점에서 서정시적 주관성[9]과 배치되는 현상이므로, 이로 인해 시조의 장르적 변화를 야기할 가능성이 높다.

이 문제들은 모두 독백적 담화 방식을 지닌 시조가 대화적 담화 방식의 소설을 수용하면서 시적 화자와 어조가 단일하게 유지되고 있는지, 복수화되는지의 문제와 관련되어 있다. 다시 말해 시적 화자의 단일성/복수성 여부가 소설 수용 시조의 장르적 성격을 결정짓는 관건이라는 것이다. 그리고 시적 화자가 단일하게 유지되는지 복수화되는지의 여부는 소설을 수용하는 작자의

9) 디이터 람핑은 전통적인 서정시 이론의 근본적인 전제는 "서정시란 본질적으로 '자기 발언'이라는 관념"이라고 보고 있다. 그는 19세기에 들어서 발생한 서정시의 주관성 이론이 헤겔과 그의 제자 피셔의 미학에서 체계적 전개를 얻어, E. 슈타이거와 K. 함부르거에게로 이어져 왔다고 설명한다. 슈타이거는 자아(주체)와 세계(객체)와의 정서적 융합, 혹은 동화를 일컫는 "回感(Erinnerung)"을 서정 양식의 본질이라고 하였고, 헤겔은 서정시의 근본 요소를 '내면적인 주관성'이라고 규정하고 서정시란 특수화된 개인들이 어떤 상태에서 일으키는 주관적인 내면 정서와 기분을 드러내는 양식이라고 하였다. 함부르거는 서정시를, 사실적인 자아로서 시인-자아와 다소를 불문하고 동일시되는 서정적 자아의 현실 진술로 규정하고 있다. 이러한 주관성 이론은 디이터 람핑에 의해서 비판되기는 하였으나, 가장 서정시다운 서정시는 시인 자신의 내면 독백이라는 견해는 여전히 유지되고 있다(디이터 람핑, 장영태 옮김, 『서정시: 이론과 역사』, 문학과지성사, 1994, 91~104면).

관점과 태도에 달려 있다. 즉 작자가 후행담화의 시적 비전을 확충하기 위한 차원에서 소설이라는 선행담화를 수용하고 있다면 시적 화자와 언어는 단일하게 유지될 것이다. 반면 선행담화를 모방하려는 충동이 강하다면 소설의 텍스트성을 따라 시적 화자 또는 작품 속에 나타난 목소리들이 다양하게 될 것이다. 이에 (1) '독백성/다성성', (2) '선행담화와 후행담화의 관계'를 기준으로 삼아 2장에서 소설 수용 시조의 담화 방식을 분석한다. 시적 담화의 근본 문제는 화자와 청자의 성격과 관계에서 생겨남은 물론이나, 청자에 대한 고려까지 분석 기준에 넣는다면 논의가 지나치게 번다해지므로 청자는 분석 기준에서 제외하였다.

3장에서는 2장에서 분석된 담화 방식에 따라 소설 수용 시조의 장르 유형을 추출할 것이다. 이로써 소설 수용으로 인해 시조의 장르가 변동된 양상이 밝혀질 것이다. 이 결과는 앞으로 4장에서 소설 수용 시조와 여타 다성적 구조들의 시조를 비교하여, 소설 수용 시조가 지니는 미학과 담당층의 의식을 밝히는 논의의 방법론적 틀로 이용된다.

사실 선행담화를 갖고 있는 모든 시조의 담화 유형이 소설 수용 시조와 동일한 문제들을 내포하고 있을 가능성이 크다.10) 선행담화가 소설이든 古事이든, 또는 어떤 텍스트이든 시조가 다른 텍스트들과 관련을 맺게 될 때는 단일언어성을 견지하고 있던 시조 내에 다성성이 틈입하게 된다는 문제의 핵심은 같을 터이기 때문이다.11) 따라서 본고의 분석 결과가 다른 다성적 구조를 지

10) 典故를 이용하여 창작된 시조들도 선행담화와 후행담화의 이중적 구조를 지닌다. 특히 최근의 연구에서도 지적되었듯이 楚漢古事를 소재로 한 시조 가운데는 인물에 대한 생생한 묘사나 인물의 발언까지 모방한 작품이 적지 않다고 한다(이형대, 「楚漢古事 소재 시조의 창작 동인과 시적 인식」, 『한국시가연구』 3집, 한국시가학회, 1998.6 참조). 소설 수용 시조의 담화 방식과 장르적 성향에 대한 분석 결과가 楚漢古事 소재 시조에도 적용될 수 있는지는 4장에서 논의할 것이다.

11) 이에 대하여 다음과 같은 지적이 참고된다. "담화 분석에 있어서 다성구조의 문제는 종래의 典故, 用事論, 비교문학론에서 원천, 영향연구, 또는 패로디에 관한 연구, 어떤 담화 및 시가 장르의 생성 배경에 관한 관심, 장르와 장르 간의 상호 착종 현상 및 담화와 담화 간의 상호 관련성 등의 현상을 포괄하는 매우 광범한 영역이다. 이들은 모두 둘 이상의 담화가 서로 관련을 맺고 둘 이상의 목소리가 상호 교차, 혼재하는 양상을 다룬다는 점에

닌 시조들의 경우에도 동일하게 적용되는지 검증하는 과정이 필요하다. 4장 1절에서는 (1) '극적인 사건의 수용'이라는 점에서 소설 수용 시조와 외양이 비슷한 '楚漢古事 소재 시조'와, (2) 흔히 다성적 구조를 갖춘 텍스트의 예로 지적되어 온 '사설시조'와, (3) 형태 면에서 서정시조의 담화 방식과 뚜렷이 구분되는 '대화체(conversational style) 시조'[12]의 담화 방식과 장르적 성향을 살펴, 소설 수용 시조에 나타난 장르 변동 양상과의 동이점을 지적하고자 한다. 이를 통해 이들 다성적 구조의 시조들과 구분되는 소설 수용 시조의 미학을 규명하고, 소설 수용 시조의 담당층의 성격을 추정하기로 한다.

이러한 작업들은 분석 대상 작품을 공시적으로 놓고 여러 가지 담화 방식과 장르 유형을 구별해 내는 것이므로 바흐친이 비판한, '장르에 대한 규범적 정의에 입각한 분류학으로서의 장르 연구'와 다를 바 없다고 할 것이다. 본고의 목적은 소설 수용 시조에 나타난 특정 담화 방식과 장르에 대한 선호가 어떤 사회 집단들 간의 상호작용에서 기인한 것인지를 규명하는 데 있는바, 4장 2절과 3절에서는 소설 수용 시조의 歌集別 분포 양상을 고찰하고자 한다.

미리 말하자면 소설 수용 시조가 시조사의 전시기에 걸쳐서 폭넓은 작가층에서 발견되는 것이 아니라, 특정 시대, 특정 작가층, 특정 歌集에서 집중적으로 발견된다는 사실은 소설 수용 시조와 이를 창작·향유한 집단의 사고나 문화와의 상관성에 대한 관심을 불러일으키기에 충분하다.

문학에 있어서 담화 방식은 단지 기법의 문제가 아니라 세계에 대한 작가의 태도의 문제이기도 하다는 점을 생각해 보면 시조에서의 소설 수용은 단지 이러한 시조들을 향유한 담당층의 독서 체험이나 개인적인 취향에 기인하는 것일 뿐 아니라, 그들 나름의 사고의 유형 내지는 문화적 삶의 내용과 관련하여 논의될 수 있을 것이다. 이런 관점에서 소설 수용 시조에 나타난 장르 변동의 사회적 맥락을 밝히려는 본고의 작업은 장르를 "사회적이고 역사적인

서 공통점을 지니는 연구영역이다."(신은경, 앞의 책, 130면)

12) 바흐친적 의미의 "대화체(dialogic style)"와 구별되는, 형태면에서 대화 형식이 설정된 작품들을 가리킨다.

맥락으로부터 고립된, 고정되고 동질적인 단위"로 보는 관점에 대한 바흐친의 문제제기[13]를 수용한 것이다.

나아가 사회학적 장르 개념을 강조하는 신수사학의 이론도 참조하고자 한다. 이 이론은 장르를 사회 집단과 관련시킨 바흐친의 관점을 발전시켜, 장르를 특정 사회의 의사소통적 구조의 중요한 국면으로 보고, 장르가 개인적 의도와 사회적 위기의식(exigence)을 중재하는 방법으로서 특정 그룹의 공유된 가치를 나타내고, 그들의 문화적 삶을 구성하는 데 도움을 준다고 보고 있다.[14]

이러한 이론을 바탕으로 4장에서는 담당층의 다양한 사회적 이해관계와 문화적 의식을 드러내는 데 힘쓸 것이다.

본론에 앞서 어떤 시조들을 소설 수용 작품으로 다루고 있는지 밝혀두고자 한다. 18세기 초반 歌集인 『청구영언(진본)』(1724년)에는 소설을 수용한 작품으로서 거론될 수 있는 시조로 2수가 있는데, 그 중 한 작품은 본고의 대상 작품이 되고 다른 한 작품은 제외가 되어서 좋은 보기가 된다.

(1) 漢武帝의 北斥西擊 諸葛亮의 七縱七擒
晋나라 謝都督의 八公山威嚴으로 四夷戎狄을 다 쓰러 ㅂ린 後에
漠南에 王庭을 업시ㅎ고 凱歌歸來ㅎ여 告厥成功ㅎ리라

『청구영언(진본)』

---

13) 바흐친의 이와 같은 장르 개념은 폭넓은 지지를 받고 있는데, 현대의 인류학, 사회언어학, 문학이론, 신수사학 등의 분야에서 논의되고 있는 장르 개념에 끼친 바흐친의 영향에 대해서는 Brian Paltridge, "Approaches to Genre", *Genre, Frames and Writing in Research Settings*, University of Melbourne, 1997을 참조할 수 있다.

14) 여기서 말하는 '위기의식(exigence)'이란 '위험, 무지, 이탈을 알리고자 하는 사회적으로 객관화된 동기를 제공하는 특정한 사회적 패턴들과 기대들의 세트(set of particular social patterns and expectations that provides a socially objectified motive for addressing danger, ignorance, separateness)'이다. Carolyn R. Miller, "Genre as Social Action", ed. by Aviva Freedman & Peter Medway, *Genre and New Rhetoric*, Taylor & Francis, 1994, 31면과 "Rhetorical Community: The Cultural Basis of Genre"(같은 책)을 참조할 수 있다.

(2) 昭烈之大度 喜怒를 不形於色과
諸葛亮之王佐大才 三代上人物 五虎大將들의 雄豪之勇力으로 攻城畧地ᄒᆞ여 忘身之高節과 愛君之忠義 古今에 빡 업스되
蒼天이 不助順ᄒᆞ샤 中恢를 못 이르고 英雄의 恨을 기쳐 曠百代之尙感이라
『청구영언(진본)』

(1)은 선행 연구에서 "諸葛亮의 七縱七擒"이라는 구절 때문에 소설을 수용한 시조에 포함시킨 작품이다. 그러나 이 "諸葛亮의 七縱七擒"은 선행담화(소설)에 나오는 사건을 요약적으로 제시하는 기능을 갖고 있지 않다. 이는 선행담화의 맥락으로부터 떨어져 나온 사물화된 언어이다. 즉 "武勇"을 나타내기 위하여 나열한 여러 가지 소재 중 하나에 불과할 뿐, "諸葛亮의 七縱七擒"이 작품 전체의 지배적인 모티프가 되지 않는다. 이런 작품은 본고에서 제외했기 때문에 선행 연구에서 계수한 소설 수용 작품의 수와 본고에서 계수한 소설 수용 작품의 수가 달라졌다.[15] 그에 비해 (2)는 소설의 이야기를 극도로 간접화하여 文面에서 이야기의 구체성이 사라지긴 했지만, 각 사건들의 맥락은 선행담화에 연결되어 있고 소설 속의 사건이 작품 전체의 주도적인 모티프가 된다는 점에서 본격적 의미의 소설 수용 작품으로 다룰 수 있다.

2. 소설 수용 시조의 담화 방식

바흐친에 의하면 시적 장르(poetic genre)는 언어·이념적 삶의 통일적이고 구심적인 힘들의 영향 하에서 발전하여, 보다 높은 공식적인 사회·이념의

15) 김용찬은 위의 2작품을 모두 소설 수용 시조로 보아 『청구영언(진본)』에 2수를 비롯하여, 『해동가요(주씨본)』에 15수, 『병와가곡집』에 30여 수의 소설 수용 시조가 있다고 본 데 반하여(김용찬, 앞의 논문), 본고는 『청구영언(진본)』에 1수, 『해동가요(주씨본)』에 6수, 『병와가곡집』에 23수 정도를 소설 수용 시조로 보고 있다. 자세한 소설 수용 시조 작품 수는 4장에 제시하였다.

차원에서 언어 이념적 세계의 문화적·민족적·정치적 집중화의 과업을 수행한다고 한다.[16] 여기서 '시적 장르(poetic genre)'란 문학 일반을 가리키는 넓은 개념으로 쓰일 수도 있는데, 우리 문학사에서는 좁은 의미의 '서정시 장르'가 여기에 해당하는 예라고 본다. 이에 바흐친의 '시적 장르'란 용어를 '서정시적 장르'로 치환하여 쓴다.

國文學史上 시조만큼 그 담당층이 사회 정치적·문화적·이념적 집중을 차지했던 장르도 드물다. 이는 시조가 서정시 장르로서의 구심력을 유지하게 된 중요한 계기가 되었다. 또한 시조가 보여주는 성리학에 바탕한 일원적이고 통일적인 세계관 자체가 서정시적 담화 방식을 유도한다고 할 수 있다. 서정시적 담화 방식이란 한마디로 "언어 체계의 통일성과 그 언어와 발언에 반영된 시인 자신의 개성의 통일성(그리고 독자성)"[17]이라 규정할 수 있는데, 시조는 이념의 집중과 함께 초·중·종장의 정제된 형식과 비교적 엄격한 율격[18]을 통해 이러한 담화 방식을 구현하는 대표적인 문학 장르가 된 것이다. 시조의 담화 방식이 일원성과 통일성을 요구한다는 사실은 한 작가가 서로 다른 목소리를 내기 위해서 다음과 같이 각각 통일된 목소리를 지닌 별도의 작품을 창작했던 데서도 알 수 있다.

(1) 이바 이 집 사룸아 이 세간 엇지 살리
솟벼 다 ᄠᅠ리고 족박귀 다 업괴야
ᄒᆞ물며 기울계 대 니거든[19] 누를 밋고 살리

16) M. Bakhtin, 앞의 책, 272~273면. 이하 모든 번역은 미하일 바흐친, 전승희 外 譯, 『장편소설과 민중언어』, 창작과 비평사, 1988을 따르며, 번역서의 면수는 따로 제시하지 않는다.

17) 위의 책, 264면.

18) 바흐친에 의하면 리듬은 시적 문체의 표면과 이 문체가 제시하는 단일한 언어가 지니고 있는 일원론적이고 폐쇄적인 성격을 강화하고 더욱 집중시키는 일에 봉사하는 장치이다. 그는 "언어의 모든 측면으로부터, 타인의 의도를 제거하고 언어에 내포된 사회적 다양성을 모조리 파괴하는 이러한 작업의 결과 긴장감 넘치는 언어의 통일성이 시작품 속에 이룩된다."고 지적한다(M. Bakhtin, "Discourse in the Novel", 앞의 책, 298면).

19) "기울계 대 니거든"은 단어의 뜻이 불분명한데, "밀기울과 겨로 때(끼니)를 잇거든"으로

(2) 기울계 대 니거니ᄯᆞ나 ᄶᅩᆨ박귀 업거니ᄯᆞ나
비록 이 세간 板蕩ᄒᆞᆯ만정
고온 님 괴기옷 괴면 그를 밋고 살리

위의 두 작품은 『청구영언(진본)』에 나란히 실린 송강 정철의 작품이다. 각 작품은 주인의 내면 독백과, 객의 내면 독백이라는 독립적이고 단일한 담화 방식을 지니면서, 함께 놓고 보면 객과 주인의 대화를 이룬다. 歌辭를 통해서 다양한 시점의 변이와 대화 형식을 보여준 송강[20]이기에, 작가적 역량이 부족하여 객과 주인의 대화를 한 작품 속에서 재현해내지 못했다고 보기는 어려울 것이다. 오히려 그는 <훈민가>와 같은 교훈시조에서도 “강원도 백성 및 보편적인 인간 관계를 설정하고 그들 사이에 관류하고 있는 인정 어린 어휘를 선택함으로써”[21] 문학적 역량을 뽐내고 있다. 그 한 예로 다음과 같은 작품이 있다.

어와 져 族下야 밥 업시 엇지ᄒᆞᆯ고
어와 져 아자바 옷 업시 엇지ᄒᆞᆯ고
머흔 일 다 닐러스라 돌보고쟈 ᄒᆞ노라

『청구영언(진본)』

이 작품은 서로의 궁핍한 처지를 안타까워는 조카와 아저씨의 애달프고도 정겨운 목소리로 이루어져 있어, 시조의 단일 언어성과는 거리가 있는 것으로 보일 수 있다. 그러나 이 둘의 목소리가 과연 송강이라는 시인 자신의 개성과 별개로 울려나오는 목소리인가 하는 점은 판단하기 쉽지 않다. 가장 의

해석한 정병욱의 견해를 따른다(정병욱 편저, 『시조문학사전』, 신구문화사, 1966).

20) 이에 대해서는 조세형, 「송강가사의 대화 전개 방식 연구」, 서울대 석사학위논문, 1990 참조.

21) 권두환, 「松江의 <訓民歌>에 대하여」, 김학성 · 권두환 편, 『古典詩歌論』, 새문사, 1984.

심스러운 점은 종장이 누구의 목소리인가 하는 것이다. 전체 구조로 보면 아저씨와 조카가 한 마디씩 주고받은 후에 종장에서 합창을 하면 자연스러울 듯하다. 각자 개성을 가진 두 언어가 종장에서 합쳐진다는 발상 자체가 이 작품이 통일적 언어를 지향하고 있음을 암시한다. 종장은 작자가 두 인물의 심리를 대변했다 하겠는데, 세심히 살피면 작자 자신의 의식이나 언어가 침투한 흔적이 드러난다.

서로를 향하여 "머흔 일 다 닐러스라 돌보고쟈 ᄒᆞ노라"라고 위로해 줄 수 있으려면 적어도 조카는 밥은 없지만 옷이 있고, 아저씨는 옷은 없지만 밥이 있어서 서로 모자라는 것을 돌보아 줄 수 있어야 할 터인데, 이는 상식에서 벗어난다. 이 작품에 나타난 조카와 아저씨는 먹을 양식도 입을 옷도 없는 딱한 처지에 있기는 마찬가지이다. 그런 처지끼리 서로 아픔을 나누고, 없는 데서 쪼개어 돌볼 수도 있다. <훈민가> 다른 편에서는 "내게도 업다커니와 돌보고져 ᄒᆞ노라"고 하여 대화 상황을 보다 합리적으로 설정한 것도 있다. 그렇게 안하고 극도의 빈곤을 겪고 있는 백성 자신이 "머흔 일 다 닐러스라 돌보고쟈 ᄒᆞ노라"라고 말한다는 것은 쉽게 납득이 안 간다. 이는 서로를 걱정하고 아껴주는 백성의 심리를 대변하면서 송강 자신이 백성을 바라보는 관점을 무의식적으로 표현한 것이라 볼 수밖에 없다. 백성의 목소리 속에 숨겨 두고 있던 작자의 언어가 종장에서 드러난 셈인데, 이것과 인물의 말인 초·중장의 어조 사이에 불일치를 전혀 느낄 수 없다는 사실이 중요하다. 이는 작가 자신의 어조와 세계관이 전체 작품을 책임지는 유일한 어조와 세계관이 되고 있음을 뜻한다. "전체로서의 작품의 어느 부분의 언어에 대해서도 자신의 언어임을 주장하고 작품이 지니는 어떤 측면이나 톤, 뉘앙스에 대해서도 자신의 것으로 책임지는 것이 시적 문체의 근본적인 전제 조건"[22]이라고 할 때, 이 작품은 표면상으로 대화가 설정되어 있으나, 서정시적 담화 방식으로 되어 있는 것이다.

22) M. Bakhtin, 앞의 책, 286면.

소설의 담화 방식은 이와 정반대인 것으로 알려져 있다. 바흐친은 소설에는 언어의 중심이 존재하지 않으며 타인의 언어와의 대화가 주된 구성요인이 된다고 지적한다. 그에 의하면 시가 언어·이념적 삶의 통일적이고 집중적이며 구심적인 힘들의 영향 하에서 발전하고 있을 때, 소설과 소설 지향적인 예술적 산문들은 탈중심화를 도모하는 원심적인 힘들에 의해 형성되고 있었다는[23] 것이다. 이로 인해 소설은 다양한 발언과 언어 사이의 연결 및 상호작용, 다양한 언어 및 발언 유형을 통한 주제의 이동, 다양한 사회적 언어들 속으로의 주제의 분산 및 그것의 대화화를 그 문체적 특징[24]으로 지닌다고 하였다.

그런데 '소설적 담화 방식'을 '대화성(dialogism)'으로 규정한 바흐친의 이론을 수용하고자 할 때 우리가 다루고 있는, 시조에 수용된 <삼국지연의> 등과 같은 소설들이 바흐친적 의미의 소설과 동질적인 대상인가 하는 점이 걸림돌이 된다. 엄밀한 의미에서 바흐친적 의미의 '대화성(의식의 이중성)'을 지닌 작품을 근대 이전의 소설에서 발견하기 힘든 것이 사실이다. 그러나 이들 소설에서도 다양한 시점과 목소리들이 공존한다는 점은 분명한데, 이와 같은 '언어적 다성성'을 지닌 담화 방식을 소설적 담화 방식이라고 보는 편이 우리 문학사의 실상에 부합한다. 따라서 본고에서 사용하는 '다성성'이란 개념은 '서로 다른 사회·이념적 언어들(other socio-ideological languages)'을 가리키는 'heteroglossia'[25]와 일치하는 것이 아니라, '시점 또는 목소리의 다양성(polyphonic point of views or polyphonic voices)'이란 의미에서 'polyphony'에 해당하는 것이다.

여하튼 바흐친의 장르 이론은 본고에서 소설 수용 시조 작품을 분석하는 데 주요한 방법론적 전제가 된다. 시조는 본래 "독백체"라는 시적 담화 방식

---

23) 위의 책, 272면.
24) 위의 책, 263면.
25) 'heteroglossia'는 다양한 언어의 사회적 공존 상태를 뜻하는 바흐친 특유의 조어이다. 전승희 외 역, 앞의 책 참조.

을 엄격히 고수하는 서정 장르였는데, 다양한 담화 방식이 가능한 소설을 수용함으로써 담화 방식의 변동이 예상된다. 이 때 독백체와 다성성 중 어떤 담화 방식이 우세한가에 따라 그 장르적 성향이 달라짐은 말할 필요도 없을 것이다. 이에 소설 수용 작품에 나타난 담화 방식을 분석하는 기준의 하나로 작품의 목소리와 시점들이 작자 한 사람의 것인지, 아니면 다양한 시점과 목소리가 공존하고 있는지를 알아보려 한다.

한편, 일반적으로 소설을 수용한 시조에는 수용되는 소설과, 창작된 시조 자체, 소설을 수용함으로써 노리는 효과가 각각 선행담화 · 후행담화 · 목표물로 구조화되어 있다고 볼 수 있다.26) 소설 수용 시조의 담화 방식을 분석하는 또 하나의 방법으로 본고에서는 이들 사이의 관련에 주목하고자 한다. 이 삼자 사이의 긴장 관계 속에서 초점을 어디에 두느냐에 따라 소설 수용 시조의 텍스트성을 시조에 가깝게 만드는지, 소설에 가깝게 만드는지가 결정된다고 보기 때문이다. 다음에서 이 두 가지 분석 방법을 통해 소설 수용 시조의 담화 방식을 추출하기로 한다.

1) 매개적 독백체

소설 수용 시조의 담화 방식을 추출하기 위해서 모든 소설 수용 작품의 담화 방식을 분석한 결과를 귀납할 필요는 없다. 바흐친의 이론으로 미루어 본다면 소설 수용 시조의 창작 주체가 확고한 이념적 기반 위에서 자신을 드러내고자 하는 의도가 강하다면 서정시적 담화 방식에 가깝게 창작할 것이고, 객관적인 세계를 모방하는 데에 더 관심을 둔다면 보다 소설적 담화 방식에 가깝게 창작할 가능성이 높다. 여기에서 드러내어야 할 이념이 비교적 확고

26) 이러한 전제는 패러디시를 다룬 김준오의 논문에서 "패러디는 패러디 시 그 자체와 원전, 그리고 목표물이라는 3중의 구조 또는 세 개의 텍스트를 내포하게 되는 것이다."라는 언급에서 시사 받은 것이다(김준오, 「문학사와 패러디 시학」, 김준오 편, 『한국 현대시와 패러디』, 현대미학사, 1996 참조).

하다고 할 사대부 작가의 경우는 서정시적 담화 방식에 가깝게 소설을 수용할 것이고, 그렇지 못한 무명씨 작가의 경우는 소설적 담화 방식에 가깝게 수용할 것이라는 가정을 해볼 수 있다. 이 가설을 검증하는 것은 소설 수용 시조의 담화 방식을 추출하면서 그 계층적 지향까지 살필 수 있다는 점에서 유의미하다. 이에 따라 이 절에서는 주로 사대부 작가의 작품에 나타나는 담화 방식의 특징을 지적하고, 이를 개념화하려 한다.

> 남양에 누은 션뷔 밧갈기만 일삼든이
> 초당 춘일에 무슨 ᄭᅮᆷ을 ᄭᅮ엇관ᄃᆡ
> 문 밧긔 귀 큰 王孫은 삼고초려 ᄒᆞ건이
>
> 『해동가요(주씨본)』

이 시조는 金壽長(1690~?)과 함께 소설 수용 시조의 활발한 창작을 보여준 최초의 사대부라고 할 李鼎輔(1693~1766)의 작품이다. 이정보는 노론 집권층으로서 文衡까지 지낸 지체 높은 사대부[27]로서 소설 수용 시조뿐만 아니라 "즁놈이 졈은 샤당년을 엇어….", "간밤의 자고 간 그놈 아마도 못이져라…." 등을 비롯한 비속한 사설시조를 남기고 있어 사설시조의 담당층 논쟁의 화두가 되는 문제적인 작가이다.[28] 그는 소설 수용 시조와 사설시조가 창작 동기나 기법이나 작가의식 면에서 얽혀있다는 사실을 말해주는 작가이기도 한데, —이에 대해서는 4장에서 자세한 논의를 펼 기회가 있을 것이다.— 여기서는 담화 방식에 관련된 논의만 하고자 한다.

대부분의 <삼국지연의> 수용 작품이 그렇듯이, 이정보의 작품도 蜀 정통론의 입장에서 특히 제갈공명과 관우에 대한 사모의 정을 노래한 것이 많다.[29]

---

27) 이정보의 字는 士受, 號는 三洲이며, 戶曹參判 雨臣의 아들로서 弘文館 副修撰, 兩館 大提學, 判中樞府事, 예조판서를 지냈다.

28) 이정보의 작품 세계와 그 문제성을 지적한 논의로는 박노준, 「李鼎輔와 士大夫的 思惟의 극복」, 『조선후기 시가의 현실인식』, 고려대 민족문화연구원, 1998을 참조.

29) <삼국지연의> 수용 작품에 나타난 蜀 정통론의 입장에 대해서는 김용찬, 앞의 논문 참조.

위의 작품은 <삼국지연의>에서 제갈공명이 유비를 만나게 된 사건을 요약·서술하고 작가의 논평을 덧붙인 것이다. 초장 "남양의 누은 션뷔 밧갈기만 일삼든이"와 종장 "문 밧긔 귀 큰 王孫은 삼고초려 하건이"는 선행담화의 요약이다. 그 사이에 있는 "초당 춘일에 무슨 쑴을 쑤엇관듸"라는 중장은 선행담화에는 없던 의미를 후행담화에 새로이 부여한 것이다. 유비가 세 번째 찾아갔을 때 제갈공명이 낮잠을 자고 있었다는 선행담화가 주는 정보를 변용해서 제갈공명과 유비의 만남을 좋은 꿈이 아니고서는 이루어지기 힘든 역사적인 사건으로 그려 놓았다. 이를 통해 이와 같은 이상적인 君臣의 만남에 대한 희구와, 작자가 속한 현실에서는 그것이 불가능하다는 비극적인 인식을 은연중 암시하고 있다. 작자는 소설 속의 이야기와 대립되는 현실에 대한 비판적 발언을 드러내는 한편, 동시에 숨기고자 하는 의도로 선행담화를 수용하고 있는 것이다. 같은 사건을 이정보는 "漢昭烈의 諸葛孔明 녜업쓴 君臣際遇/ 風雲이 暗合ᄒᆞ여 곡이 물 만난듯 周文王의 磻溪老叟ㅣ들 이에셔 더홀쏜가/ 암아도 如此千一之會는 못ᄂᆡ 불어 ᄒᆞ노라"라고 노래함으로써 "남양에 누은 션뷔…"에서는 암시적으로만 제시한 소설 수용의 의도(목표)를 직설적으로 보여주고 있다. 이 작품도 그 중심이 후행담화와 그것이 노리는 목표물에 놓여 있다.

위의 시조에 나타난 담화 방식을 살펴보면 선행담화를 수용할 때 작자 자신의 언어로 융화시킴으로써 작품의 문체와 情調(stimmung)가 작자 한 사람의 것으로 통일된 독백체로 되어 있다. 소설 속의 어떤 사건에 대한 작자의 해석과 정서적 반응이 작품의 주된 모티브가 되기 때문에 시조 본래의 독백적 담화 방식을 통해 소설을 수용할 수 있었던 것이다. 그런데 이 작품이 보여준 독백적 담화 방식을 과연 순수한 서정시적 담화 방식인 '내면 독백(interior monologue)'으로 볼 수 있을까?

위 시조에서 소설에 나오는 인물들은 모두 3인칭으로 지칭되고 있다. "남양에 누은 션뷔"란 제갈공명을, "문 밧긔 귀 큰 王孫"은 유비를 가리키고 있다. 이에 따라 이 시조의 어떤 언어도 형식적으로는 인물의 언어가 될 수 없다. 그러나 "문 밧긔 귀 큰 王孫은 삼고초려 ᄒᆞ건이"는 작자의 목소리로 자신의 심회를 나타낸 말인 동시에, 제갈공명이라는 인물의 심리를 드러낸 말이라고 볼 수도 있다. 제갈공명은 훗날 지은 <出師表>에서 유비의 삼고초려에 감동 받아 세상에 나왔노라고 회고하였다. 남이 알아주지 않던 처지에 있던 신하로서 어진 임금이 극진한 정성으로 찾아준 이 사건은 자신의 존재를 새롭게 규정하고도 남는 의미를 지녔던 바, 그 때까지의 제갈공명의 삶의 철학과 방향을 완전히 돌려놓았던 것이다. 다메섹에서 예수를 만난 사울의 심정이랄까, 어쨌든 이 때의 제갈공명의 내면은 서정시적 순간성으로만 표현할 수 있는 심리였다고 하겠다. 작자가 이 사건을 감동적으로 재현할 수 있었던 것은 이와 같은 인물의 심리와의 동일시를 통해서였다. 즉 이 작품의 독백성은 작자의 주관적 체험에서 나온 내면 독백과는 다르게 인물의 심리를 매개로 한 것이다.

선행담화를 재현한 후행담화의 담화양식이 순수한 독백체일 수 없다는 것은 사설시조에 나타난 다성 구조에 주목한 신은경의 논문에서도 지적된 바다. 그는 "선행담화를 재현한 후행담화들은 다른 담화와 관련을 맺으면서 他者의 입장을 수용하고, 그와의 대화적인 자세를 견지하고 있다는 점에서 독백적인 담화 양식과는 다른 텍스트성을 보여주고 있다"[30]고 하였다. 그러나 위의 이정보의 시조가 순수한 서정시적 독백과는 다른 담화 방식을 지니고 있긴 하나, 그의 시조에 他者의 목소리와 他者의 입장에 대한 대화적 자세가 개입하고 있다고 보기도 어렵다. 그에 반해 다음 작품은 독백체의 담화 방식 안에 타자의 입장과 대화적 자세가 개입한 예로 볼 수 있는 작품이다.

> 大漢이 傾頹홀 제 반가올손 劉皇叔이
> 風雪을 무릅쓰고 草廬의 三顧ᄒᆞ니 平生에 픔은 經綸 ᄒᆞᆫ ᄢᅢ가 밧브거든
> 엇디타 긴긴 봄날에 ᄶᆡ그른 좀만 자ᄂᆞᆫ고

『蓬萊樂府』

30) 신은경, 앞의 책, 128면 이하.

이 시조는 이정보보다 시기적으로 조금 늦은 시대에 태어나 활동했던 사대부 작가 申獻朝(1752～1807)가 삼고초려를 소재로 하여 지은 것이다. 신헌조는 平山 申氏 후손에게 家傳되어 오는, 평시조 11수와 사설시조 14수가 수록된 『蓬萊樂府』의 저자로 알려져 있다.[31] 그가 이정보와 마찬가지로 "閣氏네 더위들 사시오…."와 같은 肉談으로 엮은 사설시조의 작가로 주목되는 인물이기도 하다는 점은 우연의 일치만은 아닐 것이다.

이 작품에서 삼고초려의 시간적 배경을 "大漢이 傾頹홀 제"라고 제시한 것부터가 이 사건이 지니는 역사적 의미에 대한 작자의 시각을 드러낸다. "반가올손 劉皇叔이"는 유비를 3인칭으로 지칭했으므로 인물의 말일 수 없는 서술자의 말이지만 그 시점과 심리는 인물의 것이다. 무너져 가는 漢室을 일으키려는 뜻은 품었으나 펼 방도를 찾지 못해 울울해 하던 유비가 水鏡 선생 司馬徽에게서 제갈공명에 대해 듣고 느낀 희망과 기대감을 가리키기 때문이다. "風雪을 무릅쁘고 草廬의 三顧ᄒᆞ니"는 선행담화의 서술자의 말인데, 초장에서 드러난 후행담화 서술자의 태도를 통해 미루어 보건대 삼국통일의 어렵고 험난한 대업을 이루기 위한 첫걸음으로서의 고난의 의미, 그것을 무릅쓰는 유비의 절박한 심정 등을 암시한다고 할 수 있다. 즉 이 구절은 선행담화 서술자의 이면에서 후행담화의 서술자의 논평, 인물의 심리가 함께 울리고 있는 것이다. "平生에 픔은 經綸 ᄒᆞᆫ쌔가 밧브거든"은 후행담화의 서술자가 인물의 심리를 대변하는 형식을 빌어 실제로는 자신의 의도를 표현한 말이다. 만약 이 구절에서 서술자가 인물의 심리를 객관적으로 전달하려고 했다면 다음 구절에서는 인물의 말이 나오는 것이 자연스러울 것이다. 그런데 종장의 "엇디타 긴긴 봄날에 쌔그른 줌만 자ᄂᆞᆫ고"는 <삼국지연의>를 참고해 보면 인물의 말일 수도 선행담화의 서술자의 말일 수도 없다. 소설에서는 공명의 여유

31) 신헌조의 字는 汝可, 號는 竹醉堂이며 平山 申氏 申崇謙의 28世孫이자 象村 申欽의 8대손으로 정조 13년에 과거에 급제하여 강원관찰사와 大司諫 등을 역임하였다. 그의 생애와 작품에 대한 보다 자세한 사항은 박을수, 「申獻朝論」, 한국시조학회편, 『속 고시조작가론』, 白山출판사, 1990을 참조.

로움을 깊은 뜻을 숨긴 이의 신중한 자세, 또는 대사를 도모하는 이가 갖추어야 할 平靜心으로 보고 있다. 이를 "째그른 좀"이라고 한 것은 漢室을 일으키려는 절박한 뜻을 무시하고 일을 지체시킨 공명에 대한 후행담화의 서술자(작자)의 비판이다.

이처럼 이 작품은 작자가 인물의 시점에서 인물의 심리를 대변하기도 하지만 한편으로는 작자 자신의 판단과 논평을 드러내려는 의도에 충실하면서 전체적인 어조를 작자의 어조로 통일시키고 있다. 그러나 제갈공명에 대한 선행담화와 기존 관념에서의 무조건적인 찬양을 비판하고 있다는 점에서 작자 자신의 내면을 표현한 순수한 독백체와는 달리 他者의 입장과의 대화적 관계가 성립된다고 볼 수 있다.

이상에서 본 이정보와 신헌조의 시조는 '他者와의 대화'가 개입하느냐 아니냐 하는 차이는 있지만, 소설 수용의 초점이 선행담화의 모방보다는 후행담화와 목표물(선행담화의 수용으로 인해 생기는 효과)에 맞춰져 있다는 점에서는 공통적이다. 이처럼 후행담화를 중심으로 소설을 수용하는 경우에는 선행담화의 서술자 혹은 인물의 심리나 언어가 후행담화의 서술자(이 경우에는 작자 자신이 된다)의 말 속에 용해되어 어조의 단일성을 보이며, 작자는 인물의 체험을 자신의 체험으로 동일시한다. 그래서 이들 작품들의 담화 방식은 겉으로 보기에는 작자의 목소리와 체험을 독백적으로 들려주는 서정시적 담화 방식인 순수 독백체와 유사하다. 그러나 작자의 체험과 정조는 선행담화의 인물과의 동일시에서 나온 것이므로, 이 때의 독백은 반드시 선행담화의 매개를 통해서 성립된다는 점에서 순수한 서정시적 담화 방식과는 다르다. 신헌조의 시조에서와 같이 작자의 언어가 선행담화의 입장과 언어와 대화적 관계를 이루고 있는 경우에는 더더욱 "순수 독백체"와 구별지을 필요가 생긴다. 그러면 이와 같은 담화 방식을 무엇이라 지칭하면 좋을 것인가?

먼저 "대화적 독백체"라는 용어를 고려해 볼 수 있다. 이 용어는 가사의 담론을 분석한 선행연구[32]에서 "화자의 성격이 단일하지 않고 다성성을 지니면서 전체 담론의 성격은 독백체를 지향하는 담론"을 가리킬 때 사용하였다. 이

유형의 가사에서 보이는 담론 조직 방법은 "표면적으로 독백체를 지향하지만 특정한 실제 독자를 의식한 전언성이 강하게 드러나며, 그러한 전언의 주체인 화자는 단일한 성격보다는 이중적 의식을 지니는 다성적 화자임을 확인할 수 있다."고 한다. 즉 이 때의 대화적이란 단일 화자의 "의식의 다성성"을 가리키는 'heteroglossia'에 가까운 개념임을 알 수 있다. 그런데 위에서 살핀 담화 방식이 순수 독백체와 다른 점은 화자가 이중적 의식을 지니고 있어서가 아니라 작자의 의식이나 체험, 정조가 선행담화의 작중 인물과 관련이 되기 때문에 생겨난 것이다. 물론 "대화적 독백체"의 경우도 작중 인물의 언어가 인용될 수 있는데 "그 인물의 언어 의식이 전체 화자의 그것과는 이질적인 성격을 지닐 때 담론은 다성화의 가능성을 지닌다."고 한다. 그러나 이 유형의 소설 수용 시조에 나타난 인물의 언어와 의식은 작자와 동일시된 것이다.

이처럼 선행텍스트를 내면화한다는 점에서는 오히려 "자기 완결적 독백체"로 된 가사와 일맥상통한다. 즉 "선행텍스트를 담론 주체가 내면화하는 경우 인용하는 언어와 인용되는 언어의 사이에 단일성을 유지하여서 두 언어를 포괄하는 전체 담론의 특성도 또한 다성성보다는 단일 논리성이 우월하게 나타난다"는 지적이 이 유형의 소설 수용 시조에 더 적절하게 된다. 이처럼 소설 수용 시조의 담론 특성이 가사의 여러 가지 담론 유형과 착종되는 이유는 분석 기준의 차이[33]에서 기인한 것일 수도 있겠지만, 소설 수용 시조가 본질적으로 상이한 담화 방식의 접합으로 되어 있다는 점이 자신의 담화 방식을 독특하게 만드는 원인이었으리라 본다. 여하튼 가사 담론을 지칭하는 용어인 "대화적 독백체"나 "자기 완결적 독백체"라는 용어를 사용하면 어느 쪽이든

32) 조세형, 앞의 논문(1998).

33) 조세형은 위의 논문에서 가사의 담론 유형을 '단일한 화자/다성적 화자', '내재적 청자/현상적 청자', '내적인 대상/외적인 대상'의 기준에 의해서 (1)단일한 화자의 자기 완결적 독백 (2)단일한 화자의 전언적 독백 (3)단일한 화자의 전언 (4)다성적 화자의 대화적 독백 (5)다성적 화자의 대화로 나누고 있다. 반면 본고는 '단일한 화자/다성적 화자', '선행담화와 후행담화의 관련 양상'만을 기준으로 삼고 있다. 이를 통해 추출된 2가지 담화유형이 조세형의 논문에서 추출한 가사의 5가지 담론 유형과 '화자와 작중인물의 관계', '텍스트의 상호연관성'에서 착종되는 현상을 보이는 것이다.

한 가지 측면은 부합하나 다른 한 가지 측면은 어긋나고 만다.

한편 "극적 독백체(dramatic monologue)"라는 용어를 생각해 볼 수 있다. 여기서 말하는 "극적 독백체"란 서정시와 희곡·소설 사이의 연속체 위에 어정쩡한 위치를 차지하고 있는 문학적 담화양식을 가리키는 말로서, 독백 텍스트 속에 대화적 기법이 이입된 것을 가리키는 말이다.[34] 이는 독백 텍스트 속에 다른 사람의 언어와 감정, 의식이라는 소설성이 이입된 것을 가리키는 말이므로, 한 화자의 이중적 의식을 가리키는 "대화적 독백체"보다 더 적합한 용어로 보인다. 그런데 이 용어는 두 인물 사이의 이질적인 관념과 대화를 상기시킨다는 점과, 혹은 배역시를 가리키는 것으로 이해되는 문제가 있어서 이 유형의 담화 방식을 가리키는 말로 쓰기는 곤란하다. 그렇지만 서정시와 희곡·소설 사이의 연속체 위에 점하고 있는 "극적 독백체"의 장르적 지위는 소설 수용 시조의 장르적 좌표를 설정하는 데 크게 시사점을 준다. 이에 대해서는 소설 수용 시조의 장르 유형을 살피는 자리에서 재론할 것이다.

기존 용어들이 우리가 다루는 대상의 특징과 어긋나기 때문에 부득이 새 용어를 제시할 수밖에 없겠는데, 작자의 의식이나 체험, 정조가 선행담화의 작중 인물의 체험과 심리를 매개로 한다는 점을 강조하여 "매개적 독백체"라고 일컫고자 한다. 이 용어는 표면상 독백체로 보이는 소설 수용 시조의 담화방식이 "모든 말이 시인의 의도를 직접적으로 매개 없이 표현"[35]하고 있는 "순수 서정시적" 담화 방식과 어떻게 다른지를 분명히 지적한다는 미덕이 있다. 서정시적 담화 방식은 "어떤 것에 대한 답변이나 응답이 아닌",[36] 작자의 직접적인 체험과 내면의 독백인 데 반해서, 소설 수용 시조에서 작자의 독백

---

34) "dramatic monologue"라는 개념은 Timothy R. Austin, "Merely Corroborative Detail? Analyzing Texts from Multiple Stylistic Perspectives", *Poetic Voice: Discourse Linguistics and the Poetic Text*, Tuscaloosa; Alabama: The University of Alabama Press, 1994에서 참고한 것이다. 저자는 바흐친이 서정시를 독백체로만 규정하는 것에 대하여 비판하면서 서정적 충동을 소설화한 시의 예를 들고 "dramatic monologue"라는 장르 개념을 제시하였다.

35) M. Bakhtin, 앞의 책, 297면.

36) 디이터 람핑, 앞의 책, 105면.

은 언제나 선행 담화에 대한 답변이나 응답이라는 점은 시조의 장르적 지위를 흔드는 계기가 된다.

2) 다성적 서사체

이제 사대부가 아닌 계층에서 창작된 소설 수용 시조의 담화 방식을 분석하기로 한다.

> 臥龍岡前 草廬之中에 諸葛孔明 낫잠 들어
> 大夢을 誰先覺오 平生에 我自知라 草堂에 春睡足ᄒᆞ니 窓外에 日遲遲로다
> 門밧긔 性急ᄒᆞᆫ 張翼德은 失禮ᄒᆞᆯ 쌘 ᄒᆞ괘라
>
> 『해동가요(주씨본)』

이 시조는 『해동가요』의 편찬자로 유명한 김수장(1690~?)의 작품이다. 이정보와는 거의 동시대의 인물로서 소설 수용 시조와 함께 肉談에 가까운 사설시조를 여러 편 남기고 있다[37]는 점에서 여러 모로 이정보와 비교되는 인물이다. 앞 절의 분석을 상기해 보면 이정보의 작품은 선행담화의 모방보다는 작자의 언어로 통일된 후행담화에 중점이 있었다. 그에 반해 이 작품은 후행담화보다 선행담화에 중심을 두고, 선행담화를 이야기의 서술적 충동에 따라 충실히 모방하고 있다. 초장 "臥龍岡前 草廬之中에 諸葛孔明 낫잠 들어"는 선행담화 서술자의 말일 수도 있고, 후행담화 서술자인 작자의 말일 수도 있다.[38] 중장 "大夢을 誰先覺오 平生에 我自知라 草堂에 春睡足ᄒᆞ니 窓外에 日

---

37) 박노준은 김수장의 소설 수용 시조를 그의 사설시조와 관련 하에 설명하면서 김수장이 서사문학적 성향의 작품들을 창작하는 경향이 있음을 지적한 바 있다(「김수장의 辭說時調와 遊樂 취향의 삶」, 박노준, 앞의 책). 이에 대해서는 4장에서 자세히 다루기로 한다.

38) 대체로 이 작품들에는 작품 내의 화자가 실제 작자의 목소리와 일치한다고 여겨지므로 후행담화의 서술자의 목소리와 작자의 목소리의 특별한 구분이 필요치 않으나 어떤 작품에서는 양자가 구별되는 경우가 있다.

遲遲로다"는 <삼국지연의> 제37回에 나오는 제갈공명의 시를 그대로 옮긴 것이다. 초장에서 서술자에 의해 '제갈공명'이라고 3인칭으로 지칭된 인물이 중장에서는 화자가 되어 "平生에 我自知라"라고 자기 목소리를 드러냈다. 초장과 중장의 목소리 바꾸기를 통해 작자는, 바야흐로 대업을 도모하고자 하는 유비 무리의 다급함에 비하여 공명의 여유작작한 모습을 대비적으로 묘사하고 있다. 종장에서는 "門밧긔 性急ᄒᆞᆫ 張翼德은 失禮ᄒᆞᆯ 쌘 ᄒᆞ괘라"는 논평적 어조를 통해, 작자의 목소리를 전면에 드러냈다. 세 번째나 찾아갔는데도 오랫동안 낮잠을 자고 있는 공명의 태도에 분개한 장비가 불을 지르겠다고 한 사건을 작자의 목소리로 전달하면서 공명의 진중한 태도를 높이고, 이와 대비되는 장비의 경솔함을 질책했는데, 여기에서 작자의 선행담화에 대한 시각을 엿볼 수 있다. 그러나 이것이 과연 이 작품 전체를 통해 작자가 말하고자 하는 바인가는 분명치 않다. 그것은 작자가 선행담화를 자신의 통일된 세계관에 따라 완전히 자기 언어화하지 않고, 서술자와 인물의 언어가 교체되는 선행담화의 텍스트성을 모방하고 있기 때문이다. 그 결과 이 작품에는 하나의 지배적인 목소리가 없이 작자의 목소리와 선행담화의 서술자, 인물의 목소리가 다성적으로 울려나게 되었다. 그런데 이런 양상은 후대의 대중 시조집에 수록된 무명씨의 시조에서 더욱 뚜렷이 드러나고 있다.

각셜 현덕이 관공 장비 거나리시고

졔갈냥 보랴고 와룡강 건너 와룡산 너머 남양 싸를 다다라셔 시문을 두다리니 동ᄌᆞ 나와 엇ᄉᆞᆸᄂᆞᆫ 말이 션싱님이 뒤초당에 잠드러게오

동자야 네 션싱 ᄭᆡ시거든 뉴관장 삼인이 왓쓰라고 엿주어라

『남훈태평가』

이 작품은 19세기 후반의 歌集『남훈태평가』에 실린 작품으로, 같은 계열의 대중시조집인『시조집(평주본)』에도 유사한 작품이 보인다.[39] 그 담화 방식을 보면 앞서 본 김수장의 작품보다 더 선행담화를 충실히 모방하고 있으

며, 선행담화의 서술자, 후행담화의 서술자,40) 인물 a, 인물 b의 목소리가 작품 안에 공존한다. “각셜 현덕이 관공장비 거나리시고”는 후행담화의 서술자가 선행담화의 서술자의 목소리를 모방한 것이다. 후행담화의 서술자가 새로 창작하는 시조의 맥락보다 수용하는 소설의 맥락을 중시하기 때문에 “각셜”이라는 소설 장면 전환을 가리키는 용어를 그대로 가져다 썼다. “졔갈냥 보랴고”는 선행담화에서는 사건의 진행 속에서 충분히 짐작할 수 있었던 인물의 심리라서 서술자의 목소리로 발화될 필요가 없었던 말이다. 후행담화에서는 선행담화의 사건을 요약하는 과정에서 생략된 부분이 생기게 되고, 이를 의식한 후행담화의 서술자가 인물의 시점에서 발언한 것이다. “와룡강 건너 와룡산 너머 남양 짜를 다다라셔 시문을 두다리니”는 선행담화를 요약적으로 서술하는 후행담화의 서술자의 말이다. “동직 나와 엇쥼는 말이”는 바로 이어서 인물의 말을 직접화법으로 드러내기 위한 서술자의 전언인데, 이 때 서술자는 선행담화의 서술자라고 볼 수도 있고 후행담화의 서술자라고 볼 수도 있다. “션싱님이 뒤초당에 잠드러게오”와 “동자야 네 션싱 씨시거든 뉴관장 삼인이 왓쓰라고 엿주어라”는 서술자의 개입 없이 인물 a(동자)와 b(유비)의 대화로 이루어져 있다. 선행담화를 그대로 모방한다면 인물 b(유비)가 a(동자)에게 묻는 부분부터 대화가 시작되어야겠지만, 후행담화의 서술자가 한 번의 대화구조만 취한 것을 보면 선행담화를 선택적으로 모방하고 있다고 하겠다. 김수장의 시조에서는 서술자와 인물의 말이 단순히 교체될 뿐이었는데, 이 작품에서는 서술자의 요약적 서술, 서술자가 인물의 심리를 대변한 말, 서술자의 전언하는 말, 인물들의 직접적인 대화 등, 다성적인 목소리가 동시에 공

---

39) 작품을 보이면 다음과 같다. “한종실 유황숙이 관공 장비 거나리고/와룡선생 뵈이랴고 천리 청녀마로 기축기축 와룡강 넘어 시문에 당도허니 동자 나와 공손이 엿자오대 선생이 후원 초당의 학실침 도도 비고 취침하여 기시나이다/동자야 선생이 긔침커시든 유관장 삼인이 박긔 왓다 엿주어라”

40) 이 때의 후행담화의 서술자는 실제 작자와 구별되는 목소리를 지니고 있다고 판단된다. 작자가 자신의 내면과 현실을 표현하려는 의도에서 나온 언어들이 작자의 목소리라면, 이 작품과 같이 소설의 텍스트성을 따라 낸 목소리는 작품 밖의 작자와는 구별되는 작품 속의 서술자라고 해야 할 것이다.

존하며 가히 판소리 서사체를 방불케 한다.

이상에서 본 김수장과 무명씨의 소설 수용 시조는 선행담화를 매개로 하여 작자의 문제의식과 의도를 표현하려는 의도보다는 이야기를 서술하는 쪽에 더 관심을 두고 선행담화를 모방하고 있다. 그러면 선행담화를 모방함으로써 다성적인 언어들이 공존하는 담화 방식을 이루게 되는 이 유형의 담화 방식은 무엇이라 지칭할 수 있을까?

이들 시조들은 서사적 충동을 강하게 드러내며 소설의 텍스트성을 지니고 언어의 다성성을 보이고 있다는 점에서 우선 소설적 담화 방식인 "대화체"라는 용어를 생각해 볼 수 있다. 문제는 "대화체"가 다양한 사회적 언어들의 대화적 공존을 가리키는 개념으로 쓰이는 데 비해서 이 유형의 작품들이 의식의 다성성을 보여주는 경우도 있지만 주로 작자의 통일된 의식을 언어 형식을 다양하게 함으로써 드러내는 경우에 가깝다는 점이다. 즉 어조와 문체의 혼효로 볼 때 독백체일 수는 없지만 의식에 있어서는 독백체와 그리 다르지 않는 유형이라고 하겠다.

그런데 이 유형 가운데 특히 무명씨의 시조에서 우리는 서술자의 주제적 제시, 작중 인물간의 극적 재현(유비와 동자의 대화), 서술자가 인물의 심리를 대변하는 말 등 다양한 담화 방식을 발견할 수 있었는데, 이런 다양한 담화 방식을 판소리에서 모두 찾아볼 수 있다는 점이 흥미롭다. 김병국은 판소리에 ①작자(서술자)의 주제적 제시와, ②작중 인물간의 극적 재현과, ③작자(서술자) 및 인물의 이중시점적 서술과, ④ 내적 독백이라고나 할 사적 시점의 서술이 상호 침투 내지 동시 공존하고 있음을 지적하면서 이러한 담화 방식을 "판소리 서사체"라고 명명하였다.41) 이를 참고하여 "대화체"가 지니는 이데올로기적 함의를 유보하면서 소설 수용 시조에서 발견되는 다양한 담화 방식을 가리키는 말로 "다성적 서사체"라는 용어를 사용하고자 한다. "매개적 독백체"와 의미론적 짝을 이루는 용어가 아니라는 점이 아쉽지만, 다양한 목

---

41) 김병국, 「판소리의 文學的 陳述方式」, 『한국 고전 문학의 비평적 이해』, 서울대 출판부, 1995.

소리와 시점과 담화 방식의 공존이라는 두 번째 유형 시조들의 특징을 지칭하는 데 적합하다고 본다. 실제로 이 유형의 작품들 가운데는 "판소리 서사체"와 거의 구분이 안 되는 담화 방식으로 이루어진 작품들도 발견된다는 사실은 이 용어가 작품의 실상에 부합함을 말해 주는 것이다.

지금까지 소설 수용 시조가 "매개적 독백체"의 담화 방식과 "다성적 서사체"의 담화 방식을 지닌 유형으로 나뉜다고 주장하였다. "매개적 독백체"는 사대부 시조의 담화 방식의 특징을 개념화한 것으로서 선행담화를 매개로 하여, 선행담화와 대화적 관계가 설정된다는 점을 제외하면 서정시적 독백체와 거의 구별이 안 되는 담화 방식이라고 하였다. 한편 김수장 시조와 19세기 대중시조집에 수록된 무명씨 시조의 담화 방식의 특징을 "다성적 서사체"로 개념화했는데, 이는 앞의 "매개적 독백체" 유형에 비하여 소설의 텍스트성에 근접하는 특징이 있었다.

이러한 고찰은 드러내야 할 이념과 주체의식이 상대적으로 확고한 사대부 작자는 서정시적 담화 방식에 가까운 작품을, 주체의식이 부재하고 서술충동이 강한 무명씨 작자는 소설적 담화 방식에 가까운 소설 수용 작품을 창작할 것으로 본, 바흐친의 이론으로부터 유추한 가설에 부합하였다. 그러나 이로써 담화 방식과 계층 의식을 바흐친의 이론대로 확정하기는 아직 위험하다. 이 결과는 상반적인 담화 방식을 연역적으로 추출한 것으로서, 작품의 귀납적 실제와는 맞지 않을 수도 있다. 설사 작품의 귀납적 실제와 일치한다 해도, 이정보의 시조와 신헌조의 시조 사이, 김수장의 시조와 무명씨 시조 사이에 나타난 언어적·의식적 다성성의 질적 차이를 간과할 수도 없다. 이는 소설 수용 시조의 담당층 의식이 바흐친의 이분법을 그대로 적용할 수 없는 다양한 층위들로 이루어져 있다는 것을 의미한다.

또한 시조에서 소설적 담화 방식이 사용된 것이 비단 소설 수용 시조에만 한한 현상이 아니고, 대화체 시조나 사설시조와도 관련이 되기 때문에 이런 요소들에 대한 고려 없이 소설 수용 시조에서 나타난 담화 방식을 어떤 계층의 의식에 비끌어 맬 수도 없다. 이 문제는 소설 수용 시조의 시대별·계층별 분포와, 사설시조·대화체 시조 등과의 비교를 통해서 면밀하게 논의되어야 할 문제이다. 이 논의는 자칫 매우 번다하고 어려운 작업일 수 있겠는데, 번다함을 덜기 위해서 장르 유형을 통해 접근하고자 한다.

문학이 현실과 항상 일대일의 관계를 맺는 단순한 알레고리가 아닌 이상, 담화 방식을 바로 담당층의 의식에 대입시키는 것이 의미 있는 일인가 하는 의심이 든다. 이런 혐의를 벗어나기 위한 방법으로 본고에서는 서론에서 언급한, 장르를 사회적 행위로서 해석하는 관점을 따라 문학의 언어적 특징과 담당층의 의식을 연결하는 고리로서 장르의 역할을 강조하려 한다. 다음에서 소설 수용 시조의 장르 유형을 살피는 이유는 소설 수용 시조에 나타난 장르 변동의 양상을 정리하는 데 용이할 뿐만 아니라, 담화 방식과 계층 의식을 관련하여 논하는 방법론적 틀을 마련하기 위한 것이기도 하다.

3. 소설 수용 시조의 장르 유형

이 장에 앞서 생각해 볼 문제는 시와 소설이라는 특정 장르종의 담화 방식과, 이들이 속한 장르류인 서정·서사 장르의 문학적 담화 양식이 어떻게 관련되는가 하는 점이다. 헤르나디는 문학 작품의 언어적 진술 방식의 기능적 기본 유형으로서 '주제적 양식', '희곡적 양식', '서사적 양식', '서정적 양식'을 상정하면서 이 네 가지 양식은 "문학 작품의 진술 방식의 거시적 구조이기도 하지만, 이것들은 또한 각 유형들 안에서의, 또는 개별 작품들 속에서의 진술 방식의 미시적 구조이기도 하다"[42]고 지적한 바 있다. 역으로 말하면 우리가 앞 장에서 개별 작품의 진술 방식으로 든 담화 방식이 곧 거시적 구조로서의 장르 양식이 될 수 있다는 것이다.

---

42) 김병국, 「판소리의 文學的 陳述方式」, 앞의 책, 171면에서 재인용.

바흐친에 의해서 시적 담화 방식으로 지적된 "독백체"는 서정적 양식의 본질적인 진술 방식으로 여겨지는 "내적 독백(interior monologue)"과 거의 동일한 개념으로 보인다. 물론 헤르나디가 강조한바 있듯이 서정 양식 안에서도 '객관적 진술(주제적 양식)', '대화의 직접 인용(극적 양식)', '대리적 서술(서사적 양식)', '내적 독백(서정적 양식)'이라는 네 가지 양식의 진술 방식이 모두 나타날 수 있다.[43] 그럼에도 불구하고 서정 장르는 작자가 환기하는 내면을 중심으로 언어가 동심원적 긴장을 이루기 때문에 다양한 담화 방식이 동시에 드러나기는 본래부터 어렵다.[44] 또한 다른 양식의 담화 방식이 되도록 섞이지 않는 순수한 서정 장르의 본질적 진술 방식을 택할 때, 시적 담화 방식의 특징이 극대화된다. 따라서 장르종으로서의 시의 담화 방식을 곧 장르류로서의 서정 장르의 담화 방식이라고 이해해도 좋을 것이다.

이와는 달리 소설의 경우는 소설이 속한 장르류인 서사 장르의 본질적인 담화 방식에만 의존하기보다는 다양한 담화 방식을 택할 때, 보다 소설의 담화 방식인 "대화체"에 가깝게 되는 것 같다. 이 같은 사실은 헤르나디의 이론을 적용하여 우리 고전 문학의 대표적인 서사 양식인 일반 고대소설과 판소리계 소설의 진술 방식의 차이를 명쾌하게 보여 준, 김병국의 논의에서 잘 드러나 있다. 그에 의하면 고대소설은 작자의 서술과 인물의 대화를 단순히 교체해 나가는 데 반하여, 판소리 또는 판소리계 소설은 문학 작품에서 가능한 네 가지 진술 방식을 동시에 교체해감으로써 가히 다성곡적 목소리의 앙상블을 이루었다는 것이다.[45] 다시 말해 작자 및 작중 인물의 이중적 시점을 교체해 가는 "대리적 서술(substitutional narration)"이라는 서사 양식의 본질적 진술 방식만을 보여주는 고대소설보다는, 여러 장르의 진술 방식을 활용한 판소리계 소설이 소설의 대화성을 더 잘 보여준다고 할 수 있다.

위에서 살핀 것처럼 바흐친이 말하는 시의 담화 방식인 "독백체"는, 비록

---

43) 이에 대한 자세한 설명은 김병국, 같은 논문을 참조.
44) 조세형, 앞의 논문, 15면.
45) 김병국, 앞의 논문.

이데올로기적 함의를 지닌 개념이긴 하나, 그 자체로서 서정 장르의 고유한 담화 방식을 가리키는 개념이 될 수 있지만, 소설의 담화 방식인 "대화체"는 서사적 양식의 본질적인 담화 방식을 가리키는 개념이 될 수 없다. "대화체"는 서사적 양식이 여러 가지 진술 방식을 통해 지닐 수 있는 문체적 특징의 총체 및, 그 이상의 이데올로기적 함의를 지닌 개념인 것이다. 우리가 다루는 소설들의 담화 방식은 "대화체"보다는 "언어적 다성성"에서 주로 찾아 볼 수 있다고 하더라도 동일한 문제가 생긴다. "대화체"와 마찬가지로 "다성성"도 어느 한 장르의 특징적인 담화 방식이 아니기 때문이다.

이상의 예비적 논의를 통해 볼 때 "매개적 독백체"의 담화 방식을 지닌 소설 수용 시조들의 장르 유형은 서정 장르로 나타나리라 예상할 수 있는데, "다성적 서사체" 작품들의 장르 유형은 그 목소리의 다양성만큼이나 다기하게 나타날 가능성이 높다. "매개적 독백체"가 "다성적 서사체"보다는 서정 장르의 담화 방식에 가깝겠지만, 이 또한 "서정적 서정 장르(순수 서정 장르)"에서 떨어져 나와 "서정시와 희곡/소설 사이의 연속체 위에 어정쩡한 위치를 차지하고 있"다는 점은 부인할 수 없다. 이 점에서 소설 수용 시조 작품들의 장르적 지위는 모두 "서정시와 희곡/소설 사이의 연속체 위의 어딘가"에 자리하고 있다고 할 수 있을 것이다. 이제 담화 유형 별로 나타나는 소설 수용 시조의 장르적 지향을 분석하여 그 대략의 자리를 정해 주고자 한다.

1) 준다성적 서정 양식

매개적 독백체 유형의 담화 방식은 선행담화와 후행담화가 일정한 거리를 유지하면서 후행담화의 화자가 선행담화의 인물과 사건을 개념화(추상화)·객체화하여 논평을 가하거나, 화자 자신의 정서 속으로 융합시키려고 시도하는 담화의 유형이다. 재론컨대 이 때 후행담화의 화자, 곧 작자는 뚜렷한 의도를 지니고 선행담화를 수용하므로, 선행담화·후행담화·목표물이라는 3중 구조 중 특히 후행담화나 목표물에 중점이 주어지며, 목표물은 문면에 드러나지 않더라도 후행담화는 뚜렷이 부각된다.

> 天下 大丈夫난 眞實노 壽亭侯ㅣ라
> 明燭達夜ᄒᆞ고 獨行千里로다
> 아마도 精忠大節은 이ᄲᅮᆫ인가 ᄒᆞ노라
>
> 『병와가곡집』

위 시조는 초장부터 종장까지 후행담화 서술자의 목소리로 일관되어 있다. 초장과 종장은 서술자의 논평이고, 중장은 소설의 이야기를 극도로 추상화·간접화한 것이다. 유비의 세력이 아직 미약했을 때 소패에서 조조군에게 패한 유비는 필마단기로 원소를 찾아가 의탁하고 있었다. 한편 관우도 하비성을 조조에게 함락 당하게 되자, 유비의 행적을 아는 즉시 유비에게로 돌아간다는 조건을 포함한 세 가지 다짐을 받고 임시로 조조의 군중에 거처하였다. 유비가 원소의 군중에 있는 것을 알게 된 관우는 5관문을 지나면서 관문을 지키는 조조 수하 장수들의 목을 차례로 베고 단신으로 쉬지 않고 천리 길을 달려서 유비를 찾아간다. <삼국지연의>의 독자들은 이 대목을 읽고 관우의 용맹에 탄복하는 한편 유비를 향한 한결같고 강직한 충심에 깊이 감명을 받았다. 이 사건의 핵심을 드러내는 "明燭達夜"와 "獨行千里"라는 말은 그래서 관우를 소재로 한 시조에서 참으로 빈번히 등장한다. 그런데 이 작품의 작자는 이 이야기를 자세하게 전달하려는 '서술충동'[46]보다는 작자 자신의 정서적 감동을 드러내는 데 치중하고 있다. 즉 이 작품에서는 소설 속의 사건을

46) 구모룡은 「현대 시학과 서사의 문제」, 현대시학회 편, 『한국 서술시의 시학』, 태학사, 1998에서 시를 '간접서사'로 규정하면서 시와 소설에 나타난 서사의 차이를 다음과 같이 지적한다. "대부분의 시에 이야기는 숨겨져 있는 것이다. 시를 소설과 비교한다면 소설은 이야기를 확대한 것이고 시는 이야기를 간접화한 것이다. 그러므로 '서술(narration)'은 이야기를 확대하는 과정을 말한다. 서술시는 시적 서사에 이러한 서술의 작용이 표나게 가해진 것이라 할 수 있다"고 보았다. 이에 시사를 받아 본고에서는 이야기를 확대하려는 경향을 '서술충동'이 강한 것으로, 간접화하려는 것은 '서술충동'이 약화된 것으로 보았다.

매개로 하여 환기된 주체의 내면세계가 표현 대상이 된다.47)

南陽에 누은 龍이 運籌도 그지업다
博望에 燒屯ᄒᆞ고 赤壁에 行ᄒᆞᆫ 謀略 對適ᄒᆞ리 뉘 이시리
至今에 五丈原 忠魂을 못닛 슬허 ᄒᆞ노라

『병와가곡집』

이 작품은 더욱 주체의 내면세계를 환기하는 담화 방식을 지닌다. "南陽에 누은 龍"은 유비를 만나기 전의 제갈공명을 가리키고, "運籌도 그지업다"는 유비를 보필하여 수많은 신이한 계책을 낸 공명에 대한 작자의 논평이다. "博望에 燒屯ᄒᆞ고 赤壁에 行ᄒᆞᆫ 謀略"에는 많은 이야기가 간접화되어 있다. "博望에 燒屯"은 공명이 초려에서 나온 후 첫 번째로 공을 세운 싸움을 가리키는데, 박망산에서 하후돈이 이끄는 조조의 군사를 맞아 火攻을 써서 이긴 일을 말한다. "赤壁에 行ᄒᆞᆫ 謀略"은 조조의 군사를 크게 대파한 적벽 싸움을 가리키는 것으로 공명의 모략과 지략이 가장 빛난 일을 기린 것이다. 선행담화에 나오는 공명의 일생을 간략하게 요약하고, 이에 대해 "對適ᄒᆞ리 뉘 이시리"라는 후행담화 서술자의 논평을 붙이고 있다. 초장과 중장에서 계속 선행담화를 가져오면서 후행담화의 서술자의 언어로 단일화하고 있기 때문에 종장에서 "至今에 五丈原 忠魂을 못닛 슬허 ᄒᆞ노라"라는 작자의 내면세계의 유출이 자연스럽다.

선행담화에 대한 논평도 자신의 내면세계를 드러내는 방식의 하나이지만, 논평을 주로 가한 앞의 시조보다는 이 시조가 선행담화를 현재의 시점에서 자신의 체험인 양, 정서적으로 내면화하고 있다48)는 점에서 더욱 서정 양식

47) 고형진, 『한국 현대시의 서사지향성 연구』, 시와 시학사, 1991에 의하면 "서사 양식에서의 언어는 주로 행위와 사건을 객관적으로 표상하고 지시하며 설명하는 서술적인 언어가 사용된다. 이와 함께 인물이나 사물에 대한 묘사적 언어도 사용될 수 있는데, 이 경우에는 그 묘사적 표현이 주체의 내면세계를 환기하는 정서적 기능으로 작용되지 않고 외부 세계를 객관적으로 재현하는 표상적 기능으로 작용해야 한다."고 지적하였다.

에 가깝다. 위의 두 시조가 선행담화를 따로 지니고 있고, 작자의 체험이 아닌 이야기를 내포하고 있음에도 불구하고 일반적인 시조의 독백체와의 차이를 느끼지 못하는 것은 선행담화를 내면화하려는 작가의 수용 태도 때문이다. 다른 말로 하면 "매개적 독백체" 유형은 소설 면에서의 견인력이 크지 않아, 그 장르적 성격이 서정 장르의 중심으로부터 그다지 멀리 가지 않는 것이다. 그런데 이 유형도 어느 정도 "대화성"이라는 소설의 담화 방식으로부터 영향을 받는다는 점은 의심할 수 없다. 즉 논평하고 감회를 덧붙이는 행위 자체가 선행담화와의 대화를 의미한다. 다만 이 때 지적되는 대화성은 텍스트와 텍스트 외부 사이에서 발생하는 것이며, 텍스트 내에서 대화적 관계가 성립하는 것은 아니다.

시조 본래의 장르인 서정 양식을 지향하면서도 선행담화를 내면화하는 형식으로 주관성과 체험성을 넘어서고 있으며, 선행담화와의 대화적 관계가 늘 문제되는 점에서 이 유형의 장르적 성격을 "다성성이 틈입한 서정 양식"으로 볼 수 있다. 서술적 용어를 피하여 "준다성적 서정 양식"이라고 지칭하기로 한다. 디이터 람핑은 서정적 발화의 특징으로 무엇보다도 독백적인 것을 들면서 "그것은 어떤 것에 대한 답변으로서나 반응으로서 포괄적인 발화 연관에 포함되어 있지 않다. 이것이 서정적 발화를 본질적으로 드라마적인 독백과 구분하도록 해 준다."[49]고 주장하였다. 우리가 "매개적 독백체" 담화 방식으로 된 작품들의 장르적 성격을 "서정 양식" 안에서 파악하면서도, "준다성적"이라는 말을 더하여 "다성성이 틈입"하고 있다는 사실을 강조하는 이유는 이 작품들에서 작자의 의도가 아무리 인물과 동일시를 꾀하고 작품의 전체적인 문체가 통일되어 있다 하더라도 그것이 소설이라는 선행담화에 대한 답변이나 반응이라는 점에서, 서정 장르의 본래적 특징인 단일 언어성과는 구별

---

48) 슈타이거는 '과거의 일이 현재의 시점에서 시인의 심혼 속에 정서적으로 융합되는 것'을 서정 양식의 본질로 보고 이를 '回感'이라 일컫는다(에밀 슈타이거, 이유영 · 오현일 공역, 『시학의 근본개념』, 삼중당, 1978).
49) 디이터 람핑, 앞의 책, 105면.

되어야 한다고 보기 때문이다.

2) 다성적 서정 양식

시조는 기본적으로 '단일 화자의 자기 완결적 독백체'의 담화 방식을 유지하면서 여러 가지 장르적 도전 속에서도 어떤 장르보다도 완고하게 서정 양식을 유지하려는 경향을 보이는 것으로 알려져 있다.[50] 4장에서 자세히 보겠지만, 사실 복수의 화자에 의한 여러 다양한 언어들이 공존하는 다성적 서사체 유형의 담화 방식은 시조에서 흔히 발견되는 담화 방식이 아니다.[51] 그럼에도 불구하고 선행담화의 서술자와 작중인물, 후행담화의 서술자의 목소리가 동시에 드러나거나, 서술자와 인물의 말이 상호 침투하는 등, 시조에 전에 없던 문체적 특징이 나타나고 있어 주목된다. 그 가운데는 다음 작품의 경우처럼 판소리의 담화 방식을 방불케 하는 다성적 구조를 보이는 작품들도 눈에 띈다.

> ① 山川은 險峻ᄒᆞ고 樹木은 叢雜ᄒᆞᆫ듸 萬壑의 눈 싸이고 千峰의 바람 칠 제 ᄉᆡ가 어이 울야마는
>
> 赤壁火戰의 죽은 軍士 寃魂이 恨鳥되야 曹操만 寃望ᄒᆞ여 우니난듸 이게 모도 鬼聲이라 ② 塗炭中 싸인 軍士 故鄕 離別이 몃 ᄒᆡ런고

50) 사설시조의 시적 관심 추이가 초기(18세기)에는 작중인물・사태에 대한 희극적 객관화의 시선을 지니고 있었으나, 19세기로 갈수록 공감적 일체화의 시선으로 옮겨갔다는 사실이 그 한 예이다(김흥규, 「조선 후기 사설시조의 시적 관심 추이에 관한 계량적 분석」, 『한국학보』 73집, 1993 참조). 또, 19세기 歌集 중 『가곡원류』는 사설시조에 대한 관심이 소강 상태를 보이고, 시조의 서정성을 확보하려는 의식을 지닌 것으로 밝혀졌다. 이에 대해서는 이 책의 제3부 1장을 참조.

51) 『해동가요(주씨본, 일석본)』의 경우 소설 수용 시조 15수 중 3수, 『병와가곡집』의 경우는 23수 중 3수, 『청구영언(육당본)』은 18수 중 5수, 『가곡원류(국악원본)』은 13수 중 3수, 『남훈태평가』는 7수 중 3수 정도만이 다성적 서사체 유형을 나타내고 있는 것으로 간주된다.

③ 空山 落月 깁흔 밤 歸蜀道 不如歸의 우는 져 杜鵑 너 홀노 우지 말고 날과 함기

『時調演義』

위의 시조는 역시 19세기 후반의 대중시조집에 실린 시조로서 작자는 임중환으로 나와 있으나 자세한 인적 사항은 알 수 없다. <삼국지연의>의 적벽대전을 소재로 한 작품인데, 이야기를 간접화하는 양상과 사건에 대한 작자의 해석이 판소리 <적벽가>와 대동소이해서, 이 작품의 선행담화는 <삼국지연의> 쪽보다는 판소리 <적벽가> 쪽에 가깝지 않은가 한다. 그 구체적인 담화 방식을 보면 ①은 선행담화의 서술자의 목소리를 그대로 가져온 것이다. ②는 작중인물 a(새)의 말이고, ③은 작중인물 b의 말로서, ②와 ③은 두 인물 사이의 대화를 직접적으로 모방한 것이다. 이 작품을 관통하고 있는 情調는 적벽 싸움에서 패하여 위급한 처지에 빠진 조조 군사의 고통과 설움이다. 종장에 집약적으로 표출된 군사의 정조를 작자가 동일시하여 자기 내면세계를 환기하듯 드러내기 때문에 이 시조는 서정적인 장르의 테두리 안에서 읽히고 있다. 즉 이 작품은 담화 방식은 판소리 서사체에 가깝지만 그 장르적 지위는 서사 장르보다는 서정 장르에 가깝게 보인다.

그런데 앞서 살핀 "매개적 독백체" 담화 방식의 시조들과는 달리 선행담화와의 대화적 관계가 명시적이며, 다성성이 텍스트의 문체적 특징으로 드러나기 때문에 "준다성적"이 아닌 "다성적 서정 양식"이라고 할 수 있다. 장르적 지향은 서정 장르에 있고, 텍스트의 문체적 특징은 서사 장르에 크게 영향을 받는다는 점에서 "서사적 서정 양식"이라고도 할 수 있겠다. 이 유형에 해당하는 작품들은 "준다성적 서정 양식"의 작품들보다 "서정적 서정 양식"의 중심으로부터 멀어져 있고, 공간적으로 설명하자면 순수 서정 양식과 서사 양식의 중간 정도에 위치한다고 할 수 있는데, 그 장르적 성격은 중간 장르가 아니라 서정 장르의 하위 유형의 하나쯤으로 보는 것이 적확하다.

이상에서 '매개적 독백체'와 '다성적 서사체'의 담화 방식으로 이루어진 작품들 가운데 서정 양식으로 분류될 만한 장르 유형을 들었다. 이들 장르 유형은 "준다성적 서정 양식"과 "다성적 서정 양식"으로 나타났는데, 이는 '서정 양식 안에는 다성성이 허용되지 않으며 통일되고 단일한 언어만이 가능하다'고 보는 바흐친 이론의 문제점을 지적할 수 있는 중요한 현상이라고 아니할 수 없다. 한편, 드문 예이기는 하지만 서정 양식의 테두리 안에서 함께 논의할 수 없는 작품들이 있어, 이들 작품들의 장르 유형을 다음에서 살피고자 한다.

3) 서정적 서사 양식

> 李仙이 집을 叛ᄒᆞ여 노식 목에 금돈을 걸고
> 天台山 層岩絶壁을 넘어 방울식 ᄯᅮᆺ기치고 만鳳孔雀이 넘ᄂᆞᆫ 곳ᄃᆡ 樵夫를 맛나 痲姑할미 집이 어듸ᄆᆡ오
> 저 건너 彩雲이 어린 곳ᄃᆡ 數間茅屋 대사립 밧긔 靑삽ᄉᆞ리를 ᄎᆞᄌᆞ소셔

이 시조는 『해동가요』에 실린 김수장의 작품으로, 소설 <숙향전>을 시조화한 것이다. "李仙이 집을 叛ᄒᆞ여"부터 "樵夫를 맛나"까지는 선행담화와 후행담화의 서술자가 구별되지 않는 서술자의 언어이다. 그런데 "痲姑할미 집이 어듸ᄆᆡ오"는 선행담화의 작중인물 a(이선)의 말이며, "저 건너 彩雲이 어린 곳ᄃᆡ 數間茅屋 대사립 밧긔 靑삽ᄉᆞ리를 ᄎᆞᄌᆞ소셔"는 선행담화의 작중인물 b(초부)의 말이다. 여기서 서술자와 인물의 말 사이에 아무런 인용투어가 없다는 점이 주목된다. 서술자가 인물의 말을 인도하는 상투적 인용구나, 대화와 대화 사이에 개재하는 서술자의 인물 행동에 대한 설명도 없이 인물 a와 인물 b의 대화가 순수한 상태로 모방되는 것은 고대소설에도 나타나지 않는 판소리 서사체의 특징이다.[52] 물론 판소리 서사체가 훨씬 복잡한 "다성곡적 구

52) 김병국, 「판소리 서사체와 문어체 소설」, 앞의 책 참조.

조"를 보이며,[53] 이 작품에서는 작자의 서술과 인물의 극적 재현이라는 간략한 다성적 서사체의 담화 방식만이 나타나고 있을 뿐이다. 그러나 이 작품의 어디에서도 작자의 내면의식을 엿볼 수 없다는 점에서 장르적 성향이 서정 양식을 벗어난 것으로 판단된다.

한편, 담화 방식이 판소리 서사체에 가까우면서 장르적 지위도 서정 양식과는 멀어진 다음과 같은 유형의 시조들도 눈에 띈다.

> ① 장판교 상의 고리눈 부릅뜨고 장팔사모 창 들너메고 웃둑 섯는 ② 저 장사야 네 성명이 무엇이냐
>
> ③ 그 장사 대답허되 ④ 나의 성명은 한종실 유황숙의 셋재 아노 거긔장군 연인 장익덕을 네 아느냐 모르느냐
>
> ⑤ 아마도 한국 명장은 장익덕인가
>
> 『시조집(평주본)』

이 작품은 초·중장의 다성적 서사체에 종장의 독백체가 결합된 담화 방식을 지니고 있다. ①과 ③과 ⑤는 동일한 서술자의 단일한 목소리로 보이지만, ①과 ③은 선행담화의 서술자가 내포되어 있고, ⑤는 후행담화의 서술자만의 목소리란 점에서 구별된다. ①의 서술자의 목소리는 아무런 장치 없이 ②와 같이 작중 인물의 목소리로 변환되고 있다. 초장은 서술자의 목소리라고 볼 수도 있고 인물의 목소리라고 볼 수도 있다. 그러나 초장 전체를 어느 한편으로 단일화된 목소리라고 보기는 곤란하다. 만약 초장을 인물 a의 목소리라고 한다면, 인물 a가 인물 b에게 말하는 실제 상황에서 "장판교 상의 고리눈 부릅뜨고 장팔사모 창 들너메고 웃둑 섯는"이라고 장황하게 묘사할 리 없다. ①과 ②는 동일한 어조로 되어 있고 작중 인물에게 직접 말을 건넨다는 점에서 인물의 담화에 가깝지만, 그 시점은 서술자의 시점이라고 보아야 한다. 이는

53) 김병국, 「판소리의 문학적 진술방식」, 위의 책 참조.

인물의 말 속에 서술자의 시점이 침투한 결과인 것이다. ④ 또한 완전한 인물의 담화로 보기 어렵다. "나의 성명은"이라고 했으니 장비가 스스로를 지칭하는 인물의 말로 시작하는 것은 분명하나, 이 말과 "한종실 유황숙의 셋재 아노 거긔장군 연인 장익덕을 네 아느냐 모르느냐" 사이에는 부자연스러운 겹치기가 일어나고 있다. "나의 성명은 장익덕이다"라는 장비의 말과 "… 한 장익덕을 네 아느냐"라는 말이 "장익덕을"을 놓고 결쳐져 있는데, 이는 인물의 말 속에 장비를 명장이라고 보는 서술자의 견해를 침투시키기 위해 일어난 현상으로 보인다. ④를 그냥 인물의 말로 볼 때 ⑤에서 나오는 서술자의 논평은 부자연스러워진다. 그러나 ④에서 서술자의 시점이 이미 제시되고 있기 때문에 ⑤에서 "아마도 한국 명장은 장익덕인가" 하는 서술자의 목소리로 자연스럽게 전이될 수 있었던 것이다. 만약 ⑤를 작자의 감회를 표현한 것으로 본다면 이 작품의 담화 방식이 아무리 소설에 가깝더라도 우리는 이 작품을 서정 양식의 테두리 안에서 볼 것인가를 고민해야 할 것이다. 그러나 작품의 전체적인 강조점이 선행담화의 모방에 있고, 선행담화를 작자의 내면을 환기하기 위해 끌어 온 것은 아니라는 점에서 이 작품을 서정 양식으로 보기는 힘들 것이다.

이 작품은 서술자의 주제적 제시와 인물의 말의 재현이 교체되는 경계에서 서술자의 목소리와 인물의 목소리가 서로 넘나들면서 상호 침투하는 담화 방식을 보이고 있다. 그렇지만 인물의 심리까지 자유간접화법을 통해 자동적으로 기술되는 판소리적 서사체와는 여전히 거리가 있다. 그러나 다음과 같이 판소리계 소설을 수용할 때는 판소리적 서사체와 거의 구별이 되지 않는 담화 방식이 나타나기도 한다.

> ① 秋月은 滿庭하야 산호주렴 비치일 제
>
> 청천의 기러기 높이 떠 울고 가니 ② 심황후 반겨 듯고 ③ 기럭아 너 왓느냐 소중낭 북해상에 편지 전튼 기럭이냐 도화동 가거들랑 불상한 우리 부친 전에 편지 한 장 전해다고

④ 문을 열고 내다보니 기럭이 간 곳 업고 창낭한 우름 박게 별과 달만 발겻스니 ⑤ 내의 심사 둘 곳 업다.

『시조집(관서본)』

판소리계 소설을 수용한 시조 자체가 많지 않은데, 이 작품은 <심청전>을 소재로 하고 있는 특이한 작품이다. 심청이 황후가 되어 아버지를 그리는 장면을 시인이 인물의 정조에 동화되어 자신의 내면세계를 환기하듯 그리고 있다. 선행담화를 내면화하는 전형적인 예인 것이다. 그러나 그 담화 방식은 단일한 언어의 독백적 진술이 아니라 서술자가 인물의 언어를 대신하고 있는, 또 서술자와 인물의 말이 교체되는 서사체로 되어 있다. ①은 서술자가 사건의 배경을 묘사한 것으로, 후행담화의 화자가 선행담화의 서술자의 목소리를 가장하고 있다고 보인다. ②는 "반겨 듯고"라는 말에서 알 수 있듯이 서술자가 인물의 심리를 대신 서술해 주는 부분이다. ②에서 인물의 심리가 제시되었기 때문에 ③에서 바로 인물의 목소리가 나올 수 있는데, "우리 부친"이란 ③이 바로 심청의 시점에서 발언한 담화임을 입증해 준다. ④는 ③에 이어 인물의 시점을 유지하면서 그 목소리는 상황을 설명하는 서술자의 목소리로 되어 있다. 그런데 이 서술자의 목소리 속에 다시 ⑤의 "내의 심사 둘 곳 업다"는 인물의 목소리가 침투하고 있다.

이 작품은 특히 인물의 심리가 아무런 서술자의 개입이 없이 자동적으로 진술되는 "내적 독백"이라고 할 진술방식이 보이고, 서술자의 목소리가 인물의 시점으로 전이되고 인물의 독백이 이어지다가 다시 서술자의 목소리가 나오는 등의 진술 방식[54]이 판소리 서사체의 특징과 거의 일치하고 있다. 이는 무명씨 작자가 소설을 수용하여 시조를 창작하는 경우 소설의 텍스트성을 그대로 모방하는 경향이 있듯이 판소리계 소설을 수용하는 이 작품에서 판소리계 소설의 텍스트성을 모방한 데서 기인한 것은 아닐까 한다. 이러한 작품들

54) 김병국, 「판소리 서사체와 문어체 소설」, 앞의 책 참조.

은 소설 수용의 목적이 작자의 내면을 환기하는 것과는 거리가 있고, 다양한 담화 방식이 작자의 사적 비전을 강조하기 위해 쓰인 것이 아니라 소설의 텍스트성 자체에서 온 것이기 때문에 서정 양식이라고 볼 수 없다. 이들 시조들에서 시조다움과는 거리가 먼 느낌을 받는 것은 작자에 의해 통일된 어조와 내면세계가 없기 때문일 것이다.

이처럼 작품에 지배적인 목소리가 없이 소설이 지닌 다성성을 그대로 모방하고 있는 작품들의 장르적 지향은 서정보다는 서사 쪽에 가깝다고 보아야 할 것이다. 그 가운데 <심청전>을 수용한 시조 같은 것은 그것이 작자 자신의 것이든 인물의 것이든 누군가의 내면을 드러내려고 한다는 점에서 서정성을 느낄 수 있는 작품이다. 이는 서사 양식 가운데서도 "서정적 서사 양식"이라 할 만한 작품이다. 그러고 보면 <숙향전>을 수용한 김수장의 시조도 그 서사가 이야기의 확대보다는 간접화를 통하여 선행담화의 한 장면을 순간화하였다는 점에서 소설의 서사와는 다른 것이다. "문학적 글쓰기는 최소한의 단어에 최대의 충격을 채우는 것"을 목표로 하는데, 이런 목표를 달성할 수 있도록 "작가에게 유일한 기회를 주는" 장르는 서정시뿐이다.[55] 작가는 소설을 시조화함으로써 소설 장면에 대하여 서정시적 순간성으로 획득되는 특별한 정서적 반응을 이끌어 내고자 했던 것 같다. 가장 비서정적으로 보이는 『시조집(평주본)』에 실린 무명씨의 시조조차도 종장의 "아마도 한국 명장은 장익덕인가" 하는 누군가의 내면의 목소리를 들려주고 있다. 소설 수용 시조가 아무리 선행담화의 텍스트성을 모방하고자 하더라도 시조 형식 안에서는 서정 장르의 영향을 받지 않을 수 없었던 듯하다. 이 유형의 장르적 지향은 따라서 "서정적 서사 양식"으로 보는 것이 옳겠다. 공간적으로 설명하자면 서정시와 소설 사이의 연속체 위에서 서정시의 영향을 받으면서도 소설 쪽으로 다가선 지점에 위치한다고 할 수 있다. 한편 그 지향이 소설보다는 희곡에 가깝게 다가서는 장르 유형도 생각해 볼 수 있는데, 다음에서 살피기로 한다.

---

55) Timothy R. Austin, 앞의 논문.

4) 준희곡 양식

다성적 서사체 담화 방식을 지닌 소설 수용 시조들이 잡가와 관련된 경우, 서술자의 언어와 인물의 대화가 교체되고 있다는 점에서 보면 서사 양식이라고 할 수 있으나 서술자의 언어는 극소화시키고 인물의 언어를 극대화하여 '서정적 서사 양식'이라고 보기 곤란한 작품이 있다. 20세기 초엽의 歌集『樂府(고대본)』을 보면 잡가 <공명가>와 서두가 일치하고, 전체 작품의 분위기가 유사한 다음과 같은 작품이 실려 있다.

공명이 갈건 야복으로 남병산 상상봉에 올라

칠셩단 도두 뭇고 하ᄂᆞ님 젼의 비ᄂᆞ이다 동남풍 빌어낸지 삼일만에 졍거 황긔ᄂᆞᆫ 셔복으로 펄펄 날아셔 셔셩 뎡봉의 니마 눈썹을 근질너 내니 뎡봉이 필마단ᄀᆡ로 남병산 샹샹봉에 올나 셰셔 보니 다맛 밋ᄂᆞᆫ 거슨 동ᄌᆞ ᄲᅮᆫ이라 야야 동ᄌᆞ야 너희 션ᄉᆡᆼ이 계신가 보아라 그 동ᄌᆞ ᄃᆡ답ᄒᆞ되 우리 션ᄉᆡᆼ님은 앗가 단하로 ᄂᆡ려 갓ᄉᆞ오니 쇼동은 아지 못ᄒᆞᄂᆞ이다 뎡봉이 분긔를 ᄎᆞᆷ지 못ᄒᆞ여 필마 단장으로 남병산 ᄂᆡ려 강변을 당도ᄒᆞ니 다만 잇ᄂᆞᆫ 군ᄉᆞᄂᆞᆫ 슈군 장졸 ᄲᅮᆫ이로다 이야 슈군 장졸아 이ᄌᆡ 공명이 일노 ᄂᆡ려 왓스니 네가 간 곳을 ᄌᆞ셰히 ᄃᆡ지 아니 ᄒᆞ면 내 ᄒᆞᆫ 창에 잔명을 보젼치 못ᄒᆞᆯ 터이니 네 ᄲᆞᆯ니 ᄃᆡ여라 그 군ᄉᆞ ᄒᆞᄂᆞᆫ 말이 이ᄌᆡ 공명 션ᄉᆡᆼ이 발 싯고 삭발ᄒᆞ여 일엽 쇼션 타고 강샹으로 둥둥 떠나 갓ᄂᆞ이다 셔셩은 륙디로 ᄯᆞ로며 뎡봉은 ᄇᆡ를 타고 ᄯᆞ롤 즈음에 압헤 가ᄂᆞᆫ 져긔 져 ᄇᆡ야 그 ᄇᆡ에 공명이 ᄐᆞᆺ거든 거긔 잠간 닷 노와라 ᄌᆞ룡이 내다보니 좃ᄎᆞ오ᄂᆞᆫ 쟝슈ᄂᆞᆫ 뎡봉이라 ᄌᆞ룡이 텰궁에 왜젼을 먹여 좌궁을 쏘ᄌᆞᄒᆞ니 우궁으로 졋고 우궁을 쏘ᄌᆞ ᄒᆞ니 자궁으로 져즐가 즘 압흘 놀가 즘 뒤를 놀가 망셜이다가 짝지 손을 진듯 발아 노으니 비거 공즁에 번ᄀᆡ ᄀᆞᆺ치 가ᄂᆞᆫ 살이 뎡봉 탄 ᄇᆡ 돗ᄃᆡ즁동을 와ᄌᆞ직극 맛쳐 부러치니

ᄇᆡᆺ 머리 빙빙 돌아 갈 쩨 비ᄂᆞ이다 비ᄂᆞ이다 공명과 ᄌᆞ룡은 텬위 탄 장슈요 셔셩과 뎡봉은 다만 제 분긔 ᄲᅮᆫ이로다.

이 작품은 초・중・종장의 나뉨과, 종장에 나오는 서술자의 논평이 아니라면 거의 시조라고 볼 수 없을 정도로 극심한 문체의 혼효를 보이고 있다. 이 작품에서 자룡이 쏜 화살이 서성의 돛대 줄을 끊는 부분의 묘사는 판소리 <적벽가>를 연상케 하며, 나머지 부분은 잡가 <공명가>를 연상시킨다.[56] 다만 이 작품의 서술자가 "공명과 ᄌᆞ룡은 텬위 탄 장슈요 셔셩과 뎡봉은 다만 제 분긔 ᄲᅮᆫ이로다"라고 자신의 견해를 드러내면서 끝맺는데 반해, 잡가에서는 자신들이 탄 배의 돛대 줄을 쏘아 맞춘 장수가 상산 조자룡이란 말을 들은 뒤의 서성의 태도와 심리로 마무리하고 있는 것이 가장 큰 차이점이다. 즉 잡가에서는 "셔셩이 그말 듯고 할 일 업시 빈 ᄇᆡᆨ머리를 슬슬 돌니며 본국으로 도라가셔 자탄하ᄂᆞᆫ 말이 한종실 누황숙은 덕이 두터운지 져런 모사 명쟝을 두엇건만 우리 폐하ᄂᆞᆫ 다만 인자할 ᄲᅮᆫ이로다. ᄉᆡᆼ각을 하면 텬시를 거역지 못하겟스니 자탄 ᄲᅮᆫ이로다"[57]라고 하여, 초・중장과 마찬가지로 서술자의 말과 인물의 말을 교체하고 작자가 인물의 말을 모방적으로 재현하며 끝맺고 있는 것이다. 이처럼 잡가는 처음부터 끝까지 다성적 서사체를 유지하는 반면 시조에서는 초・중장의 다성적 서사체와 종장의 독백체 사이에 어조의 불통일성을 보이는데, 시조로서 최소한의 장르적 요건을 지키기 위한 노력이 오히려 어조의 불통일성을 가져와 시조가 지닌 단일 언어성에서 벗어난 결과를 낳은 것이다. 이 작품의 경우 서술자의 개입을 극소화하고 인물의 말을 그대로 모방하는 경향이 있어서 서사 양식보다는 "극적 양식"에 가깝게 다가서고 있다는 의미에서 "극적 재현에 근접한 장르"라고 하는 편이 옳겠다. 이를 간략히 "준희곡 양식"이라고 지칭하기로 한다. 그러나 이런 장르적 지향을 지닌 작품은 시조라는 형식을 버리지 않는 이상 찾아보기 힘든 유형이다.

---

56) 물론『歌曲寶鑑』(1928년) 등 후대의 雜歌集에 실린 잡가 <공명가>는 이 작품보다 훨씬 내용이 복잡하여 자룡과 공명의 대화, 주유와 노숙의 대화, 주유가 서성・정봉에게 명령한 내용 등이 첨가되어 있다.

57) 정재호 편저,『한국 잡가 전집』4, 계명문화사, 116면.

지금까지 소설 수용 시조의 장르 유형을 담화 방식별로 살폈다. 담화 방식이 매개적 독백체로 되어 있든 다성적 서사체로 되어 있든, 그 장르적 성격이 "서정 양식"과 "서사(소설)/희곡 양식"의 양극단 사이에 다소 불분명한 상태에 놓인다는 점에서는 같았다. 서정과 서사/희곡의 연속체 위에서 "매개적 독백체"는 "서정 양식"에 가깝게 놓이고 "다성적 서사체"는 "서사 또는 희곡 양식"에 가깝게 놓인다고 생각하기 쉬운데, 분석 결과는 그렇지 않았다.

"매개적 독백체" 유형은 선행담화와의 대화적 관계가 표면에 드러나 있지는 않으나 선행담화를 현재의 시점에서 내면화하여 표현한다는 점에서 "준다성적 서정 양식"이라고 볼 수 있었는데, 소설 수용 시조 중에서 그 장르 지향이 가장 순수 서정에 가깝게 나타났다. "다성적 서사체" 유형은 그 담화 방식은 고대소설의 서사체 또는 판소리 서사체에 가깝게 나타나고 있지만, 그 장르적 성격은 여전히 서정의 테두리를 맴돌고 있는 작품들과, 이를 벗어난 작품들의 두 부류가 있다고 보았다. 담화 방식은 판소리 서사체와 가깝지만 인물의 심리를 내면화한 작자의 언어가 지배적인 작품들은 여전히 서정 장르에 남아 있는 경우이고, 인물 심리의 내면화를 지배적 언어로 꾀하지 않는 작품들은 서정 장르에서 벗어나 서사 양식(소설)이나 극적 재현 쪽에 다가선 경향을 보였다. 이에 따라 "다성적 서사체" 담화 방식의 장르 유형은 "다성적 서정 양식(서사적 서정 양식)"과 "서정적 서사 양식", "준희곡 양식"으로 나타났다. 다성성이 어느 한 장르의 담화 방식이라고 할 수 없기 때문에 다성적 서사체 시조의 장르 유형이 다양하게 나타나리라는 가정이 옳았던 것이다.

이제 이렇게 나타난 장르 유형이 각각 어떤 계층과 관련되는지를 살피는 작업이 남아 있다. 여기에는 소설 수용 시조의 담당층의 범위를 어떻게 잡을 것인가 하는 문제가 가로 놓여 있다. 여타 다성적 구조의 시조들의 경우에도 유사한 장르 변동 양상이 발견될 것으로 예상되기 때문에, 모든 다성적 구조의 시조를 향유한 담당층의 의식을 함께 논의해야 하는 것인지, 소설 수용 시조를 향유한 담당층의 의식만을 특칭할 것인지가 문제되는 것이다. 다음에서는 초한고사 소재 시조, 사설시조, 대화체 시조와의 비교를 통해서 소설 수용 시조의 담당층의 윤곽을 밝히려고 한다.

4. 장르 변동의 양상과 의미

1) 소설 수용 시조의 미학과 담당층의 이중의식

이 절에서는 2장과 3장의 분석 결과를 '楚漢古事' 소재 시조·사설시조·대화체 시조의 담화 방식·장르 유형과 비교하여, 소설 수용 시조에 나타난 장르 변동의 특징과, 그것이 어떤 담당층의 미학과 관련된 것인지를 살핀다.

'楚漢古事'를 소재로 한 시조들은 유방과 항우라는 역사적 인물과 초한전이라는 사건을 선행담화로 하여 시조를 창작하기 때문에 그 담화 방식이 다성적 서사체로 나타날 가능성이 크다. 그러나 구체적으로 작품의 담화 방식을 살피면 다음과 같이 매개적 독백체에 가까운 작품들이 더 많다. 19세기 왕족 출신의 사대부 작가인 李世輔(1832~1895)의 시조는 대부분 여기에 속한다.

(1) 烏江에 月黑ᄒᆞ니 騅馬도 아니간다
虞兮 虞兮여 ᄂᆡ 너를 어이 ᄒᆞ리
平生에 萬人敵 ᄇᆡ회ᄂᆡ여 남 우임만 ᄒᆞ여라

『청구영언(육당본)』

(2) 녁발샨 긔ᄀᆡ셔는 젼무 후무 항우로다
그 힘을 다ᄒᆞ여셔 츙의를 아럿드면
아마도 오강의 원혼은 안 되련이

『풍아』 30 이세보

(3) 홍문년 ᄃᆡ쟝 위의 ᄑᆡ왕 긔셰 ᄲᅮᆫ이로다
항쟝의 날ᄂᆡᆫ 칼의 ᄑᆡ공 간쟝 다 녹는다
그 즁의 ᄌᆞ방 심회야 일너 무샴

『풍아』 34 이세보

(1)은 작자의 목소리와 인물의 목소리가 교묘하게 섞여 있는 작품이다. 전체적인 어조는 절박한 상황에 처한 인물의 절망감과 회한을 말하는 듯한 느낌을 주는데, 작자가 선행담화의 작중인물인 항우와 동일시하여 항우의 목소리로 된 독백적 발화를 취하였기 때문이다. 그러면서도 “平生에 萬人敵 ᄇᆡ회ᄂᆡ여 남 우임만 ᄒᆞ여라”는 항우의 회한적인 대사인 동시에 그 인물을 바라보는 작자의 시각을 드러내고 있다. (2)와 (3)에서는 선행담화의 작중인물과 일정한 거리를 두면서 논평을 가했는데, (3)에서는 서술자(작자)의 목소리 속에 “항쟝의 날ᄂᆡᆫ 칼의 ᄑᆡ공 간쟝 다 녹는다”와 같은 인물의 심리가 침투해 들어가 있다. 세 작품 모두 그 장르적 지향은 서정성에 있으며, 독백체 안에 선행담화의 인물의 목소리, 이를 바라보는 작자의 목소리의 다성성이 틈입하고 있다.

이세보는 평생 서울에서 관료생활을 한 京華士族으로서 시조창을 위한 시조 작품들을 창작하여 『風雅』라는 시조집을 남기고 있다. 이 시조집에는 초한 고사를 소재로 한 작품이 14수가 있는데, 모두 매개적 독백체의 담화 방식을 지니고, 그 장르적 성격은 “준다성적 서정 양식”에 속하는 작품이다. 반면 잡가 <초한가>와 부분적으로 일치하는 면모를 보이는 『남훈태평가』 계열 歌集에 나타난 다음과 楚漢古事 소재 시조는 다성적 서사체를 이루면서 그 장르적 지향이 판이하다.

① 轅門에 月黑ᄒᆞ니 愁雲이 寂寞ᄒᆞ다 ② 可憐타 楚霸王이 天下을 일탄 말가 ③ 力拔山도 씰 ᄃᆡ 업고 氣盖世도 할 일 업다 ④ 칼을 집고 일어나니 四面이 楚歌로다

⑤ 虞兮虞兮 奈若何오 ⑥ 三步에 躕躇ᄒᆞ고 五步에 落淚ᄒᆞ니 ⑦ 三軍이 흣터지고 ᄂᆡ 마암도 散亂ᄒᆞ다 ⑧ 天下에 願ᄒᆞ기을 金鼓을 울니면서 江東을 가자더니 不意에 敗亡ᄒᆞ고 무신 面目으로 父母을 뵈오며 江東 父老을 어이 할가

『시조집(평주본)』·『時調(趙氏본)』

①은 선행담화의 서술자의 목소리로 볼 수도 있고, 인물의 목소리로도 볼 수 있다. ②의 "可憐타 楚霸王이 天下을 일탄 말가"에서는 인물에 대한 동정적 목소리("可憐타")와 인물에 대한 지칭("楚霸王")으로 보아 작자의 목소리로 되어 있다 하겠는데, 그 속에서 인물의 자탄도 함께 엿보인다. ③의 "力拔山도 씰 ᄃᆡ 업고 氣盖世도 할 일 업다"는 더욱 인물의 자탄에 가까운 구절이다. 그에 비해 ④에서 "칼을 집고 일어나니"는 서술자가 인물의 행위를 묘사한 말로밖에 볼 수 없는데, 이 경우에도 "四面이 楚歌로다"는 서술자의 목소리로 인물의 심리를 그리고 있다. ⑤는 완전히 인물의 목소리이고 ⑥에서 다시 서술자의 서술이 이어져 ⑦에서는 서술자의 서술에서 인물의 심리 묘사("ᄂᆡ 마암도 散亂ᄒᆞ다")로 바로 이어지고 있다. ⑧은 인물의 목소리로 되어 있는데 그 속에 서술자의 시각이 공존하고 있다. 장르 유형으로 보자면 "서정적 서사 양식"이라고 할 수 있을 것이다.

이상에서 간략하나마 초한고사 소재 시조의 경우도 매개적 독백체나 다성적 서사체의 담화 방식을 지니고 있음을 알게 되었다. 전자는 사대부인 이세보의 작품에서 두드러진 특징이며 후자는 대중시조집에서 발견된다는 점이 소설 수용 시조가 사대부작인 경우에는 매개적 독백체에 가깝고, 중인이나 평민 계층에서는 다성적 서사체의 작품이 많이 나타나는 현상과 일치한다. 그런데 뒤에서 상론하겠지만 그 통시적 분포를 보면 소설 수용 시조는 대중시조집에서 두드러지게 드러나는 데 비해, 고사 소재는 사대부인 이세보의 시조에서 부각되었다는 사실로써, 소설이 고사보다 좀 더 민중에 가깝게 다가선 소재였음을 알 수 있다. 초한 고사를 수용한 시조들은 대부분 매개적 독백체 담화 방식을 통해 시조의 서정성을 유지하고 있다는 점에서 다양한 장

르 유형이 나타나는 소설 수용 시조와는 선행담화를 통해 노리는 목표가 달랐다고 보인다. 다시 말해 소설 수용 시조의 담당층이 초한고사 소재 시조의 담당층보다 더 소설적인 다성성에 개방적인 성향을 지녔으리라 추정된다. 이로써 보면 소설 수용 시조의 담당층을 초한고사 소재 시조의 담당층과는 구별짓는 것이 옳겠다.

사설시조의 경우는 그 담화 방식과 장르 유형을 따져 볼 필요도 없이, 이정보・김수장・신헌조와 같은, 소설 수용 시조를 많이 남긴 작가들이 사설시조 작가로도 널리 알려진 사실만으로도 그 담당층이 소설 수용 시조 담당층과 상당 부분 겹친다고 예상할 수 있다. 선행 연구들이 소설 수용 시조의 창작 동인을 사설시조와 관련하여 설명한 것[58]은 이 때문만이 아니라, 사설시조는 『청구영언(진본)』부터 본격적으로 등장하지만 소설 수용 시조는 『해동가요』 계열 歌集에 와서야 뚜렷이 확인되기 때문이다. 선행 논의에 의하면 소설 수용 시조와 사설시조의 담당층은 동일하게 파악되는데, 이 경우 평시조로 창작된 소설 수용 시조의 처리 문제가 생긴다. 그보다 더 큰 문제는 소설 수용 시조의 미학과 사설시조의 미학을 과연 동일하다고 볼 수 있는가 하는 근본적인 질문이 간과되고 있다는 것이다.

먼저 소설 수용 시조의 담당층을 사설시조의 담당층과 동일하게 간주하고 출발한 선행 연구의 관점이 타당한가 따져 보기로 한다. 이는 사설시조의 담화 방식과 장르 지향이 소설 수용 시조와 어떻게 같고 다른지를 살펴보면 알 수 있을 것이다.

① 즁놈이 졈은 샤당년을 엇어 ② 싀부모께 효도를 긔 뭇엇슬 ᄒᆞ야갈쇼

58) 김용찬, 앞의 논문과 박노준, 「김수장의 사설시조와 유락 취향의 삶」, 앞의 책이 이에 속한다. 특히 박노준은 김수장의 사설시조에 나타난 소설에 대한 관심을 지적하면서 그 문체적 특징이 판소리 사설과 유사하다는 논의를 펴서 본고와 상통하는 면이 있다. 그가 김수장의 사설시조를 통해 "서사문학이 다른 장르에 흡수되는 경우"가 있음을 강조한 것도 본고와 큰 줄기가 일치한다. 그러나 그는 소설이 사설시조화된 원인을 김수장 개인의 독서 배경과 사설시조의 개방성으로 돌렸다는 점에서 본고와 입장을 달리 한다.

③ 松杞ᄯᅥᆨ[59] 갈松편과 더덕片脯[60] 芊椒佐飯[61] 뫼ᄒᆞ로 치ᄃᆞᆯ야 싀엄취[62]라 삽쥬 고살이 글언 묏ᄂᆞ물과 들밧트로 ᄂᆞᆯ이ᄃᆞᆯ아 곰달릐라 물쑥 게유목 ᄭᅩᆺ다지와 씀박위 쟌다귀라 고ᄃᆞᆯᄲᆡᆨ이 ᄃᆞᆯ오 ᄏᆡ야 바랑쑥게 녀허 가지 ④ 무엇슬 ᄐᆞ고갈ᄭᅩ ⑤ 어화 雜말 ᄒᆞᆫ다 암쇼 등에 언치 노하 새 삿갓[63] 모시長衫 곳갈에 念珠 밧쳐 어울 ᄐᆞ고[64] 갈이라

이정보의 이 사설시조는 앞서 살핀 판소리적 서사체와 유사한 다성적 서사체의 담화 방식을 지니고 있다. ①은 "즁놈이"라고 한 데서 알 수 있듯이 제3자적 시점에서 객관적 서술이 시작되는 대목이다. ②는 ①과 어조에서는 동일한 서술자의 목소리이나, 그 시점은 인물의 것이다. 즉 서술자가 인물의 말을 대신 서술해 준 것이다.[65] ③은 "뫼ᄒᆞ로 치ᄃᆞᆯ아", "들밧트로 ᄂᆞᆯ이ᄃᆞᆯ아"라는 말에서 보면 서술자가 인물의 행위를 객관적인 거리를 두고 서술하는 말로 보인다. 그러나 "바랑쑥에 녀허가지"는 분명 ②의 물음에 대한 인물의 답변으로, ②와 ③은 자문자답의 형식을 지닌 것으로 보인다. 즉 ③은 서술자의 목소리에서 인물의 목소리로 전이가 되고 있는데, ②와는 반대로 인물의 언어 속으로 서술자의 시점이 침투해 들어갔기 때문에 가능한 것이었다. ④는 서술자가 작중인물화되어 하는 말일 수도 있고, 인물의 독백으로 볼 수도 있다. 그러나 ⑤에서 "어화 雜말 ᄒᆞᆫ다"라는 말과 연결지어 볼 때, 인물이 스스로에게 묻는 말로 보기는 어렵고, 대화의 상대자를 설정하고 있다고 보아야 할 것이다. ⑤는 "어울 ᄐᆞ고 갈이라"라는 의지형이 쓰인 것으로 보아 의심할 바 없이 작중인물 "즁놈"의 말이다. 요컨대 이 작품은 서술자의 객관적 서술로부

59) 송기에 멥쌀 가루를 섞어 만든 떡. '杞'는 '肌'의 잘못. 정병욱 편저, 앞의 책.
60) 더덕과 고기를 난도질하여 말린 것. 위의 책.
61) 조피나무 열매로 만든 자반. 위의 책.
62) 시금치. 위의 책.
63) 가늘게 결은 삿갓(細삿갓), 위의 책.
64) 같이 타고. 위의 책.
65) 서술자가 인물의 발언이나 감각적 지각을 자신의 언어로 대신하는 이와 같은 화법을 자유간접화법이라고 부른다(김병국, 「판소리의 문학적 진술방식」 참조).

터 시작해서 서술자와 인물의 언어가 구별되지 않는 혼효를 거치다가, 서술자와 인물의 말이 분리되어 서로 대화 상대자가 되는 다양한 담화 방식을 보여주고 있다.

> ① 승과 듕이 萬疊山中에 ᄒᆞᆫ ᄃᆡ 만나 ② 어듸러로 오오 ③ 어듸러로 가시ᄂᆞᆫ고
> ④ 山됴코 믈됴흔 ᄃᆡ 놈업시 둘이 맛나 곳갈씨름 ᄒᆞ여보식 ⑤ 두 곳갈이 ᄒᆞᆫ ᄃᆡ 덥펴 너픈너픈 넙느ᄂᆞᆫ 양은 白牧丹 두퍼귀가 春風에 휘듯ᄂᆞᆫ 듯
> ⑥ 두어라 山中에 이 씨름은 兩僧인가 ᄒᆞ노라

이 작품은 김수장이 '천고일담'으로 평가한 박문욱의 사설시조로, 서술자의 언어와 인물의 언어가 수시로 넘나드는 담화 방식을 보여 준다. ①은 "승과 듕"이라는 3인칭을 사용한 것으로 보아 인물 중 하나의 목소리가 아니라 객관적인 서술자의 목소리임을 알 수 있다. ②와 ③은 서술자가 두 인물의 말을 각각 대신해 준 것이다. ④"山됴코 믈됴흔 ᄃᆡ 놈업시 둘이 맛나 곳갈씨름 ᄒᆞ여보식"는 인물의 시점에서 한 말임은 분명한데, 인물 a와 b의 합창으로 보기도 어렵고 둘 중 한 사람의 목소리로 보기도 어렵다. 두 인물의 심리를 서술자의 언어로 대변한 것으로 보아야 할 것이다. ⑤와 ⑥은 인물의 말이 침투하지 않은 서술자의 언어다. 객관적으로 두 인물의 행위를 묘사하고 논평을 가하고 있다. 이 작품이 시조 본래의 담화 방식을 의식한 흔적은 ⑥"두어라 山中에 이 씨름은 兩僧인가 ᄒᆞ노라"에 있다. 서술자의 감상을 나타낸 말인 듯하지만, 실은 독백체라는 시조의 텍스트성에 맞추려는 수사적 장치에 불과하다. 매개적 독백체에서 나타나는 사건의 내면화와는 다른 방향으로, 객관화된 희극적 시선으로 사건을 전달하고 장면을 묘사하는 것이 이 시조의 중점적인 의도이다.

위의 작품들에서 알 수 있듯이 "다성적 서사체"는 사설시조에서도 찾아보기 어렵지 않다. 그러나 다성적 서사체로 된 두 작품 모두 그 장르적 지향을 보면 서정 양식을 벗어나지 않는다. 진술 방식의 다양함이 이 작품의 장르적

지위를 서정 장르의 중심에서 옮겨놓는 견인차 역할을 하지 않는 것이다. 이들 작품에 나타나는 다성성은 서로 다른 의식의 지배를 받는 진정한 의미의 대화성이라고 볼 수 없다. 수사적으로만 대화 장치를 사용하였을 뿐, 인물 a와 b는 동일한 의식과 목표, 세계관을 지니고 있어, 양자의 언어는 논리적으로 단일하다.

소설 수용 시조는 그 담화 방식이 매개적 독백체로 이루어져 있든 다성적 서사체로 이루어져 있든 항상 선행담화와 대화적 관계를 형성하기 때문에 그 장르적 지향이 서정 장르의 중심에서 서사나 극적 양식 쪽으로 다소 옮겨갈 수밖에 없었다. 그러나 사설시조는 그 담화 방식이 다성적 서사체로 되어 있는 경우에도 텍스트 안팎에서 다른 텍스트와의 대화적 관계가 없다면 그 장르적 지향이 서정 장르의 중심에서 조금도 벗어나지 않는다. 이런 작품은 신은경의 지적대로 "결국 私的인 비젼(vision)을 강도 있게 설정하고자 하는 의도"에서 다양한 진술 방식을 택했을 뿐이다.

이는 소설 수용 시조와 사설시조의 미학이 겉보기와는 다를 수 있음을 말해 준다. 소설 수용 시조의 미학은 다음과 같이 독백체의 평시조에서도 사회적 언어의 다성성(heteroglossia)을 구현할 수 있다는 데서 그 진가가 드러난다.

> 堂堂 大義人은 壽亭侯 關雲長이
> 明燭 達旦ᄒᆞ니 志節도 놉프실샤
> 平生에 眼下無人키로 敗荊州를 ᄒᆞ니라
>
> 『東國歌辭』

이 작품의 초·중장과 종장의 서술태도는 상반된다. 초·중장은 <삼국지연의>라는 선행담화 내에서나 소설 독자들 사이에 일반화된 견해대로 관운장을 義人으로 높이고 그의 지절을 찬양하고 있다. 그러나 종장에서는 관우가 荊州를 잃은 원인이 그의 "平生에 眼下無人"함에 있었다고 비판하고 있다. 관우에 대한 이런 시각은 전에 볼 수 없었던 새로운 관념이므로, 이 작품에서는 선행담화와 후행담화의 대화적 관계가 기존 관념과 새로운 관념의 충돌로 나타났다고 하겠다.

요컨대 소설 수용 시조의 미학에 있어서는 사설시조냐 평시조냐가 중요한 것이 아니라, 선행담화를 매개로 하여 서로 다른 담화 간 대화적 관계가 형성되고 있는가 아닌가 하는 문제가 관건이라는 것이다. 그러므로 사설시조와 소설 수용 시조의 담당층이 겹치고, 그 담화 방식도 유사하다는 이유로 양자의 미학을 동일시할 수는 없다. 소설 수용 시조와 사설시조의 관련은 사설시조 가운데 선행담화를 지니거나 타자와의 대화적 관계가 형성되고 있는 경우에 한정하여 논의되어야 할 것이다. 따라서 양자의 담당층과 미학을 동일시하고 소설 수용 시조를 창작 동인을 사설시조의 영향으로만 설명할 일은 아니다.

사설시조와 함께 시조에서 다성성이 나타나는 예로 쉽게 생각해 볼 수 있는 형태는 대화체(conversational style) 시조들이다. 대화체는 본질적으로 서정장르에서는 나타나기 힘든 구조이다.[66] 나타난다 하더라도 형태상으로만 대화체로 되어 있을 뿐, 여러 목소리들이 결국은 작자에 의해 통제되는 단일한 의식을 지니는 경우가 더 많다. 예를 들어 다음과 같은 대화체 시조는 진정한 의미에서 대화적 관계로 이루어져 있다고 하기 힘들다.

a : 어리려뇨 어이려뇨 싀어마님아 어이려뇨
쇼대 남진의 밥을 담다가 놋쥬걱 잘를 부르쳐시니 이를 어이 ᄒᆞ려뇨 싀어마님아

---

66) 디이터 람핑은 서정시적 담화의 특징으로서 “독백성”, “절대성”, “구조적 단순성”을 지적한다. 이 견해에 의하면 개별 담화가 아닌 둘 이상의 화자의 대화로 된 시는 서정시라고 볼 수 없다는 것이다. 그는 서정시를 “시행을 통한 개별 담화”로 정의할 것을 제안한다. 그런데 이 개별 담화는 무엇보다도 “대화적 담화와는 구분되는 독백적 담화이고, 상황과 결부되어 있는 담화와 구분되는 절대적 담화이며, 구조적으로 복합적인 담화와 구분되는 구조적으로 단순한 담화”를 가리킨다(디이터 람핑, 앞의 책, 91~129면).

b : 져 아기 하 걱정 마스라 우리도 져머신 제 만히 것거 보왓노라

『청구영언(진본)』

이 시조는 구조상 화자 a와 b의 대화로 이루어져 있다는 점에서 독백체와 구별된다. 그러나 화자 a와 b는 이질적인 관념을 지닌 화자가 아니다. a의 걱정은 소대 남편을 둔 것을 뉘우치는 데서 온 것이 아니라 놋주걱 자루를 부러뜨렸다는 데서 온 것이다. 며느리의 부정을 들은 시어머니의 반응도 의외로서, 소대 남편을 둔 것은 나무랄 일이 아니라고 말하고 있다. a와 b의 대화를 통해서 사회에서 죄악시되고 있는 소대 남편을 두는 행위가 젊었을 때 의례 겪어 볼만한 일이라는 의식이 작품 전체를 통괄하고 있는 것이다. 이 시조의 묘미는 있을 만한 대화적 상황을 설정하면서 의외의 결론을 도출해 내는 데 있다. 중장과 종장 사이의 시적 비약을 허용하는 시조의 관습을 적절히 활용하여 종장에서 의외의 목소리를 들려주면서 작자의 의식을 강조하고 있다. 그에 반해 종장에서 들려주는 의외의 목소리가 초・중장의 화자와 상반된 시각을 지닌 화자의 목소리일 때는 다성성을 갖춘, 진정한 대화적인(dialogic) 시조가 된다.

(1) 빅사장 홍노변에 굽니러 먹는 져 빅노야
口腹을 못 메워 져다지 굽니는다
一身이 閑暇할선정 술 못진들 관계ᄒᆞ랴

『청구영언(진본)』

(2) a : 빅사장 홍노변에 굽니러 먹는 져 빅노야
한 닙에 두셋 물고 무에 낫빠 굽니느냐
b : 우리도 구복이 웬슈라 굽니러 먹네

『남훈태평가』

(1)을 보면 화자가 백로를 향해 말을 건네고는 있지만, 이는 백로의 세속적 태도를 질책하고 그로부터 분리된 자신의 내면을 드러내려는 의도에서의 말 건넴일 뿐이다. 백로가 보여주는 세속적·물질적 삶과 이를 초탈한 정신적 삶 사이에 대립을 설정하고 정신적 가치를 우월하게 보는 주장이 단일 화자의 목소리로 선언됨으로써 절대적 담론의 전형적인 예를 보여준다. (2)는 (1)을 패러디한 시조이다. (2)의 화자 a는 (1)의 화자와 동일한 의식을 가지고 있다. "한 닙에 두셋 물고 무에 낫싸 굽니느냐"라는 말에서 백로를 세속적 욕심으로 가득 찬 속물적인 존재로 재단하고 있음을 알 수 있다. 그러나 기존의 작품과는 달리 백로에게 발언이 허용된 구조는 작품의 지향점을 정반대로 돌려놓는다. 자신을 향한 비판이 피상적인 관찰에서 온 오해임을 항변하면서 치열한 생존 투쟁을 모르는 화자 a를 오히려 일축하는 당당함이 있다. 생존 투쟁의 현장에서 벗어나 한가하게 비생산적인 대의명분이나 찾는 화자 a에 대한 비판도 담겨 있다. 작품이 화자 b의 목소리로 마무리됨으로써 독자는 화자 b의 목소리에 설득되고 공감하게 된다. 이렇게 되면 전대의 시조에서 절대적인 우위에 있었던 화자 a는 이제 화자 b의 항변에 침묵할 수밖에 없는 처지로 전락하고 만다. 화자 a와 화자 b는 이처럼 상반된 계급적 입장, 세계관을 지닌 존재로 볼 수 있다. 이는 작품의 문체에서도 드러난다. 화자 a의 언어는 전대 시조의 언어에서 크게 벗어나지 않은 데 반해, 화자 b의 언어는 "우리도 구복이 웬슈라 굽니러 먹네"에서 보듯이 다소 비속한 느낌을 주는 민중의 일상어인 것이다. 즉 이 작품은 두 집단의 상반된 의식을 각자의 언어와 어조로 드러내 보이고 있다.

그러나 이와 같은 이질적인 관념 사이의 대화는 시조에서 그렇게 많이 찾아볼 수 없다. 소설 수용에 적극적이고, 다성적 서사체 시조를 많이 수록하고 있는 『남훈태평가』에서나 발견된 뿐이다. 앞서 지적했듯이 대화체로 이루어진 사설시조 가운데서도 통일된 의식과 언어의 단일성을 보여주는 작품이 더 흔하다. 그러나 상대적인 시각의 공존을 허용한 양식인 사설시조가 대화체를 통해 이질적인 관념의 대화 구조를 이루는 것이 크게 어려운 일은 아니다.

a : 기러기 외기러기 너 가는 길히로다
漢陽城臺에 가셔 져근덧 모므러 웨웨쳐불러 부딕 흔 말만 傳ㅎ야 주렴
b : 우리도 밧비 가는 길히니 傳홀동 말동 ㅎ여라

『청구영언(진본)』

이 작품이 만일 화자 a의 목소리로만 되어 있는 독백체라면 님을 멀리 이별하고 소식을 전할 수 없는 안타까움과 비극적 심리에 초점이 맞추어졌을 것이다. 이 때 외기러기는 화자의 정서 속에 감정이입의 형태로 융합되어 그리움을 증폭시키는 시적 대상이 될 것이다. 그러나 외기러기에게 발언을 허용함으로써 이 작품의 세계는 화자를 중심으로 한 단일한 세계가 아니라 화자 a의 세계와 기러기의 세계가 서로 공존하는 다원적 세계가 된다. 때문에 a로 보아서는 절대적인 그리움의 정조가 타인의 입장을 지닌 b의 개입으로 상대화된다. 단일 화자를 중심으로 일원적이고 통일적으로 구축된 절대적 세계가 타인의 담론의 도입으로 어떻게 달라지는지를 보여주는 좋은 예이다.

a: 이년아 말듯거라 굽고 나마 쟈질 년아
처음에 날을 볼 직 백년을 사쟈키에 네 말을 곳지 듯고 집풀고 텃밧 폴고 가마 폴고 동솟 폴고 자적마 씬밤이에 먹기 쇼를 마즈 프랴 너를 아니 주엇더냐 무스 일 뉘 낫바셔 소딕를 노랏는다
b: 져 님아 님도 나를 쇼겻거든 닌들 아니

『병와가곡집』

초장과 중장에서는 첫 번째 화자 a가 소대를 논 화자 b를 일방적으로 몰아부치면서 b의 죄악을 강조하고 있다. 화자 b의 말을 믿고 모든 것을 다 팔아준 자신을 배신했다는 것이 그 이유다. 여기까지는 누가 봐도 화자 a가 도덕적 정당성을 담지하고 화자 b의 부도덕함을 정죄하고 있는 듯하다. 그러나 종장의 b의 발언으로 상황은 반전된다. a는 b보다 도덕적 우위에 있지도 않으

며, 오히려 b보다 먼저 부도덕한 행위를 했으면서도 자신의 잘못은 생각지 못하는 파렴치한 존재로 밝혀진다. 이처럼 상반된 시각을 지닌 대화 상대자의 대립하는 의견을 대화체 형식으로 보여줌으로써 청자의 자유로운 판단의 여지를 남기지만, 청자들은 대체로 종장에서 상황의 반전을 이뤄내는 화자 b의 입장에 공감하게 된다.

대부분의 소설 수용 시조가 선행담화와 후행담화라는 서로 다른 텍스트 간의 관계에서 생겨난 다성성을 보여주는 반면, 상반된 입장과 의식을 지닌 두 화자 간의 대화체로 이루어진 시조는 텍스트 내부에서 이질적인 목소리가 공존한다는 점에서 장르적 성격이 크게 달라진다. "극적 재현"이라 할, 이와 같은 대화체 사설시조들은 타인의 담론의 가능성을 인정하는 개방성 때문에 독백체의 화자와 같이 정서적으로 집중된 내면세계의 제시는 어렵다. 이들은 서정 장르 안에 있거나 그 테두리를 그다지 벗어나지 않는 "매개적 독백체"나 "다성적 서사체"의 담화 방식과 구별되는 "대화체" 담화 방식을 지니면서, 그 장르적 성격은 "극적 양식"으로 전이된 것으로 보인다. 이로써 보면 소설 수용 시조의 미학은 대화체 시조들과도 구별된다고 하지 않을 수 없다.

이상에서 여타 다성 구조의 시조들이 지닌 담화 방식과 장르 지향과의 비교를 통해 그 윤곽이 드러난 소설 수용 시조의 미학과 담당층의 성향을 요약하면 다음과 같다.

첫째, 초한고사 소재 시조의 경우도 매개적 독백체나 다성적 서사체의 담화 방식을 지니고 있으나 대부분 매개적 독백체 담화 방식을 통해 시조의 서정성을 유지하고 있고, 古事 수용이 장르적 성격에 크게 영향을 끼치지 못했는데, 이는 초한전 소재 시조가 주로 사대부층에서 창작되고 평민 계층에게서는 별로 발견되지 않는 데에 기인한다고 본다. 사대부 계층의 경우 선행담화의 수용을 후행담화의 서정적 목소리를 확충하기 위한 소재 차원에서 수용하려는 경향이 강하다는 사실이 재확인된다. 이처럼 서정 양식을 지향하며 그 담당층이 주로 사대부층으로 파악되는 초한고사 소재 시조에 비해서, 다양한 장르 지향을 보이는 소설 수용 시조가 그 담당층의 계층적 폭이 넓게 나타나리라 예상된다.

둘째, 사설시조가 모두 다성성을 띠고 있지는 않으며, 독백체 평시조는 모두 단일 논리성으로만 되어 있는 것도 아니다. 드물지만 독백체 평시조에서 사회적 언어의 다성성(heteroglossia)을 찾아볼 수 있는 예도 있었다. 사설시조도 단일 논리로 통일되어 있는지 서로 다른 의식을 지니는지에 따라 그 담화 방식이 독백체와 다성적 서사체로 나뉜다. 특기할 것은 사설시조에는 다성성이 틈입하지 않는 서정 장르의 본질을 구현한 작품에서부터 극적 재현 양식으로 전이된 것까지 장르 유형이 폭넓게 나타나고 있다는 사실이다. '서정 장르의 중심'과 '극적 양식'이라는 양극단에서 모두 사설시조가 나타난다는 것은 그 담당층이 계층이나 성향 면에서 매우 이질적일 수 있다는 추정을 가능케 한다. 그에 비해 소설 수용 시조의 담당층은 다양한 장르 지향을 나타내나, 양극화되지는 않는다는 점에서 사설시조의 담당층보다는 계층적 폭을 좁게 잡아야 것이다.

셋째, 대화체 시조는 단일 논리성을 수사적으로 강조하기 위해서 대화체의 형식만을 도입하는 경우—이를 독백의 대화화67)라 일컬을 수 있을 것이다. —와, 이질적인 관념의 충돌을 보여주는, 말 그대로 다성적이고 대화적인 구조로 이루어진 경우로 나뉜다. 대화체 시조의 경우도 서정 장르의 본질을 구현한 것에서부터 극적 재현에 이르기까지 찾아볼 수 있다는 점이 사설시조와 같았다. 특히 대화체 사설시조의 경우는 극적 양식으로의 전이가 뚜렷하게 감지되었다.

이상으로 볼 때 소설 수용 시조가 보여준 장르적 지향은 순수 서정 양식이

---

67) 디이터 람핑은 서정시의 화자가 자신의 독백을 진정한 대화가 되도록 만들지는 않으면서도 대화화시키고 있는 경우를 가리켜 "독백의 대화화"라 지칭한다. 그는 "독백의 대화화에 대한 가장 극단적인 가능성은 개별 발화의 화자가 두 개의 주체로 갈라져 이 두 개의 주체로 하여금 서로 진술토록 할 때, 즉 육신과 영혼 혹은 머리와 가슴 등으로 나누어 서로 진술토록 할 때 실현된다."고 하였다(디이터 람핑, 앞의 책, 105~106면). 우리가 앞서 본 의식상 동일한 두 주체 간의 대화체의 시조는 작자의 의도에 의해 역할 분담된 주체일 뿐이라는 점에서 이 시조들의 담화 방식을 "독백의 대화화"라 일컬어도 좋을 것이다.

라 할 일부의 사설시조나 대화체 시조와는 "다성성의 틈입"이라는 점에서 구분되며, 초한고사 소재 시조에 비해서는 서정 장르의 중심에서 극적 양식 쪽으로 이끌려 간 것이며, 극적 양식으로 전이된 다성적 대화체 시조나 대화체 사설시조에 비해서는 서정 장르 쪽에 다가선 장르적 지위를 점하고 있었다고 하겠다. 요컨대 유사한 장르 변동 양상이 발견될 것으로 예상된 초한고사 소재 시조·사설시조·대화체 시조에 비해서 소설 수용 시조가 가장 중간 장르적 성격을 띠고, 비록 소폭이지만 다양한 장르 변동의 양상들을 보여주고 있었다. 이로써 소설 수용 시조가 이들과는 구별되는 미학을 지니고 있음을 알 수 있는데, 그것은 시와 소설이라는 이질적인 장르 요소의 조화로운 공존을 모색하는 것이었다고 하겠다. 소설 수용 시조는 존재론적으로 늘 선행담화와의 대화적 관계를 형성할 수밖에 없었기 때문에 이런 존재론적 문제가 걸려 있지 않는 여타 다성 구조의 시조와는 그 미학을 달리한 것이다.

그 미학이 다르다면 담당층도 동질적인 집단으로 보기 어렵다. 초한고사 소재 시조 담당층은 소설 수용 시조보다 지배층이 주류를 이룬다면, 사설시조와 대화체 시조들은 그 담당층이 소설 수용 시조의 담당층보다 여러 계층에 걸쳐 있었으리라는 것은 예상할 수 있었다. 그러나 이는 초한고사 소재 시조·사설시조·대화체 시조를 공시적으로 놓고 담화 양식과 장르 지향에서 담당층을 추론한 것으로서 한계가 있다.

구체적인 담당층의 실체에는 접근하지 못했지만, 소설 수용 시조의 미학으로부터 그들의 의식지향을 유추하는 일은 가능하다. 소설 수용 시조가 양극단의 장르 지향을 피하고 이질적 장르 요소들을 조화롭게 공존시키려는 미학을 지녔다는 것은 이를 창작·향유한 계층이 시와 소설의 담화 방식을 모두 자신들의 담화 방식으로 삼으려 했기 때문일 터이다. 즉 이들은 자기 주관과 객관적 세계 중 어느 쪽도 무시할 수 없는 실존적 문제를 안고 단일 언어를 추구하려는 의식과 다양한 언어를 받아들이려는 이중의식을 자신들의 세계관으로 삼은 것이다. 그 이중의식의 실체가 무엇이며, 어떤 사회적 관계가 단일 언어를 추구하는 구심력과 상대화된 언어를 지향하는 원심력으로 작용하는가? 또 소설 수용 시조 안에서 나타나는 다양한 장르 지향의 차이는 어떻게 설명될 수 있을 것인가? 다음에서 우리는 歌集別로 나타난 소설 수용 시조의 분포 양상을 통해 구체적인 담당층의 실체와 관련하여 이 문제들에 대한 해답을 얻고, 소설 수용 시조에 나타난 장르 변동의 의미를 밝히려 한다.

2) 18·19세기 사대부의 위기의식과 다성성의 틈입

이 절에서는 소설 수용 시조를 어떤 歌集들이 얼마나 수록하고 있는가를 살피면서, 수록된 작품의 담화 방식과 장르적 지향도 함께 지적한다. 18세기 중반의 『청구영언(진본)』에서부터 19세기 후반의 대중시조집에 이르기까지 수록된 시조 작품이 거의 망라되어 있는 『한국시조대사전』에서 소설 수용 시조로 보이는 시조들을 추출하고, 담화 방식이 매개적 독백체인 경우에는 작품 번호[68] 앞에 따로 표기를 않고 다성적 서사체인 경우에는 *표시를 붙이기로 한다. 이전 歌集에서 출현했던 작품은 괄호 안에 그 歌集을 약칭해서 보인다. 이 표시가 없는 작품은 새로 출현한 작품이다. 歌集을 시대 순으로 배열하여 그 결과를 보이면 다음과 같다.

18세기중반	『청구영언(진본)』	2378 (0/1)[69]
	『해동가요(주씨본/일석본)』	729, 1532, 1615, 2501, *3011, *3308/ 2507, 2956, 3558, 3632, *3693, 3879, 4517, 4644, 4690 (3/15)
18세기 후반 ~19세기초반	『병와가곡집』	*64, 319, 728, 729, 731, 1479, *1533, 1641, 2100, 2140, 2198, 2378(청진), 2607, 2956(해일), *3308(해주), 3543, 3631, 3692, 3963, 4310, 4460, 4604, 4690(해주) (3/23)
	『청구영언(육당본)』	*64(병가), 386, *657, 729(병가), 730, 1479(병가), *1533(병가), 1615(해주), 2378(청진), 2507(해일), 2956(해일), *3011(해주), *3308(해주), 3596, 3631(병가), 3692(병가), 3965, 4644(해주) (5/18)

68) 작품번호는 박을수 편, 『한국시조대사전』, 아세아문화사, 1992의 작품번호이다.

19세기 중·후반	『가곡원류(국악원본)』	*64(병가), 728(병가), 1479(병가), *1533(병가), 1641(병가), 2378(청진/병가), 2956(해일/병가), *3308(해주/병가), 3596(청육), 3631(병가), 3692(병가), 3695(청육), 4644(해주/청육) (3/13)
	『남훈태평가』	*64(병가), *65, 352, *1533(병가), 1641(병가), 2961, *3308 (4/7)
	『時調(여러 이본)』	*64(병가), *65(남태), 352(남태), *1226, *1533(병가), *2134, *2139, 2961(남태), 3504, *3565, 3595, *3579, 3598, 3917, 4362, *4534 (9/16)
	『시조연의』	*2071, 3505, 3595(時調), 4632(時調) (1/4)
	『詩餘』	*64(병가), 65(남태), 352(남태), *1533(병가), 1641(병가), 2967(남태), *3308(해주), 3596(청육), 3631(병가), 3692(병가) (3/10)
	『시철가』	1166, 1226(時調), 1479(병가), 1615(해주) (0/4)
	『詩謠』	*64(병가), 1615(해주), 3631(병가), 4481(해주), 4535 (1/5)
	『詩歌』	*1422, 1615(해주), 1641(병가), 2956(해일), 3631(병가), 3692(병가), 3965(청육), 4644(해주) (1/8)
	『동국가사』	385, 1132, 1479(병가) (0/3)
20세기 初	『악부(고대본/서울대본)』	*353, 2101, 4535/ 1531, 1641(병가) (1/5)

위에 나타난 歌集別 소설 수용 시조의 수록 사항을 일별해 보면 그 작품 수가 그리 많지 않다는 점과, 담화 방식으로 볼 때 다성적 서사체 유형이 매개적 독백체보다 훨씬 드물다는 것을 알 수 있다. 이를 보아서도 시조가 시대적 변화 속에서도 서정 장르로서의 순수성을 담지해 왔다는 사실은 분명한 것 같다. 그러나 비록 소수이지만 시조 안에 다성성이 틈입했다는 것과, 歌集別로 소설 수용 시조에 대한 선호도나 중심적인 담화 방식·장르 유형이 달라진다는 사실은 소설 수용 시조의 창작과 향유의 사회적 관계에 대한 여러 가지 시사점을 주므로 자세한 논의가 필요하다.

69) 0/1은 총 작품 수가 1이고, 이 가운데 다성적 서사체로 이루어진 작품의 수가 0이라는 뜻이다.

『청구영언(진본)』에서는 단 1편에 불과하던 소설 수용 시조는 『해동가요』(주씨본, 일석본)에서는 15편에 달하는데, 9수는 김수장의 작품이고 6수는 이정보의 작품이다.[70] 2장에서 본 것처럼 이정보의 작품은 매개적 독백체 유형이 대부분이나, 김수장의 작품에는 다성적 서사체 유형이 눈에 띄고 있다. 그러나 그 장르적 지향은 다성성이 틈입한 서정 양식 아니면 다성적인 서정 양식으로서 장르 변동의 폭이 크지 않다.

『해동가요』 이후에 소설 수용 시조가 많이 나타나는 歌集은 18세기 말엽에 편찬된 것으로 추정되는 『병와가곡집』(1776년~1800년간)이다. 『병와가곡집』에는 소설 수용 시조가 23수 실려 있는데, 이 가운데 전대 歌集에 없던 작품만도 19수에 달하여, 적극적인 소설 수용 양상을 보여준다. 이 歌集은 다른 歌集에 비해 소설 수용 작품의 편수도 많을 뿐 아니라, 한 번도 시조화된 적이 없는 인물들, 예컨대 蜀의 장수 馬超, 吳의 장수 孫策, 吳의 제후 孫權·龐統·徐庶 등의 인물을 소재로 한 일련의 시조들을 연속적으로 수록하고 있다는 점도 특이하다. 작품의 예를 보자.

功盖 三分國이오 名成 八陣圖ㅣ라
江이 흐르니 天運도 有定커다
天載에 지친 恨을 吳候런가 ᄒᆞ노라

潁川에 노든 孝子 聖主를 계오 맛나
白河에 用水ᄒᆞ여 曹仁을 놀닉거다
千古에 기친 恨은 徐庶런가 ᄒᆞ노라

70) 김용찬은 『청구영언(진본)』에서는 2수에 불과하던 소설 수용 시조가 『해동가요(주씨본)』에는 15수, 『병와가곡집』에는 30여 수가 보인다고 지적하고, 18세기 초까지는 <삼국지연의>가 시조 작자들에게 별로 주목받지 못하다가, 18세기 중엽 이후 『해동가요(주씨본)』에서부터 소설 수용 시조가 눈에 띄게 창작되었다는 점을 지적하였다(김용찬, 앞의 논문).

三國의 노든 名士 時運이 不齊턴가
連還計 드린 後에 英主를 계오 맛나 功業을 未建ᄒᆞ여 落鳳坡를 맛나시니
平生에 未講運籌를 못ᄂᆡ 슬허 ᄒᆞ노라

위의 시조들은 각각 孫權, 徐庶, 龐統을 묘사한 작품으로 그 담화 방식이 거의 공식에 가깝게 일치하고 있다. 즉 인물의 행적이나 활약상을 간접화하여 간략히 전하고, 여기에 작자의 논평이나, 이들의 이야기에 의해 유발된 감회를 덧붙이는 방식이 그것이다. 담화 방식은 "매개적 독백체"이고, 장르 유형으로 보면 "준다성적 서정 양식"이다.

『병와가곡집』과 함께 19세기 중반에 나온 『청구영언(육당본)』도 소설 수용에 대한 적극적인 관심을 보여주는 歌集으로, 18수의 소설 수용 시조가 실려 있다.[71] 이들은 대부분 『병와가곡집』에서부터 보이던 작품들이다. 그런데 이 歌集에는 『해동가요(주씨본)』이나 『병와가곡집』에 비해서 다성적 서사체 유형의 비중이 다소 높아졌다는 특징이 있다.[72] 이와 함께 다양한 담화 유형의 사설시조를 충실히 재수록하고 있다는 점이 주목된다.

그런데 19세기 중반을 넘어서면서 『가곡원류』계 歌集과 『남훈태평가』계 歌集에서 수록된 소설 수용 시조의 성향이 양극으로 갈라지는 현상이 나타난다. 『가곡원류(국악원본)』(1876년)에 소설 수용 시조는 13수가 실려 있는데, 이 歌集이 수록한 전체 작품 수 850여 수에 비하면 그리 많다고 할 수 없다. 비율로 따지면 『청구영언(육당본)』에 비해 오히려 감소하였고, 특히 새로 수록된 소설 수용 시조 작품이 한 편도 없다는 점이 특기할 만하다. 담화 방식

71) 김용찬, 「『청구영언(육당본)』의 성격과 시가사적 위상」, 고려대 고전문학·한문학연구회 편, 『19세기 시가 문학의 탐구』, 집문당, 1995에서는 이 歌集에 새롭게 나타난 작품들이 <삼국지연의>, <숙향전>, <구운몽> 등의 소설을 수용하고 있다는 사실을 지적하고, 『가곡원류』계에 이르면 새로운 소설 수용 작품들이 전혀 등장하지 않는다는 점과 대비된다는 점을 지적한 바 있다.

72) 『해동가요(주씨본)』에는 15수의 소설 수용 시조 가운데 3수가, 『병와가곡집』에는 23수의 소설 수용 시조 가운데 3수가 다성적 서사체 유형으로 되어 있는데, 『청구영언(육당본)』에는 18수의 시조 가운데 5수가 다성적 서사체 유형으로 되어 있다.

으로 보면 매개적 독백체 유형이 주류가 되고, 다성적 서사체 유형은 드물다.

동시대의 歌集으로서 『가곡원류』계와 대립되는 『남훈태평가』 계열 대중시조집[73]의 경우는 소설 수용 시조들의 비율이 『가곡원류』보다 높다. 특히 『時調』라는 시조집의 여러 이본에 16수의 소설 수용 시조가 보이는데, 2수를 제외하고는 모두 새로 나타나는 작품이라는 점에서 『가곡원류』계 歌集과 크게 대조된다. 이들 작품들에 대해서, "더 이상 새로운 면모가 드러나지 않고, 오히려 등장 인물이나 사건들에 대해서 관습화된 표현을 구사하고 있다"[74]는 지적도 있으나, 그 담화 방식으로 보면 시조의 장르적 본질을 크게 벗어나고 있다는 점에서 주목을 요하는 작품들이다. 이 歌集에 수록된 소설 수용 시조 중 다성적 서사체 유형이 차지하는 비율도 총 16수 중에 9수로 전에 없이 높아졌고, 그 구조의 다양함에서는 판소리의 담화 방식을 방불케 한다.

이상에서 살핀, 歌集別 소설 수용 시조의 분포를 간략히 말하자면, 『해동가요(주씨본)』에서부터 뚜렷이 나타나서 『병와가곡집』과 『청구영언(육당본)』을 거치면서 작품 수가 다소 늘어나다가 19세기 중·후반에 들어 『가곡원류』계 歌集에서는 위축을 보이고, 『남훈태평가』계 歌集에서는 적극적인 수용과 활발한 창작 현상까지 나타나는 대조를 보인다는 것이다.

歌集 별로 소설 수용 시조의 담화 방식을 보면 『해동가요』·『병와가곡집』·『청구영언(육당본)』에서는 매개적 독백체와 다성적 서사체 유형이 함께 나타나는데, 매개적 독백체 유형이 많은 것이 특징이다. 장르 유형으로 말하자면 『해동가요』·『병와가곡집』에서는 "준다성적 서정 양식"이, 『청구영언(육당본)』에서는 "다성적 서정 양식"이 우세하다. 다성적 서사체 담화 방식을 지닌 작품들은 그 장르적 지향이 "서정적 서사 양식", "준희곡 양식" 등으로 다

73) 일반적으로 19세기 시조사는 전문적 고급예술의 산물인 『가곡원류』 계열과, 대중적 통속예술의 산물인 『남훈태평가』 계열과, 사대부 시조 계열의 세 갈래로 전개되었다고 보고 있다. 이 중 『남훈태평가』 계열 歌集에는 『時調』의 여러 이본들, 『調 및 詞』, 『詩餘』, 『詩歌謠曲』, 『시쳘가』, 『歌謠(동양문고본)』, 『가곡원류(일석본)』 등이 있다(고미숙, 「19세기 시조의 전개양상과 그 작품세계 연구」, 고려대 박사학위논문, 1993 참조).

74) 김용찬, 앞의 논문(1993).

양하게 나타날 수 있는데도 이 시기까지는 “다성적 서정 양식”에 머무르고 있는 듯하다. 19세기에 들어서는 『가곡원류』 계열에서는 매개적 독백체 유형과 “준다성적 서정 양식”이 나타나는 데 반해, 『남훈태평가』 계열의 시조집에서는 다성적 서사체의 유형 가운데서도 서정 장르의 테두리를 벗어나 “서정적 서사 양식”과 “준희곡 양식”과 같이 변동의 폭이 큰 장르 유형들이 나타나고 있다.

이를 바탕으로 소설 수용 시조에서의 다성성의 틈입과 확장 문제를 각 歌集과 관련된 사회집단의 실존적 문제와 관련하여 논하기에 앞서, 위에서 본 것처럼 극소수의 소설 수용 시조를 통해 시조의 장르 변동이나 시조에 유입된 다성성의 문제를 거론하는 것이 무리가 아닐까하는 우려가 들 수 있다. 때문에 앞 절에서 공시적으로 그 미학을 달리 한다고 강조했던 여타 다성 구조의 시조들의 통시적 분포를 참고할 필요가 있다.

楚漢古事 소재 작품은 『청구영언(진본)』에 4수, 『해동가요(주씨본)』에 7수, 『병와가곡집』에 11수, 『청구영언(육당본)』에 9수, 『가곡원류(국악원본)』에 8수, 『남훈태평가』에 2수, 『時調』의 여러 이본들에 5수, 『詩餘』에 4수, 『詩歌』에 4수, 『동국가사』에 2수, 그리고 이세보의 개인 시조집 『풍아』에 14수가 보인다. 소설 수용 작품과 비교해 볼 때 『청구영언(진본)』에 다소 많이 나온다는 점이 주목된다. 이에 의미를 부여하자면 초한전 소재 시조들이 주로 매개적 독백체로 되어 있어서 서정 장르의 중심으로부터의 거리가 멀지 않았던 까닭에 『청구영언(진본)』 같은 歌集의 성격에 부합되기 때문이라고 추정해 볼 수 있다. 『청구영언(진본)』에는 사설시조가 아닌 평시조에서 장르 변동의 징후-즉 담화 방식의 변화-가 나타나는 예가 거의 없기 때문이다.

초한고사 소재 시조가 『해동가요(주씨본)』, 『병와가곡집』, 『청구영언(육당본)』, 『가곡원류(국악원본)』에서 일정한 작품 수를 유지하면서 계속 재수록되다가 『남훈태평가』 계열 歌集에서는 오히려 그 수가 줄어들면서 19세기의 왕족 출신 사대부 작자인 이세보가 적극적으로 시조화하는 현상이 나타내는 것은 소설 지향 시조의 통시적 추이와 반대가 된다. 이로써 초한전 소재 시조와 소설 지향 시조가 표면상으로는 비슷해 보이나, 그 장르 지향이나 이를 향유한 계층의 의식까지도 대조적이라는 것을 알 수 있다.

사설시조와 소설 지향 시조의 歌集別 분포는 시기적인 차이가 있다. 『청구영언(진본)』에 다양하고도 파격적인 내용의 사설시조들이 대폭 수록되어 있는데 반해, 소설 수용 시조는 1편밖에 없고 『해동가요』 이후에나 본격적으로 출현한다고 할 수 있다. 이는 시조에서 소설을 수용하는 관습이 사설시조보다 후대에 형성된 까닭이기 때문인 듯하다. 그 장르적 지향을 보면 사설시조는 소설 수용 시조보다 더 서정적인 것에서부터 완전히 극적 재현으로 전이된 것에 이르기까지 폭넓게 나타나다가 19세기 이후로는 그 시적 지향이 오히려 서정적인 방향으로 나타나고 있다. 『가곡원류』 계열에 그러한 경향이 강하고, 『남훈태평가』 계열에서는 다성적 담화 방식과 극적 재현으로의 장르 전이가 나타난다는 점에서 소설 수용 시조와 비슷하게 두 갈래로 장르 지향이 나뉘는 현상이 나타난다.

한편 대화체 구조로 된 시조들은 『청구영언(진본)』에 28수, 『해동가요(주씨본)』에 39수, 『병와가곡집에』 97수, 『청구영언(육당본)』에 86수, 『가곡원류(국악원본)』에 76수, 『남훈태평가』에 21수, 『시조집(경북대본)』에 47수 정도가 실려 있다. 사설시조보다 후대에 활발한 출현이 있었다는 점에서 소설 수용 시조의 분포와 가깝다. 그런데 극적 재현으로 장르 전이가 이루어진 대화체 사설시조의 대표적인 유형으로 볼 수 있는 '딕들에 노래' 혹은 '장사치-여인 문답형 사설시조'가 『청구영언(진본)』이래로 『병와가곡집』과 『청구영언(육당본)』까지 계속적으로 나타나다가 『가곡원류』에 와서 자취를 감추고, 『남훈태평가』 계열 歌集에서는 여전히 나타나고 있다는 점이 흥미롭다.

이상으로 보건대 시조에 틈입한 다성성이 19세기까지는 일정하게 유지 혹은 확대되는 양상을 거치다가 19세기 중반 이후 『가곡원류』 계열에서는 위축되고, 『남훈태평가』 계열 歌集에서는 확대되는 양상은 소설 수용 시조에만 해당하는 양상이 아니라 시조 장르의 일반적인 양상이라고 할 수 있다. 따라서 소설 수용 작품의 수가 전체 시조에서 차지하는 비율은 미미하지만, 이를 통해 시조의 장르 변동이나 시조에 유입된 다성성의 문제를 거론하는 것이 무리가 아님을 알 수 있다. 이제 이와 같은 자료적 양상으로부터 소설 수용 시조의 담당층의 성격을 추정해 보고자 한다.

소설 수용 시조의 담당층의 의식을 규명하기 위해서는 이 작품들이 『해동가요』계의 歌集에서부터 뚜렷이 나타나는 이유부터 생각해 보아야 할 것이다. 이미 앞에서 소설 수용 시조의 출현이 시조의 제재를 적극적으로 확대하고 사설시조를 창작하는 새로운 경향과 관련이 있다고 해석한 선행 연구에 대해서 사설시조의 미학과 소설 수용 시조의 미학이 다르다는 근거를 들어 비판한 바 있다. 여기서 우리는 사설시조라는 선행하는 문학의 내재적 영향으로만 보아 온, 소설 수용 시조의 생산을 둘러싼 사회적 관계의 분석을 통해 대안을 찾고자 한다.

이런 관점에서 볼 때 이정보는 가장 주목되는 작가이다. 『해동가요』에 수록된 작자들이 주로 18세기 중앙 정계에서 활동했던 노・소론계 인물이었다는 점도 노・소론계 벌열층의 핵심에 있었던 이정보를 중심으로 소설 수용 시조 생산의 사회적 관계를 논하는 우리의 관점을 정당화해 준다. 누차 언급했지만 이정보는 소설 수용 시조 작품뿐만 아니라 사설시조와 애정시조도 다양하게 창작하고 있다. 특히 음담패설에 가까운 그의 사설시조들은 "벌열층으로서 기득권을 누리며 풍류를 즐기는 생활을 하며, 그런 감흥을 발산하는 데 소용되는 시조였다"[75]고 해석되는가 하면, "사대부 사회에서 目讀되고 구전되어 오던 음탕한 이야기의 전통이 작자의 과감한 문학적 욕구에 의해서 수용되고, 또 조선조 후기 일부 개방적인 양반과 고급 관료들의 진보적인 詩觀으로부터 자극 받아 창작"[76]된 것이라 해석되기도 하였다. 이런 해석들이 일리가 있기는 하나, 그의 시조의 파격성이 개인적인 차원에만 머무르는 것이 아니라는 사실은 담화 방식의 변화와 관련할 때 명백해진다.

일반적으로 소설을 수용한 시조는 선행담화의 이야기를 객관적으로 서술

75) 조동일, 『한국문학통사』 3, 지식산업사, 279면.
76) 박노준, 앞의 논문.

하거나 요약하는 서사적 충동을 구현하고 있다. 이러한 서사적 충동은 자아에 작용하는 기존의 관념체계가 약화됨으로써 대상인 현실 자체를 객관적으로 드러내려는 경향으로부터 온다[77]고 할 수 있다. 그렇다면 이정보와 같은 당대 최고의 벌열층에서 위와 같은 서사적 충동을 보이는 이유는 무엇일까? 그것은 좀 과장하자면 성리학 이념의 하강 시대를 살아가는 18세기 사대부의 숙명적 선택이 아닐까 한다. 전대 사대부가 문화적 구심력과 이념적 구심력을 아울러 갖추었던 것에 반하여, 이 시기 사대부는 하강의 국면으로 접어드는 성리학을 자기들 계층의 이념적 기반으로 하고 있다. 성리학의 절대적 지위가 무너지게 되는 하강 국면에서 당대인들이 취하는 태도는 오히려 이를 완고하게 유지하고자 하는 경우와, 직면한 상황을 직시하고 이를 받아들이는 경우로 갈라진다고 한다. 가사의 담당층의 경우 전자의 입장을 보인 계층은 재지사족층이었고, 후자의 입장을 보인 계층은 벌열층이었다고 한다.[78]

시조 쪽의 사정도 이와 크게 다르지 않았던 것 같다. 18세기 사대부 시조를 다룬 연구에 따르면 노·소론계 중앙 관료층은 지방의 재지사족층에 비하여 도시적 문화와 상업의 발달이라는 사회적 변동의 영향으로, 시조에서 내용의 다양성을 가져오고 서민적 서정과 결합하는 양상을 보인다고 한다.[79] 이는 중앙 관료층이 재지 사족에 비하여 자기 계층의 사회적 지위에 대한 위기를 더 민감하게 감지하고 이에 대해 반응했던 결과로 해석된다.

정치적·문화적 집중에 상응해야 할 이념적 구심력이 미약해졌다는 점에서 벌열층인 이정보와 당대 가객 김수장과의 연결이 어렵지 않게 느껴진다. 이들은 현실의 모순에 직접적으로 영향 받지 않았고, 경제적 여유를 지니고 도시 문화의 주체로서 참여하였던 점 등이 공통된다.[80] 시조가 단일 언어로

77) 조세형, 앞의 논문(1998).

78) 위의 논문, 168~169면.

79) 남정희, 「18세기 사대부 시조 연구」, 이화여대 석사학위논문, 1993, 96면.

80) 강명관, 「18·19세기 京衙前과 예술 활동의 양상」, 김학성·최원식 외 9명 저, 『한국 근대문학사의 쟁점』, 창작과 비평사, 1990에 의하면 김수장은 兵曹의 서리였는데, 당시 병조는 人事와 軍役, 軍布를 담당하는 곳이었기에 이익이 많고 치부가 용이했다고 하면서 김

이루어진 독백체에서 상대적인 언어로의 개방이 가능했던 것은 시조 장르의 구심점인 성리학적 이념이 정점에서 하강국면으로 접어든 정신사적 배경과 새로운 도시 문화라는 현실의 변화에 의해 가능했던 것으로 보인다. 그러나 이정보는 김수장에 비하여 이념이 현실 세계를 설명하고 이끌어 주지 못한다고 회의하는 한편, 그것을 가능하게 하는 이념에 대한 희구 또한 강했던 것 같다. 때문에 그의 시조에는 다양한 사회적 언어가 드러나지 않았으며, 다만 대화적 가능성을 가진 단일한 언어만 엿보이는 것이라 여겨진다.

이정보 시조에서 나타나는 이와 같은 이중의식은 시적 장르와 지배층 의식을, 소설 장르와 피지배층의 의식을 단선적으로 연결한 바흐친의 이론으로는 설명이 불가능하다. 이정보 시조의 "준다성적 서정 양식"이라는 장르 지향은 자신의 사회적 · 이념적 지위에 대한 위기의식과 당대 문화의 체험으로 획득 가능했던 그의 진보적인 관점을 중재하는 사유의 틀과도 같다.

『병와가곡집』은 편찬자를 병와 이형상으로 보는 설과 이를 부정하는 설이 맞서고 있고, 편찬자와 활동을 같이 했을 것으로 보이는 인물들의 실체도 잡기 힘든 歌集으로, 대략 18세기 歌集과 19세기 歌集의 중간적 성격을 띤 歌集으로 이해된다. 수록 작품의 총수가 1,100여 수에 달하는 만큼 전대 歌集에 실린 사설시조를 대부분 재수록하고 있고, 이들 작품에 나타난 담화 방식도 다양하다. 그러나 이 歌集에 실린 소설 수용 시조 작품들의 담화 방식은 대부분 "매개적 독백체" 방식을 띠고 있다. 이들 시조에서 작자의 목소리는 지배적인 지위에 있고, 그 속에 상대적 담화 방식이 도입된 것으로 보이는데, 이로써 보아 이 歌集을 둘러싼 담당층의 성격이 이정보와 크게 다르지 않다는 추정을 해 볼 수 있다. 현존 『병와가곡집』을 18세기 초 병와 이형상에 의해 편찬된 원본에 후대인이 가필 · 왜곡한 것으로 보고, 시조 방면에 사대부층의

수장 역시 이러한 풍조에서 크게 벗어나지 않았을 것으로 보고 있다. 한편 최근 발굴된 「桂纖傳」이란 자료에 "이정보가 음악을 깊이 감상할 줄 알아서 남녀 명창들이 그의 문하에서 많이 배출되었다"는 내용이 수록되어 있어 이정보가 당대 문화에서 차지한 위치를 이해하는 데 도움을 준다(김영진, 「孝田 沈魯崇 文學 硏究」, 고려대 석사학위논문, 1996, 36~46면 참조).

주도적인 흐름이 병와 이형상에까지 이어진다고 본 김학성의 논의[81]는 이 歌集에 실린 소설 수용 시조의 장르 지향을 통해 볼 때, 적절한 설명이 아닌가 한다.

『청구영언(육당본)』은 19세기에 벌열층이었던 김민순·김영 등과, 신희문·오경화 등의 가객, 그리고 명옥 등의 기녀들이 이 歌集과 관련된 집단의 주요 성원들이었다고 하며, 이 歌集에만 집중적으로 등장하는 작자들은 대개 단기간 동안의 익종의 대리 청정기에 익종 주변에 포진했던 인물들이라 한다.[82] 출신성분은 벌열층이나, 당대 정치권에서 失勢했기 때문에 현실에 대하여 어느 정도 비판적인 시각을 갖추고 있었던 인물들이다. 대표적인 벌열층이었던 김민순의 시조를 본다.

南陽에 누은 龍이 滿腹經綸荊益圖ㅣ라
三顧恩 魚水契로 竭力克腹 ᄒᆞ려더니
秋風의 五丈星隕을 못ᄂᆡ 슬허 ᄒᆞ노라

김민순은 안동 김씨 세도가문 출신이긴 하지만 벼슬은 궁벽한 시골 현감에 그쳤고, 환로에서 뜻을 얻지 못한 인물이다. 荊州와 益州를 도모할 만한 큰 웅지와 계략을 갖추었고, 임금의 은혜를 입어 한없는 충성을 바치려다가 삼국통일의 대업을 못 이루고 중도에 죽은 제갈공명을 애도하는 이 시조에서 작자는 제갈공명과 자신을 동일시하고 있다. 제갈공명의 죽음이라는 선행담화의 사건을 내면화하여 현재적 정감으로 환기하고 있는 것이다. "竭力克腹 ᄒᆞ려더니"는 시인이 공명의 심리를 대리 서술한 것이지만 "ᄒᆞ려더다"와 같이 1인칭 화자의 발언이라는 형식을 띠고 있어 화자 자신의 심정을 표현한 것으로 보인다. "南陽에 누은 龍이 滿腹經綸荊益圖ㅣ라"는 이야기를 간접화하여

81) 김학성, 「조선 후기 시조집의 편찬과 국문시가의 동향」, 『한국고시가의 거시적 탐구』, 집문당, 1997, 359~360면.
82) 김용찬, 앞의 논문(1995).

객관적으로 서술하는 서술자의 목소리로 되어 있다. "三顧恩 魚水契로 竭力克腹 ᄒᆞ려더니"는 서술자가 인물의 심리를 대변하면서 인물과의 정서적 일체를 보이고 있다. 그러다가 "秋風의 五丈星隕을 못ᄂᆡ 슬허 ᄒᆞ노라"에 와서는 서술자가 다시 작중인물과 거리를 두고 자신의 목소리를 드러내고 있다. 언뜻 보아 초·중·종장의 어조가 단일한 것 같지만 사실은 통일되어 있지 않고 미묘한 차이를 보이고 있다.

이 작품이 선행담화와 후행담화 사이의 대화적 재현을 통해 노리는 것은 현실정치에 대한 비판이다. 제갈공명과 같이 큰 뜻을 품은 자신을 인정해 주지 않는 세상에 대한 불만과 자기 연민에 휩싸인 작자의 내면세계를 다성적 담화를 통해서 암시적으로 환기하고 있다. 전체 어조가 작자의 의도로 통합·조정되는 매개적 독백체로 되어 있으며, 그 장르 지향은 "준다성적 서정 양식"이라 하겠다.

이처럼 『청구영언(육당본)』에 실린 작품까지는 소설 수용 시조의 장르적 성격이 서정성에서 크게 벗어나지 않는다. 이는 그 담당층이 자신들의 사회적 지위를 정치적 혹은 이념적 집중에서 분리시키려는 세계의 원심력에 저항하면서 구심력을 회복하려는 노력의 결과였다고 본다. 따라서 정치적, 문화적, 이념적 집중이 통일되어 있지 못한 현실이 다성성을 낳았으나, 이를 방어하려는 노력이 서정 지향으로 나타났다고 하겠다. 그 결과 소설 수용 시조에 나타난 다성성도 아직까지는 다양한 사회적 계층의 담론을 수용하는 면모를 갖추고 있지는 못하다. 시조가 정치·문화적으로 관록 있는 계층의 의해 창작되는 한, 소설과 같은 사회적 언어의 다성성을 담아낼 것을 기대하기는 힘든 것이다. 그러나 시조의 주도적인 담당층이 가객층으로 변화되고, 서민들이 향유하는 대중시조집이 활발하게 유통되는 19세기 중반 이후로는 소설 수용 시조의 장르적 지향이 이와는 다른 방향으로 전개될 것으로 보인다.

3) 19세기 歌集에 나타난 장르의 사회적 성격

19세기 시가사는 『가곡원류』계 歌集으로 대표되는 고급 예술과 『남훈태평가』계 시조집으로 대표되는 대중 예술이 상반된 지향을 가지고 향유되었다는 점은 많이 지적되었지만, 이를 장르 의식과 관련하여 두 향유 집단의 사회적 성격의 차이를 세심하게 지적하는 연구는 아직 없다. 필자에 의해 『가곡원류』의 편찬 집단이 시조의 순수 서정시적 성격을 강조하는 장르 지향을 지니고 있었다는 논의가 이루어지긴 했으나, 『가곡원류』의 성격을 단편적으로 지적하는 데 그친 아쉬움이 있었다.[83] 본고에서는 소설 수용 시조를 통해 이 歌集과 다른 19세기 歌集이 보여주는 장르적 지향의 차이와 그것의 사회적 맥락에 대하여 보다 진전된 이해를 꾀하고자 한다.

『가곡원류』는 소설 수용에 대한 관심만 미약했을 뿐만 아니라, 극적 양식이라 할 대화체 사설시조는 완전히 배제하고 있다는 점에서 전대 歌集 보다도 더 보수적인 장르 의식을 보여준다. 이 歌集은 사설시조의 수록률이 낮고, 평시조를 지향하여 아무리 비속한 내용도 간결한 평시조로 표현하려는 지향을 지니고 있다. 이 歌集이 보여주는 이와 같은 서정 지향의 장르 의식은 흔히 지적되듯 편찬자의 보수적인 세계관과 사대부 추수적인 고급문화 지향으로는 설명되지 않는 부분이 있다. 장르가 특정 사회 집단의 위기의식을 개인적 의도와 중재해 준다는 것은 어떤 장르가 특정 집단에 의해 선택될 때는 그 집단이 여타 집단에 대하여 구별된다는 점을 강조하고 자기 정체성을 확보하려는 노력의 일환으로 해석될 수 있다는 것을 의미한다. 시조의 서정성보다는 다양한 장르적 지향에 모두 개방적인 태도를 취하고 있는 『남훈태평가』계열 歌集에 대해서도 동일한 해석이 가능할 터이다.

그러면 『가곡원류』의 향유 집단이 지닌 위기의식은 무엇이며, 그것이 서정 지향 장르 의식과 어떻게 관련되는가? 가장 뚜렷하게 지적할 수 있는 사실은

---

83) 고정희, 앞의 논문. 이하 『가곡원류』에 대한 전반적인 설명은 이 논문에 의거한다.

『가곡원류』의 序에서 자신들이 스스로 표명하고 있는 속된 음악에 대한 경계인데, 이는 날로 확대되어 가는 시조창과 잡가 등의 유행에 대한 거부를 나타낸 것이다. 주지하다시피 『가곡원류』를 편찬한 가객들의 위상은 대원군과 같은 당대 최고의 권력층과 교유를 통해 사회적 경제적 기반을 쌓으면서[84] 그 어느 때보다 격상되어 있었다. 이들은 歌曲唱이라는 예능의 독점을 통해서 누릴 수 있었던 자신들의 사회적 지위에 도전해 오는 민속악과 대중으로부터 문화적 집중이라는 기득권을 지키는 방법으로 철저한 분리를 택한다. 이처럼 타 집단에 대한 배타성을 자기 집단의 정체성으로 보는 담당층이 타 집단의 언어를 배제하려는 것은 당연한 현상이다. "다른 언어들(일상회화, 사업, 산문의 언어들)을 자신과 동등하지 못한 대상으로 파악하면서 자신의 의도를 직접적으로 표출하는 단일한 언어에 의해서만 제 기능을 발휘할 수 있는"[85] 서정시적 언어는 이들의 의식을 표현하기에 안성맞춤이다. 여기에서 특정 사회 집단의 위기의식이 이념적·문화적 집중을 방해하는 원심력에 대항하여 구심을 향하려는 지향과 욕구로 나타날 때에도 단일 언어성을 낳을 수 있다는 것을 알게 된다.

한편, 『남훈태평가』 계열 歌集은 새로 창작된 소설 수용 작품이 많이 수록되어 있을 뿐 아니라, 사설시조의 제특성에 대해서도 개방적인 면모를 보이면서 구어체와 대화체를 많이 구사하고 있다.[86] 이와 같은 사설시조에 대한 선호도와 이 歌集에서 새로 보이는 소설 수용 작품들이 다성적 서사체로 되어 있다는 점은 일정한 연관이 있다. 『남훈태평가』 계열 歌集은 다성적 서사체의 시조를 새로 창작했을 뿐 아니라, 기존 歌集에서도 그러한 유형의 시조를 적극 취택하였다. 이 계열의 歌集 가운데 하나인 『시조집(경북대본)』을 보면 91수의 유명씨 작품 가운데 이정보의 작품이 5수, 김수장의 작품이 6수로, 가장 많이 실려 있다. 그런데 이정보의 시조 5수는 특이하게도 『병와가곡집』

84) 고미숙, 앞의 논문.
85) M. Bakhtin, 앞의 책, 288면.
86) 고미숙, 같은 논문, 178면; 최규수, 앞의 논문, 이곳저곳.

과 『해동가요(주씨본)』에서만 다같이 작자명이 본 시조집과 동일하게 기록되어 있어, 이 시조집이 두 歌集과 같은 계열로 판단된다.[87]

『해동가요(주씨본)』와 『병와가곡집』과 『청구영언(육당본)』에 나타난 시조에 있어서의 다성적 서사체라는 담화 방식이 『가곡원류』 계열로 이어지지 않고, 『남훈태평가』 계열로 이어졌다는 사실은 많은 시사점을 준다. 전대 가집에 수록된 소설 수용 시조들은 당대 최고의 벌열층 사대부의 위기의식과 관련된 데 비하여, 『남훈태평가』계 歌集의 향유층은 대개 중간 계층의 하위범주에서부터 하층민까지로[88] 크게 대조되기 때문이다.

이처럼 18세기의 최고의 벌열층에서 나타났던 상대주의적 담화 방식이 19세에는 중간층과 하층 대중의 전유물처럼 나타나고 있다는 사실로써 다성적 담화 방식이 계층적 하강을 겪는다고 할 수는 없다. 그보다는 역으로 다성적 담화 방식과 다양한 장르 지향이 본래 중간층 이하 계층의 세계관에서 온 것인데, 18 · 19세기 사대부층의 위기의식을 계기로 상층 문학에 부분적으로 틈입해 들어온 것으로 보아야 한다. 다성적 담화 방식과 비순수 장르를 지향하는 것은 주체 의식을 내세우지 않는 하층 민중의 체질과 깊이 관련되어 있기 때문이다. 민중적 문화에는 언어의 중심이 존재하지 않는다. 그들은 "자아가 개입되지 않는 상태에서 서로에게 아무 것도 기대하지 않고, 그저 대화를 나누는 즐거움을 위해 대화하는 전형적인 방식"으로서 '소통의 즐거움'[89] 추구하며, 문체의 불일치에 개의치 않고 혼합 장르가 주는 많은 정보량[90]들을 익

---

87) 서원섭 · 김기현 共著, 『時調講解』, 경북대 출판부, 1987.

88) 고미숙, 같은 논문, 168면. "『시됴時調(지씨본)』은 그 편자가 '오위장으로 기독교 신자이며 풍류객'이라는 기록이 있고 『시쳘가』(1887)는 관청 문서를 뒤집어 필사한 것으로 보아 하급관리였을 것으로 추정된다. 이 밖에 『詩餘』나 『歌謠』, 『調 및 詞』 등은 기방의 창영용 교본이었을 것이고, 『詩歌謠曲』 역시 기생들의 노래책으로 기능하였으리라 여겨진다. …대체로 추정컨대 편찬자들이 중간계층의 일원이라고 보는 데는 별 무리가 없다."고 하였다.

89) 19세기 시조사를 '통속성'이라는 특징으로 묶으려고 시도한 박애경은 이 시기 시조에 나타난 유흥과 오락은 이와 같은 소통의 즐거움을 겨냥한 것이라 보았다(박애경, 「조선 후기 시조의 통속화 과정과 양상 연구」, 연세대 박사학위논문, 1998).

90) 혼합 장르(hybrid genre)와 순수 장르(pure genre)의 개념 및 특징은 Thomas Kent, "The

숙한 관습으로 확인하는 데서 미적 쾌감을 느꼈던 것이다.

2절과 3절의 논의를 정리하면 다음과 같다. 첫째, 이념적 집중과 정치적 문화적 집중의 결합으로 일원화된 세계관에 바탕한 사대부적 서정이 이념의 하강기를 맞아 무너져가던 18세기 사대부의 소설 수용 시조에서부터 다성성의 틈입 현상이 나타나기 시작하는데, 전통적인 가치를 강조하는 재지사족층보다는 도시의 새로운 문화를 접하는 경화사족층의 시조에서 두드러지고 있다. 이는 이념의 하강을 맞이한 그들의 위기의식이 도시 문화의 접촉으로 자극을 받아 상대주의적 세계관을 받아들이는 방향으로의 출구를 모색한 결과로 보인다.

둘째, 19세기 초반까지 시조 향유와 시조집 편찬에 관여한 사대부층의 영향은 이들의 위기의식에도 불구하고 시조에서 다성성을 제한적으로 받아들이는 경향으로 나타났다. 『청구영언(육당본)』까지는 소설 수용 시조의 장르적 성격이 서정성에서 크게 벗어나지 않는 "준다성적 서정 양식"과 "다성적 서정 양식"에 머물고 있다. 정치적, 문화적, 이념적 집중이 통일되어 있지 못한 현실이 다성성을 낳았으나, 이를 방어하려는 노력이 서정 지향으로 나타난 것이다.

셋째, 19세기 중반을 넘어서면서 다성적 담화 방식에 대한 거부와 수용은 보다 구체적인 집단의 의식지향과 관련되어 갔다. 즉 자기 계층의 정체성이 강하고 정치적·문화적 집중을 추구하는 집단들은 서정 양식을 지향한다면, 시조창을 즐겨 향유한 대중들은 자신들의 본래적인 담화 방식인 다성성이 실현되는 장르에 더 친근하게 다가갔다.

이상의 결과로써 서정 지향 의식과 서사(소설)지향 의식이 특정 계층의 의식과 필연적으로 결합된다기보다는 어떤 시대에는 지배층과, 어떤 시대에는 피지배층과 결합할 수 있다는 것이 문학사의 실상임을 알 수 있었다. 이는 시/소설을 지배층/피지배층과 일대일 대응관계로 보는 바흐친의 장르 이론을 수

Classification of Genre", *Genre*, Vol.16, No.1, Univ. of Oklahoma, 1983 참조.

정하여 새로운 장르관을 정립시킬 필요성을 제기한다. 본고가 생각하고 있는 대안은 장르의 사회학이라 할 만한 것으로, 역사적으로 실재하는 장르의 경계를 유동적이고 불분명한 것으로 보고, 시대적 · 사회적 상황과 관련된 특정 집단의 위기의식이 특정 장르를 선택하게 한다고 보는 것이다. 이것이 아직은 이론적 틀을 갖추지 못하고 있으니 장르를 보는 관점에 대한 가설을 하나 덧붙인 셈이다.

5. 결론

본고는 시와 소설이라는 양극적인 담화 방식이 접합하고 있다는 점에서 소설 수용 시조에 주목하여 소설 수용으로 인해 시조의 장르적 성격이 어떻게 변동되고 있고, 그것이 지니는 의미는 무엇인지 논의하여 왔다.

2장에서는 소설 수용 시조가 근본적으로 안고 있는 문제인, (1) '독백성/다성성'과 (2) '선행담화와 후행담화의 관계'를 기준으로 삼아, '독백'이라는 시적 담화 방식의 정화를 보여주는 시조가 '대화성(dialogism)'이라는 담화 방식을 지닌 소설을 수용함으로써 겪게 되는 담화 방식의 변화를 살펴보았다.

바흐친의 이론으로 미루어 보면 드러내어야 할 이념과 주체의식이 비교적 확고하다고 할 사대부 작가의 경우는 서정시적 담화 방식에 가깝게 소설을 수용할 것이고, 그렇지 못한 무명씨 작가의 경우는 소설적 담화 방식에 가깝게 수용할 것이라 예상되었는데, 분석 결과도 이에서 크게 어긋나지 않았다. 이에 따라 소설 수용 시조의 담화 방식을 크게 두 가지로 나누어 볼 수 있었다.

그 한 가지인 "매개적 독백체"는 사대부작 소설 수용 시조의 담화 방식을 개념화한 것이다. 이 담화 방식은 소설 수용의 초점이 선행담화의 모방보다는 선행담화의 수용으로 인해 후행담화에 생겨난 효과에 맞춰져 있다. 따라서 선행담화의 서술자 혹은 인물의 '심리나 언어가 작자의 말로 화하여 어조의 단일성을 보인다. 겉보기에는 작자의 목소리와 체험을 독백적으로 들려주는 서정시적 담화 방식인 독백체와 유사하나, 반드시 선행담화의 매개를 통해서 성립된다는 점에서 순수한 서정시적 담화 방식과는 구별된다.

다른 한 가지는 "다성적 서사체"로서, 김수장과 무명씨의 소설 수용 시조에 나타난 담화 방식을 개념화한 것이다. 이 담화 방식은 선행담화를 매개로 하여 작자의 문제의식과 의도를 표현하려고 하기보다는, 선행담화의 이야기를 서술하는 쪽에 더 관심을 두고 선행담화의 텍스트성을 모방하려 한다. 선행담화를 모방함으로써 다성적인 언어들이 공존하는 담화 방식을 이루며, "매개적 독백체" 유형에 비하여 소설의 텍스트성에 근접하는 특징이 있었다.

3장에서는 소설 수용 시조의 장르 유형을 살폈다. 소설 수용 시조의 장르 유형은, 그것이 매개적 독백체의 담화 방식을 지니든지 다성적 서사체의 담화 방식을 지니든지, "서정 양식"과 "서사(소설)/희곡 양식"의 양극단 사이에 장르적으로 다소 불분명한 상태에 놓인다. 쉽게 생각하면 "매개적 독백체"는 "서정 양식"에 가깝게 놓이고 "다성적 서사체"는 "서사 또는 희곡 양식"에 가깝게 놓일 것이라 예상되지만, 본고에서는 장르종과 장르류의 관계에 관한 예비적 논의에 의하여 다른 가설을 제시하였다.

먼저 시적 담화 방식인 "독백체"는 서정적 양식의 본질적인 진술방식으로 여겨지는 "내적 독백(interior monologue)"과 거의 동일한 개념이라서, 시(장르종)의 담화 방식을 곧 서정 장르(장르류)의 담화 방식이라고 이해할 수 있으므로, "매개적 독백체"의 담화 방식을 지닌 시조들의 장르는 서정 양식이 되리라는 점에는 이견이 없다고 보았다. 그러나 소설의 "다성성"은 서술자와 인물의 시점을 교체해 가는 서사적 양식의 본질적 담화 방식에 의존하기보다는 다양한 장르류의 담화 방식을 택할 때 더 효과적으로 실현될 수 있으므로, 소설(장르종)의 담화 방식인 "대화체" 혹은 "다성성"이 서사 장르(장르류)의 본질적인 담화 방식이 될 수 없다고 보았다. 이에 따라 "다성적 서사체" 작품들의 장르 유형은 서사 장르로만 나타나지는 않으리라고 예측하였다.

분석 결과는 이론적 예측을 입증하는 방향으로 나타났다. "매개적 독백체"

유형은 선행담화와의 대화적 관계가 표면에 드러나 있지는 않으나, 선행담화를 현재의 시점에서 내면화하여 표현한다는 점에서 "준다성적 서정 양식"이라고 볼 수 있었는데, 소설 수용 시조 중에서 그 장르 지향이 가장 순수 서정에 가깝게 나타났다. "다성적 서사체" 유형의 경우 담화 방식은 고대소설의 서사체 또는 판소리 서사체에 가깝게 나타나고 있지만, 그 장르적 성격은 여전히 서정의 테두리를 맴돌고 있는 작품들과, 이를 벗어난 작품들의 두 부류가 있었다. 담화 방식은 판소리 서사체와 가깝지만, 인물의 심리를 내면화한 작자의 언어가 지배적인 작품들은 여전히 서정 장르에 남아 있는 경우이고, 인물의 심리의 내면화를 지배적 언어로 꾀하지 않는 작품들은 서정 장르에서 벗어나 서사 양식(소설)이나 극적 재현 쪽에 다가선 경향을 보였다. 이에 따라 "다성적 서사체"의 장르 유형은 "다성적 서정 양식(서사적 서정 양식)"과 "서정적 서사 양식", "준희곡 양식"으로 다양하게 나타났다. 각 유형의 특징은 다음과 같이 요약된다.

"준다성적 서정 양식"이란 "다성성이 틈입한 서정 양식"이란 의미인데, 매개적 독백체 유형에서 작자의 의도가 아무리 인물과 동일시를 꾀하고 작품의 전체적인 문체가 통일되어 있다 하더라도 그것이 소설이라는 선행담화에 대한 답변이나 반응이라는 점에서, 서정 장르의 본래적 특징인 단일 언어성과는 구별되기 때문에 이렇게 지칭한 것이다.

"다성적 서정 양식"이란 다성적 서사체 유형의 작품 가운데 그 장르적 테두리가 여전히 서정 양식으로 파악되는 유형을 지칭하는 말이다. 이들은 선행담화와의 대화적 관계가 암시적인 매개적 독백체 유형과는 달리 선행담화와의 대화적 관계가 명시적이며 다성성이 텍스트의 문체적 특징으로 드러난다.

한편 "서정적 서사 양식"은 작품에 지배적인 목소리가 없이 소설이 지닌 텍스트성을 그대로 모방하고 있어, 그 장르적 지향이 서정을 벗어나 서사에 가깝게 다가선 유형이다. 이 경우에도 누군가의 내면을 드러내려는 의도를 은연 중 엿볼 수 있어 서정 장르의 영향을 완전히 벗어나지 못했음을 알 수 있었다.

"준희곡 양식"은 "서정적 서사 양식"과 유사한 장르 유형으로 보이나, 서술자의 개입을 극소화하고 인물의 말을 그대로 모방하려는 경향이 강해서 서사 양식보다는 "극적 양식"에 가깝게 다가선 양식을 가리킨다. 그러나 시조라는 형식을 버리지 않는 이상 이러한 장르 지향을 가진다는 것은 매우 드문 현상이다.

4장에서는 이상에서 지적한 장르 유형들을 가지고 소설 수용 시조에 나타난 장르 변동의 양상과 계층의식을 알아보았다. 먼저 소설 수용 시조의 미학과 담당층의 성향을 파악하기 위해서 다성적 구조의 시조들의 장르 유형과 소설 수용 시조의 장르 유형을 비교하였다. 유사한 장르 변동 양상이 발견될 것으로 예상된 초한고사 소재 시조, 사설시조, 대화체 시조의 장르 유형과 비교한 결과 소설 수용 시조가 가장 중간 장르적 성격을 띠고, 시와 소설이라는 이질적인 장르 요소의 조화로운 공존을 모색하는 독자적인 미학을 보여 주었다고 할 수 있었다. 이에 따라 소설 수용 시조의 담당층이 자기 주관과 객관적 세계 중 어느 쪽도 무시할 수 없는 실존적 문제를 안고 단일 언어를 추구하려는 의식과 다양한 언어를 받아들이려는 이중의식을 지녔을 것으로 추정되었다. 그 이중의식의 실체가 무엇이며, 어떤 사회적 관계가 단일 언어를 추구하는 구심력과 상대화된 언어를 지향하는 원심력으로 작용하는가를 밝히기 위해서 소설 수용 시조의 歌集別 분포를 살폈다.

그 결과를 간략히 말하자면, 『해동가요(주씨본)』에서부터 뚜렷이 나타나서 『병와가곡집』과 『청구영언(육당본)』을 거치면서 작품 수가 다소 늘어나다가 19세기 중·후반에 들어 『가곡원류』계 歌集에서는 위축을 보이고, 『남훈태평가』계 歌集에서는 적극적인 수용과 활발한 창작 현상까지 나타나는 대조를 보인다는 것이다.

담화 방식으로 보면 『해동가요』·『병와가곡집』·『청구영언(육당본)』에서는 매개적 독백체와 다성적 서사체 유형이 함께 나타나는데, 매개적 독백체 유형이 많은 것이 특징이었다. 장르 유형으로 말하자면 『해동가요』·『병와가곡집』에서는 "준다성적 서정 양식"이, 『청구영언(육당본)』에서는 "다성적 서정 양식"이 우세하다. 다성적 서사체 담화 방식을 지닌 작품들은 그 장르적 지향이 "서정적 서사 양식", "준희곡 양식" 등으로 다양하게 나타날 수 있는데도 이 시기까지는 "다성적 서정 양식"에 머무르고 있었던 것이다. 19세기에 들어서는 『가곡원류』 계열에서는 매개적 독백체 유형과 "준다성적 서정 양식"이 나타나는 데 반해, 『남훈태평가』 계열의 시조집에서는 다성적 서사체의 유형 가운데서도 서정 장르의 테두리를 벗어나 "서정적 서사 양식"과 "준희곡 양식" 등, 장르 변동이 큰 작품들이 많이 나타나고 있다.

이상의 결과와 여타 다성 구조의 시조들의 통시적 전개를 비교해 볼 때, 시조에 틈입한 다성성이 19세기까지는 일정하게 유지 혹은 확대되는 양상을 거치다가 19세기 중반 이후 『가곡원류』 계열에서는 위축되고, 『남훈태평가』 계열 歌集에서는 확대되는 양상이 시조 장르 변동의 일반적인 양상이었다고 판단되었다. 이에 따라 소설 수용 시조에서의 다성성의 틈입과 확장 문제를 각 歌集과 관련된 사회집단과 관련하여 논하는 것이 가능해졌다.

먼저 소설 수용 시조가 『해동가요』부터 뚜렷이 나타나게 된 원인을 18세기 사대부의 위기의식에서 설명할 수 있었다. 18세기 사대부 가운데 특히 이정보와 같은 벌열층 작가의 작품에서 다성성이라는 상대적 담화 방식이 나타나게 된 것은 성리학 이념의 하강기를 당한 그들의 위기의식이 도시 문화의 접촉으로 자극을 받아 상대주의적 세계관을 받아들이는 방향으로의 출구를 모색한 결과로 보았다.

그런데 19세기 초반까지 시조 향유와 시조집 편찬에 관여한 사대부층의 영향은 이들의 위기의식에도 불구하고 시조에서 다성성을 제한적으로 받아들이는 경향으로 나타났다. 『청구영언(육당본)』까지는 소설 수용 시조의 그 장르적 성격이 서정 양식을 넘어서지 않는 "준다성적 서정 양식"과 "다성적 서정 양식"에 머물고 있는 것은 정치적·문화적·이념적 집중이 통일되어 있지 못한 현실이 다성성을 낳았으나, 이를 방어하려는 노력이 단일 언어 지향으로 나타났기 때문이라고 보았다.

19세기 중반 이후로 『가곡원류』를 편찬한 전문 가객 집단과 같이 자기 계층의 정체성이 강하고 정치적 · 문화적 집중을 추구하는 쪽에서는 서정 양식을 지향한다면, 『남훈태평가』 계열의 시조집에서 드러나듯 시조창을 즐겨 향유한 대중들은 자신들의 본래적인 담화 방식인 다성성이 실현되는 장르에 더 친근하게 다가갔음을 알 수 있었다. 이런 사실은 장르 선택이 특정 사회 집단들 사이의 상호작용으로부터 생겨난다는 본고의 전제를 구체적으로 입증하는 의미가 있다.

본고에서 소설 수용 시조의 장르 유형으로 든 "준다성적 서정 양식"과 "다성적 서정 양식"은 '서정 양식 안에는 다성성이 허용되지 않으며 통일되고 단일한 언어만이 가능하다'고 보는 바흐친의 서정시관을 문제 삼는 자료로서 활용될 수 있다.[91] 또한 소설 수용 시조 가운데 서정 장르를 지향하는 계층의 의식을 통해서 볼 때, 바흐친의 견해대로 이념적 · 문화적 집중 속에서만 단일 언어성을 생산해 내는 것이 아님을 알 수 있었다. 이념적 · 문화적 집중을 방해하는 원심력이 작용하는 현실에 대하여 위기의식을 느끼는 어떤 집단의, 구심을 회복하려는 지향과 욕구도 단일 언어성을 낳는 요인이라고 본다. 따라서 서정 지향 의식과 서사(소설)지향 의식이 지배층/피지배층의 의식과 필연적으로 결합된다기보다는 어떤 시대에는 지배층과, 어떤 시대에는 피지배층과 결합될 수도 있으며, 혹은 한 시대 여러 계층에 걸쳐서 각기 다른 사회적 관계와 장르 미학의 다양한 스펙트럼으로 나타날 수 있는 가능성을 생각해야 할 것이다.

---

91) 이 책의 다음 장에서는 서정시가 반드시 단일하고 통일적인 어조로 이루어져야 하는지에 대해 다루고 있다.

참고문헌

1. 자료

『青丘永言』(진본: 吳璋煥 소장본, 조선진서간행회, 1948)

『青丘永言』(육당본 인쇄본: 서울대학교 규장각 소장본)

『歌曲源流』(國立國樂院 소장본)

『남훈태평가』(서울대학교 규장각 소장본)

『時調』(경북대학교 소장본)

박을수 편, 『한국시조대사전』, 아세아문화사, 1992.

정병욱 편저, 『시조문학사전』, 신구문화사, 1966.

정재호 편저, 『韓國雜歌全集』 4, 계명문화사, 1984.

2. 논저

강명관, 「18.19세기 京衙前과 예술 활동의 양상」, 김학성・최원식 외 9명 저, 『한국근대문학사의 쟁점』, 창작과비평사, 1990.

고미숙, 「19세기 시조의 전개양상과 그 작품세계 연구」, 고려대 박사학위논문, 1993.

고정희, 「『가곡원류』시조의 서정시적 특징」, 서울대 석사학위논문, 1996.

고형진, 『한국 현대시의 서사지향성 연구』, 시와 시학사, 1991.

구모룡, 「현대 시학과 서사의 문제」, 현대시학회 편, 『한국 서술시의 시학』, 태학사, 1998.

권두환, 「松江의 <訓民歌>에 대하여」, 김학성・권두환 편, 『古典詩歌論』, 새문사, 1984.

김병국, 「시조 발생의 문학사적 의의」, 『고려시대의 가요 문학』, 새문사, 1982.

______, 『한국 고전 문학의 비평적 이해』, 서울대 출판부, 1995.

김영진, 「孝田 沈魯崇 文學 硏究」, 고려대 석사학위논문, 1996.

김용찬, 「『청구영언(육당본)』의 성격과 시가사적 위상」, 고려대 고전문학・한문학연구회 편, 『19세기 시가 문학의 탐구』, 집문당, 1995.

김용찬, 「조선후기 시조에 나타난 소설 수용의 양상-『三國志演義』를 중심으로」, 『어문논집』 32집, 고려대 국문학과, 1993.

김준오, 「문학사와 패러디 시학」, 김준오 편, 『한국 현대시와 패러디』, 현대미학사, 1996.

김학성, 『한국고시가의 거시적 탐구』, 집문당, 1997.

김흥규, 「조선 후기 사설시조의 시적 관심 추이에 관한 계량적 분석」, 『한국학보』 73집, 1993.

남정희, 「18세기 사대부 시조 연구」, 이화여대 석사학위논문, 1993.

박노준, 『조선후기 시가의 현실인식』, 고려대 민족문화연구원, 1998.

박애경, 「조선 후기 시조의 통속화 과정과 양상 연구」, 연세대 박사학위논문, 1998.

박을수, 「申獻朝論」, 한국시조학회 편, 『속 고시조작가론』, 白山출판사, 1990.

서원섭·김기현 共著, 『石雕講解』, 경북대 출판부, 1987.

신은경, 『사설시조의 시학적 연구』, 開文社, 1995.

이노형, 「장시조의 장르적 성향과 그 한계」, 『관악어문연구』 12집, 서울대 국문과, 1987.

이형대, 「楚漢古事 소재 시조의 창작 동인과 시적 인식」, 『한국시가연구』 3집, 한국시가학회, 1998.6.

조동일, 『한국문학통사』 3(제2판), 지식산업사, 1989.

조세형, 「송강가사의 대화 전개 방식 연구」, 서울대 석사학위논문, 1990.

_____, 「가사 장르의 담론특성 연구」, 서울대 박사학위논문, 1998.

최규수, 「『남훈티평가』를 통해 본 19세기 시조의 변모 양상」, 이화여대 석사학위논문, 1989.

Austin, T. R., *Poetic Voices: Discourse Linguistics and the Poetic Text*, Tuscaloosa; Alabama: The University of Alabama Press, 1994.

Bakhtin, M., *The Dialogic Imagination*, ed. by Michael Holquist, Austin: University of Texas Press, 1981(미하일 바흐찐, 전승희 外 譯, 『장편소설과 민중언어』, 창작과비평사, 1988).

Freedman, A. & P. Medway eds., *Genre and New Rhetoric*, London; Bristrol: Taylor & Francis, 1994.

Hernadi, P., *Beyond Genre: New Directions in Literary Classification*, Ithaca and London: Cornell University Press, 1972(P. 헤르나디, 김준오 역, 『장르론: 문학 분류의 새 방법』, 문장, 1983).

Kent, T., "The Classification of Genre", *Genre*, Vol.16, No.1, Univ. of Oklahoma, 1983.

Lamping, D., 장영태 옮김, 『서정시: 이론과 역사』, 문학과지성사, 1994.

Paltridge, B., *Genre, Frames and Writing in Research Settings*, Amsterdam; Philadelphia: University of Melbourne, 1997.

고전시가의 서정성과 비유기적 노랫말*

1. 문제제기

이 글의 목적은 이른바 '비유기적' 노랫말을 지닌 고전시가 해석의 문제점을 살펴보고 비유기적 시가의 서정시적 가능성을 탐색하는 데 있다. 서정시는 그 어떤 장르보다도 시인에 의해 엄격하게 통제되는 단일한 목소리를 지닌 장르이다. 간혹 이질적인 의식이나 언어가 끼어들더라도 '부분의 종합적 전환'에 의해 '긴장감 넘치는 통일성'을 획득하는 것이야말로 서정시의 본령이다. 그런 점에서 여러 노래가 합성되는 등의 이유로 목소리와 어조의 혼효가 심한 시가들을 선뜻 서정시라고 부르기는 힘들다. 그러나 이런 부류의 고전시가가 간헐적으로 있어 왔고, 오늘날 펑크록에 속하는 몇몇 노래에서도 극도로 비유기적인 노랫말을 접할 수 있다.[1] 이 글에서는 통상적인 서정시의 기준으로 보면 이단아처럼 보이는 비유기적 노래들의 서정시적 가치를 드러낼 만한 해석 방법을 모색하면서, 이 기회에 서정시라는 것이 반드시 '통일

---

* 이 글은 「'비유기적' 노랫말을 지닌 고전시가의 재해석-잡가 <제비가>를 중심으로」(『한국시가연구』 24집, 한국시가학회, 2008.5)를 부분 수정한 것이다.

1) 비유기적 노랫말을 지닌 대중가요는 사실 그렇게 많지 않다. 필자가 아는 범위에서는 펑크록 그룹으로 알려진 크라잉 넛의 <지독한 노래>, <신기한 노래> 등 몇몇 노래들이 특히 비유기적이다. 이 밖에도 순간의 몰입과 기능성을 극도로 강조하는 테크노댄스 음악에서 비유기적인 노랫말이 더 광범위하게 발견된다고 한다.

된' 혹은 '단일한' 목소리를 지녀야 하는지를 반문해 보고자 한다.

고전시가에서 노랫말의 비유기성이 문제되는 장르는 고려가요와 잡가이다. 둘은 모두 민간의 문학에 연원을 두고 각각 궁중문학이나 근대 대중가요로 발달한 바, 태생부터 다원적인 장르들이다.2) 이들 노래에 나타난 비유기성을 해석하는 방식은 크게 다음과 같이 나뉜다.

(가) 부분적인 수준에서는 유기성이 없어 보이는 노랫말들을 '자연과 인간의 대립'과 같은 일반적 · 추상적 수준으로 재배열하여 일관성을 찾아내거나(윤영옥(1996)),3) 부분적인 노랫말을 넘어서는 전체적인 장르 형성 원리를 따져 유사성을 발견한다(성무경(2000)).4)

(나) 텍스트 내에서 뚜렷한 의미론적 일관성을 발견할 수 없을 경우, 노랫말이 비유기적임을 인정하되, 대신 음악적 연행이 비유기성을 해소한다고 본다(신은경(1997)).5)

(가)와 (나)는 유기체 · 비유기체를 나누는 일반적 기준을 적용하고 있다. 사전적 의미에서 '유기체'란 생물체처럼 전체를 구성하고 있는 각 부분이 서로 밀접하게 관련을 가지고 있어서 떼어 낼 수 없는 것을 말한다. 서로 다른 부분들이 종합될 수 있는 이유는 유기체 내부에 미리 존재하는 '생명' 또는 '구성력'이 있기 때문이다. 반면 '비유기체'란 부분을 종합해 주는 '생명'이 없는 기계와 같은 것이다. 스스로는 구성력이 없기 때문에 어떤 수준에서 다른 수준으로 넘어가기 위해서는 매번 외부의 원인 제공이 필요하다.6)

---

2) 김흥규, 「고려속요의 장르적 다원성」, 『욕망과 형식의 시학』, 태학사, 1998.
3) 윤영옥, 「<만전춘별사>의 재음미」, 『고려가요연구의 현황과 전망』, 집문당, 1996.
4) 성무경, 「가사의 장르 실현-잡가 <유산가>의 형성원리에 대하여」, 『가사의 시학과 장르실현』, 보고사, 2000.
5) 신은경, 「창사의 유기성에 대한 텍스트 언어학적 조명-잡가의 경우」, 『고전시 다시 읽기』, 보고사, 1997. 이 논문은 <매화가> 텍스트에서 의미일관성(coherence), 문장의 결속성(cohesion)을 살핀 결과, 노랫말의 일관성이 결여되었으나 노래로 연행될 때는 수용상의 일관성이 있었으리라 추정하였다.

고려가요 <만전춘별사>나 잡가의 경우 텍스트 자체에서 부분을 종합하는 구성력을 찾기 어렵기 때문에 '비유기적'이라 불리는 것이다. 이에 대해 (가)는 연구자의 추론이나 텍스트 형성 배경과 같은 외부의 원인 제공을 통해 비유기성을 유기적 수준으로 해석하려는 입장이라면, (나)는 비유기적인 것을 지나치게 유기적으로 해석하는 태도를 경계하는 입장이다. (가)의 경우 각 부분들이 지닌 의미를 지나치게 추상적으로 해석하다 보면 어떤 노래나 '자연과 인간의 대립'을 주제로 한다고 볼 수 있을 것이다. 따라서 (가)의 입장을 견지하려면 개별 작품의 개성을 사장시키지 않기 위해서 어느 수준까지 추상화하는 것이 적절한지에 대한 고민이 따라야 할 것이다. 혹시 노랫말은 반드시 유기적으로 통일되어야 한다는 신념이 작품의 실상을 압도하지 않는지 경계할 필요도 있다.

(나)에서는 구조적으로 정연한 것이 그렇지 않은 것에 비해 우월하게 여겨지는 점에 문제를 제기한다. (나)는 텍스트에서 실증되는 만큼의 유기성을 분석해내고, 그렇지 않은 경우 억지로 유기성을 부여하려 하지 않는다는 점에서 비유기적 시가의 개성을 그 자체로 인식하고자 한 시도로서 소중하다. 그러나 음악적 연행을 떠나 비유기적 시가가 지닌 개성을 문학적으로 해석해낼 수는 없는지 의문을 남기고 있다.

이 밖에 잡가를 놓고 제기된 다음과 같은 입장들도 노랫말의 비유기성에 대한 일정한 시각을 견지한 것이다.

(다) 노랫말의 비유기성을 서민 문학이나 도시 대중 문학이 지니는 다성성, 개방성, 다원성, 역동성으로 해석하는 경우(박경수(1997),[7] 김학성(2002),[8] 성무

6) 질 들뢰즈, 이찬웅 역, 『주름, 라이프니츠와 바로크』, 문학과지성사, 2004, 18~20면.

7) 박경수, 「잡가의 패러디적 성격」, 『국어국문학』 119호, 국어국문학회, 1997.5.31. 이 연구는 잡가에 나타난 형식상의 불통일성, 노랫말 구성의 비유기성을 인정하되, 이를 구조주의적 관점으로 비평할 수 없다고 한 점에서 (나)와 입장을 같이 하는데, 연구 결과가 여타 연구들과 유사하여 여기에 편입시켰다.

8) 김학성, 「잡가의 생성기반과 장르 정체성」, 『한국고전시가의 정체성』, 성균관대 대동문화

경(2000), 고미숙(1998),[9] 박애경(2006),[10] 이형대(2007)[11])

(다)는 각각 표현은 다르지만 잡가를 '다원적이다', '개방적이다', '역동적이다'라고 지적하고, 그 다양성의 이유를 '도시' · '대중' · '유흥'이라는 키워드로 설명하는 공통점이 있다. 비유기적인 대상을 분석하여 다양하고 역동적이라고 밝히는 이들의 주장은 경청할 만하다. 그렇지만 개별 작품이 지니는 언어적 개성과 문제의식이 사장될 우려는 여전히 남아 있는 듯하다.

김학성은 선행 연구에서 지적한 '통속성 · 대중성'이 잡가 사설의 작품화의 원리나 언어적 표현의 원리와 긴밀히 밀착되지 않은 점을 지적하고, 기록성과 구비성의 측면에서 잡가 사설의 표현 원리를 상세히 고찰하고 있다. 그 결과 '낯익은 것을 자극하기'라는 작품 형성 원리를 통해 "도시 대중의 통속적 정서"[12]의 창출방식을 설명해 낼 수 있었다. 그런데 '극도로 비유기적인 노랫말'을 지닌 잡가의 독특한 서정성을 이해하기 위해서는 일반적인 작품 형성 원리와 함께 개별 작품마다 가지는 고유한 미감이 상세히 밝혀져야 할 것이다.

이상과 같이 선행 연구에서는 '비유기적 노랫말'을 여러 각도에서 해석하고 있으나, (나)를 제외하고는 '비유기성' 자체를 근본적으로 문제 삼았다고 보기 어렵다. (가)와 (다)의 경우 그 주관심이 "비유기적으로 보이는 노랫말들을 어떻게 유기적으로 설명할 것인가?"에 있었던바, 중요한 연구 성과에도 불구하고 비유기적 시가의 문제성이 상대적으로 간과된 감이 있다. 이 세상에 수많은 유기적인 서정시가가 있는데 왜 굳이 이런 '(유기성이) 모자라는' 노래들이 생겨났을까를 되묻는 것으로부터 논의를 시작할 필요가 있다.

연구원, 2002.

9) 고미숙, 「대중가요의 선구, 20세기 초반 잡가 연구」, 『18세기에서 20세기 초 한국시가사의 구도』, 소명출판, 1998.

10) 박애경, 「20세기 초 대중문화의 위상과 시가-시가의 지속과 변용 양상을 중심으로」, 『민족문학사연구』 31호, 민족문학사학회, 2006.

11) 이형대, 「계몽기 시가의 근대적 대응-근대 계몽기 시가사 인식의 구도와 관련하여」, 한국시가학회 국제학술대회 발표문, 2007.11.

12) 김학성, 앞의 논문, 273면.

2. 비유기적 노랫말의 해석 방법

고전시가에서 비유기적 노랫말들은 대체로 여러 노래의 합성이나, 서로 다른 텍스트에서 사설을 차용한 결과로 생겨났다. 김흥규는 고려가요 연구자들이 고심해 온 <쌍화점>, <만전춘별사>, <서경별곡>에 나타난 '정조와 태도의 급변(충돌)' 혹은 '서정적 자아의 다성성'의 원인을 '장르 이동'으로 추정하여, 그간 막연히 제기되어 온 고려가요 합가설(合歌說)보다 구체적인 경로를 상정한 바 있다.[13] 자료의 한계 상 추정에 머물 수밖에 없는 고려가요에 비해 잡가의 경우는 비유기성이 생겨난 과정을 구체적으로 보여준다. 성무경은 서로 다른 단위 사설들이 편사되면서 의미의 불연속성이 생겨나는데, 이 사설들은 대개 19세기까지 적층을 거듭해 온 수사적 정형 문법들임을 밝혔다.[14]

그런데 중세 시가에서 여러 장르의 상투어구를 활용하는 것은 그다지 새로운 창작기법이 아닌바, 오히려 전대의 문학적 자산을 활용하는 일은 바람직한 창작태도로 권장되기도 하였다. 문제는 새로운 텍스트 안에 들어 온 여러 노랫말들이 하나의 텍스트로 자연스럽게 융합되지 못하고 여전히 이질성을 띠고 있을 때이다. 그럴 때 독자는 이 노래들을 구성한 주체의 진지한 창작의식을 발견하는 데 어려움을 느끼게 된다. 비근한 예로 요즘 초등학교 아이들이 즐겨 부르는 노래를 들 수 있다.

> 가위 바위 **보**라돌이 뚜비 **나**비야 나비야 이리 나라 **오** 필승 **코**끼리 아저씨는 **손**이가요 손이가 새우깡에 손이가

이 노래는 비유기적 시가의 본질이 "여럿으로 이루어진 하나"임을 분명히 보여준다. 즉 6개의 상이한 노래들이 자기의 음악적 개성을 그대로 지닌 채 하나의 노래를 이루고 있으며, 열린 종결(open-ended) 구조를 지닌 유희요이

---

13) 김흥규, 앞의 논문.
14) 성무경, 앞의 논문.

다. 그 구성 원리는 앞의 노래의 한 음절이 다음 노래의 첫 말이 되면서 동시에 음(音)높이가 같아서 서로 이어 불러도 어색하지 않는 음악적 구조를 갖춘 데 있다. 이 음악적 구조를 이해하고 있는 동시대인들은 익숙한 노래를 즐기다가 엉뚱한 노래로 전환될 때 기대와 반전의 스릴을 즐길 수 있지만 오랜 세월 뒤에 후손들이 보면 위의 유희요를 이해하지 못할 것이다. 이처럼 고려가요의 음악적 · 의미론적 맥락을 상실한 우리들도 왜 그런 노래들이 '함께 모여' 있는지 이해하기 어렵다. 이러한 한계에도 불구하고 <만전춘별사>에 대한 윤영옥의 연구는 구조 분석을 통해 노랫말 결합의 의미를 진지하게 탐구한 선례를 남기고 있다.

[1] 어름우희 댓닙자리 보아 님과 나와 어러주글만뎡/ 어름우희 댓닙자리 보아 님과 나와 어러주글만뎡/ 情둔 오ᄂᆞᆳ밤 더듸 새오시라 더듸 새오시라

[2] 耿耿 孤枕上애 어느 ᄌᆞ미 오리오/ 西窓을 여러ᄒᆞ니 桃花ㅣ 發ᄒᆞ두다/ 桃花ᄂᆞᆫ 시름업시 笑春風ᄒᆞᄂᆞ다 笑春風ᄒᆞᄂᆞ다

[3] 넉시라도 님을 ᄒᆞᆫᄃᆡ 녀닛景 너기다니/ 넉시라도 님을 ᄒᆞᆫᄃᆡ 녀닛景 너기다니/ 벼기더시니 뉘러시니잇가 뉘러시니잇가

[4] 올하 올하 아련 비올하/ 여흘란 어듸 두고 소해 자라 온다/ 소콧 얼면 여흘도 됴ᄒᆞ니 여흘도 됴ᄒᆞ니

[5] 南山에 자리 보와 玉山을 벼여 누어/ 錦繡山 니블 안해 麝香각시를 아나 누어/ 南山에 자리 보아 玉山을 벼어 누어/ 錦繡山 니블 안해 麝香각시를 아나 누어/ 藥든 가슴을 맛초ᅀᆞᆸ사이다 마초ᅀᆞᆸ사이다

[6] 아소 님하/ 遠代平生애 여힐술 모ᄅᆞᅀᆞᆸ새 <만전춘별사>

주지하다시피 위 노래는 제3연이 <정과정곡>의 일부분과 일치하고 있어 여러 노래가 합쳐졌을 가능성이 높게 점쳐지는 노래이다. 선행 연구에서는 순우리말로 이루어진 진솔한 문체와 한문투어 사이의 불일치, 오리와 화자의 문답, 여성적 어조에서 남성적 어조로의 갑작스런 전환 등을 설명하는 데

큰 어려움을 겪어 왔다. 그런데 윤영옥은 각 연에서 '위화하는 인간'과 '화합하는 자연'의 공통된 의미들을 찾아내어 이 작품의 구조를 다음과 같이 설명한다.

1연: 위화하는 인간
2연: 위화하는 인간과 화합하는 자연의 대립
3연: 위화하는 인간
4연: 위화하는 인간과 화합하는 자연의 대립
5연: 자연의 화합 속에서 화합되는 인간의 통합을 기원
6연: 기원의 재강조

그가 시도한 분석은 비유기적 시가를 해석하고자 하는 이 글에 적지 않은 시사점을 준다. 즉 비유기적 시가에서도 여러 이질적인 재료들 사이에는 어떤 공통점이 존재하며, 만일 그런 공통점을 발견하지 못한다면 여러 노래들이 '함께 모인' 까닭을 이해하기 힘들다는 것이다.

비유기적인 노랫말을 가진 작품도 하나의 시라고 본다면, 거기에는 일정한 공통된 의미나 이미지를 가지고 계열화되는 시어들이 나타나게 마련이다. 계열관계에 있는 낱말들 가운데 어느 하나가 선택되면 다른 모든 낱말들은 발화 연속체 상에서 사라지는 일상어와는 다르게, 시에서는 계열관계에 있는 낱말들이 연속적으로 발화 상에 나타날 수 있다. 따라서 시의 언어적 분석이란 등가성을 지닌 계열관계의 언어들이 발화연속체 상에 나타나는 양상을 분석하는 것이다.[15)]

---

15) 언어의 선조적 특징에 의해 낱말들은 발화 연쇄상에서 하나씩 차례로 배열되는데, 이러한 결합이 어느 정도 공간적 길이로 나타날 때, 이를 통합체(syntagmes)라 한다. 한편 담화 밖에서는 어떤 공통점이 있는 낱말들이 서로 계열관계를 이루가 우리들의 머릿속에 자리 잡고 있다가 발화 순간 선택된다. 로만 야콥슨은 계열관계에 있던 등가의 원리를 계열체에서 통합체로 투사하는 것이 '시적 기능'이라고 밝혔다(Roman Jakobson, *Style in Language*, Cambridge; Massachusetts: The M.I.T. Press, 1964).

여기서 서로 계열관계에 있는 언어들 사이에 반드시 유기적 연관이 요구되는 것은 아니다. '도화(桃花)'와 '오리', '남산'은 서로 유기적으로 관련되어 있지 않아도, '화합하는 자연'이라는 의미적 유사성을 갖기 때문에 계열관계에 놓이는 것이다. 아마도 연구자는 위의 구조를 도출하기 위해 시어들을 다음과 같이 계열화하는 작업을 선행했을 가능성이 높다.[16)]

위화하는 인간	화합하는 자연
나와 님 잠 못 드는 나 님을 그리는 나 구속된 인간	도화(桃花)와 춘풍(春風) 자유로운 오리 유신(有信)하고 재생(再生)하는 자연 남산(壽), 옥산(굳음), 금수산(美色), 사향(芳香)

이러한 계열화를 위해 연구자는 여러 가지 전거들을 들어 시어들의 비유적 의미를 추론하였다. 그의 해석에 전체적으로 동의하면서도 과연 이 작품에서 '성애(性愛)적인 사랑'을 배제할 수 있는지 의문이 든다. 만약 '남산에 자리보아 옥산을 베어 누어~약든 가슴을 맞초웁사이다.'가 환기하는 이미지가 '님과 나의 굳은 신의와 화합의 기원'이라면 구태여 성애(性愛)를 강하게 암시하는 언사를 써서 '비리지사(鄙俚之詞)'라는 비판을 자초한 이유를 설명하기 어렵다. 문면 그대로 열정적인 사랑이나 고독, 현실에서의 갈등과 좌절을 "성애(性愛)적인 사랑을 통하여" 노래한 작품으로 볼 여지도 충분하다.[17)] 따라서 이 노래는 '위화하는 인간'과 '화합하는 자연'의 대비를 근간으로 하면서도 의도적으로 성애(性愛)나 질투, 배신과 냉소와 같은 정서들을 생성하고 있고, 그것이 조선 성종대의 비판과 오늘날 연구자들의 관심을 이끌어낸 것이 아닐까 생각된다.

여기서 현대 대중가요의 예를 들어 비유기적 노랫말에 대한 구조적 분석이

16) 표는 필자가 만든 것이다.

17) 현혜경, 「<만전춘별사>에 나타난 화합과 단절」, 김대행 편, 『고려시가의 정서』, 개문사, 1985; 전규태, 「<만전춘별사>고」, 정병욱 외, 『고려시대의 가요문학』, 새문사, 1982.

지니는 문제점을 좀 더 생각해 보기로 한다.

> 전선 위에 참새가 고압선을 씹어 먹고 불사조가 하늘을 나네/ 벽오동 심은 뜻은 장롱 짓고 궤짝 짜니 봉황은 갈 곳이 없네/ 바람의 팔 할은 먼지요 황사니 내 눈엔 너의 모습이/ 슬퍼도 우지 마라 내일은 해가 뜬다 우리에게 미래는 없다/ (중략) /
>
> 역겹지만 즐거운 이야기 호러엽기 족귀's 환타스틱/ 춘향아 어서 나와 어부바 하자 나는요 차라리 내 이웃을 먹을래요 (크라잉 넛, <지독한 노래(2001)>)

위의 노래는 언더 그라운드 밴드인 크라잉 넛의 <지독한 노래> 중 일부이다. '어디로 튈지 모르는' 악동들로 이루어진 크라잉 넛의 노랫말은 대개 앞뒤가 맞지 않는 연상들로 이루어져 있다. 박완기는 크라잉 넛의 노래들에 대해 구조주의 신화학에 입각한 계열체 분석을 통해 흥미로운 결론을 이끌어 내고 있다. 그는 계열체 분석을 하면서 특히 텍스트 속에 묻혀서 의미를 발생시키는 숨겨진 이항대립의 유형을 찾아내고자 애썼다. 그 결과 이 노래에서는 '나(우리)'와 '너(그들)'의 이항대립이 뚜렷이 나타나며, 전체적인 메시지는 '사회적인 강자를 향한 약자의 투쟁의지 고취'로 요약된다고 주장한다.18)

나(우리)	너(그들)
봉황 상처 입은 미래가 없는 힘없는 싸워야 하는 주체	참새, 불사조 상처 주는 미래가 있는 힘 있는 싸워야 하는 대상

18) 박완기, 「한국 언더그라운드 록 음악에 대한 연구: 크라잉 넛 가사 분석을 중심으로 저항성 연구」, 성균관대 석사학위논문, 2005. 위의 표는 박완기가 작성한 표를 본문에 인용한 가사에 따라 압축한 것이다.

논자는 크라잉 넛의 모든 노래에서 거의 동일한 내용의 이항대립을 추출하고, 이를 사회적 저항성의 메시지로 읽어내고 있다. 그러나 크라잉 넛 노래 중에서도 위의 노래가 유독 비유기적인 이미지들의 병치로 이루어져 있음으로써 갖게 된 고유한 미감에 대해서는 언급이 없다.

이 노래의 독특한 미감은 이 노래가 끌고 들어온 상투어구 내지는 다양한 텍스트들의 맥락 때문에 생겨난다. 가장 먼저 눈에 띄는 것은 "벽오동 심은 뜻은 장롱 짓고 궤짝 짜니 봉황은 갈 곳이 없네"라는 가사이다. 이 부분은 작자 미상의 시조 "碧梧桐 심은 뜻은 鳳凰을 보렷더니/ 내 심은 탓인지 기다려도 아니 오고/ 밤 중만 一片明月만 뷘 柯枝에 걸녀세라"를 패러디 한 것이다. 원래 시조는 기다림의 애틋함과 대상에 대한 동경, 모든 잘못을 자신에게로 돌리는 안타까움을 그린 것이다. 그에 비해 <지독한 노래>에서는 모든 욕망은 물질적인 것임을 폭로하고, 설사 봉황과 같은 이상적 존재가 있다 해도 이 세상에 깃들 가능성이 없음을 냉소적으로 표현하고 있다.

"바람의 팔 할은 먼지요 황사니"도 기발한 비틀기의 소산이다. 서정주의 시 <자화상(自畵像)>에서 "스물 세 햇 동안 나를 키운 것 팔 할이 바람이다"라고 한 것을 두고 "바람의 팔 할은 먼지요 황사"라며 비틀어 놓은 것이다. 이렇게 딴청을 부려 놓고 나니 먼지바람 속에서 "내 눈에 너의 모습이" 흐릿하게만 떠올라 슬퍼진다. 그래서 다시 서정주 시에서의 슬픈 정조와 이어지다가 급기야 "외로워도 슬퍼도 나는 안 울어"라는 캔디 만화의 주제가와 연결되면서 "슬퍼도 우지 마라"는 가사가 만들어졌다.

이어지는 가사 "내일은 해가 뜬다" 역시 전거가 있다. "사노라면 언젠가는 밝은 날도 오겠지/ 흐린 날도 날이 새면 해가 뜨지 않더냐/…/ 내일은 해가 뜬다 내일은 해가 뜬다"라는 노래는 8·90년대의 시대적 암울함 속에 대학가에서 널리 불린 노래이다. '바람'으로 표상되는 황량한 과거도, '슬픈' 현재도 해가 뜨는 '내일'이 있기 때문에 이겨낼 수 있다는 노랫말을 가져온 후, 갑작스럽게 "우리에게 미래는 없다"고 하여 충격을 준다.

후렴을 보자. '역겹지만 즐거운 이야기'는 아이러니한 세상을 비꼰 것이다.

“족귀’s 환타스틱”의 ‘족귀’은 크라잉 넛의 맴버로 이 노래를 작사 · 작곡한 ‘김인수’의 별명이니, 이하의 내용은 자신의 환상이라는 뜻이다. “춘향아 어서 나와 어부바하자 나는요 차라리 내 이웃을 먹을래요”는 특히 흥미롭다. 춘향과 이도령의 사랑 장면에서 이도령이 춘향에게 서로 옷을 벗고 노는 ‘어붐질’을 제안한 것은 잘 알려진 사실인데, 그에 대한 춘향의 대답을 이해하기 위해서는 <춘향전>의 해당 장면을 떠올려 보아야 한다.

이도령이 이리저리 달아나는 춘향의 옷을 벗기려고 서로 넘놀면서 어르는 장면을 <춘향전>에서는 ‘만첩청산 늙은 범이 살진 암캐를 물어다 놓고 이가 없어 맘대로 못 먹는’ 상황에 비의했다. 이 장면을 상상한다면 “나는요 차라리 내 이웃을 먹을래요”는 이도령을 놀리는 말로 해석된다. 또는 같은 장면에 등장하는 <사랑가>의 ‘네가 무엇을 먹으려느냐 ~ 돛 잡아 주랴 개 잡아 주랴 내 몸통차 먹으려느냐 여보 도련임 내가 사람 잡아먹는 것 보았소’라는 대사를 연상하는 순간 “나는요 차라리 내 이웃을 먹을래요.”라는 춘향의 말은 박장대소를 일으킬 만한 내숭의 발로로 읽힌다. 후렴은 춘향과 이도령의 철없고도 대담한 성애처럼 관습과 경계를 넘어서는 어떤 것이 자신의 환상을 구성하고 있다고 말하고 있지만 이것이 전부는 아니다. ‘이웃을 먹는’ 춘향이에서 보듯 건강한 환상과 엽기적이고 호러적인 환상은 이미 구분되지 않는 채로 있는 것이다.

이처럼 <지독한 노래>는 약자와 강자의 정연한 이항대립으로만 보기엔 충돌하는 이미지들이 너무 많다. 예컨대 ‘봉황’은 박완기의 계열체 분석에서 ‘상처 입은’, ‘미래가 없는’, ‘힘없는’, ‘싸워야 하는 주체’와 동일맥락에 놓인다. 그런데 ‘봉황’이 나오는 선행 텍스트를 보면 봉황은 이상적인 님으로 그려져 있다. 패러디한 텍스트에서는 물질적 욕망이 팽배한 세상에서 갈 곳 없는 주체로 그려져 있다. ‘봉황’은 이상적인 님이면서 동시에 이 세상에 깃들 곳 없는 주체를 일컫는 것이지, 참새나 불사조와 완연히 대립되는 나(우리)로 그려진 것은 아니다. 마찬가지로 ‘슬퍼도 우지 마라 내일은 해가 뜬다’고 말하는 주체도 ‘나’이고, ‘우리에게 미래는 없다’고 말하는 주체도 ‘나’이다. 그러므로 박완기의 주장과 같이 '미래가 없는' 것이 '나'이고 '미래가 있는' 것이 '너'로 확연히 대립되는 것이 아니다.

이렇게 볼 때 이 노래는 강자와 약자의 대립을 확연하게 말해주는 노래가 아니라 오히려 누가 약한 주체이고, 누가 싸워야 하는 대상인지 모를 정도로 혼돈스러운 이미지들이 교차된 노래라 보아야 옳다. 크라잉 넛은 약자와 강자의 먹고 먹히는 관계를 비판하면서도 동시에 자신 안에도 가소롭고 역겨운 저들의 모습이 들어 있다는 혼란스러운 생각을 가지고 있는 것이다.[19] 따라서 비유기적 노랫말에는 선행 텍스트와 패러디한 텍스트의 맥락이 이항대립을 넘나들며 수없이 교차하고 있다는 사실을 고려할 필요가 있다.

고려가요와 현대 대중가요에 대한 이상의 고찰로부터 비유기적인 노랫말을 해석하는 방법을 추출하자면 다음과 같다. 먼저 윤영옥과 박완기의 선례를 참조하여 일차적으로는 노랫말의 구조분석을 통해 작품 속 언어들을 공통된 이미지를 지닌 것들끼리 계열화한다. 이를 통해 여러 노래들을 '함께 모은' 의도를 알아볼 수 있을 것이다. 다음으로는 계열화로 설명되지 않는 좌충우돌하는 이미지들을 해석하기 위해 노랫말들이 연원한 선행 텍스트들의 맥락을 추론하고, 이것이 새로운 텍스트에서 어떻게 재해석되고 있는지 알아볼 필요가 있다. 이 같은 방법을 활용하여 다음 장에서는 잡가 <제비가>를 분석해 보고자 한다.

3. 〈제비가〉 분석의 예

18세기 말부터 개화기 이전까지 잡가는 끊임없이 개념의 변화를 겪으며,

---

19) 크라잉 넛의 노래에 대해 "'자기를 제대로 잘 키운', '중산층의 체제 자체가 자신을 억압하는 것'을 그들 스스로 고발하는 노래"라는 평가는 그들의 모순된 의식의 일단을 정확히 지적한 것이라 할 수 있다(성기완, 「크라잉 넛, 주름잡다」, 지승호 외, 『크라잉 넛, 그들이 대신 울부짖다』, 아웃사이더, 2002).

범주를 확정하여 왔다.[20] 공시적으로도 '사설 형성 원리의 공통점' 외에는 잡가로 불리는 작품들 간의 담론적 · 미적인 동질성을 찾기 어렵다. 잡가라는 개념 자체가 이렇게 불확정적이기 때문에 당연히 모든 잡가가 다 비유기적인 노랫말을 지니고 있다고 말하기도 어렵고, 그 비유기성의 정도가 서로 비슷하다고 단언할 수도 없다.[21]

이 글은 노랫말의 비유기성을 재해석하는 데 초점을 둔바, 여러 노래의 합성으로 이루어진 잡가 가운데 합성된 노래들 사이의 공통점이 쉽게 드러나지 않는 작품을 선택하기로 한다. 이에 따라 분석하려는 작품은 <제비가>이다. 12잡가 중에는 <춘향전>이나 <흥부전>같은 서사물의 줄거리나 장면을 차용한 노래가 많은데, <소춘향가>, <적벽가>, <제비가>, <집장가>, <형장가>, <십장가>, <출인가> 등이 그런 노래들이다. 이 가운데 <적벽가>, <제비가>를 제외하고 모두 <춘향전>을 차용하고 있어 19세기 말 20세기 초 잡가 향유층들 사이에 <춘향전>의 인기가 어느 정도였는지 짐작고도 남음이 있다.

<제비가>는 이름도 그러하거니와 놀부가 제비 몰러 나가는 대목이 가장 많은 분량을 차지하고 있어 <흥부전> 차용 시가로 분류되고 있다.[22] 그러나 작품의 분위기와 모티프, 문제의식은 <춘향전>을 많이 차용한 노래라 볼 수 있다. 그 이유를 다음에서 보기로 한다.

(가) ㉠ 만첩산중 늙은 범 살찐 암캐를 물어다 놓고 에-어르고 노닌다. **(<춘향가>)**

㉡ 광풍의 낙엽처럼 벽허(碧虛) 둥둥 떠나간다.

---

20) 시기별로 달라진 잡가의 개념에 대해서는 박애경, 「잡가의 개념과 범주의 문제」, 『한국시가연구』 13집, 한국시가학회, 2003.2를 참조.

21) 정가(正歌)인 12가사에 드는 <매화가>가 12잡가 <유산가>보다 더 비유기적이기도 하므로, 어떤 작품을 선택하여 분석하느냐에 따라 잡가의 성격 자체를 달리 파악할 가능성이 크다.

22) 김진희, 「경기 십이잡가에 나타난 장르 변동의 양상과 의미」, 『경기잡가』, 경기도국악당, 2006에서는 소설이나 판소리를 수용한 잡가와 원래의 텍스트를 대조하여 어느 이본의 어떤 대목이 유사한지 밝히고 있는데, <제비가>는 <흥부전>과 대비해 놓았다.

㉢ 일락서산(日落西山) 해는 뚝 떨어져 월출동령(月出東嶺)에 달이 솟네

㉣ 만리장천(萬里長天)에 울고 가는 저 기러기

(나) 제비를 후리러 나간다 제비를 후리러 나간다

복희씨(伏羲氏) 맺힌 그물을 두루쳐 메고서 나간다

망탄산(芒宕山)으로 나간다

우이여-어허어 어이고 저 제비 네 어디로 달아나노

백운(白雲)을 박차며 흑운(黑雲)을 무릅쓰고 반공중에 높이 떠

우이여-어허이 어이고 달아를 나느냐 내 집으로 훨훨 다 오너라

양류상(楊柳上)에 앉은 꾀꼬리 제비만 여겨 후린다

아하 이에이 에헤야 네 어디로 행하느냐 **(<흥부가>)**

(다) 슬픈 소래 두견성(杜鵑聲) 슬픈 소래 두견제(杜鵑啼) **(<새타령>)**

(라) 월도천심야삼경(月到天心夜三更)에 그 어느 낭군이 날 찾아오리 **(<춘향가>)**

(마) 울림비조(鬱林飛鳥) 뭇새들은 농춘화답(弄春和答)에 짝을 지어 쌍거쌍래 날아든다

말 잘하는 앵무새 춤 잘 추는 학 두루미 문채(紋彩) 좋은 공작 공기 적다 공기 뚜루루루루룩 숙궁 접동 스르라니 호반새 날아든다 **(<새타령>)**

(바) 기러기 훨훨 방울새 떨렁 다 날아들고 제비만 다 어디로 달아나노 **(<흥부가>)**[23]

위에서 보듯 <제비가>는 <춘향가>, <흥부가>, <새타령>, <춘향가>, <새타령>, <흥부가>의 사설을 차례로 차용하여 사설의 변화가 심하고 내용의 일관성도 떨어지는 작품으로 평가되고 있다. 그러나 사설의 변화만큼이나 곡조와 리듬의 변화가 있는 이 노래는 당대에 상당한 인기를 얻었다고 한다. (가)에서는 6박의 도드리장단으로 나가다가 (나)"제비 후리러 나간다"에서부터 세마치장단으로 리듬을 바꾸는 동시에 다른 긴잡가에서는 도저히 맛볼 수 없는

---

23) 텍스트는 이창배, 『한국가창대계』, 홍인문화사, 1976에 의거하였다.

비약적인 가락과 멋진 새김새에 의해 불리어진다.[24] 실제로 들어보면 (가)는 느리고 애절한 곡조로 이루어져 허무하고 슬픈 정조를 환기하며, (나)에서는 높은 음으로 시작하면서도 박자가 빨라져서 욕망에 사로잡힌 심리적 에너지를 나타내는 데 적당하다. 특히 "우이여-어허어 어이고/ 저 제비 네 어디로 달아나노"에서는 전반부에 연속되는 높은 음과 후반부의 하강하는 음의 대비를 통해 욕망이 극대화되었다가 소실되는 과정을 잘 표현하고 있다.[25] (다)부터는 남도의 <새타령>으로 넘어가지만 서울목으로 꾸며서 그런지 곡조가 물흐르듯 자연스럽게 이어지는 느낌을 준다.[26]

(가)~(바)까지 환기되는 이미지들에도 일정한 공통점이 발견된다. 즉 '잡힐듯 말듯'하며 욕망을 자극하는 것들의 이미지가 그것이다. 늙은 범이 상대해야 할 살진 암캐나, 바람에 나부끼는 낙엽, 눈앞에 어른거리면서도 달아나는 제비, 어지럽게 날아드는 새들과 달리 끝내 잡히지 않는 제비 등이 모두 이러한 이미지 상의 공통점을 가지고 있다. 이러한 이미지를 가진 시어들을 다시 계열화하여 의미상의 공통점을 추출해 보도록 하자.

주지하다시피 (가)는 <춘향전>의 눈대목인 <사랑가> 중에서도 송광록의 더늠으로 인기가 높았던 "만첩산중 늙은 범 살찐 암캐를 물어다 놓고 에-어르고 노닌다."로 시작하다가 (나)에선 느닷없이 제비를 후리러 나간다는 <흥부가>의 한 대목이 나온다. 사실 (가)의 주인공인 이도령의 시각으로 본다면 (나)의 등장이 그렇게 부자연스러운 것은 아니다.

춘향이 그네 뛰는 모습을 멀리서 본 이도령은 어렴풋한 춘향의 모습에서도

---

24) 위의 책, 190면.

25) <제비가>는 서도토리로 되어 있으나 매 악구마다 고음역으로 시작하여 하행하는 점은 판소리 '제비 후리러가는 대목'과 유사하다고 한다(김인숙, 「경기12잡가와 타장르의 교섭양상」, 경기도국악당, 앞의 책, 254면).

26) 이창배는 <제비가>에 대하여 내용은 남도의 <새타령>을 많이 빌었으면서도 서울목으로 재치 있게 꾸민 소리라고 하고(이창배, 앞의 책, 190면), 김인숙은 <제비가>가 기존의 사설이나 음악 어법을 융해시켜 새롭게 만들어진 노래라고 지적한다(김인숙, 앞의 논문, 263면). 이로써 보면 <제비가>는 <새타령>의 악곡을 그대로 차용하지 않았다는 것을 알 수 있다.

제비의 엽렵함을 떠올리고 있었다. "압푸 얼는 하는 양은 가부야운 져 제비가 도화 일졈 쪄러질 졔 차려 ᄒᆞ고 쏫치난 듯 뒤로 번듯ᄒᆞ는 양은 광풍의 놀닌 호졉 짝을 일코 가다가 돌치난 듯"27) 여겨지더니, 가까이 불러서 대면한 모습도 과연 제비와 다르지 않았다. "춘향의 고흔 틱도 염용ᄒᆞ고 안난 거동 자셔이 살펴보니 빅셕창파 식빗 뒤에 목욕하고 안진 졔비 사람을 보고 놀닉난 듯" 했던 것이다. <춘향전>의 독자들은 춘향의 자태가 이처럼 '맑게 씻은 제비'와 같아서 이 대목에서 '제비 후리러 나간다…'라는 <흥부가>의 노랫말을 연상했을 가능성이 있다.

그렇지만 (가)와 (나)가 병치된 근본적인 이유는 춘향을 쫓는 이도령과 제비를 쫓는 놀부 사이에 어떤 공통점이 있기 때문이다. 장파(張法)는 중국 비가(悲歌)의 세 가지 필수조건을 들었는데, (1)구체적이면서도 어른거리는 목표, 즉 어여쁜 님의 이미지, (2)지칠 줄 모르는 갈구, (3)극복할 수 없는 장애가 그것이다.28) 이를 참조하면 춘향과 이도령의 사랑이 그토록 인구에 회자되는 이유를 짐작할 수 있다. 멀리 버드나무 사이로 어른거리는 춘향은 '구체적이면서도 어른거리는 목표, 즉 어여쁜 님의 이미지'를 완벽히 구현하고 있다. 이도령이 통인더러 "예 져 건네 화류즁의 오락가락 힛씍힛씍 얼는얼는 ᄒᆞ는 겨 무어신지 자셔이 보와라"고 한 데서 분명히 드러나듯, 어른거리는 춘향의 모습이 이도령의 '지칠 줄 모르는 갈구'를 이끌어낸다. 그러나 신분의 차이라는 '극복할 수 없는 장애'에 의해 그러한 갈구는 비애감을 더하게 된다. (가)에서 (나)로 넘어오면서 춘향의 모습은 제비에 겹쳐지고, 춘향을 향한 이도령의 애타는 갈구는 제비를 향한 놀부의 애타는 갈구와 겹쳐진다.

(나)에서는 오직 제비를 잡겠다는 강렬한 욕망을 드러내다가 갑자기 (다)에서 "슬픈 소래 두견성(杜鵑聲) 슬픈 소래 두견제(杜鵑啼)"란 구절이 끼어든다.

---

27) 이하에서 인용하는 텍스트는 완판84장본 <열녀춘향수절가>로 김진영 외, 『춘향전전집』 4, 박이정, 1997에서 취하였다. 김진희에 의하면 잡가와 가장 많은 사설을 공유하고 있는 이본이 이 <열녀춘향수절가>라 한다.

28) 장파, 유중화 외역, 『동양과 서양, 그리고 미학』, 푸른숲, 1999, 171면.

이는 이어지는 (라)와 관련하여 볼 때, 이별 후 혼자 남겨진 춘향의 외로움과 슬픔을 암시한 것으로 볼 수 있다. (라)의 "월도천심야삼경(月到天心夜三更)에 그 어느 낭군이 날 찾아오리"는 정황상 춘향의 심정을 그린 것으로 보이기 때문이다. "월도천심(月到天心)"이란 관용구는 판소리 중에서는 <춘향전>의 두 이본에서만 나타난다.[29] "야삼경(夜三更)"은 <춘향전>에 종종 나오는 말인데, 처음에는 이도령이 춘향을 찾아오는 희락의 시간으로, 이별 후에는 홀로 남겨진 춘향의 비애감이 극대화되는 시간으로 그려진다.[30] 이어지는 "그 어느 낭군이 날 찾아오리"로 볼 때 여기서의 '야삼경'은 춘향이 좌절을 깊이 맛보는 시간이라 볼 수 있다. 춘향의 처지는 (다)에 나온 "야월공산 깊은 밤에 슬피 우는" 두견의 이미지와 겹치게 된다.

(다)에서는 <새타령> 중에 뭇새들이 짝을 지어 날아들 때 홀로 "야월공산 깊은 밤에 슬피 울"던 두견새의 이미지만을 차용하였다면, (마)에서는 같은 <새타령> 중에서도 짝지어 날아들며 봄날의 정경을 수놓던 새들의 모습을 차용하고 있다.[31] 이도령과 춘향이 만나던 날, <춘향전>에 수용된 <새타령>에는 둘의 비극적인 앞날을 암시하는 '두견새의 울음'은 의도적으로 생략되고 있다. "호련 비조 뭇ᄉᆡ들은 농초화답 짝을 지어 쌍거쌍ᄂᆡ 나러드러 온갖 춘경 닷토난듸 남산화발 북산홍과 쳔사만사 슈양지의 황금조는 벗 부른다 나무 나무 셩임ᄒᆞ고 두견 졉동 나지 나니 일연지가졀이라"고 하여, 이 때만큼은 '두견'마저도 여느 봄새들과 다를 바 없이 흥겹게 그려지고 있다. 짝 지어 날아

29) 김진영 · 차충환 · 김동건, 『판소리문화사전』, 박이정, 2007, 715면에 의하면 장자백창본과 이선유창본 <춘향전>에만 나타난다.

30) "춘향문젼 당도하니 인젹 야심한듸 월색은 삼경이라", "나는 탈 것 업셔신니 금야삼경 깁푼 밤의 춘향 ᄇᆡ를 넛짓 타고" 등이 희락의 시간으로서의 '야삼경'을 언급하고 있는 것이다. 그에 비해 "도련임 가신 후의 ᄂᆡ 딸 춘향 임 기를 제 월정명 야삼경의 쳡쳡수심 어린 거시 가장 ᄉᆡᆼ각 졀노 나서"에서는 이별 후 춘향이 이도령을 절실히 그리워하는 시간으로서 '야삼경'이 언급되어 있다.

31) "…산림비조 뭇새들은 농춘화답 짝을 지어 쌍거쌍래 날아든다 공기적동 공기 뚜루룩 수꿍 소텡 가가삽수리 날아든다// 야월공산 깊은 밤에 두견새는 슬피 운다"는 영남민요 <새타령>에서 앞부분과 뒷부분을 분리하여 (다)와 (마)에 차용한 것이다.(임동권 편, 『한국민요집』, 동국문화사, 1961, 601면.)

드는 새들은 짝을 찾는 이도령과 춘향의 '춘정(春情)'을 부채질하는 역할을 하면서 동시에 사랑의 기쁨을 형상화하고 있다.32)

(다)와 (마)에서 <새타령>이 등장하는 것은 새들의 이미지가 춘향과 이도령의 '애타는 갈구' 및 '좌절된 욕구'를 극명하게 대비시킬 수 있기 때문인 듯하다. 이렇게 본다면 (가)의 "만리장천(萬里長天)에 울고 가는 저 기러기"는 가장 고통스러운 시간을 보내는 춘향의 모습과 겹쳐진다. "수심 걱정 밤을 실제 기럭이 울고 간이 일편셔강달의 힝안남비 네 아니냐 …"에서 알 수 있듯이 옥에 갇힌 춘향은 슬픔과 두려움에 떨며 깊은 밤을 지새우면서 밤을 울어예는 기러기와 자신을 동일시하게 된다.

(바)는 다시 놀부의 관점에서 그토록 갈구하는 제비가 끝내 잡히지 않아 안타까운 심정을 그리고 있다. 원치 않는 대상인 기러기와 방울새는 '훨훨', '떨렁' 쉽사리도 날아드는데 오직 하나 염원하는 제비는 잡히지 않아 안타까움을 배가시킨다. 이런 안타까움을 느끼는 주체는 놀부만이 아니라 갈구에 사로잡힌 주체라는 측면에서 이도령일 수도 있고, 춘향일 수도 있다.

이처럼 여러 텍스트들이 얼키설키 조합된 <제비가>에서 욕망의 주체 또한 이도령에서 춘향, 놀부, 춘향, 놀부로 쉴 새 없이 변하지만, 한결같이 다음과 같은 이항대립적 상황에 놓여있음을 알 수 있다.

욕망의 추구	욕망의 좌절
만첩산중 늙은 범(이도령) 떠나는 님을 만류하려는 나(춘향) 제비를 잡으려는 나(놀부) 낭군이 찾아오길 기다리는 나(춘향) 뭇 새와 같이 짝을 짓기 바람(춘향)	살진 암캐를 먹지 못함 광풍에 낙엽처럼 떠나는 님 달아나는 제비 울고 가는 기러기 슬프게 우는 두견새

32) <춘향전>의 다른 이본인 <광한루악부>에 실린 옥전산인의 서문을 보면 사랑의 기쁨을 "봄비가 내리다가 곧 개인, 청명한 분위기 속에 온갖 새가 즐겁게 노래하며 흥겨워하는 것에 비유"하고 있다(김종철, 「19세기~20세기 초 판소리 수용양상 연구」, 『판소리사연구』, 역사비평사, 1996, 225면).

이렇게 계열화해 보면 서로 연관이 없어 보이던 노랫말들이 실은 '욕망의 갈구'와 그의 '좌절'을 그린다는 공통점 때문에 <제비가>에 모이게 된 것을 알 수 있다. 이 노래를 구성한 주체는 욕망의 문제에 대해서 상당한 관심을 가지고 있었다고 말할 수 있겠다. 그러나 계열화는 문제의식을 일목요연하게 보여주는 장점은 있으나 <제비가>의 독특한 미감을 설명하는 데는 역부족이다. (가)만 해도 ㉠"만첩산중 늙은 범 살찐 암캐를 물어다 놓고 에-어르고 노닌다."의 흥미진진한 사랑노름이 곧장 ㉡"광풍의 낙엽처럼 벽허(碧虛) 둥둥 떠나간다."의 애상적 정조로 바뀌고, 그러다 다시 ㉢"일락서산(日落西山) 해는 뚝 떨어져 월출동령(月出東嶺)에 달이 솟네"의 기대감으로 바뀌었다가, 다음 순간 또 다시 ㉣"만리장천(萬里長天)에 울고 가는 저 기러기"라는 슬픈 정조로 쉴 새 없이 요동치고 있는 것이다.

㉠~㉣의 연쇄적 결합이 가능하기 위해서는 선행 텍스트에 대한 재해석이 필요하다. <춘향전>에는 이도령이 춘향을 두고 떠날 때의 모습을 "도련임 낙누하고 훗기약을 당부하고 말을 칙쳐 가는 양은 광풍의 편운일네라"로 기록되고 있는데, 여기서 "광풍의 낙엽" 이미지가 연상되었을지 모른다. 그런데 '훗기약'이 암시하듯 비록 가고 싶지 않은 길이었지만 책임감 있는 어른의 세계로 나아가는 젊은 이도령의 분명한 지향성과, ㉡"벽허(碧虛) 둥둥 떠나간다"는 확실히 갈라진다. '벽허'와 '둥둥'이란 단어는 삶의 뿌리가 뽑혀 미지의 세계로 떠밀려가되, 지향할 바를 알지 못하는 스산한 정조를 풍기고 있다.

이렇게 보면 ㉠"만첩산중 늙은 범 살찐 암캐를 물어다 놓고 에-어르고 노닌다."도 <춘향전>과 거리를 두고 새롭게 해석해 볼 필요가 있다. 이 부분을 (나)와 상관하여 보면, '살찐 암캐'는 갖고 싶어서 환장하게 만드는 욕망의 대상이다. 놀부가 제비에 환장하여 무얼 봐도 제비인줄만 여기고 마침내 상사병이 일어나 "길짐승은 족제비만 사랑하고 그릇은 모제비만 쓰고 음식은 수제비만 먹고 종이는 간제비만 접어놓고 어쩌다가 화가 나면 목제비질"33)

33) <제비가>의 '제비 후리러 나간다…' 대목은 본래 김소희 창본과 사설의 유사성이 가장 많다고 한다(김진희, 앞의 논문). 여기서는 작품 이해를 위해 박동진 창본 <흥부가>를 인용

을 하는 지경에 이른다. 마찬가지로 이도령도 낮에 본 춘향을 그날 밤 다시 만날 때까지 춘향이 생각에서 헤어나지 못하는 고통스러운 정념에 사로잡히게 된다.

"만첩산중 늙은 범 살찐 암캐를 물어다 놓고 에-어르고 노닌다."는 초야를 치르고 "하로 잇틀 지닉간이 어린 것들이 신마시 간간 식로와 북그렴은 차차 머러지고 그 제는 기롱도 허고 우순 말도 잇셔 자연 사랑가가 되야구나"로 시작하는 <춘향전>의 눈대목에 나온다. 본래 송광록의 더늠에는 "에-어르고 노닌다" 앞에 "이는 없어 먹지는 못하고"라는 말이 더 들어가 있다. 처음 이도령 앞에 나아오던 춘향이의 "흐늘흐늘"한 자태는 사람의 애간장을 녹이는 것이었다.[34] 이런 춘향이가 그리 호락호락 잡힐 리 만무하다. 그에 비해 이도령은 아직 미숙한 구석이 남아 있어 잡아다 놓은 암캐도 마음대로 못하는 '늙은 범'에 비유되었다. 그러나 '이가 없기' 때문에 오히려 '에-어르고 노니'는 지극한 즐거움을 누릴 수 있다. '이가 없는' '늙은 범'을 일반화하면 (나)에서와 같은 고통스러운 집착과 정념에서 해방된 달관에 이른 주체라고 할 수도 있다. 그런데 그런 해방감은 오직 원래의 목표를 상실할 때만 주어지기 때문에 그가 느끼는 즐거움의 어느 한 구석에는 허전한 느낌이 깔려 있게 된다.

㉢"일락서산(日落西山) 해는 뚝 떨어져 월출동령(月出東嶺)에 달이 솟네"는 선행 텍스트의 정서와 새로운 텍스트의 정서가 부딪치면서 즐거운 듯하나 한편으로는 슬프고, 슬픈 듯하나 한편으로는 즐거운 정서를 자아낸다. 이 관용구는 이앙요에서 많이 나오는 구절로, 바로 다음에는 사시의 순환에 맞춰 씨를 뿌린다거나 안식처인 집으로 들어가는 내용이 따라 나온다.[35] 이도령이

하였다(김진영 외, 『흥부전전집』 1, 박이정, 1997 참조).

34) "춘향이가 그제야 못 이기난 체로 계우 이러나 광한누 건네 갈 제 뒤명젼 뒤들보의 명믹기 거름으로 양지마당의 씨암닥 거름으로 빅모릭 밧탕 금자릭 거름으로 월틱화용 고은틱도 완보로 건네갈 식 흐늘흐늘 월셔시 토셩십보하던 거름으로 흐늘거려 건네올 제"를 통해 알 수 있듯이, 춘향의 걸음걸이는 사람을 애태우는 춘향의 성품과 매력을 그대로 드러내고 있다.

낮에 본 춘향을 오매불망 그리다가 방자의 "일락함지 황혼되고 월출동령 하옵내다."는 말이 떨어지고부터는 저녁밥도 뜻이 없을 정도로 온통 춘향이 생각에 골몰하게 된다. 그것은 '월출동령'이 희락의 시간 '야삼경'을 기대하게 만드는 동시에 성취를 코앞에 둔 욕망의 조바심을 부추기기 때문이었다. 그런데 이 노래에서는 예상을 뒤엎고 ㉣"만리장천(萬里長天)에 울고 가는 저 기러기"라는 노랫말이 이어진다. 이앙요에서도 '일락서산'이란 표현이 해가 져도 갈 곳이 없는 스산한 정조와 관련된 경우가 있다. "해 다 지고 저믄 날에 우얀수자가 울고 가네/ 어린 동생 옆에 끼고 갈 데 없어 울고 가네"36)의 주인공처럼, 밤이 되어도 돌아가 깃들 곳 없어 '울고 가는 기러기'처럼, '벽허 둥둥 떠나가는' 뿌리 뽑힌 주체의 목소리가 '월출동령'이라는 희망적 언사를 뚫고서 <제비가>에서 다시 반복되고 있는 것이다.

이 주체는 "복희씨(伏羲氏) 맺힌 그물을 두루쳐 메고서" 단단히 작정을 하고 '제비를 후리러' 나가다가도 갑자기 '슬픈 두견새'의 소리에 비감에 젖고, 욕망의 대상을 능동적으로 추구해 나가다가도 '그 어느 낭군이 날 찾아오리'라는 수동적 체념에 잠긴다. 마지막에는 "기러기 훨훨 방울새 떨렁 다 날아들고 제비만 다 어디로 달아나노"라며 진정으로 추구하는 바는 얻을 수 없다는 허탄한 정조로 마무리하고 있다. 달뜨는 희망과 가라앉는 슬픔, 뜨거운 갈구와 차가운 체념, 희롱하는 즐김과 모두 다 소용없다는 식의 비관 중 어느 것이 <제비가>를 구성하는 지배적인 정서인지 알 길이 없다. <제비가>의 노랫말이 비유기적인 것은 선행 텍스트들의 정서와 재해석된 정서, 선행 텍스트와 새로운 노래가 부딪치면서 만들어낸 뜻밖의 정서들과 같은 여러 이질적인 '부분'들을 종합하지 않고 그대로 두었기 때문이다.

---

35) "여봐라 농부야 말들어라 일락서산에 해 떨어지고 월출동령에 달이 솟아 에-헤-이루 상사듸야 봄에 밭갈아 씨뿌린 후이 우수풍조가 제일이라 돌아 왔네 춘하추동 사시순환은 우리농부 위함이라"나, "일락황혼 저문날에 달을 띠고 걷는 걸음 동리로 돌아오니 사문에 개짓는다…"같은 노래가 대부분이다(임동권, 「남성의 노동요」, 앞의 책).

36) 함양지방 민요로 위의 책, 20면에 실려 있다.

4. 비유기적 시가의 서정시적 가능성

서정시가 '통일된' 어조와 정서를 지닌다는 사실 때문에, <제비가>나 <지독한 노래>처럼 부분의 종합적 전환이 불가능한 비유기적 시가들은 서정시로 간주되기 어렵다. 그러나 모든 개별적인 부분을 종합할 수 있는 '총체성'이라는 관념 자체를 의심하는 눈으로 보면, 이 노래들의 의미가 새롭게 부각된다.

사실 개별자로서 개인들이 마주하는 경험의 대부분은 의미가 불분명하고 비유기적인 것들이다. 일상은 느닷없는 사건들의 연속이고, 개인들은 그 속에서 의미를 모른 채 부유한다. 오직 일정한 시간의 단위를 가지고 사건들을 계열화하면서 의미를 사후적으로 부여할 때만 경험들은 일목요연해질 뿐이다. 굳이 경험들을 정리하는 이유는 그로부터 경험들의 일반적인 의미를 이끌어내기 위함이고, 반성적 주체로 살아가기 위함이기도 하다.

아도르노는 "개인적 경험을 일반적인 경험의 낮은 단계로 파악하고, 개별성을 일반성으로 지양되어야 하는 것으로 취급"하는 것은 "계몽"의 동일화 기획에 지배되는 것이라고 비판한다. 그는 개별에서 총체성으로 이동하려는 헤겔의 방법 안에는 이러한 의심스러운 의도가 숨어 있다고 보고, 의심스러운 총체성에서 개별로 다시 회귀해야 한다고 주장한다.[37)]

그가 개별로 회귀하기 위해서 주목한 것이 바로 서정시였다.[38)] 가장 사적인 것처럼 보이는 서정시에는 보편성이라는 이름으로 억압되지 않은 개별자의 목소리가 살아 숨 쉬고 있다는 이유 때문이다. 아도르노에게 개별적인 것의 영역은 사소한 사적 장소가 아니라, 계몽이 자신의 기획을 관철시키기 위해 개입하는 쟁투의 장소이기 때문에 개별적인 영역에 보존되어 있는 개별적인 경험들에는 사적인 성격을 넘어서서 역설적으로 일반성에 관여하는 계기가 숨어 있다고 주장한다.[39)]

---

37) 노명우, 『계몽의 변증법을 넘어서-아도르노와 쇤베르크』, 문학과지성사, 2002, 171면.
38) T. W. 아도르노, 김주연 역, 「시와 사회에 대한 강연」, 『아도르노의 문학이론』, 민음사, 1985.

서정시 속의 개별자와 사회의 이러한 관계를 해석하기 위해 아도르노는 '집합적 저류(kollektives Unterstrom)'라는 독특한 개념을 사용한다. 예술작품은 개별이지만, 개별적 작품 속에는 집합체와 매개되는 지점이 형성되어 있음을 표현한 말이다. 이 '집합적 저류' 개념은 예술작품을 사회의 모나드(Monad, 單子)로 파악하는 아도르노 특유의 예술이론에서 나온다.[40)]

라이프니츠는 모든 존재의 기본으로서의 실체는 '단순하며, 부분으로 나눌 수 없는 하나'라고 주장하며 이를 '모나드(單子)'라고 일컬었다. 그에 따르면 신에 의해 창조된 모든 모나드는 '소우주'로서 우주 전체를 함축하고 있다.[41)]

아도르노는 '부분 속에 전체를 함축하고 있는' 모나드 개념을 통해 개별자가 총체성으로 지양되어야만 보편자에 이른다는 헤겔의 생각을 뒤집는다. 그가 예로 든 것은 '후기' 베토벤이다. 고전주의에서처럼, 분산되어 있는 부분들을 소나타 형식을 통해 하나로 통합시키려는 의도는 개별자의 가능성을 무시하고 전체로 지양하려는 헤겔의 의도와 같다고 말한다. 반면 후기 베토벤에서는 주체가 개입하지 못하고 한 발 물러서는 '빈 공간'이 등장하는데, 이곳이 바로 진정성이 생겨나는 지점이라는 것이다. 후기 베토벤의 노력은 고전주의 시대와는 달리 '주관적 의도를 관철'시키는 데 있는 것이 아니라 자신이 더 이상 전능하지 않다고 깨달은 주체가 이질적인 것에게 자신을 내맡기는 것이었다고 말한다.[42)]

그가 말하는 후기 베토벤은 질적 다양체로서의 모나드의 속성을 구현한다고 볼 수 있다. '모나드'란 부분을 가지지 않는 '진정한 하나'이면서 동시에 전체를 함축하는 까닭에 질적으로는 다양한 양태로서 구성된 실체로 파악된

---

39) 노명우, 앞의 책, 173면.

40) 노명우, 「아도르노의 부정의 사회학 방법론과 개인」, 『현상과 인식』 제31권 3호 통권 102호, 한국인문사회과학회, 2007 가을.

41) 모나드가 '소우주'라는 것은 모든 모나드 안에 논리적으로 우주가 이미 들어가 있다는 것을 뜻한다. 하지만 각각의 모나드는 우주 전체의 일부분만을 명료하게 분명하게 지각할 수 있을 뿐이다. 라이프니츠는 이를 '관점'이라는 용어로 설명한다(이정우, 『죽음 · 갈래 · 울림-라이프니츠와 철학』, 거름, 2001, 214면).

42) 노명우, 앞의 책, 239면.

다. 하나이면서 질적으로는 여럿인 존재, 혹은 여럿이긴 하지만 어디까지나 하나를 형성하는 실체에 대한 사유는 지금 우리들에게는 낯설지만 전통 사유에서 자주 나타나는 생각이다. 라이프니츠는 하나의 모나드 안에 질적인 다양체들이 주름처럼 접혀있다고 생각하였다.[43]

이상의 '모나드'론을 통해 '여럿으로 이루어진 하나'이며, 하나임에도 불구하고 여럿으로 분산된 부분들이 전체로 종합되지 못한, <지독한 노래> 및 <제비가>의 서정시적 의의를 상고해 보자. <지독한 노래>는 경험을 유기적으로 조직하고 거기에 일반적인 의미를 부여하는 것을 거부했던 '족귀'이라는 한 개인의 목소리가 살아 숨 쉬고 있다. 그가 혼란스러운 부분들을 스스로 통합하지 못한 채 여러 이질적인 목소리들을 모두 허용하기 때문에 오히려 동시대 젊은이들의 세계 전체를 표상[44]할 수 있는 것으로 보인다. 이처럼 이질적인 것에게 자신을 내맡김으로써 '족귀'은 가장 구체적인 개인이면서 동시에 보편자가 되므로 <지독한 노래>는 아도르노가 말하는 서정시의 개념에 육박한다고 봐도 좋을 것이다.

문제는 <제비가>이다. <지독한 노래>와는 달리 <제비가>의 극도로 산만한 정서와 비유기적 목소리들은 도무지 무얼 말하는지 알아차리기 어렵다. 여기서 도시 주변에서 천대받는 군상들의 목소리에 주목했던 발터 벤야민을 참조하고 싶다. 벤야민에 의하면 도시는 현대 자본주의의 본질적 중심이자 자본주의가 배태하는 착취, 불공평, 소외, 인간 경험의 축소화와 같은 사회적 총체성의 흔적을 지닌 '모나드'이다. 그래서 그는 "도시의 변두리에 거주하는 사람들은 혁명적 통찰과 깨달음의 원천이다."라고 주장하며[45] 배회하는 산책자나 비참한 넝마주이 같은, 주변적이고 천대받는 도시군상들에 주목한다.

어쩌면 우리는 잡가의 도시 유흥 문학적 성격(통속성 · 대중성)을 거듭 지

---

43) 이정우, 앞의 책, 41~42면.

44) 표상이란 외부의 것이 내부의 것에 포함되는 것으로 모나드의 본질적인 작용이다. 모나드는 부분에 불과하지만 그 안에 세계 전체를 표상한다고 라이프니츠는 주장한다.

45) 그램 질노크, 노명우 역, 『발터벤야민과 메트로 폴리스』, 효형출판, 2005, 37면.

적하면서도, '도무지 종잡을 수 없는' 비유기성을 지닌 잡가의 문제성은 간과해 왔는지 모른다. 즉 산만하고 비유기적인 부분들을 하나로 통일하지 않음으로써 잡가가 혹시, 새로운 보편적 주체를 요구하는 근대의 동일화 기획에 저항하는 역할을 하지 않았는지 살펴볼 필요가 있다. 잡가가 당대 계몽기 지식인들에 의해 '자국의 정신적 사상이 없'다거나 '음탕·황당'하다는 비판을 받았던 것[46)]은 그들이 추구하던 '국민' 만들기의 효용성이 전무했기 때문이라고 볼 수 있다. '국민' 또는 '민족'은 개별자가 스스로를 지양하고 보편자의 자리로 고양되는 장소라고 헤겔은 말하며, 이런 식의 주장이 바로 개인의 경험과 목소리를 억압하는 '계몽'의 기획이라고 아도르노는 지적한다. 근대적 주체 만들기에 아무런 효용이 없었던 잡가 속에는 시대의 획일적 가치에 균열을 내는 개인이면서 동시에 집합적 개인의 대표자이기도 한, 도시 변두리 군상들의 문제적 목소리가 숨어 있다.

선행 연구를 통해서도 '대중들의 무정향적인 욕망과 정서'나, '전환기적 세태의 만화경'을 그린 노래로서의 잡가의 성격이 강조된 바 있다.[47)] 그렇지만 잡가가 문제 삼은 것은 '대중'·'세태'라는 일반적 부류의 경험이 아니라 한 개별자로서 마주하는 세계에 대한 경험이다. "서정시는 모든 개개인이 그 스스로에 대해 절대적이고, 낯설고 매몰차고, 압제적인 것으로 느끼는 사회적 상황에 대한 항의를 포함하고 있다."[48)]고 아도르노는 말한다. <제비가>에서 슬픔과 기쁨의 요동치는 감정을 맛보는 주체의 경험은 매우 개별적인 것이지만, 그것은 개별 주체가 냉혹하고 모순된 현실에 당면해 있다는 보편적 진실을 드러낸 것이다.

이 글에서 <제비가>의 한 주체로 추정해 본 '춘향'은 냉혹한 현실을 마주한 주체의 '모나드'라 일컬을 만하다. '춘향'이 겪은 기쁨과 슬픔의 이중주는 적어도 당대 대중들에게는 만인의 기쁨과 슬픔으로 동일화된 것이었다. 12잡

46) 이형대, 앞의 논문, 128~129면.
47) 고미숙, 앞의 논문.
48) T. W. 아도르노, 김주연 역, 「시와 사회에 대한 강연」, 앞의 책.

가 중에 유독 춘향의 고난 대목이 많은 것은 '춘향의 고통이 어쩌면 춘향만의 고통이 아니었고 시달림을 받는 일반 서민들이 당하는 고통과 서로 상통했기' 때문이다.[49] '춘향'은 가장 구체적인 경험을 하는 개인이면서 동시에 여러 이질적이고 보편적인 경험을 그 안에 함축하는 '모나드'와 같은 인물이다. 20세기 초 잡가가 대중들에게 호소력이 있었던 것은 이처럼 개별자이자 동시에 보편자인 '춘향'과 같은 인물의 정서를 제공해 주었기 때문일 가능성이 높다고 조심스럽게 추론해 볼 수 있다.

서정시란 언제나 개별과 보편의 관계를 문제 삼는 양식이다. 만물이 형이상학적 친연성에 의해 연결되어 있었던 중세의 서정시에서 개별과 보편은 상징적으로 일치할 수 있었으나, 이행기부터는 그런 일치에 대한 근본적 회의가 거세지면서 시가의 형태나 내용 면에서 큰 변화가 일어났다. 잡가의 요동치는 형식과 종합되지 않는 이질성은 새로운 보편적 주체인 근대적 주체로 포섭되지 못한 채 냉혹하고 모순적인 현실에 처하게 된 주체의 당혹감의 표현이었다고 할 수 있다. 이렇게 본다면 <제비가>도 <지독한 노래>와 함께 '비유기적' 시가가 아니라 '탈유기적' 시가로 불러야 할지 모르겠다. 이 노래들은 유기적인 수준으로 아직 못 간 것이 아니라 이미 유기적인 수준에 도달한 것을 의도적으로 흐트러뜨림으로써[50] 개별자의 문제의식을 드러내고 있기 때문이다. 주관적인 의도로 관철된 '통일된' 혹은 '일원적' 목소리를 지녀야만 사회와 연결된 개별자의 살아 숨 쉬는 목소리를 반영할 수 있는 것이 아니라고 한다면, 비유기적 혹은 탈유기적 시가도 서정시적 가능성을 충분히 가지고 있다고 보아야 할 것이다.

---

49) 정재호, 「잡가고」, 『한국잡가전집』 4, 계명문화사, 1998, 38면.

50) 이정우, 『접힘과 펼쳐짐』, 거름, 2000, 258면에서 들뢰즈의 'non-organique' 개념을 위의 기준에 따라 '탈유기'로 번역하고 있다.

5. 결론

이 글은 '비유기적' 노랫말을 지닌 고전시가의 서정시적 가능성을 탐색하는 데 목적을 두고 다음과 같은 순서로 연구를 진행하였다.

2장에서는 비유기적 시가 해석의 문제점을 살피고 '여럿으로 이루어진 하나'라는 본질을 지닌 비유기적 시가의 서정성을 드러낼 만한 새로운 해석 방법을 모색하였다. 이에 따라 우선 시어들의 계열화를 통해 합성된 여러 노래들 사이의 공통점을 추출하고자 하였다. 아울러 여러 노래들이 하나의 텍스트로 자연스럽게 융합되지 못하고 이질적인 채로 남아 있는 이유를 설명하기 위해 노랫말들이 연원한 선행 텍스트들의 맥락을 추론하기로 하였다.

3장에서는 잡가 중에서도 노랫말의 비유기성이 심한 작품으로 알려진 <제비가>를 대상으로 구조분석을 시도해 본 바, 시어들이 '욕망의 추구'와 '욕망의 좌절'로 계열화되는 것을 발견하였다. 이 두 계열로 수렴되지 않는 극도로 요동치는 정서들은 선행 텍스트의 정서와, 재해석된 정서, 선행 텍스트와 새로운 텍스트가 부딪치면서 만들어낸 정서들로 분석되었다. 여러 정서로 분산된 이질적이고 모순적인 부분들이 전혀 종합되지 않은 채, 한 작품을 이루고 있는 것이 <제비가>의 비유기성을 심화시킨 요인임을 확인하였다.

4장에서는 부분의 종합적 전환이 불가능한 비유기적 시가들은 개별자의 경험에 대해 독특한 문제의식을 지니고 있다고 보았다. 비유기적 시가는 의도적으로 분산시킨 정서들을 통해 모순적이고 냉혹한 현실에 대한 개별자의 경험을 표현한다. 잡가의 경우 이 경험은 새로운 보편적 주체인 근대적 주체로 포섭되지 못한 집단의 보편적 경험을 함축한다고 볼 수 있었다. 따라서 잡가 <제비가>는 유기성이 모자라는 시가라기보다는 개별자의 경험이 곧 보편적인 것이라는 서정시적 이념을 구현한 '탈유기적' 시가에 가깝다는 주장을 폈다.

이상의 논의를 통해 비유기적 시가가 왜 여러 이질적인 부분들을 전체로 종합하지 않고 오히려 의도적으로 분산시키고 있는지를 이해할 수 있었다.

이 글에서 시도한 분석적 방법으로는 일관된 분석을 거부하는 비유기적 시가의 미감을 있는 그대로 드러내기 힘들다. 그렇지만 '서정시는 반드시 통일적이고 일원적인 목소리를 지녀야 한다.'는 일반적인 관념을 의심하는 계기를 마련한 것만으로도 비유기적 시가의 서정성을 연구하는 의의는 있다고 생각한다.

참고문헌

1. 자료

김진영 외, 『춘향전전집』 4, 박이정, 1997.

김진영 외, 『흥부전전집』 1, 박이정, 1997.

김진영 · 차충환 · 김동건, 『판소리문화사전』, 박이정, 2007.

이창배, 『한국가창대계』, 홍인문화사, 1976.

임동권 편, 『한국민요집』, 동국문화사, 1961.

2. 저서 및 논문

고미숙, 「대중가요의 선구, 20세기 초반 잡가 연구」, 『18세기에서 20세기 초 한국시가사의 구도』, 소명출판, 1998.

김종철, 「19세기~20세기 초 판소리 수용양상연구」, 『판소리사연구』, 역사비평사, 1996, 225면.

김진희, 「경기 십이잡가에 나타난 장르 변동의 양상과 의미」, 『경기잡가』, 경기도국악당, 2006.

김학성, 「잡가의 생성기반과 장르 정체성」, 『한국고전시가의 정체성』, 성균관대 대동문화연구원, 2002.

김흥규, 「고려속요의 장르적 다원성」, 『욕망과 형식의 시학』, 태학사, 1998.

노명우, 「아도르노의 부정의 사회학 방법론과 개인」, 『현상과 인식』 제31권 3호 통권 102호, 한국인문사회과학회, 2007 가을, 125~142면.

______, 『계몽의 변증법을 넘어서-아도르노와 쇤베르크』, 문학과지성사, 2002.

박경수, 「잡가의 패러디적 성격」, 『국어국문학』 119호, 국어국문학회, 1997.5.31, 239~270면.

박애경, 「20세기 초 대중문화의 위상과 시가-시가의 지속과 변용 양상을 중심으로」, 『민족문학사연구』 31호, 민족문학사학회, 2006, 194~220면.

______, 「잡가의 개념과 범주의 문제」, 『한국시가연구』 13집, 한국시가학회, 2003.2, 285~310면.

박완기, 「한국 언더그라운드 록 음악에 대한 연구: 크라잉 넛 가사 분석을 중심으로 저항성 연구」, 성균관대 석사학위논문, 2005.

성무경, 「가사의 장르 실현-잡가 <유산가>의 형성원리에 대하여」, 『가사의 시학과 장르실현』, 보고사, 2000.

신은경, 「창사의 유기성에 대한 텍스트 언어학적 조명-잡가의 경우」, 『고전시 다시 읽기』, 보고사, 1997.

윤영옥, 「<만전춘별사>의 재음미」, 『고려가요연구의 현황과 전망』, 집문당, 1996.

이정우, 『접힘과 펼쳐짐』, 거름, 2000.

______, 『죽음 · 갈래 · 울림-라이프니츠와 철학』, 거름, 2001, 214면.

이형대, 「계몽기 시가의 근대적 대응-근대 계몽기 시가사 인식의 구도와 관련하여」, 한국시가학회 국제학술대회 발표문, 2007.11, 128~129면.

장파, 유중화 외역, 『동양과 서양, 그리고 미학』, 푸른숲, 1999, 171면.

정재호, 「잡가고」, 『한국잡가전집』 4, 계명문화사, 1998, 38면.

지승호 외, 『크라잉 넛, 그들이 대신 울부짖다』, 아웃사이더, 2002.

그램 질노크, 노명우 역, 『발터벤야민과 메트로 폴리스』, 효형출판, 2005.

T. W. 아도르노, 김주연 역, 「시와 사회에 대한 강연」, 『아도르노의 문학이론』, 민음사, 1985.

질 들뢰즈, 이찬웅 역, 『주름, 라이프니츠와 바로크』, 문학과지성사, 2004, 18~20면.

Jakobson, R., *Style in Language*, Cambridge; Massachusetts: The M.I.T. Press, 1964.

찾아보기

ㅂ

ㅅ

ㅇ

ㅎ

고정희
서울대학교 사범대학 국어교육과 졸업(1994).
서울대학교 대학원 국어국문학과 석사(1996), 박사(2001) 졸업.
서울시립대, 서울대, 아주대 강사를 거쳐 현재 아주대학교 인문학부 부교수로 재직.

논문으로는 「신흠 시조의 사상적 기반에 관한 연구」, 「읽기 자료와 글쓰기 교육」, 「고전문학의 시공간적 거리감과 문학사적 교육」 등이 있으며, **저서**로는 『고전시가와 문체의 시학-윤선도와 정철의 경우』(월인, 2004), 『장르교섭과 고전시가』(공저, 월인, 1999), 『조선후기 시가와 여성』(공저, 월인, 2005)이 있음.

한국 고전시가의 서정시적 탐구

초판 1쇄 인쇄 • 2009년 2월 23일
초판 1쇄 발행 • 2009년 2월 28일

지은이 • 고 정 희
펴낸이 • 박 성 복
펴낸곳 • 도서출판 月印
서울특별시 강북구 수유2동 252-9
등록 • 제6-0364호 / **등록일** • 1998년 5월 4일
대표전화 • (02) 912-5000 / **팩스** • (02) 900-5036
http://www.worin.net

ISBN 978-89-8477-430-8 93810

값 22,000원